管理与组织研究必备的理论书

Management and Organization Theories

徐世勇　李超平◎主编

北京大学出版社
PEKING UNIVERSITY PRESS

图书在版编目（CIP）数据

管理与组织研究必备的理论书 / 徐世勇，李超平主编. —北京：北京大学出版社，2022.1

ISBN 978-7-301-32669-5

Ⅰ.①管… Ⅱ.①徐… ②李… Ⅲ.①组织管理学 Ⅳ.①C936

中国版本图书馆CIP数据核字（2021）第218997号

书　　　名	管理与组织研究必备的理论书 GUANLI YU ZUZHI YANJIU BIBEI DE LILUNSHU
著作责任者	徐世勇　李超平　主编
策划编辑	徐　冰
责任编辑	任京雪　徐　冰
标准书号	ISBN 978-7-301-32669-5
出版发行	北京大学出版社
地　　　址	北京市海淀区成府路205号　100871
网　　　址	http://www.pup.cn
微信公众号	北京大学经管书苑（pupembook）
电子信箱	em@pup.cn
电　　　话	邮购部 010-62752015　发行部 010-62750672　编辑部 010-62752926
印　刷　者	天津中印联印务有限公司
经　销　者	新华书店
	720毫米×1020毫米　16开本　26.75印张　488千字 2022年1月第1版　2022年4月第2次印刷
印　　　数	3 001—7 000册
定　　　价	68.00元

未经许可，不得以任何方式复制或抄袭本书之部分或全部内容。
版权所有，侵权必究
举报电话：010-62752024　电子信箱：fd@pup.pku.edu.cn
图书如有印装质量问题，请与出版部联系，电话：010-62756370

学习管理理论的建议(代序)

管理研究已经有 100 年左右的历史。在这期间,学者们提出了很多理论,用来解释产业、组织、团体和个体的行为。2017 年,徐世勇和李超平组织国内学者翻译了《管理与组织研究必读的 40 个理论》,随后他们又组织国内学者编写了《管理与组织研究常用的 60 个理论》与本书,这三本书一起对西方学者提出的绝大多数管理理论进行了较为全面的介绍。考虑到理论建构是一个复杂而漫长的过程,一本系统介绍管理理论的书,对于从事科学研究的学者来说,无疑是极为宝贵的资源。相信这三本书的出版,会激发中国学者更多地去开展理论启发下的或启发理论的实证研究 (theory-inspired or theory-inspiring empirical studies),为理论构建、解释或解决实践问题做出更大的贡献。

学习关于社会现象的理论,与学习关于自然现象的理论不同,必须关注理论提出的时间或时代(when)、空间背景(where)与基本假定(assumption)。毕竟,社会现象及其相关知识是高度情境化的。不管是正式的情境,还是非正式的情境(包括社会和文化规范、经济和政治制度,以及历史和地缘政治),都各不相同 (Tsui, 2007; Tsui et al., 2007)。通过构建理论来解释一个令人困惑的现象,必须对该现象发生的情境有深入的理解。对于组织层次的现象,情境可能包括国家、地域和行业等;对于个体层面的现象,情境包括组织或部门、团队内部的结构与文化因素,以及社会、家庭状况和个体特征等。在某一社会背景下发展起来的理论,在另一社会背景下可能有意义,也可能没有意义。情境化是中国管理研究 (Tsui, 2006; Whetten, 2009)、本土学术与理论发展必须考虑的重要因素 (Tsui, 2004, 2018;

Van de Ven *et al.*, 2018)。大家在阅读本书中的理论时，一定要考虑清楚这些西方理论的情境假定在中国情境下是否仍有效、是否仍有意义。

理论是对两个或两个以上事件，或者两个或两个以上实体之间，难以解释的关系的一种可能性的解释。理解理论的基本假定，并评价假定的真实性或合理性，是理论预测效度的关键。下面让我用绝大多数管理学者都熟知的委托—代理理论 (Jensen and Meckling, 1976) 来说明我的观点。这一理论有非常清晰的假定：第一个假定是，作为代理人的管理者，与委托人（所有者）的目标并不完全相同；第二个假定是，代理人是自私的，他们的行为会让自己的利益最大化。基于前面两个假定，委托人必须建立激励机制，尽量让代理人的利益与委托人的利益保持一致。股票期权是实现这一目标的有效途径，它让股东价值最大化也符合代理人的利益。但是，如果这两个假定有缺陷或不合理呢？那随后所做的一系列预测就会失效。而且，由于存在循环效应 (Risjord, 2014)，即使假定最初不是现实，也有可能成为现实。正如 Ghoshal（2005）解释的那样，出于好心或利他考虑的管理者（代理人）可能会因委托人的预期而表现得自私。Ghoshal（2005）认为，假定都会自我实现，糟糕的管理理论可能会排挤好的管理实践。因此，符合现实且有效的假定是一个好的或有用的理论最重要的基础。

简单、综合的理论比复杂、具体的理论更为有用。有多个中介变量、调节变量及多因素交互效应的理论，就属于复杂的理论。讽刺的是，这些复杂理论的边界条件限制了它们的预测作用。换句话说，这种理论适用于非常具体的情境。正是由于这些理论适用于非常具体的情境，因此才导致这些理论的发现难以复制。当然，确定理论的边界有助于为理论的使用划清界限。然而，成功地发现多因素交互效应及主效应的消失，并不能对一般的知识做出贡献。这表明，该理论还不足以在各种情况下都具有预测性。有趣的是，未能发现调节效应，只有持久、稳健的主效应，恰恰为该理论的普遍有效性提供了证据。只有有限几个假定或条件的一般理论，更有可能在包括中国在内的各种情境中解释类似现象。大家在阅读本书时，需要去判断哪些理论更为普遍，哪些更为具体且有更多的边界条件。

考虑到社会现象的情境性，我鼓励大家抱着"怀疑"（skeptical）的心态，去使用这些西方理论中的任何一个。如果该理论的基本假定，在你的研究中无效或没有意义，你在研究中就不应该使用这一理论。如果某一个理论激发了你的兴趣，请认真分析该理论，判断该理论对你要研究的问题是否有价值。这个问题在中国有意义吗？使用与问题不匹配的理论，就像给一个没有病的人开药。你不一定会杀死病人，但你对病人也没有任何帮助。找出在中国情境下，特别值得去研究的重要问题。然后，在本书中找到一个用来解决类似问题的理论。理解该理论中的假定，并进行必要的调整，确保其对中国情境下的问题有意义。在某些情况下，你可能会发现预测与原始理论完全相反，这也是有可能的。

肖知兴与我的论文（Xiao and Tsui, 2007）是对西方已有理论情境化应用的极好示例。结构洞理论 (Burt, 1992) 预测，在社会网络中，更多的结构洞将给个人的职业成功带来更多的积极回报。这是基于一个假定，即在结构洞理论建立的情境下（高个人主义的美国社会），竞争行为和对有价值信息的控制或战略性使用是可接受的行为。而在重视合作和信息共享的中国社会或情境（比如在某些中国企业）下，这一假定可能是无效的。在仔细分析了情境差异后，我们不得不对这一理论进行了修正，假定结构洞与一个人的职业成功之间存在负相关关系，并以中国四家单位为样本，验证了这一新的假定。

西方学者在不同层次、不同的情境中提出了很多理论，来解释令人困惑的现象。本书及《管理与组织研究必读的 40 个理论》《管理与组织研究常用的 60 个理论》可以帮助中国学者快速了解西方的这些理论，再结合《管理理论构建论文集》（徐淑英等，2016）一起，应该可以帮助年轻学者了解理论发展的过程，研究学者如何识别或建立逻辑体系来解释有趣的谜题或问题。

对国内管理研究者来说，本书是非常宝贵的资源。它能帮助国内学者去了解一个理论的结构、潜在的假定与旨在解释的问题。而且，中国学者可以通过批判性地检验假定的有效性和情境的类似性，将这些理论成功地应用于中国情境中。通过这种"怀疑"的方法，国内学者将有更佳的机会去准确地解释中国的现象，并给国内管理实践贡献可信的知识。我鼓励大家去阅读这本有意义的书，负责任地学习和应用这些理论。

（徐淑英）

美国圣母大学杰出特聘教授
美国管理学会（AOM）院士、第 67 届主席
中国管理研究国际学会（IACMR）创会主席
《组织管理研究》（MOR）创刊主编

参考文献

Burt, R. S. (1992). *Structural Holes: The Social Structure of Competition*. Cambridge, Massachusetts: Harvard University Press.

Ghoshal, S. (2005). Bad management theories are destroying good management practices. *Academy of Management Learning & Education*, 4(1), 75–91.

Jensen, M. C., & Meckling, W. H. (1976). Theory of the firm: Managerial behavior, agency costs and ownership structure. *Journal of Financial Economics*, 3(4), 305–360.

Risjord, M. (2014). *Philosophy of Social Science: A Contemporary Introduction*. New York: Routledge.

Tsui, A. S. (2004). Contributing to global management knowledge: A case for high quality indigenous research. *Asia Pacific Journal of Management*, 21(4), 491–513.

Tsui, A. S. (2006). Contextualization in Chinese management research. *Management and Organization Review*, 2(1), 1–13.

Tsui, A. S. (2007). From homogenization to pluralism: International management research in the academy and beyond. *Academy of Management Journal*, 50(6), 1353–1364.

Tsui, A. (2018). Commentary on 'Opportunities and challenges of engaged indigenous scholarship' (Van de Ven, Meyer, & Jing, 2018). *Management and Organization Review*, 14(3), 463–466.

Tsui, A. S., Nifadkar, S. S., & Ou, A. Y. (2007). Cross-national, cross-cultural organizational behavior research: Advances, gaps, and recommendations. *Journal of Management*, 33(3), 426–478.

Van de Ven, A., Meyer, A., & Jing, R. (2018). Opportunities and challenges of engaged indigenous scholarship. *Management and Organization Review*, 14(3), 449–462.

Whetten, D. A. (2009). An examination of the interface between context and theory applied to the study of Chinese organizations. *Management and Organization Review*, 5(1), 29–56.

Xiao, Z., & Tsui, A. S. (2007). When brokers may not work: The cultural contingency of social capital in Chinese high-tech firms. *Administrative Science Quarterly*, 52(1), 1–31.

徐淑英, 任兵, & 吕力. (2016). 管理理论构建论文集. 北京：北京大学出版社.

前言

相对于其他知识存在形式,理论具有卓越的时空穿透力,这一特征使它成为最凝练的知识载体,也是学术研究追求理论贡献的根本理由。

2017年,我们组织国内同行翻译了《管理与组织研究必读的40个理论》,随后,我们又在2019年组织国内同行编写了《管理与组织研究常用的60个理论》,本次工作与之前两次工作的初衷是一致的——推动中国管理学者做出更大的理论贡献。

我们在《管理与组织研究必读的40个理论》的译者序中曾提到,"做出理论贡献的前提是要熟悉现有的理论,要近距离地去触碰、思考和批判这些理论"。从近期发表的文章来看,熟悉理论的目的已经达到,现在很多学者在写论文时,都会为自己的文章寻找理论依据,都会用一个或几个理论来"framing"自己的文章。但我们不得不说,如果仅停留在为自己论文寻找理论依据的阶段,那么理论就变成了学术论文的美颜工具,这也就失去了做研究的内在价值。若想做出有理论贡献的研究,最终还需要批判既有理论,并在此基础上提出与之在抽象层次上对应的陈述,即新的理论观点,这才是我们编写理论书的本来目标。希望本书的出版,能够进一步推动这一目标的实现。

本书收集编写的理论大部分是之前两本书中没有介绍过的,仅有少部分曾在《管理与组织研究必读的40个理论》中出现过。之所以这样,是有读者向我们反映编写比翻译阅读体验更好,而且编写者增加了最新的进展及其在本土管理研究的应用等内容。与之前的两本书一样,本书我们依然邀请了国内同行来编写,他们是:

1	变革承诺理论	冯彩玲，南京农业大学公共管理学院
2	补偿性控制理论	刘平青，北京理工大学管理与经济学院
		刘东旭，北京理工大学管理与经济学院
		司竺鑫，北京理工大学管理与经济学院
3	多团队系统理论	伍如昕，中南大学公共管理学院
4	二元领导力理论	汤超颖，中国科学院大学经济与管理学院
		侯锦昌，中国科学院大学经济与管理学院
5	个体优势理论	田喜洲，重庆工商大学工商管理学院
		彭息强，重庆工商大学工商管理学院
		姜梦媛，重庆工商大学工商管理学院
		焦青松，重庆工商大学工商管理学院
6	工作场所无礼行为理论	刘嫦娥，湖南工商大学工商管理学院
		陈雅惠，云南大学工商管理与旅游管理学院
7	工作能量整合模型	江新会，云南财经大学商学院
		张诗含，云南财经大学商学院
		张 恒，云南财经大学商学院
8	工作特征理论	田 青，澳门科技大学商学院
		白敬伊，澳门科技大学商学院
9	合理行动理论	孟 慧，华东师范大学心理与认知科学学院
		张玉青，华东师范大学心理与认知科学学院
10	积极活动模型	丁 贺，华北电力大学经济与管理学院
11	结构洞理论	李雅文，北京邮电大学经济管理学院
12	结构化理论	于慧萍，山西财经大学工商管理学院
		张舒宁，山西财经大学工商管理学院
13	恐惧管理理论	毛畅果，首都经济贸易大学劳动经济学院
		范静博，首都经济贸易大学劳动经济学院
14	框架效应理论	冯娇娇，中南财经政法大学工商管理学院
15	烙印理论	吴继红，电子科技大学经济与管理学院
16	利益相关者理论	潘静洲，天津大学管理与经济学部
		李翊君，上海交通大学安泰经济与管理学院
		万 萌，天津大学管理与经济学部
17	领导替代理论	尹 奎，北京科技大学经济管理学院
		芦燕辉，中国邮政储蓄银行股份有限公司北京分行
		赵 景，北京科技大学经济管理学院

18	目的工作行为理论	关晓宇，北京师范大学政府管理学院
19	能力—动机—机会理论	高雪原，中国劳动关系学院劳动关系与人力资源学院
20	企业注意力基础观	张　明，华南理工大学工商管理学院
		蓝海林，华南理工大学工商管理学院
21	情绪劳动理论	谭　玲，广东工业大学管理学院
		王永丽，中山大学管理学院
22	权力的趋近—抑制理论	娄宇阁，北京大学心理与认知科学学院
		张　燕，北京大学心理与认知科学学院
23	社会比较理论	刘得格，广州大学管理学院
		刘　芳，广州大学管理学院
24	社会交换理论	刘　冰，山东大学管理学院
		齐　蕾，山东财经大学工商管理学院
25	社会身份认同理论	杨　杰，桂林电子科技大学商学院
		林俊滨，澳大利亚昆士兰大学心理学院
		S.亚历山大·哈斯兰姆，澳大利亚昆士兰大学心理学院
		凯瑟琳·哈斯兰姆，澳大利亚昆士兰大学心理学院
		尤兰达·耶腾，澳大利亚昆士兰大学心理学院
26	社会资本理论	陶厚永，武汉大学经济与管理学院
27	团队心智模型理论	谢宝国，武汉理工大学管理学院
		缪佳玲，武汉理工大学创业学院
28	吸引—选择—磨合理论	郭钟泽，北京信息科技大学经济管理学院
29	相似吸引理论	苗仁涛，首都经济贸易大学劳动经济学院
		李　桐，首都经济贸易大学劳动经济学院
		张佳玥，首都经济贸易大学劳动经济学院
		曹　毅，北京大学心理与认知科学学院
30	心理逆反理论	赵新元，中山大学管理学院
		王伏瑾，中山大学管理学院
		王甲乐，中山大学管理学院
31	心理账户理论	杜林致，兰州大学管理学院
		陈雨欣，兰州大学管理学院
32	信息不对称理论	徐　光，哈尔滨师范大学管理学院
		田也壮，哈尔滨工业大学经济与管理学院
		张　雪，上海师范大学哲学与法政学院
		黄　莹，哈尔滨师范大学管理学院

33	意义构建理论	曲　庆，清华大学经济管理学院
34	印象管理理论	张昱城，河北工业大学经济管理学院
		王　丹，河北工业大学经济管理学院
		赵　优，河北工业大学经济管理学院
35	涌现理论	蒋建武，深圳大学管理学院
		朱文博，深圳大学管理学院
		黄小霞，深圳大学管理学院
36	幽默型领导理论	杨　付，西南财经大学工商管理学院
		陈　刚，西南财经大学工商管理学院
		杨　菊，西南财经大学工商管理学院
37	制度理论	高　宇，西安交通大学经济与金融学院
38	制度逻辑理论	葛明磊，中共北京市委党校领导科学教研部
39	资源编排理论	张建琦，中山大学岭南（大学）学院
		郭子生，华南理工大学工商管理学院
40	资源基础理论	贾建锋，东北大学工商管理学院
		闫佳祺，东北大学工商管理学院
41	自我差异理论	杨春江，燕山大学经济管理学院
		陈亚硕，燕山大学经济管理学院
42	自我决定理论	于海波，北京师范大学政府管理学院
		晏常丽，北京师范大学政府管理学院
		董振华，山东女子学院工商管理学院
43	自我肯定理论	叶茂林，暨南大学管理学院企业管理系
		胡云洋，暨南大学管理学院企业管理系
44	自我领导理论	周　浩，四川大学商学院
		刘　琴，四川大学商学院
45	最佳差异化理论	张靖昊，北京大学心理与认知科学学院
		张　燕，北京大学心理与认知科学学院

我们在此对这些同行致以深深的敬意和谢意！

此外，还想解释一下书名的情况。本书成稿后，我们决定不再沿用"管理与组织研究……个理论"的命名方式，以免让读者对几本书之间的区别与联系感到迷惑，而是定名为《管理与组织研究必备的理论书》。我们计划在本书出版后，再着手将《管理与组织研究必读的40个理论》《管理与组织研究常用的60个理论》进行修订，改正其中出现的错误，增加与中国管理与组织研究更相关的内容，作为本书的同系列与读者见面。该系列图书未来将更加开放且勤加修订，敬请期待！

截至目前，我们已经在三本书中对135个管理理论进行了介绍，感兴趣的读者可以扫描右侧二维码，获取这些理论介绍的收录信息。

另外，还要感谢北京大学出版社经济与管理图书事业部林君秀主任、徐冰和任京雪编辑。本书的出版受到了新冠肺炎疫情的一些影响，没有她们的艰苦努力，本书也不可能与读者顺利见面。

本书涉及的理论众多，虽然我们与所有的作者都投入了大量的时间与精力，在撰写过程中也力求不出纰漏，但错误与不当之处在所难免。如果您发现有任何问题，可以与我们或者任何作者联系（下方落款处有我们的电子邮箱，您也可以在每章的脚注中找到每位作者的电子邮箱），我们一定会在再版或重印时进一步完善。如果您有兴趣参与本书的再版，也欢迎随时与我们联系，谢谢您的帮助与支持！如果您希望了解本书的新动向，欢迎扫描右边的二维码，或直接访问：http://www.obhrm.net/index.php/45theory。

希望早日看到中国学者在组织管理领域做出自己更多的贡献，特别是理论贡献。

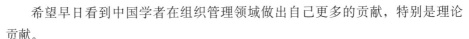

徐世勇　教授、博士生导师　　　李超平　教授、博士生导师
中国人民大学劳动人事学院　　　中国人民大学公共管理学院
xusy@ruc.edu.cn　　　　　　　　lichaoping@ruc.edu.cn
2021年9月

目录

1 变革承诺理论（冯彩玲）// 1

2 补偿性控制理论（刘平青、刘东旭、司竺鑫）// 11

3 多团队系统理论（伍如昕）// 19

4 二元领导力理论（汤超颖、侯锦昌）// 34

5 个体优势理论（田喜洲、彭息强、姜梦媛、焦青松）// 40

6 工作场所无礼行为理论（刘嫦娥、陈雅惠）// 49

7 工作能量整合模型（江新会、张诗含、张恒）// 60

8 工作特征理论（田青、白敬伊）// 71

9 合理行动理论（孟慧、张玉青）// 79

10 积极活动模型（丁贺）// 88

11 结构洞理论（李雅文）// 96

12 结构化理论（于慧萍、张舒宁）// 107

13 恐惧管理理论（毛畅果、范静博）// 115

14 框架效应理论（冯娇娇）// 125

15 烙印理论（吴继红）// 133

16 利益相关者理论（潘静洲、李翊君、万萌）// 137

17 领导替代理论（尹奎、芦燕辉、赵景）// 145

18 目的工作行为理论（关晓宇）// 153

19 能力—动机—机会理论（高雪原）// 163

20 企业注意力基础观（张明、蓝海林）// 171

21 情绪劳动理论（谭玲、王永丽）// 179

22 权力的趋近—抑制理论（娄宇阁、张燕）// 188

23 社会比较理论（刘得格、刘芳）// 198

24 社会交换理论（刘冰、齐蕾）// 209

25 社会身份认同理论（杨杰、林俊滨、S. 亚历山大·哈斯兰姆、凯瑟琳·哈斯兰姆、尤兰达·耶腾）// 218

26 社会资本理论（陶厚永）// 229

27 团队心智模型理论（谢宝国、缪佳玲）// 236

28 吸引—选择—磨合理论（郭钟泽）// 247

29 相似吸引理论（苗仁涛、李桐、张佳玥、曹毅）// 256

30 心理逆反理论（赵新元、王伏瑾、王甲乐）// 264

31 心理账户理论（杜林致、陈雨欣）// 274

32 信息不对称理论（徐光、田也壮、张雪、黄莹）// 286

33 意义构建理论（曲庆）// 294

34 印象管理理论（张昱城、王丹、赵优）// 303

35 涌现理论（蒋建武、朱文博、黄小霞）// 311

36 幽默型领导理论（杨付、陈刚、杨菊）// 320

37 制度理论（高宇）// 330

38 制度逻辑理论（葛明磊）// 338

39 资源编排理论（张建琦、郭子生）// 347

40 资源基础理论（贾建锋、闫佳祺）// 356

41 自我差异理论（杨春江、陈亚硕）// 364

42 自我决定理论（于海波、晏常丽、董振华）// 373

43 自我肯定理论（叶茂林、胡云洋）// 382

44 自我领导理论（周浩、刘琴）// 391

45 最佳差异化理论（张靖昊、张燕）// 401

1

变革承诺理论*

冯彩玲[1]

21世纪初，随着通用承诺理论的不断发展，林恩·赫斯科维奇（Lynne Herscovitch）和约翰·迈耶（John Meyer）（见图1）提出了组织变革情境下的承诺理论，即变革承诺理论（commitment to change theory）。他们认为，承诺有多种不同的形式，除整个组织之外（组织承诺），个体还可能对组织中具体的焦点或机构产生承诺。个体所承诺的对象可以是实体，例如工会（Barling *et al.*, 1992）、团队和领导者（Becker, 1992; Hunt and Morgan, 1994）、职业（Meyer *et al.*, 1993），也可以是具体的目标和事件（Locke *et al.*, 1988）。他们在前人研究的基础上，于2002年发表了《组织变革承诺：一个三维模型的拓展》（Commitment to organizational change: Extension of a three-component model）一文，认为组织变革情境中同样存在承诺，并进一步指出，无论承诺的对象是谁，承诺的"核心精髓"可能都相同，具体而言：①承诺是一种影响力（force）、思维模式（mind-set），或者心理状态（psychological state）；②承诺为个体行为指引了方向（如约束个体遵守行动方针）。他们强调，承诺区

图1 约翰·迈耶

---

* 基金项目：国家自然科学基金青年项目（71402067），教育部人文社科青年项目（19YJCZH029），山东省自然科学基金面上项目（ZR2019MG002）。

[1] 冯彩玲，管理学博士（后），南京农业大学公共管理学院教授。主要研究领域：人力资源管理与组织行为、社会保障与社会工作、领导力与人才发展、政府绩效管理等。电子邮箱：china_clf@126.com。

别于以交换为基础的动机和与目标相关的态度，甚至可以在不存在外在动机和积极态度的情况下对行为产生影响。经过近20年的发展，变革承诺理论得到不断丰富和完善，被引次数稳中有序地攀升，自2003年以来每年的被引次数均超过了1 000次（见图2），受到了理论界与实践界的广泛关注。

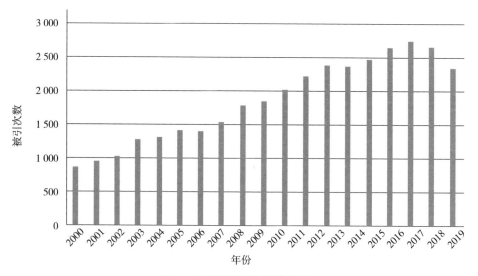

图2　变革承诺理论的被引次数

资料来源：根据 Google Scholar 数据整理而成，搜索时采用精确匹配。

| 变革承诺理论的核心内容 |

变革承诺是在通用承诺的基础上进一步发展而来的概念。变革承诺是约束个体遵守成功实施变革方案所必需行动方针的一种影响力或思维模式（Herscovitch and Meyer, 2002）。变革情境中的承诺存在三种不同的形式：①变革情感承诺，反映了员工基于变革会为组织带来利益的信念而支持变革的意愿；②变革规范承诺，反映了员工支持变革的责任感；③变革持续承诺，反映了员工认识到不支持变革可能付出的成本而支持变革的意愿。简而言之，员工感觉自己必须支持变革是因为他们想要这么做，应该这么做，以及/或者不得不这么做。该定义说明，变革承诺是一种"行动承诺"，体现了员工支持变革且为了变革倡议的成功而努

力的一种积极主动的行为意愿。与其他形式的工作场所承诺不同，变革承诺的对象并非一些静态的实体（如组织、团队等），它反映了员工对实施新的工作规则、政策、项目、预算、技术等的接受程度和依恋水平，这些组织变革的实施都是一种动态的过程（Neubert and Wu, 2009）。

以往关于变革承诺结构和测量的研究存在较多分歧，主要表现在单维结构和多维结构两个方面。早期阶段，变革承诺在较长一段时间内一直被视为一个单维度的构念来研究，强调变革认同（Ford et al., 2003）、变革意向（Fedor et al., 2006）、员工对待变革的态度（Jansen, 2004）、变革准备（Armenakis and Harris, 2009）、变革开放性（Wanberg and Banas, 2000）等。直到 Meyer and Herscovitch (2001) 将组织承诺三维模型（Meyer and Allen, 1991）应用到变革承诺领域，人们才对变革承诺的结构有了更清晰的认识和全面的了解。Herscovitch and Meyer (2002) 认为，变革承诺同样包含三个成分，即变革情感承诺、变革规范承诺和变革持续承诺。他们以医院护士为研究对象，编制了1个包含18个题项的三维度变革承诺问卷，每个维度均包含6个题项，信效度良好，3个维度之间相互独立，这就使得变革承诺在理论和实践上获得了独立，并与其他相似概念区别开来。然而，Herscovitch and Meyer (2002) 也存在研究缺陷，比如样本来源单一，仅取样于护士群体；98%—99%的被试是女性；被试只要求选择一种变革计划。还有一些学者指出，在不同的样本中3个维度之间的相关性并不一致（Cinite and Duxbury, 2018），特别是在亚洲文化情境下的结构效度（Bouckenooghe et al., 2015），并呼吁进行结构方面的澄清（Chen et al., 2012; Jaros, 2010; Meyer et al., 2007）。Soumyaja et al. (2011) 以印度 IT（信息技术）企业的305名员工为被试，检验了 Herscovitch and Meyer (2002) 的变革承诺三维模型，结果发现，变革承诺是一个四维模型而非三维，变革情感承诺和变革持续承诺有明显的区别，但是变革规范承诺的项目落在了两个因子上。中国关于变革承诺结构和测量的研究比较少见。袁蓉（2005）对 Herscovitch and Meyer (2002) 开发的变革承诺量表进行了检验。通过对数据的验证性因素进行分析，在保留原量表的18个题项的基础上，在变革规范承诺维度中补充加入了两个具有中国背景特色的题项，共20个题项，采用李克特5点量表进行计分。其中，变革情感承诺6个题项，变革规范承诺8个题项，变革持续承诺6个题项。Chen and Wang (2007) 以中国海关人员为被试，检验了 Herscovitch and Meyer (2002) 的变革承诺三维模型。结果发现，由于变革规范承诺的题项总相关性较低，删除了2个题项，其他两个维度的题项仍保持不变，共 16 个题项，采用李克特 7 点量表进行计分。后来，Chen et al. (2012) 的另一项研究也支持了 Herscovitch and Meyer（2002）的变革承诺三维模型，但由于变革承诺概念与中国文化情境不匹配，结果变革规范承诺的信度较低。Feng et al. (2020) 基于前景理论的 4 个方面（参考依赖、损失回避、敏感性降低和概率加权）（Barberis, 2013），通过定性和定量的规范研究方法，提出了中国组织情境下的独特维度——变革职业承诺，一种员工认识到组织变革过程中自身职业发展前景而支持变革的态度，该定义捕捉了组织变革对个体工作价值和意义的影响，并最终编制了 4 个维度 16 个题项的变革承诺问卷，分别是变革情感承诺、变革规范承诺、变革持续承诺和变革职业承诺，每个维度各 4 个题项，具有良好的统计测量学指标。可见，在变革承诺结构和测量的研究中，单维和多维结构均有研究者在使用，但是单维结构往往是多维结构中的一个成分。特别是在实践中，人们发现三维结构对后果变量的预测效果要好于单维结构，即较多的研究支持变革承诺的三维结构（Herscovitch and Meyer, 2002; Meyer et al., 2007; Parish et al., 2008; Somers, 2009）。

以往关于变革承诺影响因素的研究主要集中于变革恰当性、领导行为、社会支持、变革公平、变革结果的预期、人力资源管理实践、变革自我效能感、组织承诺、控制点等方面。①变革恰当性聚焦于某次变革对组织来说是否恰当以及个体对变革的认同，强调变革是否与组织战略、价值观、愿景相匹配。如果员工认为变革与组织目标或组织愿景相一致，那么他们将会投入更高的变革热情，从而激发更高的变革承诺。Parish et al. (2008) 选取了一家正在进行重组、引入新技术的运输公司的 191 名员工作为样本，探讨了变革与组织愿景的匹配性对变革承诺三因素的影响。研究结果表明，如果员工认为变革与组织愿景相匹配，那么他们将表现出更高的变革情感、规范和持续承诺。Neves（2009）以葡萄牙一家公立大学的 88 名雇员为样本，发现如果员工认为组织价值观与员工自身价值观相一致，变革对于组织来说是最好的解决方案，那么员工会具有较高的变革情感承诺。②Hill et al. (2011) 对正在进行激进式变革的联邦政府机构进行纵向研究，结果发现变革型领导对变革情感承诺和变革规范承诺具有正向影响，等级距离对变革情感承诺和变革规范承诺具有负向影响，管理沟通有效性在变革型领导（等级距离）和变革承诺之间均起到部分中介作用。Santhidran et al. (2013) 以马来西亚一家大型能源公司的 200 名管理者为样本，探讨了变革型领导、变革准备和变革情感承诺的关系。研究结果表明，变革准备在变革型领导和变革情感承诺之间起到中介作用。③社会支持代表个体在情感上所受到的关心和支持。父母、配偶、子女、朋友、同事及集体和社区都是社会支持的来源。在组织变革情境中，来自上级的社会支持极为重要，因为上级占据着关键的位置，能为员工提供工具援助和情感支持。同样，面临组织变革这种不确定性很强的情境，来自同事的支持也非常重要，因为同事是个体进行社会比较并以此评价个人对事件反应的有效性的重要参考点。Nohe *et al.* (2013) 以一家正在进行组织结构变革的德国公司为研究对象，发现团队领导支持变革行为对团队成员变革情感承诺有显著的预测作用。④在各种反映变革过程的变量中，变革执行的公平性已成为研究最为广泛的变量之一。Bernerth *et al.* (2007) 聚焦于美国制造业的领头羊企业决定剥离一家子公司这一重大变革事件，以子公司的117名员工为样本，研究个体感知的组织公平对变革情感承诺的影响。研究发现，交互公平和分配公平会产生交互作用，会对变革情感承诺产生影响；同样，交互公平和程序公平也以交互作用的方式影响变革情感承诺。具体而言，当交互公平和分配公平都很高时，变革情感承诺将呈现较高的水平；交互公平和程序公平之间的交互作用也是类似的结果。Foster (2010) 检验了员工感知的组织公平对变革承诺三要素的影响。结果表明，组织公平和变革情感承诺呈显著正相关关系，组织公平和变革规范承诺也是如此；组织公平和变革持续承诺则呈负相关关系。⑤变革结果作为变革事件的重要特征之一，与员工的切身利益有着密切的联系，可能影响员工的心理变化和行为反应。已有学者从个体层面和群体层面探讨了变革结果预期和变革承诺的关系，如 Fedor *et al.* (2006) 以32个正在进行变革的企业中的管理者和员工为样本，讨论了群体层次的变革结果与员工变革承诺之间的关系。结果表明，如果员工认为变革对自身所在的工作单元是有利的，那么他们将表现出更高水平的变革承诺。宁静 (2013) 从个体层次实证检验了变革结果预期对变革承诺的作用。结果发现，收入结果预期与变革情感承诺显著正相关，与变革规范承诺和变革持续承诺的相关性均不显著；工作结果预期与变革情感承诺和变革规范承诺显著正相关，与变革持续承诺显著负相关。⑥人力资源管理实践包含的内容比较广泛，不同学者关注的实践内容也各不相同。Delery and Doty (1996) 归纳前人研究提出了七种具有共性的人力资源管理实践：内部职业机会，培训，绩效评估，就业保障，参与制，工作规程，利润分享，后来被人们普遍认为是最受关注的七种。一些研究探讨了人力资源管理实践与变革承诺的关系，如 Shin *et al.* (2012) 以韩国南部一家IT公司的48位团队经理和344位员工为样本，探讨了组织奖励对变革承诺的预测作用，结果支持该假设，而且交换关系在组织奖励和变革承诺之间起到一定的中介作用。⑦变革自我效能感反映了个体对自身应对变革所带来的各方面要求的信心。高变革自我效能感的个体对自己应对变革的能力非常自信，他们较少受到组织变革带来更多工作要求的消极影响，而更愿意致力于支持这些变革。Neubert and Cady (2001) 以美国一所中西部大学的 413 名行政人员为样本，发现变革自我效能感与变革承诺之间具有显著的正相关关系。Herold et al. (2008) 以 25 个正在进行各种变革的组织中的 553 名员工为样本，发现变革自我效能感对变革承诺有显著的正向影响，并且当变革越是动荡时，二者之间的正相关性越强。⑧组织承诺代表了个体对其所在组织的总体反应，个体对整个组织的承诺很有可能影响变革承诺。Neubert and Cady (2001) 以美国一所中西部大学的 413 名行政人员为样本，发现组织承诺与变革承诺呈显著正相关关系。Herold et al. (2008) 以 34 个正在实施组织变革的组织中的 343 名员工为样本，也得出了类似的结果。⑨控制点是个体对自身控制环境能力的感知。变革不可避免地使个体置身于一种不确定的环境中，个体对环境的控制将对变革反应产生影响。一些研究已证明了控制点和各种变革承诺之间的关系，例如 Chen and Wang (2007) 以 256 名中国海关的工作人员为样本，发现控制点对变革承诺三因素的影响截然不同，内部控制型的员工表现出更高水平的变革情感承诺和变革规范承诺，外部控制型的员工则更倾向于具有高水平的变革持续承诺。

变革承诺的影响效果主要聚焦于变革相关行为、绩效等方面。首先，与组织变革相关的行为主要聚焦于支持变革行为（Shin et al., 2012）、应对变革行为、抵抗变革行为等。Herscovitch and Meyer (2002) 所开发的变革承诺量表能够帮助管理者更好地了解不同员工在面对变革时所具有的不同态度和意识状态，预测员工在变革中可能的行为表现，并在此基础上采取积极的策略来推动变革的顺利实施。Hartline and Ferrel (1996) 以 279 家酒店的 797 名管理者和客服人员为样本，研究了管理者对一项新服务措施的承诺和行为之间的关系。结果表明，变革承诺作为一种机制将会影响管理者的行为，对变革承诺较高的经理人更倾向于运用相关方法来激励下属支持变革。Neves (2009) 以葡萄牙一家公立大学的 88 名雇员为样本，发现变革情感承诺对雇员的行为变化有显著的正向影响。可见，变革承诺反映了支持变革倡议的行为意图，而且变革承诺的三个维度与行为结果的关系也不尽相同。Cunningham (2006) 以正在进行重大组织变革的美国全国大学体育协会为对象，选取 10 个体育部门的 299 名员工为样本，探讨了变革承诺与应对变革行为之间的关系。结果表明，变革情感承诺正向影响应对变革行为，而变革持续承诺则负向影响应对变革行为。Feng et al. (2020) 探讨了变革承诺四维度是否随着时间发生变化，以及变革承诺四维度对支持变革行为和抵抗变革行为的预测作用。员工抵抗变革行为会降低或中断组织变革。根据期望理论（Vroom, 1964），人们会根据感知、态度和信念来有意识地选择行动过程，从而增强快乐感，避免痛苦。Porter and Lawler (1968) 也认为，个体的努力受预期结果的驱动。因此，个体对变革的态度和行为来自他们对变革过程及自身目标与价值观的感知。期望理论预测，如果出现下述情况之一，则抵抗变革行为就会发生：第一，个体预期变革过程中的行为和绩效之间的关系是不明确的；第二，绩效和结果之间的关系是不明确的；第三，变革结果对个体有负面影响（Hope and Pate, 1988）。此外，离职意向可视为抵抗变革的一种形式，因此它也是评价变革成功性的一种重要结果变量。Cunningham（2006）的研究结果表明，变革情感承诺与离职意向存在显著的负相关关系，而变革持续承诺与离职意向存在显著的正相关关系。应对变革行为在变革情感承诺与离职意向之间起到完全中介作用，在变革持续承诺与离职意向之间起到部分中介作用。绩效方面，近年来有越来越多的学者开始探索变革承诺对绩效的影响。Chen et al. (2012) 以三家正在实施部门重组的中国国有企业的287名员工为样本，探讨了变革情感承诺和变革规范承诺对个体绩效变化的影响。研究结果表明，变革情感承诺对个体绩效变化有显著的正向影响，而变革规范承诺与个体绩效变化之间的相关性并不显著，这和 Parish et al. (2008) 的发现类似。Nohe et al. (2013) 以一家正在进行组织结构变革的德国公司为研究对象，发现变革情感承诺对团队绩效有显著的预测作用。

对该理论的评价

无论是在理论分析还是在实证研究中，变革承诺都是一个重要而新颖的研究领域。变革承诺的结构和测量仍缺乏广泛认可的量表对所建模型进行严谨的实证检验，中西方文化背景下的变革承诺结构还存在哪些差异仍值得深入挖掘。国外关于变革承诺的影响因素仍以实证研究文献居多，缺乏对变革规范承诺、变革持续承诺、变革职业承诺等影响因素的进一步探讨，需要对变革承诺不同维度的变量关系进行整合，以便更加深入理解变革承诺各维度之间的关系。国内外专门研究员工变革承诺对绩效与变革行为变量效应的文献仍比较少见。现有文献主要集中于与变革相关的结果变量（如积极变革行为和消极变革行为）及一般性结果变量（如个体绩效、个体学习等），这些研究成果对变革承诺实践的指导意义仍然很有限。此外，由于组织变革的"多层次"特点，以往研究还未能清晰地揭示变革承诺与个体、团队等不同层面产出的复杂关系，无法揭示变革承诺跨层次影响效应的动态机制，这在一定程度上也限制了变革承诺理论的发展。

关键测量量表

1. 变革承诺量表

Herscovitch, L. & Meyer, J. P. (2002). Commitment to organizational change: Extension of a three-component model. *Journal of Applied Psychology*, 87(3), 474–487.

2. 变革承诺量表

Chen, J., & Wang, L. (2011). Cross-industry dimensionality of the commitment to change scale in China. *Psychological Reports*, 108(3), 963–976.

3. 变革承诺量表

Feng, C. L., Mulyadi, R., & Fan, L. S., *et al.* (2020). Commitment to change: Structure clarification and its effects on change-related behaviors in the Chinese context. *Personnel Review*, 49(5), 1069–1090.

经典文献

Armenakis, A. A., Harris, S. G., & Mossholder, K. W. (1993). Creating readiness for organizational change. *Human Relations*, 46(6), 681–703.

Battistelli, A., Montani, F., & Odoardi, C., *et al.* (2014). Employees' concerns about change and commitment to change among Italian organizations: The moderating role of innovative work behavior. *International Journal of Human Resource Management*, 25 (7), 951–978.

Bouckenooghe, D., Schwarz, G. M., & Minbashian, A. (2015). Herscovitch and Meyer's three component model of commitment to change: Meta-analytic findings. *European Journal of Work and Organizational Psychology*, 24(4), 578–595.

Chen, J., Wang, L., & Huang, M., *et al.* (2012). Naive dialecticism and Chinese employees' commitment to change. *Journal of Managerial Psychology*, 27(1), 48–70.

Choi, M. (2011). Employees' attitudes toward organizational change: A literature review. *Human Resource Management*, 50(4), 479–500.

Conway, E., & Monks, K. (2008). HR practices and commitment to change: An employee-level analysis. *Human Resource Management Journal*, 18(1), 72–89.

Fedor, D. B., Caldwell, S., & Herold, D. M. (2006). The effects of organizational changes on employee commitment: A multilevel investigation. *Personnel Psychology*, 59(1), 1–29.

Feng, C. L., Mulyadi, R., & Fan, L. S., *et al.* (2019). Commitment to change: Structure clarification and its effects on change-related behaviors in the chinese context. *Personnel Review*, 49(5), 1069–1090.

Ford, J. K., Weissbein, D. A., & Plamondon, K. E. (2003). Distinguishing organizational from strategy commitment: Linking officers' commitment to community policing to job behaviors and satisfaction. *Justice Quarterly*, 20(1), 159–185.

Herold, D. M., Fedor, D. B., & Caldwell, S., *et al.* (2008). The effects of transformational and change leadership on employees' commitment to a change: A multilevel study. *Journal of Applied Psychology*, 93(2), 346–357.

Herscovitch, L., & Meyer, J. P. (2002). Commitment to organizational change: Extension of a three-component model. *Journal of Applied Psychology*, 87(3), 474–487.

Jing, R. T., Xie, J. L., & Ning, J. (2014). Commitment to organizational change in a chinese context. *Journal of Managerial Psychology*, 29(8), 1098–1114.

Meyer, J. P., & Herscovitch, L. (2001). Commitment in the workplace: Toward a general model. *Human Resource Management Review*, 11(3), 299–326.

Morin, A. J., Meyer, J. P., & Bélanger, É., *et al.* (2016). Longitudinal associations between employees' beliefs about the quality of the change management process, affective commitment to change and psychological empowerment. *Human Relations*, 69(3), 839–867.

Nohe, C., Michaelis, B., & Menges, J. I., *et al.* (2013). Charisma and organizational change: A multilevel study of perceived charisma, commitment to change, and team performance. *Leadership Quarterly*, 24(2), 378–389.

对管理者的启示

变革承诺是组织变革成功的重要决定因素（Huy *et al.*, 2014）。组织变革通常需要来自组织成员的持续支持（Stevens, 2013），并从根本上改变变革相关行为，只有这样才能有效提升变革效能（Michaelis *et al.*, 2010; Morin *et al.*, 2016）。变革承诺是组织变革失败的重要影响因素（Rogiest *et al.*, 2015），能带来一系列组织和员工结果（Bouckenooghe *et al.*, 2015; Shin *et al.*, 2015）。因此，组织可以通过宣誓等形式表现支持变革的庄严承诺，因为变革承诺不仅是员工遵守变革方案的约束力，而且是组织高层管理者对员工变革目标的承诺，是组织变革成功的关键。此外，组织可以采取有效的变革干预策略，比如将变革恰当性、领导行为、社会支持、变革公平、变革结果的预期、人力资源管理实践、变革自我效能感、组织承诺、控制点等看作重要的干预目标，提升员工的变革承诺水平，促使员工表现出与组织变革目标相一致的变革行为，制定有效提高变革承诺水平的管理制度，从而提升变革绩效。

本章参考文献

2

补偿性控制理论

刘平青[1] 刘东旭[2] 司竺鑫[3]

补偿性控制理论产生于2008年，理论的主要提出者是亚伦·查尔斯·凯（Aaron Charles Kay）（见图1）。该理论的基本观点是，控制感丧失或被削弱的人会采取一系列补偿性行为，以缓解失控时所引发的焦虑感（Kay et al., 2008）。典型的补偿性行为有：在失去对现实世界的控制时，倾向于相信一个控制世界发展的神的存在；或者在生活受挫时，更愿意相信政府能够维护社会的公平正义（Kay et al., 2008）。

Jost and Hunyady (2005)在研究"系统合理化"[4]时提出，合理化的心理过程不仅受系统性因素的影响，还很可能与人们的某些基础心理需求有关。基于这一设想，Kay et al. (2008)在进行"民众广泛信仰上帝与公民维护其所在社会政治体系的原因"研究时，提

图1 亚伦·查尔斯·凯

---

[1] 刘平青，北京理工大学管理与经济学院教授、博士生导师。主要研究领域：员工关系与职业生涯、领导力与项目人力资源管理、产业发展与人力资源开发、中小企业管理等。电子邮箱：liupingqing@bit.edu.cn。

[2] 刘东旭，北京理工大学管理与经济学院博士研究生。主要研究领域：组织行为学。电子邮箱：liudongxu2017@163.com。

[3] 司竺鑫，北京理工大学管理与经济学院硕士研究生。主要研究领域：组织行为学。电子邮箱：sizhuxin1217@163.com。

[4] "系统合理化"概念由Jost and Banaji (1994)年提出，其含义为个体在面对某些社会现状时，会有意识或无意识地从正面、合理的角度理解遇到的情况，以调整自己的心理，进而支持现存的制度或体系，哪怕这与自身利益相冲突。

出了补偿性控制理论（compensatory control theory, CCT）。其后，许多学者纷纷采用这一理论的基本观点研究社会现实问题，如 Friesen *et al.* (2014) 对 911 事件后美国民众对美国政府看法的研究，Whitson and Galinsky (2008) 对"人们倾向于将无意义图形知觉为有序现象的原因"的探究等。近年来，随着世界各国人民贫富分化不断加剧，越来越多的学者使用补偿性控制理论从心理层面分析社会不平等问题，自 2009 年以来，该理论的被引次数如图 2 所示。

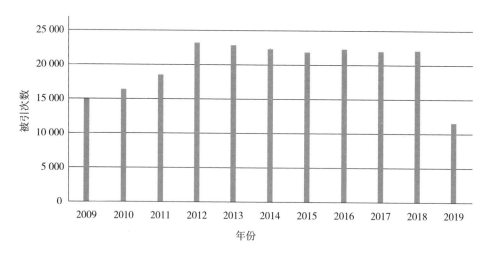

图 2　补偿性控制理论的被引次数

资料来源：根据 Google Scholar 数据整理而成，搜索时采用精确匹配。

补偿性控制理论的核心内容

补偿性控制理论认为，当人们控制感缺乏或丧失（感受到生活的无序和混乱）时，人们的结构需求可能会增加。Kay *et al.* (2008) 在进行"民众广泛信仰上帝与公民维护其所在社会政治体系的原因"研究时发现，当个体失去对外部世界的控制感时，个体会倾向于寻求权威、宗教等具有结构化特点事物的解释。例如，911 事件后，人们会用恐怖主义来解释自身遭遇的失业、裁员等问题；而当人们遭遇不公正待遇时，会倾向于通过宗教教义来解释自己遭遇这些"惩罚"的原因。这些让自身遭遇变得合理的解释，可以缓解控制感缺乏所带来的焦虑。这种用结构化的解释来弥补自身控制感缺乏的过程,就是补偿性控制过程。

补偿性控制理论与 Rothbaum et al.（1982）的次级控制理论密切相关。次级控制理论将个体根据主观意志影响周边环境的行为定义为初级控制,当个体的初级控制能力不足时,个体往往会调整心态以获得自己对外部世界的控制感,即通过次级控制获得对外部世界的控制感。

次级控制有四种表现形式,其中替代性控制（vicarious control）认为,个体可以通过认可他人的权力获得自身控制感,该观点与补偿性控制最为相近。与次级控制理论相比,补偿性控制理论的特殊性在于,补偿性控制理论认为个体最终并不能获得控制感,而是通过认定更普遍的事物获得控制感,给自己提供一种主观上的心理补偿。

除受上文提及的系统合理化理论与次级控制理论的影响外,补偿性控制理论的产生还离不开当时社会心理领域流行的两股思潮:其一是当时许多学者认为,个体对控制感有强烈的需要,即个体具有控制外界事物的动机,认为自己有能力通过行动达成目的;由此产生第二种思想,既个体对控制的感知途径远比先前已知的途径多,而当时的研究远没有揭示所有途径。补偿性控制理论正是在这种情况下,为了探索人们在失去控制感后所采取的行动而诞生的。

补偿性控制理论认为,虽然人们寻求对外部世界的控制是一种普遍行为,但由于社会生活中竞争、阶级差异、资源分配不均衡等因素的普遍存在,人们对外部世界的控制往往很难全部实现。这时人们会感受到生活的无序与不可控,为了弥补这种不可控所产生的焦虑感,人们会倾向于在外部世界中寻求秩序性与结构感,无意识地表现出对看似有秩序、可预测的外部客体的强烈偏爱,产生诸如信仰宗教、拥护政府等常见行为,更有甚者会产生偏信谣言、迷信阴谋论等极端行为。这就是补偿性控制的过程。

补偿性控制理论最重要的应用是对系统合理化的解释。在补偿性控制理论出现之前,学者们普遍将系统合理化的原因归结为个体与系统之间的矛盾。例如,一个可能会侵害个体利益的公共政策即将实施,但利益相关的个体不能阻止该政策的实施。在这种情况下,个体会倾向于产生系统合理化的倾向,在未经事实验证的情况下,认为该政策尽管损害了自身利益,但于社会整体发展有益,因此政策的实施是合理的,而自己的利益受到损害也是合理的。补偿性控制理论的出现说明系统合理化并不仅仅是由个体与系统之间的矛盾所导致的。在很多情况下,系统合理化的产生是由于个体本身缺乏控制感,而非自身与系统之间出现了矛盾。例如，个体 A 所在国以外的政府 B 出台了某个限制特定群体消费的政策。A 认为这个政策不合理，但是 A 没有办法影响政策实施。虽然这一政策对 A 没有影响，但是这个政策依然会造成 A 的焦虑。在这种情况下，A 会倾向于寻求某种结构化的解释，例如"政府 B 一定是为它的国民考虑"等，最终让自己能够接受"这一政策是合理的"这一结论。虽然政策本身与 A 无关，但是 A 依然会寻求这一政策的合理性。基于这样的理解，补偿性控制理论认为，当人们感受到生活中出现与个人理解或预期不同的情况时，人们会倾向于产生泛化结构确认（nonspecific structure affirmation），即通过强调外部世界的有序性和规则感以弥补控制感缺失所引发的焦虑。

补偿性控制理论也得到了许多实证研究的证实。Kay et al. (2008) 在"民众广泛信仰上帝与公民维护其所在社会政治体系的原因"研究中，通过分析 67 个国家的 93 122 名被试数据，发现在排除国家与意识形态的差异因素后，人们的控制感与其对政府的支持程度之间呈负相关关系，即控制感越低的被试，越倾向于拥护政府，允许政府在他们的生活中发挥重要作用。而 Friesen et al. (2014) 则通过探讨 911 事件与经济局势不稳定时期人们的变化，发现控制感越低的被试，对等级制度的支持程度越高，体现出人们对较强的结构感和可预测性的偏爱。

对该理论的评价

尽管补偿性控制理论的产生是为了探究个体对宗教和政府高度支持的原因，但其在控制感研究领域内被广泛地参考与借鉴，为之后的研究奠定了坚实的理论基础。

在补偿性控制理论出现以前，控制感领域的研究较多集中于探讨控制感丧失对人们造成的身心伤害。而补偿性控制理论则从人们在丧失控制感后产生的泛化结构确认倾向方面入手，为该领域的研究提出了一个全新的视角，并在解释系统合理化现象成因方面为后续的研究开辟了新的思路。补偿性控制理论的出现让人们意识到，控制感的丧失并不仅仅受外界系统因素的影响，同时开始将这一现象背后的个体因素纳入研究范围。这一理论的产生，为研究民众信仰宗教、拥护政府和迷信阴谋论等现象的成因提供了非常宝贵的思路，对相关领域未来的研究也产生了非常积极的指导作用。

从实践角度来看，补偿性控制理论的提出和验证为我们打开了一道客观认识管理制度建设的大门。通过补偿性控制理论的视角，我们得以重新审视过去对不合理制度的观察方式。以往的研究倾向于认为一个制度如果存在不合理的问题，则很可能激发利益相关群体的不满和反抗情绪。但是补偿性控制理论的研究表明，即使这个制度是不合理的，人们也可能采取补偿性行为以弥补控制感缺失产生的焦虑。这也解释了为什么一些公共政策或企业内部的管理制度在施行当下不会得到负面反馈，但深入调查与求证时会发现这些制度其实并不受人欢迎，这也对所有的政策制定者和管理实施者起到了警醒意义。

补偿性控制理论在推动人们进一步认识结构化倾向的同时，也存在一些不足。在理论方面，补偿性控制理论的实证研究目前仅仅证明了个体因素在结构化倾向产生过程中的重要影响，却没有将外部世界的各种复杂因素纳入研究范畴。目前的研究还不能清晰地回答外部因素是否会影响结构化倾向的产生，以及个体因素与外部因素对结构化倾向的影响程度是否一致。因此，在产生结构化倾向的过程中，个体因素与外部因素是否共同产生影响，以及这些因素之间的相互影响关系等问题也是这一理论在后续研究方面需要关注的重点。

在对个体因素的探究方面，补偿性控制理论认为，焦虑是人们产生结构化倾向的重要因素，个体如果能够抑制焦虑的产生或主动调节自身焦虑的程度，则很可能不会产生结构化倾向。也就是说，强自信的人可能并不容易产生结构化倾向（Kay et al., 2008）。例如，工厂中即将实施非常严格的绩效考评制度，而个体认为自己的绩效足够出色，不会受新制度影响，那么个体就不会产生补偿性控制行为。但是在这方面还比较欠缺实证研究的验证结果。

在具体研究对象的选择方面，大部分补偿性控制研究都是基于西方样本进行的，且以往的大量实验已经证实，东方文化尤其是中国文化影响下的个体长期处于控制感相对偏低的情况，故而在西方背景下形成的各种理论是否适用于东方环境还有待进一步验证。然而，目前这方面基于中国民众的本土研究还非常少，因此未来关于补偿性控制理论的研究非常需要与中国本土文化和社会环境因素相结合。只有充分结合国情，才能为我国社会管理、组织管理、企业管理等具体应用领域提供扎实的理论支持。

在对现实生活的指导方面，补偿性控制理论过于强调个体产生结构化倾向的无意识性而忽略了外部因素的影响。例如，政策制定者可能认为，虽然政策存在一定问题，对个体利益有损害，但是由于个体会出现补偿性控制行为，为自己受到的利益损害寻找合理借口，因此其在面对存在问题的政策时可能不会纠正问题，反而期待个体通过自身的补偿性控制行为自发地由政策反对者而变为政策拥护者。因此，如果盲目利用该理论解释具体的社会问题，则会出现在具体研究领域或社会部门内部管理者避重就轻或推卸责任的倾向与可能。

关键测量量表

1. PNS-12 结构需求量表：1 个维度，12 个题项

Thompson, M. M., Naccarato, M. E., & Parker, K. E. (1989). Assessing cognitive need: The development of the personal need for structure and personal fear of invalidity scales. Presented at The Annual Meeting of The Canadian Psychological Association, Halifax, Nova Scotia, Canada.

2. PNS-11 结构需求量表：1 个维度，11 个题项

Neuberg, S. L., & Newsom, J. T. (1993). Personal need for structure: Individual differences in the desire for simple structure. *Journal of Personality and Social Psychology*, 65(1), 113–131.

3. Sense of Control Scale（控制感量表）：2 个维度，12 个题项

Lachman, M. E., & Weaver, S. L. (1998). The sense of control as a moderator of social class differences in health and well being. *Journal of Personality and Social Psychology*, 74(3), 763–773.

4. Need for Closure Scale（认知闭合需要量表）：1 个维度，42 个题项

Kruglanski, A. W., Webster, D. M., & Klem, A. (1993). Motivated resistance and openness to persuasion in the presence or absence of prior information. *Journal of Personality and Social Psychology*, 65(5), 861–876.

5. OPS-Scales（首要—次级控制优化量表）：5 个维度，44 个题项

Heckhausen, J., Schulz, R., & Wrosch, C. (1998). Developmental regulation in adulthood: Optimization in primary and secondary control—A multiscale questionnaire (OPS-Scales). Unpublished Technical Report, Max Planck Institute for Human Development and Education, Berlin, Germany.

经典文献

Cornelis, I., Hiel, A. V., & Roets, A., *et al.* (2008). Age differences in conservatism: Evidence on the mediating effects of personality and cognitive style. *Journal of Personality*, 77, 51–88.

Friesen, J. P., Kay, A. C., & Eibach, R. P., *et al.* (2014). Seeking structure in social organization: Compensatory control and the psychological advantages of hierarchy. *Journal of Personality and Social Psychology*, 106(4), 590–609.

Goode, C., Keefer, L. A., & Molina, L. E. (2014). A compensatory control account of meritocracy. *Journal of Social and Political Psychology*, 2(1), 313–334.

Kay, A. C., Gaucher, D., & Napier, J. L., *et al.* (2008). God and the government: Testing a compensatory control mechanism for the support of external systems. *Journal of Personality and Social Psychology*, 95(1), 18–35.

Kay, A. C., Laurin, K., & Fitzsimons, G. M., *et al.* (2013). A functional basis for structure-seeking: Exposure to structure promotes willingness to engage in motivated action. *Journal of Experimental Psychology General*, 143(2), 486–491.

Kay, A. C., Whitson, J. A., & Gaucher, D., *et al.* (2009). Compensatory control: Achieving order through the mind, our institutions, and the heavens. *Current Directions in Psychological Science*, 18(5), 264–268.

Landau, M. J., Kay, A. C., & Whitson, J. A. (2015). Compensatory control and the appeal of a structured world. *Psychological Bulletin*, 141(3), 694–722.

Shepherd, S., Kay, A. C., & Landau, M. J., *et al.* (2011). Evidence for the specificity of control motivations in worldview defense: Distinguishing compensatory control from uncertainty management and terror management processes. *Journal of Experimental Social Psychology*, 47(5), 0–958.

对管理者的启示

补偿性控制理论的研究表明，当人们自身的利益受到侵害时，无论该利益是否能通过合法途径维护，人们都会不得已或是习惯性地主动放弃维护这一权利的机会。实际上，在利益受到侵害时，人们的第一反应往往不是寻找合法权益被侵害的证据以保护自己，而是寻求一种心理补偿，寻找一个看似合理的理由说服他人、安慰自己。

从组织的角度看待这一现象，可以认为在多数情况下，组织制定的各种规则和制度即使存在侵害员工个体利益的情况，员工依然会倾向于遵守这些制度，而非抵抗这些制度。

在补偿性控制理论视角中，低社会阶层的人士面对的控制感缺失情况可能更多，因此低社会阶层的人士更倾向于产生补偿性控制行为。而从管理者的角度来看待这一现象，则意味着越基层的员工对组织的认可和依赖也就越强烈。这说明组织中的管理者对基层员工具有天然的领导与影响能力。在任何时候，职位的授权和认可都是不可替代的。因此，在组织设计、干部任命方面，相对清晰的组织授权也是必不可少的。

先前的研究基本证实，受东西方文化差异的影响，东亚地区居民寻求秩序性和结构感的意愿更为强烈。补偿性控制理论的视角给了我们一个解读这一现象的新视角，即结合中国的管理环境，体现为员工对组织和领导者相对更为信任。这意味着员工即使遭遇了不公正的待遇，也宁愿选择相信这些对待是正确的，而非组织或领导者的不公正安排所产生的结果。同时，领导者也更容易通过组织授权来实现自己的领导。这也提醒了中国的管理者应当经常积极走入一线、了解基层员工情况，尤其是政府和社会组织在制定涉及民生福祉、社会福利等与社会集体利益密切相关的政策，或者领导者在制定涉及员工福利待遇、工作时长的制度时，应当更加广泛和真实地了解个人的真实意愿与看法，以确定相关政策是否符合大多数人的根本利益，在管理实践当中应时刻反思自身的管理活动。

本章参考文献

3

多团队系统理论*

伍如昕[1]

图1 约翰·马蒂厄

图2 米歇尔·马克斯

图3 斯蒂芬·扎卡罗

约翰·马蒂厄（John Mathieu）（见图1）、米歇尔·马克斯（Michelle Marks）（见图2）和斯蒂芬·扎卡罗（Stephen Zaccaro）（见图3）最早于2001年在《国际工作和组织心理学手册》（*International Handbook of Work and Organizational Psychology*）中的《多团队系统》（Multi-team systems）一文中提出多团队系统（multi-team systems, MTS）的概念，并将其定义为：两个或两个以上团队为了应对环境中的突发情况以实现一系列目标集而相互作用所构成的系统。系统内的子

---

* 基金项目：国家自然科学基金项目（71373287）。
[1] 伍如昕，中南大学公共管理学院副教授、硕士生导师。主要研究领域：人力资源管理与组织行为学、公共政策、行为决策。电子邮箱：ruxinwu@csu.edu.cn。

团队有着各自不同的近期目标，但在一个共同的远期目标的指导下相互作用，并且每个子团队在输入、过程和输出上至少与一个其他团队存在互动关系（Mathieu *et al.*, 2001）。多团队系统具有高度互依性、目标层级性和构成多样性三大特征（Zaccaro *et al.*, 2012）。

此后，不少学者被这一特殊的组织类型吸引，开始积极地进行实证研究和理论探索，例如 Marks *et al.* (2005) 通过模拟的多团队系统来验证团队之间和团队内部的活动对多团队系统绩效的影响，并发现跨团队的活动相较于团队内部的活动更能提升多团队系统的绩效；Coen（2006）整合了社会困境研究和小群体研究的相关理论，采用实验室实验的研究方法，研究了多团队情境下，不同团队成员的绩效对团队内社会困境下合作的影响；Hoegl and Weinkauf（2005）通过对欧洲自动化工业的 39 个团队长达两年的调查发现，相较于后续的发展阶段，在项目的概念阶段，团队水平上的团队间管理对团队绩效的影响更大；Liu *et al.* (2003) 和 Liu and Simaan（2004）则结合团队理论中的不合作帕累托的非劣解和博弈论中的不合作情况下的纳什解，为多团队的决策提供了一个非劣纳什策略，并验证了最优解存在的条件。另外一些研究探讨了特定类型的多团队系统问题，比如事故指挥系统（Moynihan, 2007）、空间飞行任务的协调（Caldwell, 2005）、多单位人机系统（Hsu and Liu, 2005）、合资企业团队和其他类型的商业联盟（Johnson *et al.*, 2002; Marks *et al.*, 2005; 肖余春, 2009）、重大科技项目团队（朱学红和伍如昕, 2017）等。在工业和组织心理学协会（例如，Burke *et al.*, 2008; DeChurch, 2010; DeChurch *et al.*, 2009; DeChurch and Marks, 2008; DeChurch *et al.*, 2010, Marks *et al.*, 2010; Wooten *et al.*, 2009）、美国人因工程学会（例如，Dean *et al.*, 2008）、管理学会（例如，DeChurch, 2006）和 INGroup 年会（例如，DeChurch *et al.*, 2009; Lyons *et al.*, 2008）中多团队系统已经成为几场会议论文和专题讨论会的主题。Zaccaro *et al.* (2012) 编辑出版《多团队系统：应对动态和复杂环境》（*Multiteam Systems: An Organization Form for Dynamic and Complex Environments*）一书。这些证据都表明以多团队系统为主题的研究已成为国内外多个领域研究的热点，研究和引用该主题的论文数量逐年增加（见图 4）。

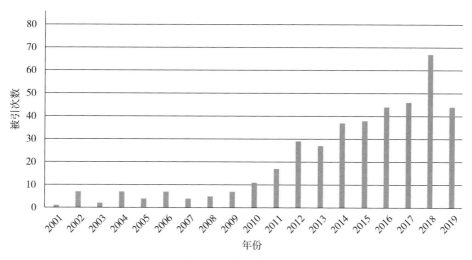

图 4　多团队系统理论的被引次数

资料来源：根据 Google Scholar 数据整理而成，搜索时采用精确匹配。

多团队系统理论的核心内容

多团队系统理论发展至今已有二十年的时间，虽然该理论尚未成熟，但先前研究也取得了一些理论成果，研究者们围绕多团队系统的有效性、冲突与合作、团队过程、领导力、学习等问题展开了许多有意义的探讨。

对多团队系统的研究始于对大规模复杂事件中需要多个机构相互依赖、响应的情况的探讨，早期的对多团队系统的研究主要集中在对多团队过程及特征等方面的研究上。Mathieu et al. (2001) 和 Zaccaro et al. (2012) 认为，多团队系统除具有跨边界的子团队，各子团队间、子团队内部高度的互惠和紧密的功能性相互依赖关系等区别于其他形式的合作组织标准特征之外，不同类型的多团队系统也有相互区别的特征和维度，这些特征可被分为构成属性、连结属性和发展属性。构成属性包括多团队系统的所有人口统计学特征及子团队的相对特征；连结属性是指子团队之间不同类型的连结机制；发展属性则是指多团队系统发展变量和模式方面的特征（详见表 1）。Zaccaro et al. (2012) 提出了一个简单的多团队系统有效性模型（见图 5），其中构成、连结和发展属性是外部团队与内部团队过程的前因变量，三种属性通过多团队系统团队内、外进程共同影响总体有效性。

表 1　多团队系统特征维度

属性	意义
构成属性：	
数量	多团队系统子团队数量
规模	各子团队个体成员总和
边界状态	子团队来自同一组织或多个组织
组织多样化	跨边界多团队系统中，子团队所代表的不同组织数量
比重隶属度	跨边界多团队系统中，来自不同母组织的团队数量
功能多样性	子团队核心目标和任务的异质性程度
地理分散性	处于同一地点或分散的子团队
文化多样性	子团队来自不同国家或文化的程度
动机结构	子团队对多团队系统的承诺程度，子团队目标和多团队系统目标的兼容性
时空定向	子团队预计将付出的努力和时间资源水平
连结属性：	
相互依赖度	不同子团队成员间的综合协调度（例如输入、过程、输出）
等级安排	依据所承担责任水平划分的子团队等级
权力分配	多团队系统沟通结构中子团队间的相互影响力
网络	团队间沟通的典型模式
形式	各子团队间的沟通模式（例如电子邮件沟通、面对面沟通等）
发展属性：	
创建	多团队系统的初创是依据任命还是紧急事件
发展方向	早期的紧急创建，早期形态的变革
任期	多团队系统的期望持续时间
阶段	多团队系统从创建到成熟的各个发展阶段
成员恒定性	子团队成员的流动性与稳定性
连结一致性	子团队间连结的流动性与稳定性

资料来源：Zaccaro et al. (2012)：14。

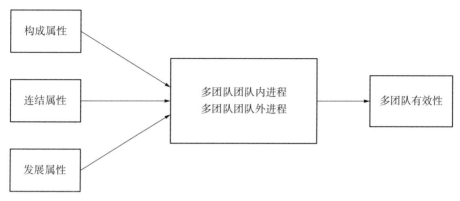

图 5　多团队系统有效性模型

资料来源：Zaccaro *et al.* (2012)：23。

Berg *et al.* (2014) 研究了多团队系统中存在的各类冲突及集体情绪调节在任务和团队过程冲突向团队关系冲突转变中的调节作用。研究发现，在多团队系统情境下，任务冲突、团队过程冲突和团队关系冲突是一个逐步递进的过程。而当集体情绪调节产生作用时，团队过程冲突不会转化为团队关系冲突。此外，团队过程冲突中介了任务冲突和集体情绪调节对团队关系冲突的影响。其理论模型如图 6 所示。

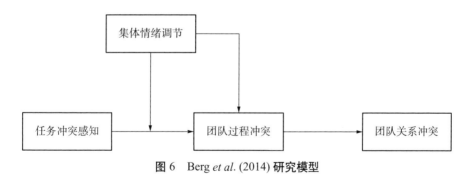

图 6　Berg *et al.* (2014) 研究模型

资料来源：Berg *et al.* (2014)。

DeChurch and Marks（2006）从领导的视角对影响多团队系统绩效的因素与机制进行了研究。研究表明，领导团队策略训练与领导团队合作训练提升了功能性领导和团队间合作；功能性领导行为与多团队系统绩效正相关。并且在上述过程与关系中，功能性领导调节了所有种类训练对团队间合作的影响。团队间合作完全中介了多团队系统领导对多团队系统绩效的影响。其理论模型如图 7 所示。

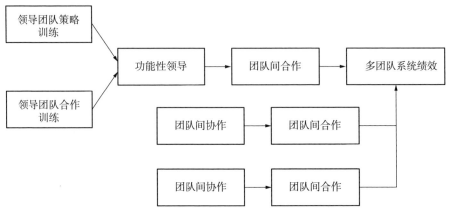

图 7　DeChurch and Marks（2006）研究模型

资料来源：DeChurch and Marks (2006)。

Lanaj *et al.* (2013) 针对计划权力下放与多团队系统绩效之间的关系进行了研究，发现计划权力的下放会通过计划积极性与期望正向影响多团队系统绩效，同时也会通过计划风险与合作失败负向影响多团队系统绩效。其理论模型如图 8 所示。

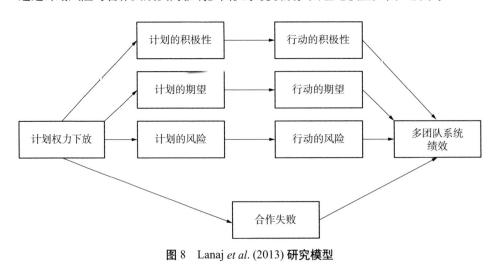

图 8　Lanaj *et al.* (2013) 研究模型

资料来源：Lanaj *et al.* (2013)。

Marks et al. (2005) 通过多团队系统仿真来探究跨团队和团队内部的活动过程如何通过不同的绩效片段对多团队系统绩效产生影响。研究发现，跨团队的活动过程相较于团队内部的活动过程能够更好地预测多团队系统的绩效。并且，相较于团队的独立性，当跨团队依赖需求较高时，跨团队的活动过程对多团队系统绩效的影响更为强烈。其理论模型如图 9 所示。

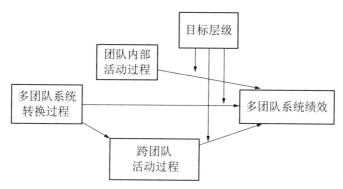

图 9　Marks et al. (2005) **研究模型**

资料来源：Marks et al. (2005)。

Healey et al. (2009) 实地研究分析了在应对公民紧急事件的训练中影响多团队系统绩效的关键因素。研究得出，对其他专家的经验和知识的理解与转换在独立的子团队层面及多团队系统层面都对多团队系统绩效有重要影响。不同形式的训练也会造成交互记忆的不同结果。其理论模型如图 10 所示。

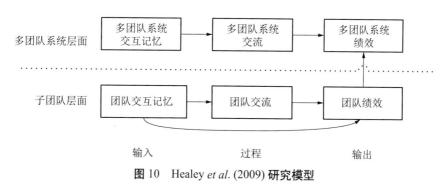

图 10　Healey et al. (2009) **研究模型**

资料来源：Healey et al. (2009)。

Cuijpers *et al.* (2016) 使用了一个实时控制的计算机仿真来验证他们的假设，并从三个连续的阶段来评估双重身份认同及其在多团队系统中的影响。研究发现，多团队系统组织认同与多团队系统绩效正相关，并且团队内任务冲突和关系冲突对其有调节作用。在研究的开始阶段，团队认同影响了团队内冲突，然而这种影响会随着时间减弱。并且多团队系统组织认同对多团队系统绩效的影响较团队认同是显著更强的。其理论模型如图 11 所示。

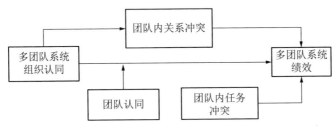

图 11　Cuijpers *et al.* (2016) 研究模型

资料来源：Cuijpers *et al.* (2016)。

Firth *et al.* (2015) 研究了由 249 个专业化团队组成的多团队系统中参照训练（frame-of-reference training）对多团队系统合作和绩效的影响，发现：①参照训练通过加强团队间合作对多团队系统的绩效有正向作用；②团队内合作加强了参照训练对团队间合作的影响，进而提升了多团队系统的绩效；③团队内合作的调节作用取决于团队的特殊功能。其理论模型如图 12 所示。

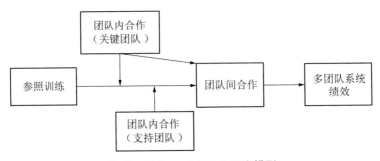

图 12　Firth *et al.* (2015) 研究模型

资料来源：Firth *et al.* (2015)。

Murase et al. (2014) 研究了一种多团队互动心理模型，用以解释多团队合作的机制。研究发现，领导团队多团队互动心理模型通过领导团队战略交流影响了成员团队多团队互动心理模型，并且领导团队战略交流通过成员团队多团队互动心理模型促进了团队间合作。其理论模型如图 13 所示。

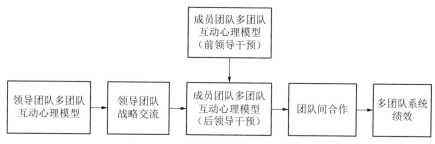

图 13 Murase *et al.* (2014) **研究模型**

资料来源：Murase *et al.* (2014)。

Vries et al. (2015) 通过研究决策仿真中的多团队系统验证了人际功能的多样性对多团队系统绩效的影响。首先，如果在整个团队中存在各种不同人际功能的团队成员，那么子团队的水平合作将得以加强从而提高多团队系统绩效。其次，人际功能的多样性对多团队系统成员的抱负行为有消极作用，从而阻碍了多团队系统解决复杂、专业的问题。其理论模型如图 14 所示。

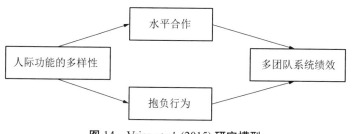

图 14 Vries *et al.* (2015) **研究模型**

资料来源：Vries *et al.* (2015)。

Sessa et al. (2019) 将个人、团队和组织层面的现有学习模型扩展到多团队系统中，提出了一个有关多团队系统学习过程的集成框架。图 15 描述了适用于多团队系统动态性质的学习过程模型。该模型显示了三种学习过程：适应性，生成性和变革性。适应性学习涉及适应环境中的变化，这是一种反应式机制，可能在没有协调员甚至意识到一个或多个团队进行调整的情况下迅速发生。生成性学习是有目的地添加、使用新的行为、知识和技能。变革性学习，顾名思义，涉及通过改组和实验转化为不同的实体。多团队系统学习会被迫发生（触发），如遭遇实现目标的障碍时。当多团队系统乐于接受改变时也会进行学习。此外，当多团队系统运作时或在召集多团队系统与开始行动之间的间断期（例如，在生产和客户项目之间的那段时间，多团队系统可以反思、编纂程序并进行实践），学习均有可能发生。

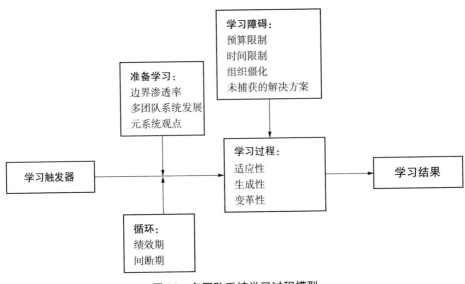

图 15　多团队系统学习过程模型

资料来源：Sessa *et al.* (2019)。

对该理论的评价

多团队系统理论是用于理解团队合作组织形式的一种理论框架。多团队系统理论最初在 Mathieu *et al.* (2001)、Marks *et al.* (2005) 和 DeChurch *et al.* (2009) 的研究中已形成了较为详细的研究基础，包括多团队系统的定义、属性和特征等。随后研究者们对多团队系统理论的贡献则主要体现在对多团队系统的组织结构、系统内外部活动过程的阐述与分析上。而在多团队系统理论在管理实践中的应用上，学术界则主要结合人力资源、组织行为学、博弈论和心理学等学科对多团队系统的具体问题进行了探讨，如多团队系统的活动过程、领导、人员的心理和绩效等。其中，从各类视角对影响多团队系统有效性或绩效的前因变量的探索得到了研究者们较为广泛的关注。例如，在多团队系统的活动过程方面，已有研究就子团队内外部的合作与竞争、团队间工作内容和信息交流方式等对多团队系统绩效的影响因素进行了探讨；在领导方面，也探讨了领导的方式、领导的结构等对多团队系统绩效的影响；从心理学角度，对团队间及团队内部的冲突、情绪调节、学习与记忆机制、身份认同、心理契约及共享心智模型对多团队系统绩效的影响也进行了许多积极的探讨；除此之外，研究者们还考察了创新、个人行为等与多团队系统的交互作用和影响。

尽管学术界对多团队系统的关注越来越多，研究的方向与方法也逐渐完善，但是 Zaccaro et al. (2012) 认为依然存在许多可改善和加强之处。首先，在多团队系统的理论研究方面，早在理论提出之时就形成了较为详细的研究基础，但是后人缺少对多团队系统理论的具体补充，尤其是对多团队系统分类法的研究。其认为通过关注多团队系统的成分属性，能够发展出对多团队系统科学的分类方法。不论在何种情况下，建立多团队系统的分类法都将有利于加快对多团队系统关键特征及多团队系统有效性的主要驱动力的理解。其次，在多团队系统的应用研究方面，已有研究往往是在已有的或模拟的多团队系统基础之上讨论其各个方面的问题，而没有从多团队系统建设之初开始思考。今后可以考虑多团队系统的建设问题，研究如何组成一个有效的多团队系统，如何挑选、协调必要的子团队以及如何有效配置子团队资源。再次，在多团队系统的日常工作中，对于普通团队的问题也可以引申到多团队系统问题的探讨中来，如多团队系统的内外部环境与系统内部的活动或绩效的关系、合理分配多团队系统的绩效以促进团队公平和发展、对多团队系统进行文化建设以维持多团队系统的稳定与和谐等问题。最后，对多团队系统的研究也可以将眼界下放到系统内部的具体结构和人员上来，如多团队系统边界活动、边界管理人员、系统领导者和团队领导者等。

此外，我们认为，与其将多团队系统视为一种新的理论体系，其更恰当的定位应该是一种新的分析单位。正如 DeChurch and Marks (2006) 所言，尽管多团队系统这种分析单位经常在许多应用团队中使用，但实际上并未得到广泛研究。而其之所以还没有扩大到更广阔的领域、产生更加广泛的影响，原因之一就是多团队系统自身的特征，如系统规模大、结构复杂、边界不明显等造成了其研究方法的局限。多团队系统相较于传统组织具有自身独特的特征，以往组织科学领域的研究方法、研究范式只能借鉴而不能照搬，特别是多团队系统研究中数据的收集较为困难，在研究过程中势必遇到数据难以获取的窘境。加之近年来管理学领域对多时间段、多数据来源的青睐进一步加大了多团队系统研究数据上的压力。这在一定程度上影响了多团队系统理论的发展，使其至今尚未构成一个完善的、完整的理论体系。

关键测量量表

有关多团队系统的实证研究大多采用的是实验、仿真和案例研究方法，因此专门针对多团队系统开发的测量工具十分少见。

DeChurch（2002）在实验室模拟研究多团队系统中的领导角色时，开发了一系列配合实验研究使用的研究工具，如用于检验任务训练能力（task training competency check）的领导任务知识测量（leader task knowledge measure）问卷（10个题项）、检验领导团队战略操控（leader team strategy manipulation check）能力的战略问卷（5个题项）、检验领导团队合作操控（leader team coordination manipulation check）能力的使命问卷（8个题项，分为监督知识和合作知识）、领导团队战略沟通（leader team strategy communication）问卷（6个题项）、领导团队合作行为（leader team coordinating behavior）问卷（6个题项）。

DeChurch, L. A. (2002). *Teams Leading Teams: Examining The Role of Leadership in Multi-team Systems.* Miami: Florida International University.

此外，DeChurch and Marks（2006）在研究多团队系统中的领导力问题时借用行为锚定量表对功能化多团队系统领导力（functional multiteam system leadership）进行了测量，该问卷一共由6个题项构成。

DeChurch, L. A., & Marks, M. A. (2006). Leadership in multiteam systems. *Journal of Applied Psychology*, 91(2), 311–329.

需要强调的是，作为一种复杂适应性系统，对多团队系统的测量需要考虑时间和层次问题。由于多团队系统自身的改变和成长，简单地从单一层次和两个时间点来测量多团队系统显然是不够的，因此需要重视三个时间问题和两个相关层次分析以充分地测量动态现象。其中，三个与时间问题相关的条件包括：①必须观测多个时段；② 不能采取自我报告的测量手段；③ 在观测与利益相关的现象时必须考虑相关的时间范围。相应地，两个与层次相关的重要问题是：① 测量利益相关问题的真实层次（个人、团队或多团队系统）；② 现象反映编译模型或构成模型的程度。

经典文献

Clark, M. A., Amundson, S. D., & Cardy, R. L. (2002). Cross-functional team decision-making and learning outcomes: A qualitative illustration. *Journal of Business & Management*, 8(3), 217.

DeChurch, L. A., & Marks, M. A. (2006). Leadership in multiteam systems. *Journal of Applied Psychology*, 91(2), 311–329.

Hoegl, M., & Weinkauf, K. (2005). Managing task interdependencies in multi-team projects: A longitudinal study. *Journal of Management Studies*, 42(6), 1287–1308.

Luciano, M. M., DeChurch, L. A., & Mathieu, J. E. (2018). Multiteam systems: A structural framework and meso-theory of system functioning. *Journal of Management*, 44(3), 1065–1096.

Mathieu, J. E., Marks, M. A., & Zaccaro, S. J. (2001). Multi-team systems. In N. Anderson, D. Ones, & H. K. Sinangil, *et al.* (Eds.), *International Handbook of Work and Organizational Psychology* (pp.289–313). London: Sage.

Mathieu, J. E., Maynard, M. T., & Taylor, S. R., *et al.* (2007). An examination of the effects of organizational district and team contexts on team processes and performance: A meso-mediational model. *Journal of Organizational Behavior: The International Journal of Industrial, Occupational and Organizational Psychology and Behavior*, 28(7), 891–910.

Millikin, J. P., Hom, P. W., & Manz, C. C. (2010). Self-management competencies in self-managing teams: Their impact on multi-team system productivity. *Leadership Quarterly*, 21(5), 687–702.

Zaccaro, S. J., Marks, M. A., & DeChurch, L. A. (2012). *Multiteam Systems: An Organization Form for Dynamic and Complex Environments*. New York: Routledge.

对管理者的启示

正如前文所述,有关多团队系统理论在管理实践中的应用主要集中在多团队系统的活动过程、领导、人员的心理和绩效等方面,因此本部分主要从多团队系统建设、领导、管理和学习四个方面简单地谈一谈对管理者的启示。

(1) 应高度重视多团队系统的结构设计。多团队系统合理的结构设计不仅有利于冲突源在一定程度上得到遏制,还为后续冲突发生后的冲突管理提供了良好的组织氛围。刘兵等(2019)进一步指出,功能差异性搭配、目标级次设置、权力配置及工作流程设计等组织结构方面的考量,在指派型多团队系统组建初期就需要慎重设计。而对于涌现型多团队系统,随着其在存续期间的组织结构不断正式化,也需要把握时机对其进行组织结构的科学设计。

(2) 应重视多团队系统中领导的作用。领导能通过参与计划和合作促进行为有效地改进多团队系统的绩效(DeChurch and Marks, 2006)。与领导协调培训相比,领导策略培训与协调过程的关系更为密切。相反,与领导策略培训相比,领导协调培训与绩效的相关性更高。因此,在培训有效的多团队系统领导时,可根据需要进行培训方式的选择。

(3) 应重视多团队系统中子团队的管理。朱学红等(2017)指出,多团队系统中的子团队一般缺乏良好的社会关系,管理者可以通过加强不同团队成员间的社会关系,特别是子团队领导之间的关系,以及强调合作的重要性来提高回报系数,从而促进子团队间的合作。管理者应设计适当的利润分享机制,同时降低子团队对合作方的期望努力,强调双方所付出的合作努力,并采取一定的干预措施提升子团队的互惠敏感系数,增加子团队的心理效用。当多团队系统管理者选择子团队时,除需考虑子团队的能力外,还需进一步考察相应的子团队间是否有过合作经历,子团队间是否有交集,特别是子团队管理者间在性格等方面是否匹配。此外,在多团队系统中建立工作进程即时反馈制度,及时了解相关子团队的工作进程,适度调整工作节奏,并在其他团队需要时及时提供帮助,将有助于系统整体目标的达成。

(4) 应积极促进多团队系统的学习。Sessa *et al.* (2019)指出,多团队系统的学习必须是适应性的、生成性的和变革性的。由于多团队系统经常承受着巨大的压力,需要发明和尝试新方法,尝试并采用新技术,以及整合新的团队和个人,因此这就要求在绩效期和间断期的过渡期间积极学习,总结经验教训,重复成功的过程并避免不成功的过程。来自多团队系统内部或外部的触发器均可能触发多团队系统的学习过程，即意识到阻碍多团队系统实现目标的障碍，并认识到除非进行更改否则多团队系统将无法执行，将可能推动多团队系统进入学习过程。多团队系统可能需要选择合适的学习触发条件来满足当前及未来的需求。通过促进轻松的信息共享并留出时间进行解释，多团队系统可以专注于团队之间的互动，并将发现结果传达给相关的团队，从而促进学习。管理者应积极为多团队系统提供用于学习的资源。多团队系统的领导、成员和资源均可促进适应性、生成性和变革性学习，其一方面可以提高多团队系统的学习准备程度，另一方面可以增强多团队系统成员在绩效期和间断期对学习压力的反应能力。

本章参考文献

4
二元领导力理论[*]

汤超颖[1] 侯锦昌[2]

图1 凯瑟琳·罗森

二元领导力（ambidextrous leadership）的思想源于 Duncan（1976）、Tushman and O'Reilly（1996）等人所提出的二元组织理论。二元组织的特征是组织同时开展探索式学习与挖掘式学习。探索式学习突破现有惯例、追求全新的产出，而挖掘式学习是对现有知识的重新组合、寻找新的应用，因此这是两类本质上有差异的学习行为。探索式学习保持组织长期的竞争力，挖掘式学习为组织带来眼前的收益，维持两类学习是组织获得持续竞争力的保障，这样的组织被称为二元组织。O'Rreilly and Tushman（2008）提出，二元组织需要具有灵活认知方式和行为方式的领导者。Smith and Tushman（2005）提出，在复杂的战略制定中，领导者需要拥有二元的认知和行为，以应对战略张力，突破管理困境。Mom et al.（2009）提出，二元领导者在一定阶段内协调和整合相悖活动，使二者凝聚成彼此协同的有机体，以避免组织的知识退化及路径依赖。明确提出二元领导力理论的学者是来自卡塞尔大学（University of Kassel）的凯瑟琳·罗森（Kathrin Rosing）（见图1）教授（Rosing et al., 2011）。

---

[*] 基金项目：国家自然科学基金项目（71673264，71974178）。
[1] 汤超颖，中国科学院大学经济与管理学院教授、博士生导师。主要研究领域：员工创造力、科研团队创造力、知识网络与创造力、领导力。电子邮箱：tcy@ucas.ac.cn。
[2] 侯锦昌，中国科学院大学经济与管理学院博士生。主要研究领域：国企领导力。电子邮箱：houjcwh2007@163.com。

二元领导力的相关研究在 2000 年以后得到快速的发展，其被引次数逐年增加，如图 2 所示。

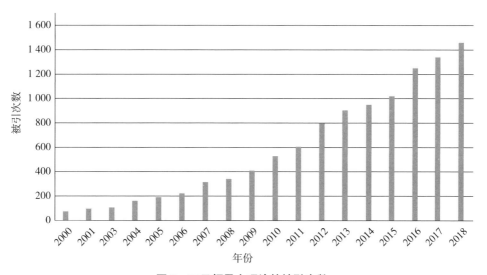

图 2　二元领导力理论的被引次数

资料来源：根据 Google Scholar 数据整理而成，搜索时采用精确匹配。

| 二元领导力理论的核心内容 |

日趋复杂的组织环境带来了组织变革与创新的挑战，二元领导力也应运而生（Ancona et al., 2001）。Rosing et al. (2011) 对现有创新领导力进行了回顾，提出研究者忽略了创新过程的复杂性，即创新对探索式学习和挖掘式学习及两类学习灵活切换的要求。变革过程中伴随的不确定性要求领导者在制定战略时，采用"既/又"的辩证认知，平衡组织变革与常规行为、长期与短期导向，以此应对矛盾与冲突，配置组织原有资产和新资产，协调组织，促进组织同时开展二元学习，提升组织动态能力（O'Rreilly and Tushman, 2008）。二元领导力强调领导者认知和行为的复杂性，对冲突与问题拥有良好的感知能力、反应能力及平衡能力，将看似冲突的目标集合在全面统一的战略中，通过持续地调整相应的行为或路径，帮助组织突破管理困境，合理配置组织资源，实现组织短期效益与长期效益的平衡（Smith and Tushman, 2005）。我国学者罗瑾琏等（2016）总结提出，二元领导力

强调矛盾行为的兼顾，通过执行多重角色将相悖行为融合在一个更大的行为系统中，合理分配资源以实现反向行为利弊互补，彼此交互产生协同效应。这需要领导者拥有矛盾思维，兼用相互对立但又相互关联的行为方式，从而发挥矛盾力量协同增效的作用。

学者们结合组织管理工作提出，二元领导力具体表现为以下六对矛盾行为的并存：创新成长战略导向与市场成本战略导向，强调组织适应性与强调运营中的效率，强调组织的创业导向与强调组织的运营导向，倡导风险承担的组织文化与倡导层级式机械型的组织文化，成长导向的奖励与产量导向的奖励，愿景引导的参与式领导与权威管制式领导（O'Reilly and Tushman, 2004）。或者是以下三对矛盾风格的并存：① 开放型认知风格与闭合型认知风格。开放型认知风格挑战现状和追求新想法；闭合型认知风格维护既有行为标准和追求既定做法。② 授权型领导风格与命令型领导风格。命令型领导风格通过集权设定行动目标并加以监督，所取得的效率性以牺牲灵活性为代价；授权型领导风格倡导员工参与，激发员工自主性动机，但是易降低成员协作效果。③ 变革型领导风格与交易型领导风格。变革型领导风格以愿景驱动突破边界的行为；交易型领导风格以契约实现高效率与改良。Mom et al. (2009) 认为，二元领导者有能力驾驭矛盾的领导风格，兼备相异的领导风格，并且能够根据具体情境判断领导行为的适用性，适时加以切换。

Rosing et al. (2011) 提出，面向创新的二元领导力需要领导者具备以下三种能力：培育下属的探索式学习与挖掘式学习，双向调整下属变异性行为，促进下属在两类学习行为中灵活切换。Mom et al. (2009) 认为，二元领导者能够根据具体情境判断领导行为的适用性，有能力驾驭矛盾的领导风格。二元领导力还被认为包括以下三种元素：开放行为，即通过试错用多种方法完成某一任务；闭合行为，即通过监管和遵守计划减少错误；根据情境需要转换采用以上两类行为（Rosing et al., 2011）。

相关的案例研究与实证研究发现，二元领导力有助于提升组织绩效。主要结论包括：高管团队二元领导力促进组织创新（Sperber and Linder, 2016）。当任务需求的改变需要团队目标导向做出相应改变时，二元领导力可以促进目标排序的变动，并提升员工对所切换目标的共同理解与分享；相较于目标固化的团队领导者，在团队从创意开发阶段迈向创意推销阶段时，二元领导者更倾向于将团队学习导向切换为团队绩效导向，以此获取更多的突破性创新（Alexander and Knippenberg, 2017）。在两家中小型高科技企业的 70 个研发团队中，"松—紧"式领导能够对团队学习起到显著的积极作用，并以此为中介正向影响员工的创造性（刘松博等，2014）。Mom et al. (2009) 以五个案例研究，论证了以下观点：管理者的决策权威、参与跨部门活动与二元性正相关；管理者任务的正式程度与二元性负向相关；管理者同其他组织成员的联系程度与二元性呈倒 U 形的关系；管理者的决策权威与参与跨部门活动、管理者同其他组织成员的联系程度的交互项，任务的正式程度与参与跨部门活动的交互项，任务的正式程度与管理者同其他组织成员的联系程度的交互项，均正向作用于二元性。Zacher and Wilden (2014) 的实证研究发现，团队领导者兼备开放式与闭合式行为时，团队创新绩效达到最高。

对该理论的评价

二元领导力理论对于组织应对变革与创新管理有积极的作用。二元领导力的适用面较广，不仅适用于大型企业，还适用于中小型企业。二元领导力可以适用于不同层级的主管，高层主管的二元领导力表现在给予自主权并鼓励参与，承担发起者、内部倡导者、维持监管、管理外部关系的角色，引入变革，管理冲突；中层主管的二元领导力表现在提供愿景并确保执行，承担管理者和带领者的角色；基层主管的二元领导力表现在拥抱异质性并共同执行，在任务、专长、社会性方面发挥互补角色；人力资源主管的二元领导力表现在设定计划与选拔、培训与开发、绩效评价与奖励系统制定、激励与赋能（Probst et al., 2011）。

当前二元领导力理论研究的薄弱之处在于，学者们提出二元领导力起作用的主要机理在于：二元领导者同时采取高水平的开放式领导行为与闭合式领导行为时，同时促进了团队的创新学习与惯例执行，培育了团队二元文化，促进了员工的创新与执行，提升了员工心理安全感，创新了自我信念，增强了员工的组织承诺和工作满意度。然而，这种主要基于传统的领导者个性或上下级互动的视角，并没有展现出二元领导力真实的作用过程，无法揭示二元领导力的作用机理。虽然目前二元领导力的研究涉及微观行为层面与宏观组织层面，在定量研究中近年来出现了更多的质性研究，但是二元领导力与情境如何互动并没有得到深入的揭示，二元领导力中不同类型领导风格的切换过程也并不明朗。由此，未来应该引入时间维度，对领导情境和领导风格切换开展纵向案例跟踪研究，将组织和情境因素及领导者个体因素加以整合研究，系统探析二元领导力的产生机制、动态整合机制和演变过程，以及与其他因素的协同效应。

关键测量量表

1. 管理者二元性量表：2 个维度，13 个题项

Mom, T. J., Van Den Bosch, F. A., & Volberda, H. W. (2009). Understanding variation in managers' ambidexterity: Investigating direct and interaction effects of formal structural and personal coordination mechanisms. *Organization Science*, 20(4), 812–828.

2. 日记式二元领导力量表：2 个维度，8 个题项

Zacher, H., & Wilden, R. G. (2014). A daily diary study on ambidextrous leadership and self-reported employee innovation. *Journal of Occupational and Organizational Psychology*, 87(4), 813–820.

3. "松—紧"式领导二元性测量量表：2 个维度，9 个题项

刘松博, 戴玲玲, & 王亚楠. (2014). "松—紧"式领导对员工创造性的跨层影响机制. 软科学 (11), 72–75.

经典文献

Mom, T. J., Van Den Bosch, F. A., & Volberda, H. W. (2009). Understanding variation in managers' ambidexterity: Investigating direct and interaction effects of formal structural and personal coordination mechanisms. *Organization Science*, 20(4), 812–828.

Probst, G., Raisch, S., & Tushman, M. L. (2011). Ambidextrous leadership: Emerging challenges for business and HR leaders. *Organizational Dynamics*, 40(4), 326–334.

Rosing, K., Frese, M., & Bausch, A. (2011). Explaining the heterogeneity of the leadership-innovation relationship: Ambidextrous leadership. *Leadership Quarterly*, 22(5), 956–974.

Sagie, A., Zaidman, N., & Amichai-Hamburger, Y., et al. (2002). An empirical assessment of the loose–tight leadership model: Quantitative and qualitative analyses. *Journal of Organizational Behavior. The International Journal of Industrial, Occupational and Organizational Psychology and Behavior*, 23(3), 303–320.

Smith, W. K., & Tushman, M. L. (2005). Managing strategic contradictions: A top management model for managing innovation streams. *Organization Science*, 16(5), 522–536.

Zacher, H., & Rosing, K. (2015). Ambidextrous leadership and team innovation. *Leadership & Organization Development Journal*, 36(1), 54–68.

Zacher, H., & Wilden, R. G. (2014). A daily diary study on ambidextrous leadership and self-reported employee innovation. *Journal of Occupational and Organizational Psychology*, 87(4), 813–820.

对管理者的启示

受新冠肺炎疫情与大国新型关系的影响，全球经济与政治高动荡在增强，各类组织均面临提升适应力的挑战，以求得生存与发展。在这种背景下，二元领导力理论应当引起我们的重视。该理论启示管理者，首先，在处理蕴含两类不同性质的各类事务时，比如是投资于组织的改良式创新还是投资于组织的突破式创新，是开展组织探索式学习还是开展组织挖掘式学习等，可以参考二元领导力理论，寻找二元性质要素并存的理由、平衡的机理、整合的对策。其次，管理者要关注自身的思维倾向、认知风格、个性特征等，对自身与环境的互动保持警惕，避免无意识地走极端，将二元领导力的原理应用于认识论，指导自身平衡能力的提升，更好地应对复杂环境。

本章参考文献

5
个体优势理论*

田喜洲[1] 彭息强[2] 姜梦媛[3] 焦青松[4]

图1 马库斯·白金汉

图2 马丁·塞利格曼

半个世纪以前，亚伯拉罕·马斯洛（Abraham Maslow）创立了人本主义心理学，强调人的正面本质和价值，关注人的优势、成长和发展（Harzer，2016），这为个体优势的研究拉开了帷幕。之后随着2007年马库斯·白金汉（Marcus Buckingham）（见图1）的《现在，发现你的职业优势》（Go Put Your Strengths to Work）的出版，以此为标志的优势运动在世界范围内展开，在与马丁·塞利格曼（Martin Seligman）（见图2）积极心理学理论的共同作用下诞生了一大批具有应用价值的成果，也

---

* 基金项目：国家自然科学基金项目（71872023）。
1 田喜洲，重庆工商大学工商管理学院教授。主要研究领域：组织行为与人力资源开发。电子邮箱：tianxizhou@ctbu.edu.cn。
2 彭息强，重庆工商大学工商管理学院研究生。主要研究领域：组织行为与人力资源开发。电子邮箱：pengxiqiang1996@163.com。
3 姜梦媛，重庆工商大学工商管理学院研究生。主要研究领域：组织行为与人力资源开发。电子邮箱：jmy0818vip@163.com。
4 焦青松，重庆工商大学工商管理学院研究生。主要研究领域：组织行为与人力资源开发。电子邮箱：1217387825@qq.com。

正是在这场运动中，个体优势（personal strengths）概念逐渐明晰并被普通大众接受，也受到了国内外学者越来越多的关注，图3为截至2019年10月个体优势理论的被引次数。

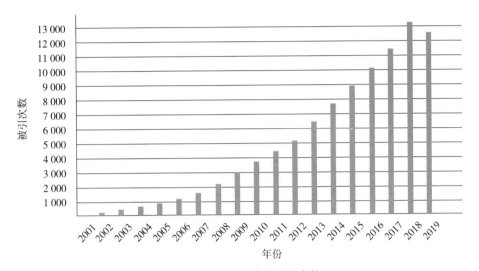

图3　个体优势理论的被引次数

资料来源：根据 Web of Science 数据整理而成，搜索时采用精确匹配。

个体优势理论的核心内容

一、优势运动的兴起

关于个体优势的研究可追溯至20世纪50年代马斯洛的人本主义心理学。由马斯洛创立，以卡尔·罗杰斯（Carl Rogers）等为代表的人本主义心理学被称为除行为学派和精神分析之外的第三种心理学势力，其最大的特点是强调人的正面本质和价值，而非集中研究人的问题行为，具体而言就是关注人的优势、成长和发展。而关于个体优势在实践中的应用也可追溯至1966年彼得·德鲁克（Peter Drucker）所著的《卓有成效的管理者》（The Effective Executive），其指出，优秀的管理者应该以优势为基础进行管理——不论是自身、上级、同事及下属的优势，还是环境的优势。1987年，大卫·库珀里德（David Cooperrider）提出了欣赏式探究（appreciative inquiry, AI），强调要基于优势而不是劣势来构建组织与改变个人。AI 开辟了现实生活中应用优势的独特视角，产生了大量的成功应用案例。同时，唐纳德·克利夫顿（Donald Clifton）博士在盖洛普公司（Gallup）资助下进行的个体优势研究取得了迄今为止最大的成就，其实践成果在商业企业和个人生涯规划中都起到了重要作用。20 世纪末，以塞利格曼为代表的几位著名心理学家开启了以探究"人的发展潜力和美德"等积极品质为主要内容的心理学研究新视角。他们认为，从精神疾病及这些疾病的治疗方面来说，心理学是成熟的，但是对于优势的研究，心理学却涉足不多，尚不成熟。从此，包括品格与美德（character and virtue）在内的个体优势更是成为积极心理学的研究焦点（Peterson and Seligman, 2004）。而 Buckingham and Coffman（1999）的《首先，打破一些常规》（*First, Break All the Rules*）和 Buckingham and Clifton（2001）的《现在，发现你的优势》（*Now, Discover Your Strengths*）对优势运动则起到了推波助澜的作用。随后，2007 年白金汉出版了《现在，发现你的职业优势》，以此为标志的优势运动在世界范围内展开。可见，优势运动正是在塞利格曼积极心理学理论及白金汉优势实践的共同作用下产生了深远的影响，产生了一大批具有应用价值的成果。其应用领域涉及企业管理、职业咨询、文化教育、医疗卫生、军事选拔等诸多领域。正如 Buckingham and Coffman（1999）所言，这场运动已经彻底改变我们对待自己、员工、学生及孩子的想法。也正是在这场运动中，个体优势概念逐渐明晰并被普通大众接受。

二、个体优势概念的提出

在优势运动的影响下，有关个体优势研究的成果不断出现。Linley（2014）指出，个体优势（personal strengths）是使个人表现得更好或最好的个人特征。这一定义大致涵盖了积极心理学中的优势概念。Brewerton and Brook（2010）则认为，优势是潜在的特质（underlying qualities），能让人精力充沛，不断成长，并带来巅峰绩效。该定义并不一定强调个体所擅长的，但强调优势给个体带来的精力、热情与激励。优势能给个体带来发展与成长的机会，同时，优势应用能带来积极的绩效结果。正像人格较少改变一样，他们认为，个体优势也较少改变，那些在职业早期使你精力充沛的东西仍然会在职业晚期让你充满热情。不过也有心理学家对此定义进行了完善。Linley and Harrington（2006）就把优势定义为一种能力，拥有这一能力的个体，其感受、思考和行为方式有助于他们在追求重要结果时实现最佳功能。整合已有研究，我们认为，个体优势是指个体拥有的品格特征及特有的心理或行为模式。它的使用能让个体感受到愉悦与高效率。总体而言，个体优势研究有两条主线：一是 Buckingham and Clifton（2001）提出的才干优势（talent），另一个是 Peterson and Seligman（2004）提出的品格优势（character strengths）[1]，前者强调实践应用，后者重视理论建构。近年来，二者的融合研究开始出现（Chauhan, 2016）。

三、才干优势

克利夫顿和白金汉博士在盖洛普公司资助下进行了长达数十年的个体优势研究，其成果在企业和个人生涯管理中都起到了重要作用（Buckingham and Clifton, 2001）。他们认为，在个体优势中，才干最重要，它是贯穿始终，并能产生效益的思维、感觉和行为模式。具体而言，个体优势指在某个活动中能提供一致的、近乎完美表现的能力，由可以测量的才干、知识和技能构成（为了与品格优势区别，以下简称"才干优势"）。他们开发的优势识别器（strength finder）成为个体才干优势识别的最重要工具，在全球得到了广泛应用。他们指出，一项优势的应用会减少其他优势的应用机会，但优势应用频率越高，其成果越明显。与此类似，Snyder and Lopez（2006）指出，优势结合了才干与相关的知识和技能，是在特定任务中提供一致的、接近完美表现的能力。优势才干多少有天生的成分，神经科学已证明了这一点，即个体在 3—15 岁，大脑发展并整合其突触联结网，使常用的联结得到强化。韦恩州立大学教授哈里·丘加尼（Harry Chugani）把这一过程形容为：常走的路越走越宽，不走的路渐渐荒芜（Coffman and Gonzalez-Molina, 2002）。当然，这并不意味着才干优势就不会改变，相反，个体可以通过发展自我意识，坚定价值观与信念，增加知识与技能来逐渐培养才干优势（Cooper and Woods, 2017）。关于才干与非才干的区别，Buckingham（2007）认为，达到工作岗位标准要求的能力是技能，而大多数个人的习惯、态度与动力则是才干。因此，他还指出，我们可以教给人知识，但无法传授主见；可以让人练习技能，但无法教授创新。帮助员工培育才干优势的最好方法就是为其安排能发挥这些才干的工作。Collins（2001）也认为，在挑选合适人才上，卓越公司看重的是才干，而不是高学历、实践技能和工作经验。不是因为它们不重要，而是这些都可以通过学习获得，而性格、完成任务的决心及其价值观却或多或少是天生的。

---

[1] 品格优势也译为性格优点（张宁和张雨青, 2010）、性格优势（段文杰等, 2016; 王焕贞等, 2017）。

总之，才干优势是在追求有价值结果的过程中，个体自然表现出的能产生功能优化与绩效结果的思维、感觉和行为模式。自然性（natural）指才干优势成分中一部分是内生的，但又会受到环境经历塑造，环境可以促进或阻碍某些优势的发展。这种自然选择的过程反映了神经发展与大脑的弹性，决定着才干优势的神经联结，并因使用而得到强化。自然性还意味着才干优势多是稳定的，但同时或多或少地能通过心理活动与经历来培养，就像人格能根据情境的需要表现出一定的灵活性，但从长时间来看仍然是稳定与持续的（Fleeson and Jayawickreme, 2015）。所以，才干优势可能随着情境变化而波动，但基本上还是会保持一致性。

四、品格优势

与才干优势不同，品格优势是从个体的认知、情感和行为中表现出来的积极心理特质，也是解释美德心理构成的过程或机制（Peterson and Seligman, 2004）。Sucher et al. (2013) 就将品格优势定义为一种心理过程或机制，不过他们强调这种过程或机制可以持续地使一个人的思考和行为有益于其本人及社会。可见，积极心理学家将品格优势视为能使个人和他人受益的积极人格特质。值得注意的是：① 品格优势是一种心理特质，应该在不同的情境中长期存在，偶尔出现的一次仁德行为并不代表有仁爱美德；② 品格优势相对个体而言是稳定的，但也受个体所在环境的影响而改变（Peterson and Seligman, 2004）。此外，学者们还从不同视角界定了品格优势。Carr（2011）提出，需要从正反两个方面对品格优势进行界定。第一，从正面来界定。每个品格优势必须属于特质类，具有道德价值取向，拥有该优势的个体更能够接纳他人、表现出亲社会行为。第二，从反面来验证。与每个品格优势的内涵和价值相反且用来描述性格特征的词汇，其内涵和价值界定应该是消极的，如"灵活性"的反义词"坚定性"的内涵和价值并不是消极的，所以"灵活性"不是品格优势。Seligman et al. (2005) 则从文化价值与道德意义、自我需求与他人利益、稳定性与独特性等方面归总了品格优势具有的 12 个特征，即共同性、个体性、特质性、可测量性、社会性、满足感等。另外，研究表明，按品格优势对个体重要程度排序，大多数人通常展现出 3—7 个显著优势（signature strengths）（Peterson and Seligman, 2004），即一个人拥有的排序靠前且频繁使用的品格优势，代表了个体性格中最为突出的积极品质，在运用显著优势时，人们往往感到精力充沛而不是疲劳。综上可知，品格优势是一组能够使个体感到满足与充实的积极人格特征，它的发挥能带来力量、满足与个人成长。

品格优势不同于才干优势，但作为个体优势，它们也有共同之处：① 无论是才干优势还是品格优势，如果发挥得当，则都能给个体带来发展与成长的机会；② 个体发挥优势时往往表现为，做事之前对能发挥优势的工作充满期待，做事之中让人感到充实与高效、投入与快乐，做事之后让人感到有成就感与真实感。

五、才干优势与品格优势的区别

品格优势与才干优势不同。首先，Seligman（2011）认为，虽然品格优势与才干优势都是积极心理学研究的课题，但品格优势具有道德特征，而才干优势没有道德要求。如节制是品格优势，而绘画才干不要求有道德意味。其次，才干优势一般具有天生成分，如良好的乐感与美感，而品格优势多是后天培养的结果。当然，你可以通过训练提高百米冲刺的速度，或者是听古典音乐来增进乐感，不过这些改进都是有限的（Buckingham and Goodall, 2015）；而品格优势，如智慧、勇敢、节制与正义，即使你没有很好的基础，也可以慢慢培养出来。Seligman et al. (2005) 还指出，只要有良好的教育及个人足够的练习和全心投入，任何人都可以培养出品格优势。再次，才干优势相对于品格优势而言是比较自动化的，即对于才干优势，所面临的选择是把它发挥出来还是深藏不露；而对于品格优势，所面临的选择是什么时候用，以及要不要继续加强它们。也就是说，你无法浪费自己的品格优势。最后，品格优势的展示并不会减少身边其他人表现的机会，恰恰相反，他人反而会被这种高尚行为激励，心中充满敬仰而不是嫉妒；而才干优势的发挥可能给他人带来危机感。因此，品格优势应用会产生双赢的局面——当遵从品格优势做事时，大家都可以成为赢家。正如 Freidlin et al. (2016) 所言，我们总是羡慕那些具有才干优势的人，其实每个人的优势也可以是品格优势，只要在生活中发挥这些突出优势，你就会比现在更幸福。

对该理论的评价

虽然都是利用自身优势，但是个体优势发挥不同于个体优势干预。个体优势发挥指个体在工作中自然发挥其优势的程度或过程。个体优势干预指研究者对参与者采用培训、教育、指导、操纵等方式，使其识别、培养、运用自身的品格优势，研究方法主要是干预实验。无论是个体优势发挥还是个体优势干预都能产生广泛的影响。从个体层面来讲，组织中个体优势的应用有利于提升员工主观幸福感（Diener, 2000）、工作满意度（Littman-Ovadia et al., 2017）、个人绩效和成就感（Stajkovic and Luthans, 1998），促使个体将工作视为工作呼唤（Harzer and

Ruch, 2015）等；从组织层面来讲，个体优势的应用能促进组织的有效性，包括工作效率（Lavy and Littman-Ovadia, 2016）、工作投入（Seligman *et al.*, 2005）、员工留职率（Harter *et al.*, 2002）等；此外，个体优势还是预测管理者绩效的重要因素（Sosik *et al.*, 2012; Gentry *et al.*, 2013），因此个体优势对于管理者的选拔、发展及团队的管理也至关重要。

但是该理论至今仍然缺少整体性的概念框架，学者们对优势的内涵有着不同的理解，因此出现了优势理论研究与实践脱节的现象，即心理学家希望依据坚实的理论来开发优势分类，以此解释什么是优势，什么不是优势，以及各种优势之间的区别与联系（Bailey, 1994）。而优势实践者更感兴趣的是：优势如何发挥作用，能带来什么好处，优势的测量是否能预测绩效、成就等，其理论不那么重要，关键是能预测绩效。此外，关于个体优势的影响机制，虽然优势对个体和组织都能产生影响，但是这种影响是如何产生的尚未明确，尽管当前有学者认为优势发挥带来的积极情绪是作为影响的中介变量，并且这也得到了初步支持（Lavy and Littman-Ovadia, 2016; Meyers and Van Woerkom, 2017），但这还需要未来进一步研究证实。同时，迄今为止，个体优势的研究大多在国外，国内仅有少数学者对其进行了介绍（张宁和张雨青，2010；段文杰等，2011；王焕贞等，2017），研究对象也几乎集中在学生群体（李婷婷和刘晓明，2016；周雅和刘翔平，2011），而且大多是关于个人生活层面的品格优势（国建等，2015），基本没有涉及工作层面。

| 关键测量量表 |

1. Strengths Finder: 178 组对比性的主题

Clifton, D., & Anderson, E. (2002). Strengths quest: Discover and develop your strengths in academics, career, and beyond. Washington, DC: Gallup.

2. Value in Action Inventory of Strength (VIA-IS): 24 个分量表，240 个题项

Peterson, C., & Seligman, M. E. (2004). *Character Strengths and Virtues: A Handbook and Classification*. Oxford: Oxford University Press.

3. Chinese Virtues Questionnaire (CVQ): 3 个分量表，96 个题项

Duan, W., Ho, S. M., & Yu, B., *et al.* (2012). Factor structure of the Chinese virtues questionnaire. *Research on Social Work Practice*, 22(6), 680–688.

Duan, W., Ho, S. M., & Tang, X., *et al.* (2014). Character strength-based intervention to promote satisfaction with life in the Chinese university context. *Journal of Happiness Studies*, 15(6), 1347–1361.

经典文献

Buckingham, M., & Clifton, D. O. (2001). *Now, Discover Your Strengths*. New York: Simon & Schuster.

Buckingham, M., & Coffman, C. (1999). *First, Break All the Rules: What the World's Greatest Managers Do Differently*. New York: Simon and Schuster.

Harzer, C. (2016). The eudaimonics of human strengths: The relations between character strengths and well-being. In J.VittersΦ(Ed.), *Handbook of Eudaimonic Well-being* (pp. 307–322). Berlin: Springer International Publishing.

Kooij, D. T. A. M., Van, W. M., & Wilkenloh, J., *et al.* (2017). Job crafting towards strengths and interests: The effects of a job crafting intervention on person-job fit and the role of age. *Journal of Applied Psychology*, 102(6), 971–981.

Linley, P. A., & Harrington, S. (2006). Playing to your strengths. *Psychologist*, 19(2), 86–89.

Meyers, M. C., & Van Woerkom, M. (2017). Effects of a strengths intervention on general and work-related well-being: The mediating role of positive affect. *Journal of Happiness Studies*, 18(3), 671–689.

Sosik, J. J., Gentry, W. A., & Chun, J. U. (2012). The value of virtue in the upper echelons: A multisource examination of executive character strengths and performance. *Leadership Quarterly*, 23(3), 367–382.

段文杰, 谢丹, & 李林, 等. (2016). 性格优势与美德研究的现状、困境与出路. 心理科学, 39(4), 985–991.

王焕贞, 江琦, & 侯璐璐. (2017). 大学生性格优势对主观幸福感的影响：优势运用和压力性生活事件的作用. 心理发展与教育, 33(1), 95–104.

张宁, & 张雨青. (2010). 性格优点：创造美好生活的心理资本. 心理科学进展, 18(07), 1161–1167.

对管理者的启示

组织目标的实现最终需要组织内的成员来完成，因此管理者应当根据需要实现的组织目标招聘所需要的优势人才，并保证每个人根据他们的优势被任用与提拔，从而促进组织成功。调查发现，如果组织成员感觉到领导者关注自己的优势，那么他们对组织领导与组织未来的感知也就更加积极，而且只有当组织成员处于最佳状态并体验巅峰状态（peak experience）时，才能实现组织及其内部成员的终极目标，因此这要求管理者应当认真识别组织成员的个体优势，将其安排至最擅长的领域，提高其积极性与责任感，同时创造能够让组织成员发挥个体优势的环境，促进其个体优势的发挥。同样，根据盖洛普公司对 2 000 名经理的访谈结果（Buckingham and Goodall, 2015），卓越的经理应该把更多的时间放在明星员工身上，把他们的才干与工作匹配，在做人事决定时，强调优势而不是资历。此外，管理者应当积极引导基于个体优势的干预，提高人—职匹配度，促进个人职业生涯的发展与组织的有效性。

本章参考文献

6

工作场所无礼行为理论[*]

刘嫦娥[1] 陈雅惠[2]

工作场所无礼行为（incivility in the workplace）由琳恩·安德森（Lynne Andersson）（见图1）和克里斯汀·皮尔森（Christine Pearson）（见图2）于1999年首次提出，是指一种低强度的、伤害意图模糊的、违反工作场所相互尊重规范的偏差行为。迄今为止，安德

图1 琳恩·安德森　　图2 克里斯汀·皮尔森

森、皮尔森、莉丽娅·科尔蒂纳（Lilia Cortina）等人对工作场所无礼行为研究的延伸和发展做出了巨大贡献。

从1999年到2019年，经过20年的发展，工作场所无礼行为的相关研究呈不断上升趋势。基于Google Scholar数据，1999年"工作场所无礼行为"概念被首次提出时，其被引次数仅为71次。然而，在第一个十年（1999—2009年），其相关研究便出现了高速增长，2009年被引次数达到了555次；在第二个十

---

[*] 基金项目：国家自然科学基金项目（71472062）。
[1] 刘嫦娥，湖南工商大学工商管理学院教授。主要研究领域：人力资源管理与组织行为。电子邮箱：moonlx@sina.com。
[2] 陈雅惠，云南大学工商管理与旅游管理学院博士研究生。主要研究领域：组织行为与创新创业等。电子邮箱：yahuichen103@163.com。

年（2009—2019年），其相关研究依旧保持平稳增长，2019年被引次数达到了2 680次。工作场所无礼行为理论的具体被引次数见图3。

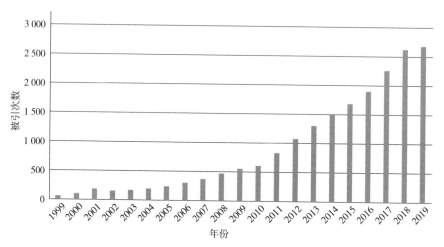

图3 工作场所无礼行为理论的被引次数

资料来源：根据Google Scholar数据整理而成，搜索时采用精确匹配。

工作场所无礼行为理论的核心内容

由于工作场所中存在多种不同的偏差行为，如攻击（Baron and Neuman, 1996）、暴力（Kinney, 1995; VandenBos and Bulatao, 1996）、身体虐待（Perlow and Latham, 1993）及专制（Ashlorth, 1994）等，因此安德森和皮尔森对工作场所无礼行为与其他工作场所偏差行为进行了区分（见图4），并指出工作场所无礼行为是一种低强度的、伤害意图模糊的、违反工作场所相互尊重规范的偏差行为。与其他工作场所偏差行为一样，无礼行为是一个社会性互动事件，会涉及两方或多方（如实施者、受害者、旁观者等）（Brown *et al.*, 1987; Carter, 1998）。然而，无礼行为的特征表现为伤害意图模糊，即处于有意识和无意识的中间地带。因此，在一系列人际互动过程中，一方面，工作场所无礼行为会向上螺旋升级为侵犯行为或暴力行为；另一方面，其也会向下表现为隐性的歧视行为。

6 工作场所无礼行为理论

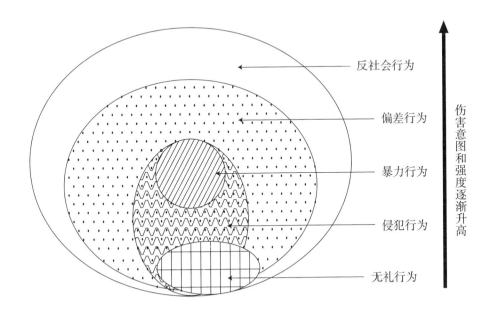

图 4 工作场所中的无礼行为与其他偏差行为的关系

资料来源：Andersson and Pearson（1999）。

一、工作场所无礼行为的螺旋升级

在工作场所中，暴力行为很少是自发行为，更多的是由于个体之间的消极互动不断升级从而达到最高潮。如 Felson and Steadman（1983）在一项针对被监禁的男性的研究中发现，袭击事件通常起始于不礼貌的评论，这导致了身份攻击并最终引起人身攻击。因此，工作场所无礼行为是更高强度、更明显的侵犯行为的导火线，这一过程表现为无礼行为的螺旋升级。

螺旋升级是指无礼行为在主客体双方"以牙还牙"的互动中最终演变为侵犯行为或暴力行为的过程，其理论基础是互惠规范理论（norm of reciprocity）与社会交换理论（social exchange theory）。例如，A 忽略 B 的要求，B 以嘲笑的方式回应 A，接着 A 出言侮辱 B，B 于是推搡 A，A 则对 B 进行身体侵犯，这种互动便迅速升级。当一方意识到自己的个人身份受到威胁时，无礼行为便升级为侵犯行为，身份受到威胁是无礼行为升级的临界点（见图 5）。

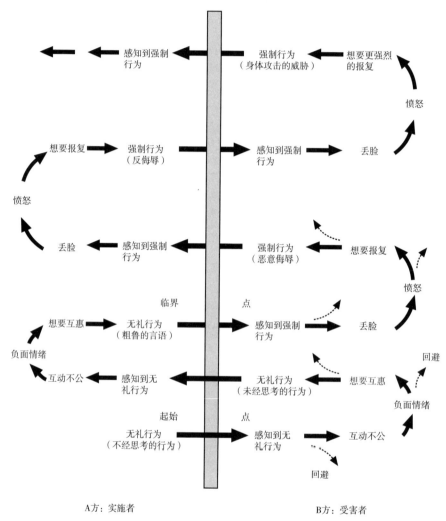

图 5　工作场所中无礼行为螺旋升级的过程

资料来源：Anderson and Pearson（1999）。

二、工作场所无礼行为的隐性歧视性

随着禁止歧视社会特殊群体的政策和法律的出台，工作场所公然歧视女性和少数民族的行为不再被容忍。但是个体可能将歧视掩饰于无礼行为中（行为主体自己甚至都无法意识到这种歧视）。如美国虽然已拥有健全的雇佣政策或就业政策,但是美国平等就业机会委员会(EEOC)在2002年仍收到了84 442份关于雇佣歧视的投诉,其中2/3的投诉要么与性别歧视有关,要么与种族歧视有关(The U.S. Equal Employee Opportunity Commission, 2003)。这表明工作场所中的歧视行为正在从公开转化为暗箱操作,即以一种更加隐蔽的方式——无礼行为出现(Dipboye and Halverson, 2004)。研究者通过整合相关文献,并根据组织科学研究中的多层研究趋势,基于认知、情感、组织情境和社会情境四个方面构建了一个多概念模型(见图6),以此来解释工作场所中隐性歧视行为产生的原因,该模型主要关注个体、情境层面的影响(Klein and Kozlowski, 2000)。

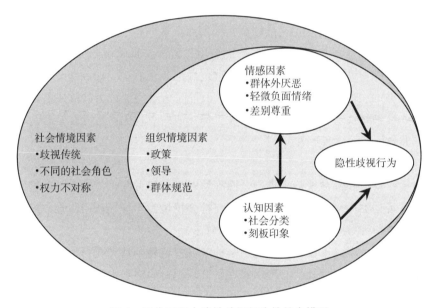

图6 工作场所中隐性歧视行为的整合模型

资料来源:Cortina (2008)。

1.个体层面因素

(1)认知因素。歧视研究中最重要的理论是社会认知理论,主要聚焦于社会分类和刻板印象。社会分类是指人脑基于某些明显的线索如性别、种族和年龄,将个体归于不同社会类别的认知过程,该过程是一种无意识的过程。然而,将个体分类并归于某一特定的群体,通常会引发刻板效应,即关于该群体成员普遍的、一般化的认知、信念与期望(Jones, 2002)。简言之,刻板效应是社会分类的

"文化载体"(Operario and Fiske, 1998),它使得个体了解他人并对他人行为做出预测,避免对所面对的事件进行过于复杂的认知和加工。

(2) 情感因素。社会分类使个体将他人归类为圈内人和圈外人,并对圈内人给予更多积极的情感偏见,对圈外人则给予更多消极的情感偏见(Fiske, 2002)。对圈外人的消极情感偏见表现为多种形式,如 Fiske (2000) 的研究表明,个体对那些热情但无能力的群体持有"家长式管理"的偏见,这种偏见并不会令个体产生嫉妒或羡慕的情绪;而对那些冷漠有能力的群体则易表现出嫉妒或羡慕的情绪。Fiske (2002) 同时指出,当群体感知到威胁时,圈内人对高能力的圈外人会产生羡慕和嫉妒并存的情绪,这种情绪若不断加强就易导致敌意行为。Dovidio et al. (2001) 强调了隐性种族主义的轻微负面情绪,这些种族歧视者在遇见少数种族时会表现出嫌恶、不自在及漠不关心的态度。此外,Jackson et al. (2001) 的研究表明,与尊重女性相比,对男性更为尊重是性别歧视的重要构成部分,即对社会群体差别性的、情感性的"直觉反应"。正是因为对特定社会群体成员的本能反应,这些性别歧视者和种族歧视者会在工作场所中表现出隐性的歧视行为,从而维持其非歧视者的自我形象。

2. 情境层面因素

对工作场所隐性歧视行为进行全面理解时不仅要关注个体层面的因素,而且要关注情境层面的因素。因为组织情境与社会情境为工作场所中隐性歧视行为的认知、情绪和行为提供了一个近因及远因背景。

(1) 组织情境。不管是在促进还是抑制歧视这种隐性无礼行为上,组织情境都起到了重要作用。但社会心理学家在研究歧视行为时很大程度忽视了组织情境因素。组织心理学文献表明,与歧视相关的组织情境是政策、领导及群体规范。许多学者认为,好的政策对于抑制歧视行为和反社会行为是必要的(Williams et al., 1999)。同时,领导或权威人物也是不可或缺的关键因素。若组织的权威人物对尊重行为有明确期待、构建非歧视性的价值观和行为、严肃对待关于歧视的投诉、惩罚歧视行为的实施者,则该组织的歧视行为或隐性歧视行为会减少。此外,群体规范也是影响歧视行为的组织情境之一(Dipboye and Halverson, 2004)。归属感和被圈内成员认可的需要是个体行为的驱动因素(Fiske, 2000)。个体在群体或团队内工作,通常面临群体规范的压力。这些群体规范不仅能为群体成员解释现实,还能提供成员如何获得肯定、避免被群体其他成员批评的信息(Dipboye and Halverson, 2004)。因此,当同事表现出对偏见的期望并实施隐性歧视行为时，为了更好地融入环境，个体会调整认知、情绪和行为，随同事实施隐性歧视行为（Brief and Barsky, 2000）。

（2）社会情境。首先，所有的组织都是在社会或文化体系中运行的，而社会或文化体系必然会影响歧视在组织中表现形式的演变。其次，原先社会结构中社会群体角色的固化会让一部分社会群体更占优势，从而导致偏见。最后，社会结构中所存在的不平等的权力分配现象和偏见共同为工作场所中的歧视或隐性歧视行为奠定了基础。有权者努力维持现状来巩固其地位、获取资源及获得尊重（Jones, 2002）。处于社会结构顶层的个体也把权力作为他们将偏见转化为歧视行为的工具。这些社会结构的力量以显性和隐性的方式为工作场所中隐性歧视行为的泛滥提供了条件。

三、工作场所无礼行为的实证研究

关于工作场所无礼行为的螺旋升级和隐性歧视，众多学者进行了大量的实证研究。Luckenbill（1977）调查了70起谋杀案，结果发现皆起因于轻微的互动不公行为即无礼行为。Dupre and Barling（2006）得出下属感知到上级对自己工作绩效的监控便引起互动不公感进而对上级实施无礼行为的结论，并通过进一步分析发现下属对上级的无礼行为会演变为上级对下级的侵犯行为。Porath et al. (2008)的研究表明，男性和高地位者以较强的侵犯方式回应无礼行为，女性和低地位者以较强的回避方式回应无礼行为；男性对同事的无礼行为抵制最强烈；受害者对施害者行为的合理性感知及抵制后果在无礼行为与螺旋升级模式之间起调节作用。Kim et al. (2008) 通过对韩国被试与美国被试进行跨文化比较研究得出，韩国被试对冒犯集体者倾向于抵制，对冒犯个体者倾向于和解；而美国被试对冒犯个体者倾向于抵制，对冒犯集体者倾向于和解；两国被试皆对与自己具有相似性的冒犯者倾向于和解。Cortina and Magley（2009）的研究发现，施害者与受害者的相对地位、无礼行为的特征（发生频次、形式的多样性及持续性）对螺旋升级模式有预测作用；受害者比施害者的相对地位高、无礼行为发生的频率高、无礼行为表现形式多样化及无礼行为持续时间长，则无礼行为将进行螺旋升级模式的演变。

工作场所中的性别歧视、种族歧视、性骚扰等都通过隐性的无礼行为方式表现出来。Cortina et al. (2001) 调查了4 608名在联邦法院工作的律师的工作场所经历，结果表明众多女性所描述的无礼行为与性别歧视有关，虽然表面上并没有明确的性别歧视（如"男性法官和律师倾向于打断、忽视或排斥女性律师"等）。Cortina et al. (2002) 的实证研究表明，与男性（47%）相比更多的女性（65%）描述她们在最近的工作环境中经历了无礼行为。Björkqvist *et al.* (1994) 的研究成果也得到一致的结论，相较于 30% 的男性雇员面临工作场所性骚扰，大约有 55% 的女性雇员近六个月面临工作场所性骚扰。Cortina *et al.* (2013) 的研究表明，种族、性别能预测个体遭受无礼行为，无礼行为被证明是一种现代的组织歧视行为。

对该理论的评价

工作场所无礼行为是一种低强度的、伤害意图模糊的、违反工作场所相互尊重规范的偏差行为（Andersson and Pearson, 1999）。与其他工作场所偏差行为（如侵犯行为、暴力行为等）相比，工作场所无礼行为的特征是低强度和伤害意图模糊（Schilpzand *et al.*, 2014）。然而，这并不意味着工作场所无礼行为的负面影响可以被忽视。实证研究表明，工作场所无礼行为会使个体感到情绪疲惫（Kern and Grandey, 2009）、抑郁（Cameron and Webster, 2011），降低情感信任度（Cameron and Webster, 2011）、幸福感（Lim *et al.*, 2008）和婚姻满意度（Ferguson, 2012），同时增加工作—家庭冲突（Lim and Lee, 2011）。而工作场所无礼行为的螺旋升级会进一步扩大其负面影响。Masuch (1985) 指出，工作场所无礼行为的螺旋升级会螺旋式放大成其他强度更高的工作场所偏差行为，从而导致更大的危险。Neuman and Baron (1997) 同时指出，一个以无礼行为为特征的组织会使员工在工作中产生不愉快情绪，并导致攻击行为、更高的离职率、更低的生产率，而且会丧失客户。也就是说，无礼行为不仅是办公室相处不愉快的原因，更可能是组织负面影响的根本因素。另外，工作场所无礼行为作为组织歧视行为的一种方式，会表现为隐性的、细微的行为，但是其影响效果并不细微（Cortina, 2008）。Wheaton (1997) 指出，这种隐性的无礼行为会给受害者持续施加不起眼的压力，从而在心理和身体上"摧垮"受害者。更糟糕的是，受害者很难找出有效方法应对这种隐性的无礼行为（Deitch *et al.*, 2003）。

关键测量量表

1. Cortina *et al.* (2001) 从受害者角度出发，开发了第一个工作场所无礼行为量表（Workplace Incivility Scale, WIS）。WIS 是一个包含 7 个题项的单维结构量表。Cortina, L. M., Magley, V. J., & Williams, J. H., *et al.* (2001). Incivility in the workplace:

Incidence and impact. *Journal of Occupational Health Psychology*, 6(1), 64–80.

2. Martin and Hine (2005) 开发了工作场所无礼行为的多维结构量表 (Uncivil Workplace Behavior Questionnaire, UWBQ)，包含 17 个题项，可以对工作场所无礼行为进行更可靠、更有效的测量。UWBQ 包括 4 个维度，即敌意对待、隐私侵犯、孤立疏远、背后造谣。

Martin, R. J., & Hine, D. W. (2005). Development and validation of the uncivil workplace behavior questionnaire. *Journal of Occupational Health Psychology*, 10(4), 477–490.

3. Penney and Spector (2005) 基于 WIS、莱曼心理恐怖量表 (Leymann Inventory of Psychological Terror) 和工作场所暴力量表 (Aggression in the Workplace)，构建了一个包含 43 个题项的工作场所无礼行为量表。

Penney, L. M., & Spector, P. E. (2005). Job stress, incivility, and counterproductive work behavior (CWB): The moderating role of negative reflectivity. *Journal of Organizational Behavior*, 26, 777–796.

4. Blau and Andersson (2005) 借鉴 Gutek *et al.* (1991) 将工作侵扰家庭维度结构转换为家庭侵扰工作维度结构的经验，基于 Cortina *et al.* (2001) 所开发的 7 个题项，开发了第一个实施者视角的工作场所无礼行为单维结构量表。

Blau, G., & Andersson, L. (2005). Testing a measure of instigated workplace incivility. *Journal of Occupational & Organizational Psychology*, 78(4), 595–614.

5. Lim and Teo (2009) 开发了网络无礼行为量表以专门研究在线交流中的无礼行为，该量表包含 14 个题项。

Lim, V. K., & Teo, T. S. (2009). Mind your e-manners: Impact of cyber incivility on employees' work attitude and behavior. *Information & Management*, 46, 419–425.

6. 刘嫦娥和戴万稳 (2012) 从受害者的角度出发，在 Martin and Hine (2005) 结构维度的基础上，运用访谈法、问卷调查法初步得出了中国情境下工作场所无礼行为的五维结构（分别是敌意对待、侵犯隐私、孤立疏远、背后造谣及权力滥用），包含 17 个题项。

刘嫦娥, & 戴万稳. (2012). 工作场所无礼行为研究综述 [J]. 管理学报, 9(7), 1092–1097.

7. Walsh *et al.* (2012) 开发了文明规范量表 (Civility Norms Questionnaire-Brief, CNQ-B) 来衡量工作群体中的文明程度。CNQ-B 是一个包含 4 个题项的单维

结构量表。

Walsh, B. M., Magley, V. J., & Reeves, D. W., *et al.* (2012). Assessing work group norms for civility: The development of the Civility Norms Questionnaire-Brief. *Journal of Business and Psychology*, 27, 407–420.

8. Wilson and Holmvall (2013) 基于 Andersson and Pearson (1999) 对工作场所无礼行为的定义,将无礼行为延伸至顾客服务情境,开发了顾客无礼行为量表(Incivility from Customers Scale, ICS),该量表包含 10 个题项。

Wilson, N. L., & Holmvall, C. M. (2013). The development and validation of the Incivility from Customers Scale. *Journal of Occupational Health Psychology*, 18, 310–326.

经典文献

Andersson, L. M., & Pearson, C. M. (1999). Tit for tat? The spiraling effect of incivility in the workplace. *Academy of Management Review*, 24(3), 452–471.

Cortina, L. M., Magley, V. J., & Williams, J. H., *et al.* (2001). Incivility in the workplace: Incidence and impact. *Journal of Occupational Health Psychology*, 6(1), 64–80.

Cortina, L. M. (2008). Unseen injustice: Incivility as modern discrimination in organizations. *Academy of Management Review*, 33(1), 55–75.

Porath, C. L., & Erez, A. (2007). Does rudeness really matter? The effects of rudeness on task performance and helpfulness. *Academy of Management Journal*, 50(5), 1181–1197.

Schilpzand, P., De Pater, I. E., & Erez, A. (2014). Workplace incivility: A review of the literature and agenda for future research. *Journal of Organizational Behavior*, 37, S57–S88.

对管理者的启示

工作场所无礼行为作为相对较新的研究领域,受到了学者们的广泛关注,对指导组织中的管理实践发挥着非常重要的作用。虽然工作场所无礼行为是低强度的、伤害意图模糊的，但是其向上的螺旋升级和向下的隐性歧视，都会对管理实践造成相当大的负面影响。因此，管理者可从以下措施入手，以降低工作场所无礼行为所引发的负面效应。

首先，工作场所无礼行为的螺旋升级模式为组织管理者提供了促进无礼行为螺旋升级为侵犯行为或暴力行为的临界点及影响因素信息，当一方感知到身份威胁时，无礼行为就可能升级为侵犯行为或暴力行为。作为组织管理者，应该制定阻止工作场所无礼行为产生和升级的政策，例如对大喊大叫零容忍可以降低粗鲁行为和次级无礼行为螺旋升级的可能性；此外，可以为员工提供压力释放途径（如人力资源热线、冲突调停中心等），促使员工宣泄负面情绪（Andersson and Pearson, 1999）。

其次，在现代组织中，无礼行为通常表现为隐性、细微、表面中立而实质上却是带有偏见的人际偏差行为。作为组织管理者，应该创造一个真正相互尊重、不存在无礼行为的工作环境，如建立投诉机制、主动预防教育机制等；塑造恰当的、有礼貌的职场行为，同时在公司使命或手册中明确对员工的期望（Cortina, 2008）。

最后，笔者认为，不论是工作场所无礼行为的螺旋升级还是隐性歧视，都与管理者自身有关。因此，在管理实践中，管理者要不断提高自身应对冲突的能力，塑造积极的管理风格，并消除不恰当归因等。

本章参考文献

7

工作能量整合模型^{*}

江新会[1] 张诗舍[2] 张恒[3]

图 1 瑞恩·W. 奎恩

图 2 格兰恩·M. 斯伯莱茨

图 3 林泽富

图 4 维恩·贝克

---

* 基金项目：国家自然科学基金项目（71572171，71962034）。
1 江新会，云南财经大学商学院教授、博士生导师。主要研究领域：本土组织行为学、工作健康和员工能量管理、职业使命感等。电子邮箱：beyondjxh@163.com。
2 张诗舍，云南财经大学商学院企业管理方向硕士研究生。主要研究领域：组织玩兴气氛。电子邮箱：zshzsx128@163.com。
3 张恒，云南财经大学商学院企业管理方向硕士研究生。主要研究领域：工作特征和资质过剩感知。电子邮箱：1140554096@qq.com。

工作能量整合模型（an integrated model of human energy）的提出以瑞恩·W. 奎恩（Ryan W. Quinn）（见图 1）、格兰恩·M. 斯伯莱茨（Gretchen M. Spreitzer）（见图 2）和林泽富（Chak Fu Lam）（见图 3）于 2012 年在《管理学会年鉴》（*Academy of Management Annals*）上发表的《建立一个组织中的工作能量持续模型：探索资源的关键角色》(Building a sustainable model of human energy in organizations: Exploring the critical role of resources) 为标志。在该文中，几位学者整合了资源保存理论、注意恢复理论、自我消耗理论、能量激活态、互动仪式链理论、自我决定理论等六个方面的基础理论，对人的能量概念进行了梳理和澄清，并正式提出以能量为核心的动态模型。2019 年，维恩·贝克（Wayne Baker）（见图 4）在《组织心理学与组织行为年鉴》(*Annual Review of Organizational Psychology and Organizational Behavior*) 上发表的《情绪能量，关系能量和组织能量：走向一个多水平模型》(Emotional energy, relational energy, and organizational energy: Toward a multilevel model) 再次对能量理论体系进行了梳理，亦具有重要的推动意义。除六个方面的基础理论外，Fritz *et al.* (2011) 对能量管理的研究、Owens *et al.* (2016) 对关系能量的研究、Cole *et al.* (2012) 对集体能量的研究、Sonnentag and Fritz (2015) 对心理脱离（psychological detachment）的研究、Spreitzer *et al.* (2005) 对工作繁荣（thriving at work）的研究，以及其他围绕活力、积极情绪的扩展激活功能的广泛的积极组织行为学研究都对能量理论的诞生和发展做出了重要贡献。自 2012 年以来，该理论的被引次数呈上升趋势，具体如图 5 所示。

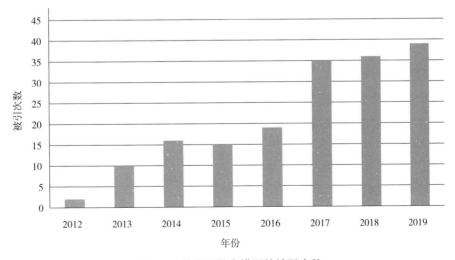

图 5　工作能量整合模型的被引次数

资料来源：根据 Google Scholar 数据整理而成，搜索时采用精确匹配。

工作能量整合模型的核心内容

一、工作能量整合模型的由来

人的所有行动都有其特定的躯体和心理基础，因此只有在一定的身、心条件和状态下，我们才愿意行动、可能行动、有效行动。在中、英语言中，人们经常用能量一词来表达这种行动的意愿程度和可能性，中文尤甚。这可能与物理世界中物体的运动总需要能量推动有关。人们可能通过隐喻思维将人的行动能力与物理世界进行类比，并通过人类语言中的隐喻动力机制形成了这种广泛的表达。正因如此，在许多关于心理行为的研究中，尤其在关于行为动力的研究中，研究者常免不了大量使用能量一词来进行相关阐述和分析。按 Quinn *et al.* (2012) 的追溯，能量一词早至弗洛伊德，晚则大量出现在诸如自我消耗（self-depletion）、工作繁荣及心理脱离等领域的文献中。由此，Quinn *et al.* (2012) 觉察到了能量对于人类行为，尤其是对于组织管理而言——员工的工作行动能力具有重要的解释作用。他们认为，有必要深究人的能量（human energy）的本质，对之加以严肃的界定，使之成为正式的理论结构。于是，他们在前有研究的基础上辨析了能量视角下的概念体系，并发展出了整合的工作能量模型（见图6）。由于人的能量、

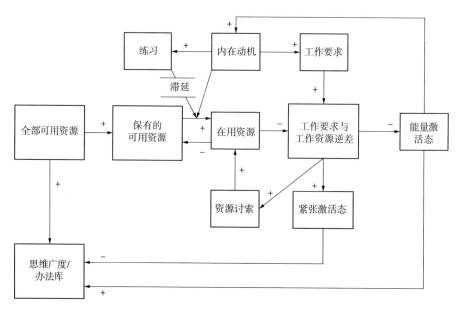

图6 工作能量整合模型

资料来源：Quinn *et al.* (2012)。

人类能量等表达在中文中并不常用,且凸显这一理论模型以解释工作行动能力为核心,因此笔者称这一模型为"工作能量整合模型"(an integrated model of human energy)。

二、工作能量视角下的概念体系

Quinn *et al.* (2012) 以资源观引领其对能量的功能原理的整体思考。因此在他们的概念体系中,人的能量是资源中的一种。而资源,在其看来,是任何能让行动者将某个行动图示(schema)付诸实施的事物(见图7)。

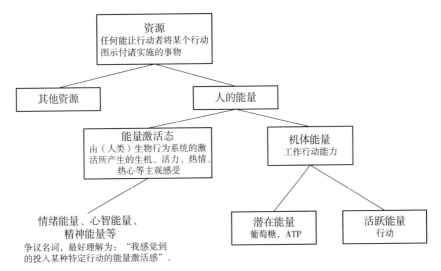

图 7　能量概念结构

对于人的能量,Quinn *et al.* (2012) 又分出了机体能量(physical energy,或称生理能量)和能量激活态(energetic activation,或称能量激活感,或简称能量激活、能量感,以下根据行文将灵活使用)两个概念分支。

1. 机体能量

先说机体能量。在机体能量之下,又进一步分出潜在能量(potential energy)和活跃能量(kinetic energy)。潜在能量即以生物化学能储备在我们身上的可供我们身体活动和大脑思考的能量,在实物形式上,它以葡萄糖和 ATP(腺嘌呤核苷三磷酸)的形式存在[具体可进一步参看如 Quinn *et al.* (2012) 及生理知识文献著述]。而活跃能量是指我们行动或思考的过程中,转换、消耗潜在能量而提供给行动和思考所需的能量。简单比方,潜在能量如燃油,而活跃能量如将燃油燃烧后转化为的热能或动能。

潜在能量和活跃能量的区分看似琐碎，实则非常重要。因为潜在能量再丰富，也不能保证成为活跃能量驱动行为。这正如有了燃油但达不到着火点或没有空气，同样不能用它转动机器煮熟饭一样。人的行为正有这样的特征。通俗地讲，有时候我们"吃饱喝足"，却提不起劲做任何事；而有时候即便我们已经很疲惫了，也可能突然"为之一振""斗志昂扬""乐此不疲"；等等。所以，如何调用潜在能量并将之转化为活跃能量，正是能量理论为工作行动能力的研究所提供的一种更新的，更便于我们思考、辨析和探测的描述和分析的体系与框架。

机体能量的概念优势还在于，一方面，它衔接了基础的生物化学和神经生理过程，甚至广泛的新陈代谢过程（葡萄糖和ATP是通过摄入食物营养获取的），使得组织管理对工作行动能力的研究连接了基础科学，相关理论有了更为坚实的科学基础和更底层的观察、检验范畴；另一方面，它凸显了人的生物机体属性，启示我们在思考组织管理，尤其是驱动员工工作中要将工作者当"人"，要承认和考虑人作为血肉之躯的局限性与脆弱性（当然这不是否认人的超强适应能力和延展能力），不能抛开人性（humanity）谈管理。

最后要说明的是，由于Quinn *et al*. (2012)将能量统一在资源范畴之下，因此在其模型中（见图6），潜在能量与活跃能量的关系是涵盖在可能资源（possible resources）与在用资源（resources in-use）之间的动态关系中的。正因如此，有时候也将活跃能量称为在用能量（energy in-use）（Christian *et al*., 2015），并且在他们的研究中，将工作投入看作在用能量的体现。

2. 能量激活态

再说能量激活态。这一概念颇为复杂。Quinn *et al*. (2012)将其定义为由（人类）生物行为系统的激活所产生的生机、活力、热情、热心等主观感受。能量激活态与机体能量的关系在图6中好像各行其道，实际上其重要的内在关系隐性地表达在图7的模型中。一方面能量激活态是由潜在能量和活跃能量决定的。通常我们在长时间劳作后身心疲劳，包括在特别饥饿的状态下是很难有高度的能量激活感的，因此能量激活感常常反映了我们的潜在能量水平，或者说受制于潜在能量水平。另一方面我们在高度使用能量，亦即有高度活跃能量的时候通常也能感受到能量激活，这些关系表达在图6中的可用资源与在用资源和能量激活态的关系（箭头）中。总体来说，能量激活态通常是机体能量水平的有效信号。但是，如前所述，人的能量感常可以超越机体能量的客观限制，即人在疲劳、饥饿等情况下也可能情绪高涨，充满斗志。从图6来看，这是因为能量激活是工作要求与工作资源逆差（demand-resource discrepancy）的反映。而机体能量只是工作资源的一种，其他外部资源（比如言语鼓励、技能输送）或许能够在很大程度上补偿机体能量带来能量激活。

总结来看，能量激活带有很强的主观性质，有明显的情绪特征。它既受制于机体能量，又能（在一定程度上）超越机体能量的客观限制。正因如此，能量激活感又常被称为情绪能量（emotional energy）、心智能量（mental energy）、精神能量（spiritual energy）。但是 Quinn *et al.* (2012) 认为，能量只有一种，是统一的。因此这些都是"争议名词"。然而 Baker（2019）在认同 Quinn *et al.* (2012) 关于能量统一观点的同时，又竭力主张可以采用情绪能量这一术语表达能量激活感（其辨析请参看原文），因此至少目前可以使用情绪能量作为能量激活感的同义词。还有一个复杂而重要的问题是，Quinn *et al.* (2012) 认为，当我们使用情绪能量或心智能量这些表达的时候，实际上意指投入某种特定行动的能量激活感（因而不能将它们等同于能量激活）。这涉及一个重要的客观现实现象——我们可能有高度的能量激活感，却并不一定愿意行动（特别是工作行动）。对于组织管理研究而言，显然更关心的是能够推动工作行为的能量。由此一来，工作能量（energy at work）（Atwater and Carmeli, 2009; Cole *et al.*, 2012）就成为另一个绕不开的术语。目前来看，这些概念关系可以视作：能量激活态＝情绪能量⊂工作能量。

从测量角度来看，还可以进一步澄清以上关系。虽然按 Quinn *et al.* (2012) 的理论体系从概念上能够区分机体能量（潜在能量和活跃能量）与能量激活态，但在组织管理研究中测量机体能量几乎是不可能的。只有能量感才能用我们常用的自我报告方式进行测量。而又如前所述，能量感通常包含了对机体能量水平的反映，所以我们可以测量"对工作的能量激活态"（energetic activation for work），并称之为工作能量。以往研究中对活力（vigor）（如 Ten Brummelhuis and Bakker, 2012）的测量都可以视作对能量感的测量，同时也可以视作对能量的测量，但是它们实际上并不能简单等同于对工作能量的测量。从这一点来说，以往研究实际上存在问题。

还有两个能量概念，虽不包含在 Quinn *et al.* (2012)（见图 7）的能量概念体系中，但异常重要。一是关系能量（relational energy）（Owens *et al.*, 2016）。关系能量是指通过与同事或领导的互动（interaction）而获得的指向工作的能量激活态。因此它是工作能量中由特定来源构成的那一部分（Baker, 2019），是工作能量的构成。由于关系能量涉及工作能量最基本、最普遍的外部来源,并且将组织内的上下级关系、同事关系及整个社会群体关系与工作能量联系在了一起,因此相信关系能量的研究将会越来越丰富,尽管目前研究还较少且较浅。二是集体能量(collective energy),也称生产能量(productive energy)(Cole et al., 2012)。集体能量,顾名思义,是指组织成员共享的工作能量(具体内涵请参考原文)。集体能量的概念显然对于将工作能量的研究上升到组织管理和组织效率的宏观、战略性意义上来具有不可或缺的作用。同样,目前相关的研究还非常少。

三、工作能量整合模型的基本理论原理

图 6 中的模型的含义是非常丰富的,就是 Quinn et al. (2012) 的原著也未能尽述,尤其是一些可以从此模型中进一步推演出来的原理。这里笔者择其要点结合自己的理解进行基本介绍。

模型中第一个重要的原理包含在能量激活态与思维广度/办法库(breadth of thought/action repertoire)的积极关系和紧张激活态(tense activation)与之的消极路径中。此原理意即能量激活态能扩展我们的思维广度,想到更多解决问题的办法,进而充分调动一切甚至看似不可能的资源有效解决问题。并且随着模型的路径前推,可以看到这一效应最终又能进一步增进能量激活态,即增加我们的工作能量。由此而形成良性循环。反之,从紧张激活态出发的路径则会形成恶性循环,不断消耗能量并不断降低工作效能。虽然这里良性循环的基本原理是扩展构建理论(Fredrickson and Losada, 2005)早已建立的,但模型对之进行了更充分、更完整的描述。并且采用能量激活态的表述与早期理论采用积极、消极情绪的表述还是有很大区别的(能量激活态与积极情绪的区别是一个复杂且尚未被很好澄清的问题,不展开叙述)。

模型中第二个重要的原理是,能量激活态的本质功能是制约可能资源向在用资源的转化。这是通过从能量激活态经内在动机向可能资源和在用资源关系的调节箭头表达的。这一重要调节关系,尤其从能量系统内部来说,意即能量激活态可视作对潜在机体能量的调用能力——只有处于高的能量激活状态下,我们才有可能将身心资源投入工作中。由于员工的充分行动是一切组织效率的基础,从这一原理来看,对能量激活态的管理、优化,以及对组织的管理就有了核心的意义。管理手段、方式的取舍可以在这里找到科学依据。至于这种调用功能是否必须经过内在动机的中介,对此笔者认为并非必须。能量激活态对资源和身心能量的"闸门"功能可以是即时的、直接的。

模型中第三个重要的原理包含在实战（practice，或称练习）对潜在资源与在用资源关系的调节作用中［其中还要经历滞延（delay）］。其含义是，通过多次练习，潜在资源向在用资源的转化会变得更为有效和顺畅，这似乎与工作经验能增进效率的常识差不多，因此需要时间的积累。不过从能量系统来看，它却揭示了通过练习，能量的耗损将会减少的原理。进一步前推，这种效应最终又有助于能量激活态的提升，从而又形成了一个良性循环——在高的能力激活状态下，个体有意采取学习和训练行动，而学习和训练最终又能通过效率的提升增进能量激活态。

模型中第四个重要的原理包含在与工作要求相关的联结中。首先，能量激活态是由工作要求与工作资源之间的逆差决定的。因此工作资源过高时，将降低能量激活态。同时，在高的工作要求与工作资源逆差下，必然导致资源讨索（resource seeking），增加在用资源，这实际上减少了可用资源（即资源总量），造成对能量激活态不利的后续效果，从而形成另一个恶性循环原理。其中有意思的是，从图 6 中还可以看出，能量激活态越高，我们就越容易给自己设置较高的工作要求（经内在动机），即提出挑战。结合前述原理，这提示对自己提出的挑战不宜过高。这算是能量原理对经典的最近发展区理论和期望效价理论的新的诠释。在管理实践中，这也提示在资源不充分时，组织设置大跃进式的生产或销售等目标容易造成员工队伍的能量衰减，倦怠爆发。

对该理论的评价

工作能量整合模型还很年轻，但是能量在组织行为的多个领域正在形成共同的焦点。能量的视角越来越必要，越来越成为共识，因为工作的本质是一个身心能量投入—产出的过程。员工的能量水平和能量感与工作动机及工作健康两个组织管理的关切点密不可分。在竞争越来越激烈、个体和组织的目标越来越高的背景下，我们需要更为精细、深入、完整、动态的理论体系来研究、分析工作动能的获取、增长与可持续性，并且不仅要考虑个体和组织的产出效率，还要兼顾个体身心福祉，兼顾人性。在这些方面，由于能量的视角更多地考虑了工作者的身心状态，将人脑的执行功能、神经生理过程，甚至新陈代谢等因素都考虑了进去，并将它们与工作、管理因素进行了高度的整合，因此体现出了比传统动机理论、领导理论等在内外因交互、过程性、动态性方面的解释和预测优势。

当然，能量理论仍处于方兴未艾阶段，还有很多基础问题没有解决，有其自身的局限性。在此笔者简单指出一二。第一，虽然将机体能量纳入资源的大范畴统一考虑带来了理论吝啬的优势，揭示了更一般的底层原理，但机体能量毕竟是主体内资源，它对主体外资源具有约束作用。虽然 Quinn et al. (2012) 的模型将这两类资源之间的交互作用用能量激活态与资源之间的关系来表达和考察，但这也可能掩盖了一些重要的内外因交互作用的过程和原理。未来研究可能需要充分讨论能量资源与其他工作资源的关系。第二，虽然用能量来统一推动工作的身心资源有一定的合理性，且"能量只有一种"的见解与自我消耗理论发现的"人的调控资源具有跨领域的互通性"的证据相印证，但是这种统一可能掩盖重要的差异。不同的作业任务可能需要的身心资源仍然是有差异性的、有隔离性的。忽视这些差异可能与人能够在一种作业疲劳后很好地切换、胜任新任务，且可以形成对前一任务能力的恢复效果的事实现象相冲突。更为重要的是，这将限制我们对如何更为有效地进行能量调整与管理的研究思路，制约能量科学对人的潜能开发的助推作用。第三，目前的理论体系集中在能量激活态上，对紧张激活态的关注偏少。关注能量激活态无疑符合积极组织行为学这一重要思考方向，对于挖掘、释放积极管理因素值得优先考虑，但是"有压力才有动力"也符合相当的管理情境和事实。紧张激活态与能量激活态总是此起彼伏，以相当的分布概率出现在我们的身上。要理解能量激活态的功能原理，研究紧张激活态也许能够起到重要的借鉴、启发和对照的作用。更为重要的是，超越研究紧张激活态的负性作用，研究其从负性向正性作用的转化可能和条件及其机理，能够形成对现有理论的重要补充，从而使能量理论更好地服务于管理现实。

关键测量量表

1. Atwater and Carmeli's Feelings of Energy at Work Scale: 1 个维度，8 个题项
Atwater, L., & Carmeli, A. (2009). Leader–member exchange, feelings of energy, and involvement in creative work. *Leadership Quarterly*, 20(3), 264–275.
2. Owens, Baker, Sumpter, and Cameron's Relational Energy Scale: 1 个维度，5 个题项
Owens, B. P., Baker, W. E., & Sumpter, D. M., et al. (2016). Relational energy at work: Implications for job engagement and job performance. *Journal of Applied Psychology*, 101(1), 35–49.

3. Cole, Bruch, and Vogel's Productive Energy Scale: 3 个维度，14 个题项

Cole, M. S., Bruch, H., & Vogel, B. (2012). Energy at work: A measurement validation and linkage to unit effectiveness. *Journal of Organizational Behavior*, 33(4), 445–467.

经典文献

Atwater, L., & Carmeli, A. (2009). Leader–member exchange, feelings of energy, and involvement in creative work. *Leadership Quarterly*, 20(3), 264–275.

Baker, W. E. (2019). Emotional energy, relational energy, and organizational energy: Toward a multilevel model. *Annual Review of Organizational Psychology and Organizational Behavior*, 6(1), 373–395.

Barsade, S. G., & Knight, A. P. (2015). Group affect. *Annual Review of Organizational Psychology and Organizational Behavior*, 2(1), 21–46.

Christian, M. S., Eisenkraft, N., & Kapadia, C. (2015). Dynamic associations among somatic complaints, human energy, and discretionary behaviors: Experiences with pain fluctuations at work. *Administrative Science Quarterly*, 60(1), 66–102.

Cole, M. S., Bruch, H., & Vogel, B. (2012). Energy at work: A measurement validation and linkage to unit effectiveness. *Journal of Organizational Behavior*, 33(4), 445–467.

Collins, R. (1993). Emotional energy as the common denominator of rational action. *Rationality and Society*, 5(2): 203–230.

Fredrickson, B. L., & Losada, M. F. (2005). Positive affect and the complex dynamics of human flourishing. *American Psychologist*, 60(7), 678–686.

Fritz, C., Lam, C. F., & Spreitzer, G. M. (2011). It's the little things that matter: An examination of knowledge workers' energy management. *Academy of Management Executive*, 25(1), 28–39.

Owens, B. P., Baker, W. E., & Sumpter, D. M., et al. (2016). Relational energy at work: Implications for job engagement and job performance. *Journal of Applied Psychology*, 101(1), 35–49.

Quinn, R. W., Spreitzer, G. M., & Lam, C. F. (2012). Building a sustainable model of human energy in organizations: Exploring the critical role of resources. *Academy of*

Management Annals, 6(1), 337–396.

Sonnentag, S., & Fritz, C. (2015). Recovery from job stress: The stressor-detachment model as an integrative framework. *Journal of Organizational Behavior*, 36 (S1), S72–S103.

Spreitzer, G. M., Sutcliffe, K., & Dutton, J. E., *et al.* (2005). A socially embedded model of thriving at work. *Organization Science*, 16(5), 537–549.

Ten Brummelhuis, L. L., & Bakker, A. B. (2012). Staying engaged during the week: The effect of off-job activities on next day work engagement. *Journal of Occupational Health Psychology*, 17(4), 445–455.

对管理者的启示

工作能量整合模型以其高度的概括性和对工作行动能力的直接指向，对管理者的启示是异常丰富的。其最基本的启示在于，管理者需认识到工作者的"人"的性质，认识到人作为有机体的局限性和在这种局限性下的延展性，还要认识到对员工宝贵的能量资源要开源节流、主动补给，既不能采用榨取式的管理手段，又要发挥其内生能力，通过良性循环，使得组织的生产能力、创造能力、工作效率持续成长。对于中国管理情境而言，"996"与"ICU"一度成为关注焦点，并引发了广泛的争议。根据工作能量整合模型，管理者能够对类似管理现象和问题的认识与取舍做出更加科学合理的判断，并因势利导、因地制宜。

工作能量整合模型更与能量管理、心理脱离、关系能量、工作恢复、工作繁荣等实践意义很强的研究热点紧密相关，对它们形成指导作用。从这一意义上看，工作能量整合模型对怎样有效恢复工作能量（能量管理和心理脱离）、怎样形成传递工作能量的领导力和团队关系（关系能量）、怎样推动持续的学习与成长（工作繁荣）等实践问题都有重要的启示。

本章参考文献

8

工作特征理论

田青[1]　白敬伊[2]

理查德·哈克曼(Richard Hackman)（见图1）和格雷格·奥尔德姆(Greg Oldham)（见图2）最早提出了工作特征理论(job characteristics theory, JCT)。他们在 Hackman and Lawler（1971）关于工作激励特征研究的基础上，于 1976 年在《通过工作设计激发动机：一个理论的测试》(Motivation through the design of work: Test of a theory) 一文中首次提出工作特征理论，该理论最终在《工作再设计》(*Work Redesign*)（Hackman and Oldham 1980）一书中成型。后经 Champoux（1980）、Fried and Ferris（1987）、Xie and Johns（1995）等学者进一步发展，成为工作设计研究领域最为广泛引用的理论之一（Parker *et al.*, 2017），受到了理论界和实践界的广泛关注（Morgeson and Campion, 2003），被引次数不断攀升（见图3）。

图1　理查德·哈克曼　　图2　格雷格·奥尔德姆

---

[1] 田青，澳门科技大学商学院教授、博士生导师。主要研究领域：工作特征、工作重塑、伦理型领导、企业社会责任等。电子邮箱：qtian@must.edu.mo。
[2] 白敬伊，澳门科技大学商学院管理学博士研究生。主要研究领域：资质过剩、工作重塑。电子邮箱：597083694@qq.com。

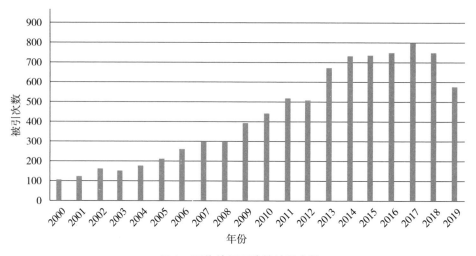

图 3　工作特征理论的被引次数

资料来源：根据 Google Scholar 数据整理而成，搜索时采用精确匹配。

工作特征理论的核心内容

Hackman and Lawler（1971）在系统化工作属性分类（Turner and Lawrence, 1965）和期望理论（Porter and Lawler, 1968; Vroom, 1964）的基础上提出了工作激励特征的雏形框架，为后续工作特征理论的产生做了初步的理论基础研究。该框架提出，有四种工作特征能够满足员工个人成长与工作成就感等高层次的需求（high-order needs）：第一种是自主性（autonomy），指员工在安排工作内容与程序方面有多大程度的自由和独立性；第二种是任务完整性（task identity），指工作任务有明确的开始和结束，以及当完成工作任务后有可视结果的程度；第三种是技能多样性（variety），指一项工作在执行过程中对不同类型活动的需求程度，以及当中涉及多样化技能和才能的程度；第四种是反馈（feedback），指获得与工作绩效有关的直接和清晰信息的程度，这种反馈可以来自工作本身，也可以来自外部（例如主管和同事）。研究结果揭示，管理者在工作（再）设计的过程中必须考虑以上四种工作特征，激励那些具有强烈高层次需求的员工，提高他们的工作满意度、绩效和出勤率（Hackman and Lawler, 1971）。

Hackman and Oldham（1976）在上述工作激励特征框架的基础上，系统考虑了丰富化的工作特征如何通过员工的心理状态来影响工作行为,以及在哪种边界条件下这些影响作用能够取得最大效果,并首次提出了工作特征理论。该理论包含的关键工作特征从四种扩充到了五种,增加了任务重要性(task significance),任务重要性是指员工个人的工作对他人生活或工作的影响程度。该理论认为,这五种关键工作特征可以通过激发员工心理状态,从而对员工的态度和工作结果(例如工作内在动机、工作绩效)产生积极的影响。具体来说,技能多样性、任务完整性和任务重要性能激发员工产生对工作意义的感知,工作自主性决定了员工对工作责任的感知,工作上的反馈能促进员工对工作结果的了解。该理论还把个体差异特征,例如员工不同的成长需求度(growth need strength),作为强化或减弱关键工作特征与个体工作结果关系的变量。对于具有高成长需求(即强烈渴望成长,希望在工作中有个人发展空间)的员工来说,他们的内在工作动机更强烈,因此关键工作特征对员工的心理状态和工作结果的影响也更为强烈。

Hackman and Oldham(1980)最终在《工作再设计》一书中提出了工作特征理论的最终模型(见图4)。从最终模型中可以看出,有关工作任务的五种关键工作特征(即技能多样性、任务完整性、任务重要性、自主性、反馈)分别影响员工对工作意义的感知、对工作责任的感知和对工作结果的了解,进而影响员工的工作结果(即高内在工作动机、高成长满意度、高工作满意度、高质量工作表现)。为了强化内部工作激励的重要性,最终模型还加入了两个调节变量——知识与技能(individual knowledge and skill)和情境满意度(context satisfaction)(例如工作安全感、公平的报酬,以及与上司和同事的关系)。总体来说,员工的知识与技能越充足,对工作情境越满意,员工对上述心理状态的体验越强烈,因此内在工作动机也随之越强烈,工作满意度和工作效率也越高。

工作特征对员工工作结果的影响取决于五种工作特征水平的高低,这种水平可以用一个指数来总结,即激励的潜在得分指数(motivating potential score, MPS),其计算公式如下:

$$\text{MPS} = \frac{(\text{技能多样性} + \text{任务完整性} + \text{任务重要性})}{3} \times \text{自主性} \times \text{反馈}$$

工作特征理论认为,为了最大程度地激发员工内在工作动机,一项工作必须在一个或多个能提升工作意义的特征中达到高水平,同时在自主性和反馈上处于高水平。

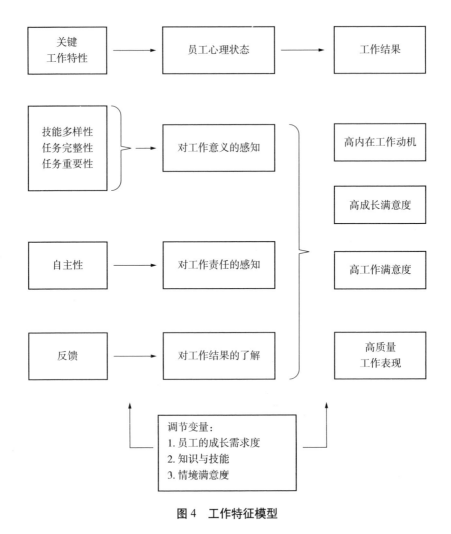

图 4　工作特征模型

资料来源：Hackman and Oldham（1980）。

近年来，学术界对工作特征理论的研究主要涉及三个方面：第一，对工作特征理论及其关键假设进行测试和验证。多项研究结果支持关键工作特征能通过影响员工心理状态对积极工作态度和行为产生影响（如 Fried, 1991; Fried and Ferris, 1987; Humphrey et al., 2007; Johns et al., 1992）。第二，从多视角对关键工作特征本身进行理论探索和延伸。例如，将关键工作特征扩大到角色冲突、技能习得机会（Parker et al., 2001）；Wong and Campion（1991）认为，工作特征应区分任务层面（task-level）和工作层面（job-level），通过整合更多个性化的工作单元（任务、角色、职责、项目）来加深对员工工作体验和行为的了解；Oerlemans and Bakker（2018）认为，工作特征在现实工作中是动态变化的，应区分一般的工作特征感知与不同情境下的动态工作特征感知，例如一名员工在不同的工作任务中其自主性是不同的，是会波动的（Fisher et al., 2013; Grant et al., 2011）。第三，对工作特征理论的各种前因、行为结果、机制和测量量表进行拓展与完善（如 Fried and Ferris, 1987; Grant and Parker, 2009; Morgeson and Humphrey, 2006）。例如，前因包括个人因素和内外部组织因素；行为结果包括创造力、安全性及工作外活动（Parker et al., 2001）；Morgeson and Humphrey(2006)开发了更为完整的工作特征分类和测量量表（包括任务特征、知识特征、社会特征和环境特征）。

对该理论的评价

工作特征理论自提出以来在学术界与实践界得到了广泛的应用和探讨。工作特征理论不仅对学者在实证研究方面具有吸引力，还为管理者更好地设计工作以激励员工和提升工作表现提供了重要的理论依据（Grant et al., 2011）。另外，模型研究中应用的工作诊断调查表（job diagnostic survey）能直接用于测量员工对工作的感知及其对工作特征的反应，使得管理者从根本上认识了影响工作的关键特征是如何作用于员工的，以及为工作再设计提供了依据（Humphrey et al., 2007）。

与此同时，很多学者认为，工作特征理论在现今的工作环境中尚有不足（如 Roberts and Glick, 1981）。学术界对工作特征理论提出的批判主要涉及三个方面：第一，员工对工作特征的感知可能受到社会暗示（同事、主管、客户等）的影响，而非仅工作本身的客观属性（Salancik and Pfeffer, 1978）。Griffin（1983）从实验和实证两方面证实了客观工作属性和社会暗示的交互作用会影响员工对工作特征的感知。同时，Weiss and Shaw（1979）的研究表明，不同个体对客观工作属性和社会暗示的反应也存在差异。Parker et al. (2001) 则从社会信息处理（social information processing）的角度对工作特征理论进行了批判。第二，个体差异对工作结果的调节作用。一方面，正确检验个体差异如何调节对工作特征的反应，需要工作本身特征、被试知识与技能和情境满意度等变量之间存在足够的差异，然而现实中获得任何特定工作的人都有不可忽视的同质性（员工执行同一份工作）。因此，只有当随意从异质性人群中指定他们去从事动机差异很大的工作时，才能明确测定模型所假设的个体差异的调节作用，这显然是不可能实现的。另一方面，工作特征理论认为，工作特征要对员工产生更为强烈的积极影响，员工的成长需求度、知识与技能和情境满意度都需要纳入考量。但是目前尚没有研究同时考虑这三个调节因素，因此关于个体差异在模型中调节作用的研究，结果仍不稳定（Oldham and Hackman, 2005）。第三，理论中总结的激励的潜在得分指数在心理测量学中的地位并不稳定。在实证研究结果方面，激励的潜在得分指数相较于将五个关键工作特征的分数简单相加，对工作结果的预测力仍有不足（Fried and Ferris, 1987）。虽然该指数在概念上富有意义，但是在心理测量学上仍有缺陷（Oldham and Hackman, 2005）。

随着数字化时代的到来，工作特征的变化已超出了诞生于 20 世纪 70 年代的工作特征模型的概念范畴（Oldham and Hackman, 2010; Parker et al., 2017）。在未来的研究中，需要考虑动态变化的工作背景和特征（例如新的工作社会特征、知识特征、时间特征，以及宏观环境和文化差异特征）。此外，工作特征之间的交互作用、多维度的工作特征等（Grant et al., 2011）研究问题仍值得进一步探讨。

关键测量量表

1. Job Diagnostic Survey (JDS)

Hackman, J. R., & Oldham, G. R. (1975). Development of the job diagnostic survey. *Journal of Applied Psychology*, 60(2), 159–170.（7 个维度，21 个题项）

Idaszak, J. R., & Drasgow, F. (1987). A revision of the job diagnostic survey: Elimination of a measurement artifact. *Journal of Applied Psychology*, 72(1), 69–74.（5 个维度，15 个题项）

2. Job Characteristics Inventory：1 个维度，30 个题项

Sims Jr, H. P., Szilagyi, A. D., & Keller, R. T. (1976). The measurement of job characteristics. *Academy of Management Journal*, 19 (2), 195–212.

3. Multimethod Job Design Questionnaire (MJDQ)：4 个维度，48 个题项

Campion, M. A. (1988). Interdisciplinary approaches to job design: A constructive replication with extensions. *Journal of Applied Psychology*, 73(3), 467–481.

4. Work Design Questionnaire：4 个维度，77 个题项

Morgeson, F. P., & Humphrey, S. E. (2006). The work design questionnaire (WDQ): Developing and validating a comprehensive measure for assessing job design and the nature of work. *Journal of Applied Psychology*, 91(6), 1321–1339.

经典文献

Champoux, J. E. (1980). A three sample test of some extensions to the job characteristics model of work motivation. *Academy of Management Journal*, 23(3), 466–478.

Fried, Y., & Ferris, G. R. (1987). The validity of the job characteristics model: A review and meta-analysis. *Personnel Psychology*, 40(2), 287–322.

Hackman, J. R., & Lawler, E. E. (1971). Employee reactions to job characteristics. *Journal of Applied Psychology*, 55(3), 259–286.

Hackman, J. R., & Oldham, G. R. (1976). Motivation through the design of work: Test of a theory. *Organizational Behavior and Human Performance*, 16(2), 250–279.

Hackman, J. R., & Oldham, G. R. (1980). *Work Redesign*. Reading, MA: Addison-Wesley.

Humphrey, S. E., Nahrgang, J. D., & Morgeson, F. P. (2007). Integrating motivational, social, and contextual work design features: A meta-analytic summary and theoretical extension of the work design literature. *Journal of Applied Psychology*, 92(5), 1332–1356.

Morgeson, F. P., & Campion, M. A. (2003). Work design. In W. Borman, R. Klimoski, & D. Ilgen (Eds.), *Handbook of Psychology, Volume Twelve: Industrial and Organizational Psychology* (pp. 423–452), New York: John Wiley.

Oldham, G. R., & Hackman, J. R. (2010). Not what it was and not what it will be: The future of job design research. *Journal of Organizational Behavior*, 31 (2–3), 463–479.

Wegman, L. A., Hoffman, B. J., & Carter, N. T., *et al.* (2018). Placing job characteristics in context: Cross-temporal meta-analysis of changes in job characteristics since 1975. *Journal of Management*, 44(1), 352–386.

对管理者的启示

管理者可以通过下列途径强化工作特征对员工工作态度和结果的影响：① 合并任务，将现有过细分割的任务组合起来形成一项新的内容广泛的工作，这样可以提高技能多样性和任务完整性；② 形成自然的工作单位，将任务设计成完整的、有意义的工作，这样可以使员工产生"归属于我"的感觉，有利于提高任务完整性和任务重要性；③ 建立客户联系，这样有利于提高技能多样性、工作自主性和工作反馈；④ 纵向扩展职务，将部分原来掌握在管理者手中的工作下放给员工，提高员工的个人责任感；⑤ 开辟反馈渠道，使员工在工作中知道他们努力工作的成果（Hackman and Oldham, 1980）。

工作诊断调查表为管理者提供了直接测量员工对工作的感知及其对工作特征的反应（即客观的工作特征、心理状态及成长需求）的工具，管理者能够根据企业的实际情况修正或使用该表。管理者可以通过工作诊断调查表分析员工对关键工作特征、工作态度和工作结果的看法，作为组织工作再设计的理论依据。

组织在（再）设计工作时，要充分考虑工作环境的变化，为员工提供必要的资源，满足员工工作价值的变化；在招聘和培训方面，应该考虑员工在独立、复杂和自主性强的工作环境下的适应能力（Wegman *et al.*, 2018）。

本章参考文献

9

合理行动理论

孟慧[1] 张玉青[2]

合理行动理论（theory of reasoned action，TRA）最早由埃塞克·阿耶兹（Icek Ajzen）（见图1）和马丁·菲什拜因（Martin Fishbein）（见图2）于20世纪70年代提出。在《信念、态度、意向与行为：理论与研究导论》（*Belief, Attitude, Intention and Behavior:*

图1 埃塞克·阿耶兹　　图2 马丁·菲什拜因

An Introduction to Theory and Research）一书中，阿耶兹和菲什拜因系统地介绍了合理行动理论。此后，他们又出版了《理解态度和预测社会行为》（*Understanding Attitudes and Predicting Social Behavior*）和《合理行动理论：一些应用和启示》（*A Theory of Reasoned Action: Some Application and Implications*）两本著作，进一步补充和完善了合理行动理论，以合理行动理论的视角探究了意志行为（volitional behavior）发生的规律，并对各个行为领域以合理行动理论为基础的研究进行了

---

[1] 孟慧，华东师范大学心理与认知科学学院教授、博士生导师。主要研究领域：工作场所中的人际心理与行为、心理弹性和睡眠健康、人事选拔和领导行为。电子邮箱：hmeng@psy.ecnu.edu.cn。

[2] 张玉青，华东师范大学心理与认知科学学院应用心理学系博士研究生。主要研究领域：职业兴趣、心理健康等。电子邮箱：zhangyuqing323@163.com。

概括，针对合理行动理论的应用和未来发展方向给出了建议。菲什拜因和阿耶兹于 2011 年出版了《预测和改变行为：合理行动方法》(*Predicting and Changing Behavior: The Reasoned Action Approach*) 一书，而阿耶兹、多洛雷斯·阿尔芭瑞希 (Dolores Albarracin) 和罗伯特·霍尼克 (Robert Hornik) 于第二年出版了《预测和改变健康行为：应用合理行动的方法》(*Prediction and Change of Health Behavior: Applying the Reasoned Action Approach*) 一书，对合理行动理论从提出到 2012 年之前的发展和应用进行了系统的总结。此外，1985 年，阿耶兹在合理行动理论的基础上进一步提出计划行动理论 (theory of planned behavior, TPB)，该理论是合理行动理论的继承，对合理行动理论蕴含的意义进行了扩充。自提出以来，合理行动理论的被引次数不断攀升，从 2001 年起每年的被引次数均超过了 1 000 次（见图 3），在消费行为、道德行为、合作行为、捐献骨髓行为、环保行为、用餐行为、优惠券使用行为等方面获得了大量研究的支持，该理论也在不断地完善与发展，越来越被研究者们认可。

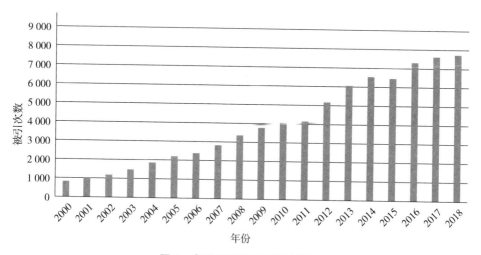

图 3 合理行动理论的被引次数

资料来源：根据 Google Scholar 数据整理而成，搜索时采用精确匹配。

合理行动理论的核心内容

首先，合理行动理论的目的是解释意志行为。意志行为是指完全可以由个体支配的行为。意志行为不包含那些盲目的、习惯性的和冲动性的行为，同时排除了那些需要使用某种技能和资源、需要与他人合作或需要利用机会才能完成的行为（Bentler and Speckart, 1979; Langer, 1989）。合理行动理论认为，个体的行为意图（behavioral intention）对意志行为有最大的预测力，而行为意图是个体因素和规范因素共同作用的结果。个体对执行意志行为的态度（attitude）是影响行为意图的个体因素，而个体的主观准则（subjective norm）是影响行为意图的规范因素。其中，态度并不是个体针对普遍对象的态度，而是其针对某一个意志行为的态度。例如，某人想要倡导大家一天吃五种水果和蔬菜，那么个体的态度是指对一天吃五种水果和蔬菜这一行为的积极或消极的评价。同时，主观准则是指个体对他人认为个体自身是否应该执行该目标行为的信念。例如，在你看来，你的重要他人（如你的父母）是否认为你应该一天吃五种水果和蔬菜。合理行动理论可以用公式来表示：

$$BI = (W_1) A_B + (W_2) SN$$

式中，BI 代表个体的行为意图；A_B 代表个体对行为的态度；SN 代表个体对行为的主观准则；W_1、W_2 代表个体的经验权重，经验权重会随着场景和个体的不同而不同。

其次，根据合理行动理论，个体的态度和主观准则又会受到一些关键因素的影响。信念的两个具体属性——个体的信念强度（belief strength）和信念评价（belief evaluation）是影响个体态度的重要因素（Bagozzi, 1982; Davis and Runce, 1981; Fishbein et al., 1980; Holbrook, 1977; Infante, 1971, 1973）。例如，个体对一天吃五种水果和蔬菜这一行为的主观评价强度就是个体的信念强度，其对一天吃五种水果和蔬菜这一行为的积极或消极的评价就是个体的信念评价。已有研究表明，个体持有的信念强度和信念评价对态度的预测效力均在 0.55—0.80，且二者在预测态度方面没有明显的差异。此外，准则信念（normative belief）和遵从动机（motivation to comply）则是影响个体主观准则的两个重要因素（O'Keefe, 1990）。其中，准则信念是指个体认为重要他人或团体是否应该执行该目标行为的信念，例如在你看来，你的父母是否应该一天吃五种水果和蔬菜；遵从动机是指个体遵从重要他人或团体的期望的动机水平。在准则信念和遵从动机这两个因素的共同影响下，个体的主观准则便产生了，影响个体的行为意图，进而导致个体行为的改变。研究表明，准则信念和遵从动机对主观准则的预测效力均在 0.50—0.70。合理行动理论的完整理论框架如图 4 所示。

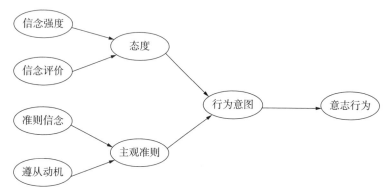

图 4　合理行动理论的完整理论框架

资料来源：Hale et al. (2002)。

合理行动理论作为解释意志行为的理论框架，应用到非意志行为上解释力就会降低，为了将非意志行为纳入理论框架，Ajzen（1985）提出了计划行动理论，作为合理行动理论的进一步发展。计划行动理论增加了知觉行为控制（perceived behavior control）这一新的概念，是合理行动理论在一定程度上的反映。知觉行为控制是控制信念（control belief）和知觉强度（perceived power）共同作用的结果，对个体的行为意图和意志行为产生影响。控制信念是指个体已知的可能促进或阻碍行为发生的因素，而知觉强度是指个体感知到的这些因素会对自身行为产生影响的程度。举例来说，一位女性认为自己拥有必要的知识和技能来进行乳房的自我检查（一种控制信念），而拥有这些知识或技能将有助于乳房的自我检查（知觉强度）。

不管是合理行动理论还是进一步发展出来的计划行动理论，都具有较好的解释力和预测力，适合作为许多行为研究的理论基础。在消费者行为方面，Hansen et al. (2004) 利用合理行动理论和计划行动理论对消费者的网络购物行为进行了研究，结果发现按照合理行动理论和计划行动理论的理论框架，网络购物态度、网络购物主观准则和知觉行为控制能解释网络购物行为意愿的很大一部分（超过55%）变化，从而印证了合理行动理论和计划行动理论在消费者行为研究中的适用性。此后，Lada *et al.* (2009) 对消费者购买清真产品行为的消费态度和消费主观准则进行测量，并带入合理行动理论，对合理行动理论在消费者行为中的适用性进行了进一步验证，支持了该理论在解释消费者行为上的普遍适用性。在道德行为方面，Kashima *et al.* (1993) 以体育运动中的道德行为为研究对象，针对个体对道德行为的态度、主观准则及行为意图等进行测量，对合理行动理论在道德行为的预测方面进行了有效的验证。此外，在合作行为方面，Kashima *et al.* (1993) 的研究也发现，性伴侣双方对安全套使用这一合作行为的态度、主观准则和知觉行为控制会预测他们使用安全套的合作行为，然而合理行动理论和计划行动理论对这一行为的解释还不够全面，还需要其他理论加以补充。总之，合理行动理论在消费者行为、道德行为和合作行为等方面获得了大量研究的支持，同时该理论在捐献骨髓行为（Bagozzi *et al.*, 2001）、环保行为（Park, 2000）、优惠券使用行为（Bagozzi *et al.*, 1992）、用餐行为（Bagozzi *et al.*, 2000）等方面的应用也被广泛研究，使得该理论的解释与应用得以完善和发展。

对该理论的评价

合理行动理论自提出以来，存在几点争议。第一个存在争议的地方是在态度和主观准则的关系上。合理行动理论认为，态度和主观准则是相互独立的，然而以往许多研究表明二者之间存在显著的正相关性（Bearden and Crockett, 1981; Greene *et al.*, 1997; Miniard and Cohen, 1981; Park, 2000; Ryan, 1982; Shepherd and O'Keefe, 1984; Warshaw, 1980），对意志行为有积极主观准则的人可能对该行为有积极的态度，而那些对意志行为有消极主观准则的人可能对该行为有消极的态度。Bearden and Crockett（1981）认为，一个人产生某种行为，既可以被表述为行为信念，又可以被表述为准则信念，因为他的行为与主观准则是密不可分的。Bearden and Crockett（1981）还认为，合理行动理论中对态度和主观准则的定义模糊不清，这在某种程度上也说明对这两种概念的划分可能存在问题，合理行动理论应该将主观准则作为态度的影响因素，进而对行为意图产生影响，而不是将态度和主观准则作为两个并列的因素考虑。然而，阿耶兹和菲什拜因及其同事仍然主张将态度和主观准则作为两个不同的实体。已有的证据表明，在对个体的态度和主观准则分别进行实验控制后，结果与预期相同，即在实验操作控制了个体态度的情况下，其主观准则对行为意图仍存在影响；反之，在实验操作控制了个体主观准则的情况下，其态度仍然对行为意图存在影响。这足以证明个体的态度和主观准则是相互独立的，是共同影响行为意图的不同的两个部分。另外，Fishbein and Ajzen（1981）指出，虽然态度和主观准则存在高相关性，但是相较于二者之间的关系强度，它们与行为意图的关系更强。还有一些研究也表明，态度和主观准则与行为意图之间存在不同的关联（如 Greene et al., 1997; Arie et al., 1979; Miller and Grush, 1986）。

第二个存在争议的地方是在合理行动理论和计划行动理论中，只考虑了态度和主观准则对行为意图的影响。在真实的场景中，还有其他因素，诸如道德义务、自我认同、情绪情感等均会对行为意图产生影响，而合理行动理论和计划行动理论并没有将这些因素纳入进来。在以往的研究中，有些研究者认为，被界定为"个体认为行为的发生是对还是错的问题"的道德义务与态度和主观准则有很大的区别。Conner and Armitage（1998）的一项元分析结果也显示，道德义务和行为意图之间存在中等程度的相关性（$r = 0.50$），是影响个体行为意图的重要因素；另外，自我认同与意志行为的相关性也在 0.18 左右（Conner and Armitage, 1998），同时积极或消极情绪的发生也可能影响个体的行为意图；等等。合理行动理论和计划行动理论在理论框架中忽视了上述这些因素的作用。

第三个存在争议的地方是合理行动理论并没有考虑到个体过去的行为对目前行为的影响。之前的行为对意志行为的影响也在不同行为领域的研究中被证实，例如消费、吸烟、饮酒等行为。许多研究证明，过去的行为与目前的行为存在因果关系；过去的行为可能影响目前行为的态度和主观准则；同时，影响过去的行为和目前的行为的因素可能存在相似性。

第四个存在争议的地方是目前对合理行动理论的研究主要集中在对行为的解释和预测上，而利用合理行动理论对行为进行干预的研究相对较少，降低了理论的实用价值（段文婷和江光荣，2008）。未来的研究应当增加对相关行为干预研究的关注，并注意具体问题具体分析，合理地使用该理论。

关键测量量表

合理行动理论中涉及态度、主观准则和行为意图三个主要因素的测量。

1. 态度 (Attitude)：5 个题项

Madden, T. J., Ellen, P. S., & Ajzen, I. (1992). A comparison of the theory of planned behavior and the theory of reasoned action. *Personality and Social Psychology Bulletin*, 18(1), 3–9.

2. 主观准则 (Subjective Norms)：2 个题项

Madden, T. J., Ellen, P. S., & Ajzen, I. (1992). A comparison of the theory of planned behavior and the theory of reasoned action. *Personality and Social Psychology Bulletin*, 18(1), 3–9.

3. 行为意图 (Behavioral Intention)：3 个题项

Madden, T. J., Ellen, P. S., & Ajzen, I. (1992). A comparison of the theory of planned behavior and the theory of reasoned action. *Personality and Social Psychology Bulletin*, 18(1), 3–9.

此外，合理行动理论在对意志行为的研究中应用广泛，对态度、主观准则和行为意图等核心概念的测量具有高度情境化的特性，因此问卷题项需要根据特定的研究对象和情境进行设计。例如，在优惠券使用行为这一研究情境中，研究者对问卷题项进行了一定程度的适合特定场景研究的改写。

Bagozzi, R. P., Baumgartner, H., & Yi, Y. (1992). State versus action orientation and the theory of reasoned action: An application to coupon usage. *Journal of Consumer Research*, 18(4), 505–518.

Shimp, T. A., & Kavas, A. (1984). The theory of reasoned action applied to coupon usage. *Journal of Consumer Research*, 11(3), 795–809.

经典文献

Bagozzi, R. P., Baumgartner, H., & Yi, Y. (1992). State versus action orientation and the theory of reasoned action: An application to coupon usage. *Journal of Consumer Research*, 18(4), 505–518.

Bagozzi, R. P., Wong, N., & Abe, S., *et al.* (2000). Cultural and situational contingencies and the theory of reasoned action: Application to fast food restaurant consumption. *Journal of Consumer Psychology*, 9(2), 97–106.

Chang, M. K. (1998). Predicting unethical behavior: A comparison of the theory of reasoned action and the theory of planned behavior. *Journal of Business Ethics*, 17(16), 1825–1834.

Gillmore, M. R., Archibald, M. E., & Morrison, D. M., *et al.* (2002). Teen sexual behavior: Applicability of the theory of reasoned action. *Journal of Marriage and Family*, 64(4), 885–897.

Hankins, M., French, D., & Horne, R. (2000). Statistical guidelines for studies of the theory of reasoned action and the theory of planned behaviour. *Psychology and Health*, 15(2), 151–161.

Hansen, T., Jensen, J. M., & Solgaard, H. S. (2004). Predicting online grocery buying intention: A comparison of the theory of reasoned action and the theory of planned behavior. *International Journal of Information Management*, 24(6), 539–550.

Madden, T. J., Ellen, P. S., & Ajzen, I. (1992). A comparison of the theory of planned behavior and the theory of reasoned action. *Personality and Social Psychology Bulletin*, 18(1), 3–9.

Park, H. S. (2000). Relationships among attitudes and subjective norms: Testing the theory of reasoned action across cultures. *Communication Studies*, 51(2), 162–175.

Sheppard, B. H., Hartwick, J., & Warshaw, P. R. (1988). The theory of reasoned action: A meta-analysis of past research with recommendations for modifications and future research. *Journal of Consumer Research*, 15(3), 325–343.

Shimp, T. A., & Kavas, A. (1984). The theory of reasoned action applied to coupon usage. *Journal of Consumer Research*, 11(3), 795–809.

对管理者的启示

首先，合理行动理论及进一步发展出来的计划行动理论启发管理者，应该在组织管理过程中及时地实施一些干预措施。在某种程度上，员工的生产行为和反生产行为都是可以预测的。根据该理论，管理者应当适时地设计一些讲解组织历史、组织文化和未来发展蓝图的宣传活动，增强员工对组织的认同感，促进员工对组织形成更积极的信念，改进员工对组织所偏好的行为的态度，并使员工产生更支持性的准则认知，进而增加员工的生产行为，减少其反生产行为。

其次，除通过干预措施增强员工对组织的积极态度和支持性的准则认知外，管理者还应加强对员工的行为控制。比如，组织可以适度要求员工在某段时间内，提出一些改善部门状况的建议或帮助主管完成工作任务等。有研究表明，这种措施可以增加个体对行为控制的认知（Nielsen and Randall, 2012），进而促进其生产行为。

最后，该理论提醒管理者要对那些即将推行的组织新政策的后果，尤其是积极后果进行更多额外的思考和考虑，并致力于增加自身对这一新政策的信念强度。管理者对组织政策的积极态度和认知会促使他们自身作为榜样，进一步促进其下属对组织政策、组织文化的认同。

本章参考文献

10

积极活动模型

丁贺[1]

图1 索尼娅·卢波米尔斯基

积极活动模型（positive-activity model）是由索尼娅·卢波米尔斯基（Sonja Lyubomirsky）（见图1）和克里斯汀·莱奥斯（Kristin Layous）于2013年基于大量的理论和实证研究证据提出的、用于阐述积极活动是如何提升个体幸福的模型框架，其与工作要求—资源模型有着异曲同工之处，两者均是具有较大弹性的模型框架。积极活动是指简单的、低成本的、自我管理的、有目的和有规律的实践，这些实践旨在效仿天生幸福的人所表现出的各种各样的健康的想法和行为。自积极活动模型提出以来，其对积极活动干预研究产生了重要的影响，该理论的被引次数也呈逐步上升趋势。

积极活动模型的核心内容

积极活动模型不仅指出了简单、有目的的积极活动能够提升个体幸福，而且详细阐述了积极活动提升个体幸福的边界条件和中介机制。具体来讲，活动特征（如频率、时长、多样性）、个体特征（如动机、努力）及两者的匹配程度影响积极活动提升个体幸福的程度；积极活动通过提升个体的积极情感、积极思想、积极行为和满足个体基本心理需求，提升个体幸福。具体内容如下：

---

[1] 丁贺，华北电力大学经济与管理学院讲师。主要研究领域：优势管理、领导力开发、绩效管理、创新管理、人力资源管理系统和员工激励。电子邮箱：50602438@ncepu.edu.cn。

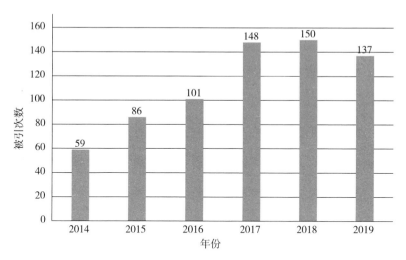

图 2　积极活动模型的被引次数

资料来源：根据 Google Scholar 数据整理而成，搜索时采用精确匹配。

一、边界条件

研究者通过随机控制实验研究已经识别出一些影响积极活动与幸福之间关系的边界条件。活动特征是就积极活动自身的特点而言的，比如哪一类型的活动、活动执行的频率；个体特征是就执行积极活动实践的人而言的，比如是否有追求幸福的动机。人与活动的匹配表示的是活动特征与个体特征标准化的匹配。

1.活动特征

影响积极活动与幸福之间关系的活动特征包括活动的频率、时长、多样性、连续性和社会支持。例如，就药物或心理治疗而言，这两个活动的频率和时长会影响个体的幸福提升程度。有研究已经发现，持续六个星期且每个星期中的一天执行五个友好行动比整个星期都执行五个友好行动对幸福的提升作用要大（Lyubomirsky *et al.*, 2005）。另一项研究指出，每周一次祷告比每周三次祷告的人所体会的幸福要强（Lyubomirsky *et al.*, 2005）。这两项研究均表明每周执行一次积极活动对于提升幸福是更有效的，可能的原因是许多文化仪式是每周举行的。但是决定理想的活动频率和时长是复杂的，因为它可能因活动本身的内容和人的特点的变化而变化。比如，Parks *et al.* (2012) 的研究发现，当智能手机使用者频繁使用智能手机时，他们受益更多，这可能是因为当人们自由地选择提升幸福的策略时，人们并不把这些策略当作累赘，而是更频繁、更长时间地执行这些策略。因此，人与活动的匹配可能决定着活动频率和时长的效果。

此外，当人们选择他们自己的积极活动而不是跟随实验人员的指导时，他们更可能变化他们的活动。理论研究表明，多样化的积极活动更可能带来持久的幸福提升。例如，每周执行各种类型的友好行动的参与者要比每周执行同一类型的友好行动的参与者体验到更强的幸福（Sheldon and Lyubomirsky, 2012）。行为干预包括一系列连续的活动，还有研究指出执行某一特定的积极活动相较于其他活动是一个更好的开始。例如，针对美国的参与者实施的一项幸福干预表明，在提升参与者幸福方面，写信表达感恩相较于执行友好行动是一个更好的开始（Layous et al., 2013）。当积极活动的参与者获得社会支持时，积极活动对于幸福的提升作用将会更大。例如，当执行友好行动时，接受到来自同伴的自主性支持的参与者要比没有接收到社会支持的参与者体验到更强的幸福（Della Porta et al., 2012）。毋庸置疑，多样性和社会支持适用于任意一项积极活动。

其他因素可对许多积极活动进行区分，这将导致某些活动对特定的人发挥作用。例如，根据自我导向还是他人导向，可将积极活动区分为自我导向的积极活动（比如练习乐观）和他人导向的积极活动（比如表达感谢）。集体主义观的个体可能从他人导向的积极活动中受益更多，而个人主义观的个体可能从自我导向的积极活动中受益更多（Boehm et al., 2011）。积极活动还可分为社会行为的积极活动（比如友善）和反思性认知的积极活动（比如享受快乐时光）。前者可能对孤独的个体有更大的好处，而后者可能对疲惫的个体有更大的好处。根据时间维度，可将积极活动区分为聚焦过去的活动（比如表达感谢）、聚焦现在的活动（比如享受此刻）和聚焦未来的活动（比如乐观思考）。年长者可能从聚焦过去的活动中受益更多，而年轻者可能从聚焦未来的活动中受益更多。

2. 个体特征

参加活动的个体的特征也会对积极活动的效果产生影响。如果一个人想从积极活动干预中获得更多的益处，那么他/她不得不在活动过程中付出更多的努力（Layous et al., 2013; Lyubomirsky et al., 2011），有着更强烈的参与活动的动机（Deci and Ryan, 2000; Lyubomirsky et al., 2011），并且相信他们的努力能够得到回报（Ajzen, 1991; Bandura, 1986; Layous et al., 2013）。比如，通过深思熟虑决定参加幸福提升活动（而不是认为参不参加均可）并在活动过程中付出更多努力的个体幸福提升得更大（Lyubomirsky et al., 2011）。除个体的动机、努力和信念之外，人格特征也可能影响积极活动的效应。现有的研究已经表明，外向性和经验开放性的个体倾向于从积极活动中获得更大的益处（Senf and Liau, 2013）。

当个体开始参加一项积极活动时，其初始的情感状态也可能影响个体从积极活动中的获益程度。但是研究结果是不一致的。一些研究表明，低积极情感的人（Froh et al., 2009）或带有中度抑郁特征的人能够从积极活动中受益更多，因为这些人有更大的提升空间。其他研究则指出，中度抑郁的人在充分利用一些积极活动方面存在缺陷。例如，这样的人能够从简单的愉悦活动而不是反思性活动中受益更多（Sin et al., 2011）。已有的研究表明，在积极活动中得到亲密关系更大支持的幸福追寻者能够体验到相对较多的幸福（Wing and Jeffery, 1999）。

最后，人口统计学变量可能对积极活动的成功有着重要影响。例如，年长者要比年轻者从许多积极活动中受益更多（Sin and Lyubomirsky, 2009），其原因可能是年长者有更多的时间遵从这些活动，认真对待这些活动，在这些活动中投入更多的努力。而且，西方人可能要比东方人从表达感谢和乐观的活动中受益更多（Boehm et al., 2011），这可能是因为西方人更加珍视幸福、更愿意表现出幸福（Diener et al., 1995; Tsai et al., 2006）。

3. 人与活动的匹配

尽管活动特征和个体特征均能对积极活动在提升幸福方面的作用产生影响，但是某一类型的活动对于某一类型的人来讲相对更好，也就是说活动特征和个体特征能够相互交互进而影响积极活动的效果。

二、中介机制

积极活动模型提出，积极活动能够通过影响活动参与者的积极情感、积极思想、积极行为和需求满足进而提升参与者的幸福。例如，由基于调解的积极活动所激发的积极情感能够中介活动与随后提升的个体资源（社会关系和身体健康）之间的关系。这些提升的个体资源进而能够提升参与者的生活满意度（Fredrickson et al., 2008）。参与积极活动也能够促使人们更加积极地解释生活事件。在一项研究中，尽管独立的评价者并没有表明客观的感受增强，但是表达感谢和乐观的人能够感受到随着时间的变化每周更加满意（Dickerhoof, 2007）。Meyers and van Woerkom（2017）发现，积极情感是优势干预与生活满意度、工作投入和倦怠之间关系的显著中介变量。Cable et al. (2015) 发现，聚焦优势的社交过程与流动意愿之间的关系被积极的雇佣关系感知（积极思想）中介。Cable et al. (2013) 也发现，真实的自我表达（积极行为）中介了基于优势识别的社会化练习与工作满意度和生产率之间的关系。练习积极的活动也能够通过满足个体基本的心理需求（如自主性、关系和胜任力）来提升幸福。在一个为期六周的干预研究中，表达感谢和乐观增加了自我报告的自主性与关系需求（而不是胜任力需求）的满足，进而促进了生活满意度的提升（Boehm et al., 2012）。在一项直接操作这些假定的中介变量的研究中，参与满足自主性和关系需求的活动的人比聚焦生活情境的人感受到了更强的幸福（Sheldon et al., 2010）。

对该理论的评价

大量基于随机控制实验的证据表明，相对简单、有目的的思想和行为方面的改变可以促进有意义的幸福提升。此外，就像积极活动模型所强调的那样，研究者开始锚定在什么条件下积极活动是最有效果的以及积极活动是怎样发生效果的。但是，积极活动模型也指出了一些不一致的发现，比如个体初始的情感状态可能对积极活动的效果产生不一致的调节作用，这些现象还有待进一步研究。

积极活动模型提出了影响积极活动成功的活动特征和个体特征因素。但是将来的研究也应当探索人们起初是如何选择积极活动的。比如，寻求刺激的人可能会选择多样化和新颖的（而不是相似和熟悉的）积极活动，而情绪低落的人可能会选择相对没那么多要求的活动。

积极活动模型还可以扩展为预测积极活动的参与者对活动的坚持程度，从而继续获得益处（Cohn and Fredrickson, 2010; Lyubomirsky et al., 2011; Seligman et al., 2005）。享乐主义适应（hedonic adaptation）是持续参与和持续受益的障碍之一；换句话说，积极活动的回报随着时间而消散（Lyubomirsky, 2011; Sheldon and Lyubomirsky, 2012）。为了避免享乐主义适应，追求幸福的人应该改变自己的积极做法（执行哪些活动、执行多少次、频率是多大，以及与谁一起执行）。此外，个人追求幸福的动机越强（Lyubomirsky et al., 2011），他们的家庭或文化越支持这种追求，他们实现幸福所需要的资源（如时间，精力）越多，他们越有可能实现幸福（Gruber et al., 2011）。

此外，Van der Vaart and Van den Broeck(2019) 将积极活动模型运用在失业情

境中，并使用自我决定理论解释了积极活动的影响机制。具体而言，自我决定理论不仅能够解释为什么积极活动能够带来积极的结果，而且能够解释何时积极活动能够带来积极的结果。从这种意义上看，积极情感、积极思想和积极行为不仅能够解释积极活动模型的中介机制，而且能够解释积极活动模型的调节机制。但是，这一观点还需进一步的实证研究为其提供证据。

关键测量量表

1. "感谢"测量方式

Tsang, J. A. (2006). Brief report gratitude and prosocial behaviour: An experimental test of gratitude. *Cognition & Emotion*, 20(1), 138–148.

2. "乐观"测量方式

Puri, M., & Robinson, D. T. (2007). Optimism and economic choice. *Journal of Financial Economics*, 86(1), 71–99.

3. 优势干预方法

Harzer, C., & Ruch, W. (2016). Your strengths are calling: Preliminary results of a web-based strengths intervention to increase calling. *Journal of Happiness Studies*, 17(6), 2237–2256.

4. 心理需求满意度：3个维度，21个题项

Deci, E. L., Ryan, R. M., & Gagné, M., *et al.* (2001). Need satisfaction, motivation, and well-being in the work organizations of a former eastern bloc country: A cross-cultural study of self-determination. *Personality and Social Psychology Bulletin*, 27(8), 930–942.

5. 幸福量表

Hills, P., & Argyle, M. (2002). The oxford happiness questionnaire: A compact scale for the measurement of psychological well-being. *Personality and Individual Differences*, 33(7), 1073–1082.（1个维度，29个题项）

Lyubomirsky, S., & Lepper, H. S. (1999). A measure of subjective happiness: Preliminary reliability and construct validation. *Social Indicators Research*, 46(2), 137–155.（1个维度，4个题项）

经典文献

Ghielen, S. T. S., Van Woerkom, M., & Meyers, C. M. (2018). Promoting positive outcomes through strengths interventions: A literature review. *The Journal of Positive Psychology*, 13(6), 573–585.

Layous, K., & Lyubomirsky, S. (2014). The how, why, what, when, and who of happiness: Mechanisms underlying the success of positive activity interventions. In J. Gruber & J. Moscowitz (Eds.), *The Light and Dark Side of Positive Emotions* (pp. 473–493). New York: Oxford University Press.

Lyubomirsky, S., & Layous, K. (2013). How do simple positive activities increase well-being?. *Current Directions in Psychological Science*, 22(1), 57–62.

Van der Vaart, L., & Van den Broeck, A. (2019). Self-determination and positive psychology interventions: A extension of the positive activity model in the context of unemployment. In L. E. Van Zyl & S. Rothmann (Eds.), *Theoretical Approaches to Multi-cultural Positive Psychological Interventions* (pp.51–67). Cham, Switzerland: Springer.

对管理者的启示

积极活动模型深刻地揭示了积极活动是如何对个体幸福产生影响的。从现有的大量文献来看，员工的幸福感对员工的工作满意度、任务绩效和经济绩效等均会产生显著的积极影响。这就意味着提升员工的幸福是企业管理者需要重视的重要问题。根据积极活动模型可知，积极活动干预能够提升个体幸福。尽管当前很少有研究将积极活动干预应用于工作场所中，但是已有学者将积极活动模型拓展应用于失业人员中。从已有的研究证据来看，管理者或领导者为了提升员工的幸福，也可以通过表达感谢、表现乐观、优势干预等手段，进而促进员工的成长和发展。

积极活动模型指出，积极活动是否成功取决于该活动的特征与个体特征是否匹配。这说明管理者或领导者在对员工实施积极活动干预时，应当根据员工特点选择合适的活动且展现出恰当的活动特征，以期最大化积极活动干预的效果。另外，积极活动模型也指出，积极活动能够通过提升积极情感、积极思想、积极行为和满足个体基本心理需求来提升幸福。据此，管理者也应当制定并实施能够提升这些积极要素的政策或制度，以期达到应有的管理效果。总之，积极活动模型对管理实践具有重要的启示。

本章参考文献

11
结构洞理论

李雅文[1]

图1 罗纳德·S.伯特

结构洞理论（structural holes theory）是罗纳德·S.伯特（Ronald S. Burt）（见图1）于1992年在《结构洞》（*Structural Holes*）一书中最先提出的，用于研究人际网络的结构形态，分析怎样的网络结构能够带给网络行动主体更多的利益或回报。"结构洞"是指社会网络中的空隙，即社会网络中的个体与有些个体发生直接联系，但与其他个体不发生直接联系，从网络整体来看好像网络结构中出现了洞穴。该理论最初是为了解释社会资本差异的根源，表明个体在社会网络中的位置具有的优劣势。

伯特的结构洞理论属于网络分析学派的一个分支。结构洞理论是在Granovetter（1974）关于弱连接（weak ties）的研究、Cook and Emerson（1978）关于网络交换论的研究，以及Burt（1992）关于结构自主性和企业边际效益的研究的基础上提出来的。同时，Burt（1997）吸收了社会学领域的众多研究成果，包括Merton（1957）关于在相互矛盾的关系中获取自主性（autonomy）的论述，以及Freeman（1977）的中介中心度（betweenness centrality）理论等。

2010—2018年，结构洞理论的被引次数呈波动上升趋势，具体见图2。

---

[1] 李雅文，北京邮电大学经济管理学院副教授、硕士生导师。主要研究领域：企业合作创新、创新生态系统。电子邮箱：warmly0716@126.com。

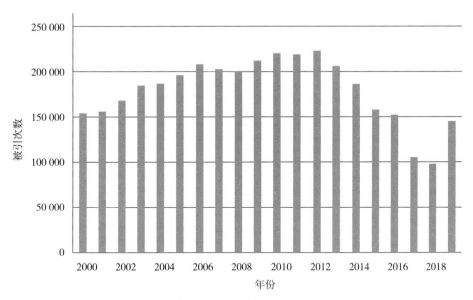

图 2　结构洞理论的被引次数

资料来源：根据 Google Scholar 数据整理而成，搜索时采用精确匹配。

结构洞理论的核心内容

一般情况下，个体进入一个市场从事相关的活动需要具备金融资本、人力资本及社会网络等三个方面的资源。其中，金融资本主要是指存款、现金、证券等资源；人力资本是指个体的素质，包含体力、智力、个人魅力等方面；而社会网络是指个体与其他社会主体之间的关系。金融资本和人力资本均是个体层面的，可以根据个体情况的变化而直接变化，具有更好的量化特性；与前两种资源不同，社会网络是一种多方共享的资源，采用一种交互式的维持和使用方式，因此整体关系更为复杂，能够描述的维度也更多样。一个逐步完善的理论框架被用来描述社会网络资源，从早期的关系模式，到强弱关系理论，再到结构洞理论，对社会网络资源的描述和对社会网络资源作用的解释也更为充分。

结构洞作为社会网络资源的一个维度，在弱关系理论基础上，进一步解释了关系人之间连接的有效性；从信息传播的角度出发，着重考察了信息的传播通路及信息传播的顺序等，描述了关系人之间的非重复性关系。结构洞理论的考察主要分为两个方面：一是在效率方面，结构洞理论认为，当一个主体具有两个或多个关联主体时，如果两个关联主体之间具有强关系，则认为该主体与这两个具有强关系的关联主体之间存在信息的冗余，效率下降。二是在关系的约束性和对等性方面，结构洞理论认为，当一个主体的核心社会网络资源依赖于其他一个或少数几个主体进行维护时，在社会网络中该主体将处于劣势地位。

结构洞理论旨在解释一个主体的相关网络信息可以对其商业机会带来的影响，从而指导主体在有限的资源条件下，构建一个更为有效、高效的社会网络，以最少的资源消耗维护最多的有效关系，从而获得更多的信息先机，同时获取更多的议价空间，谨防其他主体利用信息通路降低其获利空间，并努力成为其他主体的强关系网络节点，以实现更多的利润。

结构洞理论对社会网络资源进行了深入的分析，理论的提出者伯特为了验证结构洞理论的适用性，对宏观层面的企业社会网络及微观层面的个体社会网络分别进行了研究。在宏观层面，伯特对美国77个生产市场进行了分析。实证表明，企业的边际利润随着企业之间结构洞的缺乏而上升，并随着上游供应商和下游顾客之间结构洞的缺乏而下降。这也证明了结构洞理论所述的占据更多结构洞的企业自主性更强，能够更好地获取信息并形成信息控制优势，以获得更多的利益。在微观层面，伯特对美国高新技术企业管理人员的社会网络资源情况进行了分析，将结构洞理论应用于企业内部管理人员职业流动中。结果显示，占有更多结构洞的管理人员更有地位与声望，有更多的自主性，有更多的资源获取路径，因而也就有更多的晋升机会，从而表明结构洞理论在个体层面也是适用的。

对该理论的评价

结构洞理论在经济学、管理学和社会学等多个领域均发挥了重要作用，其初步解释了社会网络如何为主体创造机会，并为优化人际关系网络、提高企业绩效及加强企业间合作提供了基本的指导路径。

然而，我们也应该同步关注到结构洞理论本身并不完美，在利益最大化的指导思想下，该理论存在一定的资源指向性，虽然尽可能地放大了个体利益，但是从整体来看，个体最优可能导致整体变差，员工结构洞的丰富可能带来管理效率的低下。因此，结构洞理论在个体与整体间的关系等方面还存在较大的研究空间。结构洞不能完全解释竞争性动机，但正如伯特在2005年所指出的，即使目前的社会网络中存在许多机会，更改网络结构可能带来更多的收益，但是网络中也可能出现稳定的结构，因为在实际场景中许多个体对追求利益最大化并不感兴趣，或者无法观察到结构洞所能带来的收益，甚至部分个体不能识别结构洞的存在。因此，在实证研究中，也应当同时考虑更多的个体特征，并采用多维度、全方位的分析方式，考证社会网络资源之间的关系，以此来更科学地指导管理者的决策。

另外，目前大多数的研究仍停留在静态结构洞方面，通过静态数据对社会网络结构进行分析，没有关注社会网络结构的变化而带来的结构洞的演变。后续的研究需要通过动态的分析，进一步阐明结构洞及其作用的演化过程，更全方位地指导个体的实践。

关键测量量表

为了能够有效地度量网络的非重复性，结构洞理论从主体的初级和次级社会网络关系及主体维持关系的资源投入比例出发，引入了冗余和约束两个重要测度，以此完成结构洞信号和结构自主性的初步测量。随着研究的深入，又额外增加了层级概念对测量进行修正。为了能够从网络整体出发观测结构洞的影响，结构洞理论对社会网络进行了简化假设，认为如果两个主体间存在有效的信息共享，则认为二者存在关联，而且各个主体间存在的关联强度是一致的，否则二者之间不存在关联关系。

一、冗余

结构洞理论中的冗余是对主体的初级关系人进行的评测。当主体i与特定初级关系人j和q存在强关系时，j与q同时存在一个强关系，则i与j、q的关系存在冗余。从信息传播的角度来看，i与j、q存在强关系，i可以从j、q获取有用的信息，此外由于j与q存在强关系，j与q共享信息，因此i可以从j获取j本身的信息及q共享给j的信息，同时i可以从q获取q本身的信息及j共享给q的信息。因此，对于i来讲，其将通过重复的渠道获取相同的信息，其维护的信息通路存在冗余，维护信息通路的资源存在一定的浪费。

在简化假设的基础上，通过资源的投入对此可以进行初步的量化描述，定义p_{ij}为主体i用于维持与主体j关系资源的投入比例，可用函数表示为：

$$p_{ij} = \frac{z_{ij}}{\sum_q (z_{iq})} \quad (q \neq i)$$

其中，z_{ij} 为主体 i 维持与主体 j 关系所投入的资源；z_{iq} 为 i 到 j 的关系强度，取值大表示关系强；p_{ij} 取值范围应为 $[0, 1]$。

同时，定义 m_{ij} 为主体 i 与主体 j 之间的边际强度，度量该段联系的投入主体 i 维持与其他所有主体关系的最大投入，用以表征投入的相对强度，可用函数表述为：

$$m_{ij} = \frac{z_{ij}}{\max(z_{iq})} \quad (q \neq i)$$

其中，m_{ij} 取值范围应为 $[0, 1]$。

据此，结构洞理论认为，主体 i 通过主体 q 获取主体 j 信息消耗的资源为 $p_{iq}m_{jq}$，以此推论该部分资源消耗为冗余消耗，通过对主体 j 外的所有主体获取主体 j 信息所耗资源求和，即可得到获取主体 j 信息的冗余消耗为 $\sum_q (p_{iq}m_{jq}) \ (q \neq i, j)$。以此可以进一步推论，主体 i 维持与其他所有主体关系的冗余为：

$$\sum_j \left[\sum_q (p_{iq}m_{jq}) \right] \quad (j \neq i; q \neq i, j)$$

据此，结构洞理论认为，主体 i 维护的网络有效规模为：

$$i\text{网络有效规模} = \sum_j - \sum_j \left[\sum_q (p_{iq}m_{jq}) \right] = \sum_j \left(1 - \sum_q p_{iq}m_{jq} \right) \quad (j \neq i, q \neq i, j)$$

考虑极端情况，当主体 i 的所有关联主体均互相独立时，则 i 的网络有效规模为其关联主体数量 N，这表明主体 i 的每一个关联主体均为其提供了一个独立、有效的信息源，不存在冗余；而当主体 i 的所有关联主体均互相存在强关系时，则主体 i 的网络有效规模为 1，这表明主体 i 的所有关联主体均为其提供相同的信息，所有的信息交互都是冗余的，与其中一个主体相关联，即可获取全部信息。由此可以得出主体 i 网络有效规模的最小值为 1，最大值为关联主体数量 N。同时，为了进一步通过归一化的方式度量主体 i 的冗余，又进行了有效率的计算，可用函数表述为：

$$i\text{网络有效率} = i\text{网络有效规模}/i\text{网络规模}$$

该有效率取值范围为 (0, 1]，取值接近 0 表示该网络存在大量冗余，而接近 1 则表明该网络冗余较少。

二、约束

约束是结构洞理论中用于表征依赖关系的测度，主要是指主体初级关系间存在的结构洞约束，由主体对其他主体的资源投入来表示。对于约束的测量目前有两种测量方法。

其一是通过两段式的投入比例进行测量。结构洞理论认为，如果主体 i 维持了与主体 j 和主体 q 之间的信息通路，同时主体 q 也维持了与主体 j 之间的信息通路，则主体 i 除将资源 p_{ij} 直接消耗在主体 j 上外，还通过主体 q 间接地将资源 $p_{iq}p_{qj}$ 消耗在主体 j 上，以此推论主体 i 获取主体 j 信息所消耗的资源为：

$$p_{ij} + \sum_q p_{iq} p_{qj} \qquad q \quad i \quad j$$

该表述直接显示出主体 i 对主体 j 的依赖程度，取值范围为 [0, 1]，取值越大表明主体 i 对主体 j 的依赖程度越高，与 j 的谈判能力越弱。结构洞理论将主体 i 受到主体 j 的约束定义为：

$$(p_{ij} + \sum_q p_{iq} p_{qj}) \qquad q \quad i \quad j$$

进一步得出主体 i 受到的约束为：

$$\sum_j (p_{ij} + \sum_q p_{iq} p_{qj}) \qquad j \quad i, q \quad i \quad j$$

其二是与测量冗余的方法类似的测量方式，即用主体 q 与主体 j 之间的边际强度替代资源的投入比例，从而将主体 i 受到主体 j 的约束重新定义为：

$$(p_{ij} + \sum_q p_{iq} m_{qj}) \qquad q \quad i \quad j$$

将主体 i 受到的整体约束重新定义为：

$$\sum_j (p_{ij} + \sum_q p_{iq} m_{qj}) \quad j \quad i, q \quad i \quad j$$

这两种测量方法从大体上均反映了外界网络环境对主体的约束条件，但由于二者测量方式的不同，导致二者在某些地方所表述的角度存在不一致。区别主要包括：

一是在方法一中，约束的取值范围是（0, 1.125]；而在方法二中，约束的取值范围是（0, N–1]，其中 N 为关联主体数量。

二是两种测量方法的观测角度不同，方法一中主要用约束表征了减少一个网络节点会对原网络中的节点带来多大的冲击，以及减少了多少可以通过其获取的信息通路，是从被观测节点来看的。方法一认为，随着网络中节点数量的增加以及信息的逐步分散，约束大体呈下降趋势。方法二中则提出了一个新的观测角度，即从外部节点来看，如果被观测节点被剔除则会对其他节点产生多大的影响，从而判断其他节点对该节点的依赖性，依赖性越强对该节点的约束越小；反之则越大。由此，可以在方法二中发现，在低密度网络中，约束大体趋势与方法一相同；但是在高密度网络中，由于其他节点的关系增强，存在联合对抗被观测节点的可能，同时在与被观测节点的谈判过程中存在优势，因此在高密度网络中，方法二测量的约束随着网络规模的扩大而不断增大。

之前的讨论主要局限于单个主体 i 与单个主体 j 之间的约束条件，没有考虑关联主体的群体效应。从一般情况出发，如果主体 j 在其群体内具有强关系，那么此时主体 j 将不再仅代表其本身，而是代表其背后的整个群体，替换主体 j 消耗的资源较大；反之，如果主体 j 在其群体内没有强关系，任何一个群体内的主体均可替代 j，那么此时替换主体 j 消耗的资源较小。为了进一步完善结构洞理论，采用 O_j 表征主体 j 在其群体内的关系，O_j 越大表示其周边结构洞越少。此时修正主体 j 对主体 i 的约束为：

$$c_{ij} = (p_{ij} + \sum_q p_{iq} p_{qj}) O_j \quad (i \quad q \quad j)$$

此时主体受到的整体约束修正为：

$$C_i = \sum_j C_{ij} \quad (i \quad j)$$

三、结构洞信号

结构洞信号是主体社会网络中为某一关系投入的资源与受到的约束的差值，其表征了主体在社会网络中的自由度，对每个关系结构洞信号的加和即是主体社会网络中的总机会，单一关系结构洞信号可用函数表示为 $p_{ij} - c_{ij}$，因此总机会可用函数表示为：

$$\sum_j (p_{ij} - c_{ij}) = \sum_j p_{ij} - \sum_j c_{ij} = 1 - C$$

具体分析每个关系所带来的结构洞信号，可以将其分为三类：一是高投入（p_{ij} 大）、低约束（c_{ij} 小），形成了一个较大的结构洞信号，这代表主体 i 投入了大量资源，同时主体 j 有较强的可替代性，此时主体 i 在应用这一关系时将占据主动地位，为其商业行为提供了较大的机会，该种关系需要维持。二是高投入（p_{ij} 大）、高约束（c_{ij} 大），形成了一个较小的结构洞信号，这代表主体 i 投入了大量的资源来维系这段关系，但是受到了强烈的约束，在商业行为中具有较小的主动性，该种关系建议调整，通过与主体 j 的周边建立关系，从而削弱主体 j 带来的约束。三是低投入（p_{ij} 小）、低约束（c_{ij} 小），形成了一个较小的结构洞信号，这代表在当前关系中主体 i 投入的资源较少，同时受到的约束也较小，其周边关系的变更也不会带来较大的改变，因此该种关系无足轻重，但是可以进行调整，在加大资源投入的同时保证约束的缓慢增加，从而赢得更多的机会。

与此同时，结构洞理论引入了层级的概念，以表明一个主体所受到约束的分布情况。该表征量引入了一个比例关系 $\dfrac{c_{ij}}{C/N}$，用以表征主体 i 受到主体 j 的约束与其网络中的平均约束的比较，从而引出了层级的函数表示：

$$H = \frac{\sum_j \left(\dfrac{c_{ij}}{C/N}\right) \ln \dfrac{c_{ij}}{C/N}}{N \ln(N)}$$

当网络中所有的关系给予主体的关系均相同时，$C_{ij} = C/N$，此时层级取值为 0；反之，当网络中所有的关系均集中于其中某关系时，此时层级取值接近 1。在引入了层级概念后，可以进一步对主体受到的总约束进行调整优化，使其变更为：

$$C_i = \sum_j c_{ij} + (\lambda_1 + \lambda_2 L + \lambda_3 LS)(H - \bar{H})$$

其中，λ_1、λ_2、λ_3 待定；H 为上述公式所计算的层级，$\overline{H}$ 为研究总体的平均值；L 是虚拟变量，当主体 i 获利时，L 为 1；S 是另一个虚拟变量，当主体 i 在其高层网络施加约束低于平均水平时，S 为 1。

四、结构自主性

结构自主性是对主体的机会和所受约束带来竞争优势的综合测量。如果主体周围存在较少的结构洞，而与之相关的主体周围存在丰富的结构洞，那么该主体处于获取网络信息利益和控制利益的优势位置，具有较大的自主性。其函数表述为：

$$A_i = \alpha (1 - O_i)^{\beta_o} C_i^{\beta_c}$$

其中，$(1-O_i)$ 代表测量主体 i 在次级社会网络层面受到的约束；C_i 代表周边缺乏结构洞的关系主体所受到的总约束；β_o、β_c 是估计值，其取值范围是 $(-1, 0)$。该函数表明结构自主性随着约束的增加而逐步降低。

经典文献

Ahuja, G. (2000). Collaboration networks, structural holes, and innovation: A longitudinal study. *Administrative Science Quarterly*, 45(3), 425–455.

Burt, R. S. (2017). Structural holes versus network closure as social capital. In N. Lin, K. Cook & R. S. Burt (Eds.) *Social Capital: Theory and Research* (pp. 31–56). Lodon: Routledge.

Burt, R. S. (2009). *Structural Holes: The Social Structure of Competition*. Cambridge MA: Harvard University Press.

Burt, R. S. (2004). Structural holes and good ideas. *American Journal of Sociology*, 110(2), 349–399.

Cook, K. S., & Emerson, R. M. (1978). Power, equity and commitment in exchange networks. *American Sociological Review*, 43(5), 721–739.

Freeman, L. C. (1977). A set of measures of centrality based on betweenness. *Sociometry*, 40(1), 35–41.

Granovetter, M. (1974). *Getting a Job*. Cambridge, MA: Harvard University Press.

Merton, R. K. (1957). *Social Theory and Social Structure*. New York: The Free Press.

Walker, G., Kogut, B., & Shan, W. (1997). Social capital, structural holes and the formation of an industry network. *Organization Science*, 8(2), 109–125.

| 对管理者的启示 |

结构洞理论在社会网络资源的研究中占有重要地位，被广泛地研究和应用于社会网络资源较高的场景中，具体包括企业创新、员工发展、企业与员工关系及知识传播、意见领袖等多个领域。

在企业创新方面，研究表明，结构洞对企业的创新绩效有着显著的影响，其影响方式包括直接影响及对其他因素的调节的影响，整体呈双向影响的趋势。具体研究包括：Tortoriello（2015）将结构洞理论用于研究企业员工如何利用外部知识进行生产创新。Tortoriello（2015）基于大型跨国科技公司的 200 多位科研人员的基础数据进行研究，结果表明结构洞充当了外部知识与企业创新之间的调节因素，当个体跨越内部知识共享网络中的结构洞时，增强了外部知识对创新产生的积极作用。Gargiulo and Benassi（2000）的研究显示，结构洞对社会网络的凝聚力有着直接的双向影响，较高的凝聚力、较少的结构洞能够促进规范化合作，但同时僵化了合作关系；而较低的凝聚力、较多的结构洞在降低合作的安全性的同时获取了更高的灵活性。Ahuja（2000）的研究则用直接关系、间接关系和结构洞构建了一个理论框架，用以研究企业创新能力。其研究结果表明，直接关系与间接关系均对企业创新过程有着积极的作用，而结构洞存在相互矛盾的作用，即在扩大信息的多样性的同时，形成了无冗余的约束，其最终影响与企业所处的环境结构及企业创新所需要的合作关系类型有着直接关系。此外，周浩军（2011）通过引入搜索优势及知识转移两个中介变量，进一步完善了结构洞作用于企业创新绩效的机理，实证表明结构洞与企业创新绩效存在强关联关系，但结构洞在搜索优势与知识转移方面存在双向影响，因此结构洞整体与企业创新绩效呈倒 U 形关系。这也启示管理者关注其自身所处的市场，掌握合作深度和合作广度的程度，以达到最优的收益平衡。

在员工发展方面，结构洞也对员工的绩效和升迁有着显著的影响。Burt（2004）的研究表明，结构洞对员工绩效有着明显的积极影响，他基于一家大型公司数百名员工的档案和调查数据开展了研究，结果显示跨越结构洞的员工更有可能表达想法并与同事讨论，而且高层管理人员更容易采纳其想法，因此跨越结构洞的员工更容易获得积极的绩效评估和更高的报酬。

在企业与员工关系方面，Ho *et al.* (2006) 开展了结构洞与员工心理契约关系的研究。虽然研究没有表明结构洞、凝聚力等社会网络资源测度与员工的心理契约存在因果关系，但是研究结果也存在一定的解释性，Ho *et al.* (2006) 指出，后续需要对绩效评估过程进行评估，以进一步论证结构洞与员工心理契约的关系。这也启示管理者关注员工的社会网络，并持续评估员工的非正式贡献。

但在不同的文化中，结构洞的影响呈现明显的分化特征。在不崇尚集体主义的文化中，结构洞有着积极的影响，而在崇尚集体主义的文化中其影响恰恰相反。Xiao and Tsui（2007）的研究显示，拥有更多的结构洞可能导致员工难以被管理，在中国这种崇尚集体主义的地区，可能导致更低的绩效水平。这也启示员工更全面地评估自身所处的环境，权衡社会网路中的结构洞水平。

在其他细分领域结构洞也被广泛应用，显示了其与知识传播、意见领袖等方面的显著关联。在知识传播方面，张赟（2012）从结构洞的角度进行了研究，认为学习型社区拥有更大的结构洞数量、较低的中介中心度，可以实现更好的知识传播，并用实证研究验证了结构洞的丰富程度与隐性的知识传播效果成正相关关系。在意见领袖方面，庞科和陈京民（2011）与杜杨沁等（2013）通过不同的研究样本，对结构洞与意见领袖形成之间的关系进行了分析，研究表明具有丰富的结构洞的网络中更容易形成意见领袖，同时也能够通过结构洞的分析方法快速、准确地定位意见领袖。在企业发展战略发生改变时，管理者需要持续关注结构洞与企业发展战略的契白度，从全局出发进行社会网络结构的调整。

本章参考文献

12

结构化理论[*]

于慧萍[1] 张舒宁[2]

结构化理论（structuration theory）是由英国社会学家安东尼·吉登斯（Anthony Giddens）（见图1）于20世纪70年代中后期提出的。结构化理论主要探究了个体的社会行为及其能动性与社会结构之间的关系。吉登斯试图整合西方社会学理论中两种对立的思想学派，用结构的二重性思想较好地处理了能动性与结构二元对立问题。结构化理论的发展与完善经历了较长的时间，1984年吉登斯所著的《社会的构成》（The Constitution of Society）一书系统地探讨了人的能动性与社会制度之间的辩证关系问题，是结构化理论最成熟的著述，标志着其理论体系正式形成。吉登斯的结构化理论吸引了众多学者的关注，成为当代社会学领域最重要的理论之一。自2000年以来，结构化理论的被引次数不断攀升，2013—2018年每年的被引次数都达到了上万次（见图2）。

图1 安东尼·吉登斯

---

* 基金项目：教育部人文社会科学研究规划基金项目（16YJA630069），得到国家留学基金资助。

1 于慧萍，山西财经大学工商管理学院教授。主要研究领域：组织与人力资源管理、领导行为、创新管理、职业发展。电子邮箱：hazelyu@163.com。

2 张舒宁，山西财经大学工商管理学院硕士研究生。主要研究领域：组织与人力资源管理。电子邮箱：1214462587@qq.com。

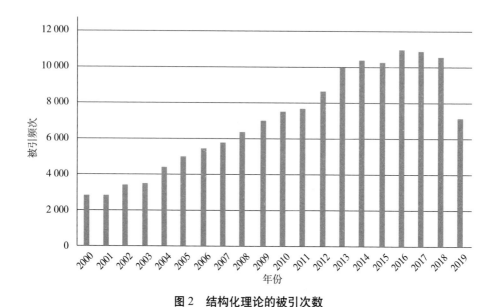

图 2　结构化理论的被引次数

资料来源：根据 Google Scholar 数据整理而成，搜索时采用精确匹配。

结构化理论的核心内容

长期以来，西方社会理论中存在两大思想派别的分野，即功能主义（结构主义）与解释学，或者说客体主义与主体主义之间争论不休。功能主义与结构主义将社会整体高置于个体行动者之上，极力强调结构的制约作用，而解释学则夸大个体行动者的能动作用，忽视结构及其制约作用（Giddens, 1984）。吉登斯试图调和个体论与整体论、主观与客观、微观与宏观等二元对立观点，反对把二者对立起来，主张用辩证的观点看待二者的关系。在批判性地吸取现代社会学理论成果的基础上，吉登斯根据自己对社会的观察和思考，提出了结构化理论。

结构化理论首先重新定义了具有认知能力的人类行动者，揭示了人类行动者具有能动性。该理论认为，社会系统的结构性特征是由个体的实践及这些实践的结果构成的（Giddens, 1979），同时，个体是社会系统的成员，所有人类行动都是在既有的社会结构中进行的（Giddens, 1976, 1979, 1984），这一社会结构受到一系列不同于其他社会结构的规范或/和法律的统治。结构化理论旨在避免极端的结构决定论或能动性决定论，把行动（互动）和结构看作人类社会实践活动的两个方面，既突出了行动者的能动性，又肯定了社会结构的制约性。该理论关注了社会生活的递归特征，即结构约束行动，也使行动成为可能；行动产生并复制了结构，社会结构既是人类行为的媒介又是人类行为的结果。结构和能动性的统一被称为结构的二重性。结构化就是社会关系基于结构二重性，跨越时空而不断形成结构的过程（Giddens，1984）。结构的二重性思想是结构化理论的关键和方法论根基，也是结构化理论最具创新之处。

在对行动者与能动作用的分析中，吉登斯指出，行动者的行动分为三个层次，包括行动的反思性监控过程、行动的理性化过程和行动者的动机激发过程，这三者是根植于行动中的一系列过程（Giddens，1984）。①行动者"反思性监控"自己和他人的行动，监控受话语意识和实践意识的影响。话语意识是行动者为其所作所为提供理由或解释的意识；实践意识是在社会生活的具体情境中，行动者虽不能用语言表达，但无须说明就知道如何进行的那些意识（Giddens，1984）。反思性监控对于行动者日常对自身的控制非常关键，行动者的反思性特征是社会实践循环往复的假设前提。②行动的理性化是指具有资格能力的行动者在行事时能提供自身活动的理由。行动的反思性监控是以理性化为基础的。③行动者的动机是激发某一行动的需要，反映了行动的潜在可能，动机激发过程与反思性监控过程、理性化过程有所不同，并不与行动过程直接联系在一起。在结构化理论中，吉登斯强调了实践意识在主体意识中的重要地位和作用，反映了行动者的主体特征。

结构化理论将"结构"定义为社会再生产过程中所涉及的规则和资源，它们通过反复的社会实践而存在（Giddens，1984）。①规则包括规范性规则和表意性规则。其中，规范性规则是指政治、经济和法律等规范性制度，强调人们行动中需要遵守的规则；表意性规则是具有意义的符号，是人们对社会生活中重要事情的共识。规则是实践的方法论手段，它提供给行动者在社会实践中运用意识来实现沟通与制裁的能力，人运用意识来实现沟通与制裁是人类社会实践活动的重要形式（成瑾等，2017）。②资源有配置性资源和权威性资源两种类型。吉登斯把资源看作一种能力，并且与权力结合起来进行分析，认为资源是权力的基础，配置性资源是在权力形成过程中所使用的物质性资源，为人提供控制和支配物质世界的能力；权威性资源是在权力形成过程中所需的非物质性资源，它来源于对他人的支配和控制能力，是某些行动者相对其他行动者的支配地位的结果（Giddens，

1984)。配置性资源和权威性资源作为权力得以实施的媒介,是行动者得以扩展其对自然与人的控制和支配的主要手段及基本工具(Whittington, 1992)。资源为规则提供了条件,而规则凭借这些条件具体体现于社会实践之中。这里,结构与能动性的二重性表现为,一方面行动者的行动受规则和资源的推动或约束;另一方面由于行动者具有能动性,行动者的行动也会影响规则的制定和资源的获得。

根据结构化理论,我们可以通过结构、行动(互动)和形式了解一个社会系统。吉登斯定义了社会系统的三种结构,分别是表意性、支配性和合法性。表意性是指语言的有效使用,支配性依赖于对两种资源的控制,合法性涉及社会规则和规范。同时,行动(互动)也被分为三种类型,分别是有效沟通、行使权力和相互约束。三种行动与三种社会结构分别对应,表意性与沟通相互作用、支配性与权力相互作用、合法性与约束相互作用。结构与行动之间不是直接发生相互作用,而是通过形式发生作用。形式是处于行动与结构之间的媒介,它将行动者的认知能力和社会系统的结构性特征联系起来。形式有三种类型,包括解释模式、工具与规范。每一对行动—结构都通过一种形式发生作用,解释模式连接表意性与沟通、工具连接支配性与权力、规范连接合法性与约束。行动者在互动系统的再生产中利用了形式,并借助同样的形式反复构成社会系统的结构化特征(Giddens, 1984)。

人的生活需要一定的本体性安全和信任感,人们通过实施例行活动来获得这种感受。例行活动是人们生活中典型的、习惯性的行为,随着时间的推移成为习以为常的惯例。惯例形成于实践中,并能通过实践的重复形成指导人们行为举止的实践意识。例行活动的实施使社会结构中的各种规则和资源被反复使用,形成一定模式的社会关系体系,导致制度的形成(Giddens, 1976, 1979, 1984)。吉登斯认为,人的能动性发挥和社会制度的形成,都是在日常司空见惯、看起来支离破碎的活动中实现的,行动或互动的例行化特征对于社会系统的结构化特征的形成具有关键作用(Giddens, 1984)。

吉登斯认为,时间和空间是制约人的活动的主要客体性因素,人与人的共同在场是互动的基本条件。因此,结构化理论在考察社会实践活动时,引入了时空因素,从时空角度来分析和考察人类实践活动与社会制度形成之间的关系。

最后,吉登斯提出,在结构化理论的运用中,需要进行两种形式的社会分析,分别是制度分析和策略行为分析。制度分析(Giddens, 1984)主要考察作为反复不断再生产出来的规则与资源的制度,包括考察三种社会结构(表意性、支配性和合法性)之间的相互影响、调节或抵触,以及它们如何影响三种互动。策略行为分析(Giddens,1984)主要考察行动者是如何反思性地监控自身的行为,如何利用规则与资源构成互动,关注的焦点是行动者在构成社会关系时,以何种方式利用了各种结构化特征。吉登斯认为,只有通过强调结构二重性,这两种分析方式才能充分完成它们各自的任务(Giddens,1984)。

结构化理论提出后,其思想和观点被不同学科、不同专业的众多研究关注、借鉴和应用,也有学者对结构化理论进行了改进。DeSanctis and Poole (1994)在研究先进的信息技术在组织变革中的作用时,借鉴结构化理论提出了自适应结构化理论(adaptive structuration theory, AST)。与结构化理论相一致,AST 关注由作为人类活动基础的技术和制度所形成的社会结构、规则和资源。AST 从两方面研究组织的变革过程:一是由先进技术带来的组织结构类型;二是当人类与这些技术相互作用时,在人类活动中实际出现的结构。该理论认为,先进技术带来的组织结构,使工作场所的人们能够进行互动,同时也限制其进行互动。Orlikowski (1992)同样从结构的视角关注技术与组织之间的交互作用,基于吉登斯的结构化理论,提出了技术的结构化模型。进一步地,Orlikowski (2000)扩展了技术研究的结构视角,关注在实践中当人们遇到一种技术时,如何构建决定该技术兴起和实际使用的结构。Stones (2005)则采用经验证据通过实证方法对吉登斯的研究进行了改进,提出了强结构化理论(strong structuration theory, SST)。该研究包括四个方面,分别是外部社会结构(行动的条件)、内部社会结构(行动者的能力及其对社会的了解)、积极行动的能动性和结果(Greenhalgh and Stones, 2010)。

近期有学者将结构化理论应用于组织的人员管理研究中,采用多案例研究方法,基于中国企业 CEO(首席执行官)在企业中的主导作用,探索 CEO 如何从资源、规则两方面构建良好的高管团队结构,开发出基于结构化理论的 CEO 促进高管团队行为整合的理论模型(成瑾等, 2017)。

对该理论的评价

结构化理论成为影响广泛的社会理论的重要原因,是结构化理论试图弥合社会学传统上的二元论,避免极端的结构决定论或能动性决定论,尝试将个体主义与结构主义或客体主义的观点整合起来,并且关注结构和能动性之间的相互作用。结构化理论的这一优点得到了肯定(Gane, 1985)。

但是，对于结构化理论也不乏批评之声。结构化理论被指责为过度的主观主义，其夸大了行动者的主体性（Callinicos, 1985; Clegg, 1989）。如批评者认为，吉登斯过分强调个人行动，而没有全面考虑参与到行动中的其他广泛存在的行动网（Thrift, 1996）。Mouzelis（1989）认为，由结构化理论很难知道行动者如何与特定的规则和资源保持合适的距离，以便采取策略行动改变它们。批评者认为，结构化理论并未真正消除二元论，分歧仍然存在（Archer, 1990）。Callinicos（1985）批评结构化理论关于规则和资源的假设是不正确的。在结构化理论中，结构被定义为仅仅是规则和资源，但实际上结构可能要比规则和资源更复杂。Thrift（1996）也认为吉登斯对"结构"概念的理解不足。有人指出，吉登斯的著作理论来源不一致，因此表现出一种特有的矛盾性（Gane 1985）。一方面，他的著作带有深刻的人道主义和存在主义倾向；另一方面，他在社会分析的系统层面上对结构化的阐述又渗透着法国结构主义的理论观点，但是后者并不是很接受他的人道主义观点（Bertilsson, 1984）。另外，Anderson（1983）批评结构化理论夸大了语言的作用，认为结构化理论不应将语言的结构和规则与社会的结构和规则进行比较，语言并不是为该理论提供支持的适合例子。

关键测量量表

1. Adaptive Structuration Measures: 1 个维度，5 个题项

Chin, W. W., Gopal, A., & Salisbury, W. D. (1997). Advancing the theory of adaptive structuration: The development of a scale to measure faithfulness of appropriation. *Information Systems Research*, 8, 342–367.

2. Strong Structuration Theory Questions: 4 个维度，18 个题项

Greenhalgh, T., & Stones, R. (2010). Theorising big IT programmes in healthcare: Strong structuration theory meets actor-network theory. *Social Science and Medicine*, 70, 1285–1294.

3. Rules and Resources Understanding Questions

该调查问卷包括两部分：第一部分有三个开放式问题；第二部分有一个关于"是否"的选择问题，如果回答"是"，则会追问两个问题。

Hoffman, M. F., & Cowan, R. L. (2010). Be careful what you ask for: Structuration theory and work/life accommodation. *Communication Studies*, 61, 205–223.

经典文献

Cohen, I. J. (1989). *Structuration Theory: Anthony Giddens and the Constitution of Social Life*. London: Macmillan.

Giddens, A. (1976). *New Rules of Sociological Method: A Positive Critique of Interpretative Sociologies*. London: Hutchinson.

Giddens, A. (1979). *Central Problems in Social Theory: Action, Structure, and Contradiction in Social Analysis*. London: Macmillan.

Giddens, A. (1983). *Profiles and Critiques in Social Theory*. Berkeley, CA: University of California Press.

Giddens, A. (1984). *The Constitution of Society: Outline of the Theory of Structuration*. Cambridge, UK: Polity Press.

对管理者的启示

结构化理论关注能动性与结构的互动关系，该理论不仅被广泛用于解释宏观的社会问题，也被管理学者们用于研究组织中制度环境与人员行为之间的关系（Orlikowski，2000），深刻理解结构化理论有助于提高组织中的人员管理水平。

组织作为社会系统的一个组成部分，其本身就具有结构性特征。在组织中，管理者与员工是该结构中的行动者，组织的一系列规章制度则构成了规则。为了确保其生存，组织必须遵守其环境的制度化期望，并采用预期的结构和管理方法，其核心是制定规则以及观察、控制和制裁行为。随着组织成员在组织中的互动增加，他们逐渐对组织产生归属感和认同感，规则会内化成为其行动准则，组织成员的个人行动也会以产生新需求的方式影响组织规范，达到调整组织行为规则进而使组织结构改变的效果（Tempel and Walgenbach，2007）。

在组织中，由表意性、支配性和合法性组成的结构有助于确保员工遵循特定的例行常规，员工为了获得安全感、自我认同和尊重，而被激励去实施例行活动。由于人们往往对例行活动习以为常，而不去质疑这些例行活动是否应该被执行，因此例行活动会妨碍员工行为的改变。如果组织希望员工的行为有所改变，则组织管理者就要帮助员工改变例行活动，并且改变保持这些例行活动不变的组织结构（Miles，2012）。

在社会系统中，配置性资源和权威性资源作为权力得以实施的媒介，成为行动者对自然与人进行控制和支配的主要手段及基本工具。在企业的管理实践中，最高管理者掌握的资源最多、拥有的权力最大、自主性也最强，因此最高管理者对组织的各种制度和结构的构建起着主导性作用（Orlikowski, 1995），其应该通过对制度环境的影响来引导员工的态度和行为（Sharma and Yetton, 2003）。企业最高管理者通过构建良好的结构体系，依靠组织结构力量而非个人特征影响企业的发展，会更有可能取得成功（成瑾等, 2017）。

本章参考文献

13

恐惧管理理论*

毛畅果[1] 范静博[2]

恐惧管理理论（terror management theory, TMT）最早由社会心理学家杰夫·格林伯格（Jeff Greenberg）（见图1）、汤姆·匹茨辛斯基（Tom Pyszczynski）和谢尔登·所罗门（Sheldon Solomon）提出。他们在1986年发表了恐惧管理理论的奠基之作《自尊需要的原因和结果：恐惧管理理论》（The causes and consequences of a need for self-esteem: A terror management theory），认为当个体意识到死亡不可避免后，会启动一系列心理防御机制来缓解死亡焦虑和管理死亡恐惧。自2000年以来，恐惧管理理论的被引次数不断攀升，从2009年开始该理论的年被引次数超过2 000次，并在2014年突破4 000次（见图2）。

图1 杰夫·格林伯格

---

* 基金项目：国家社会科学基金项目（21BSH105）。
1 毛畅果，首都经济贸易大学劳动经济学院副教授。主要研究领域：员工特征与组织行为、领导力与领导有效性。电子邮箱：maochangguo@cueb.edu.cn。
2 范静博，首都经济贸易大学劳动经济学院硕士研究生。主要研究领域：员工特征与组织行为、领导风格。电子邮箱：fanjingbo@cueb.edu.cn。

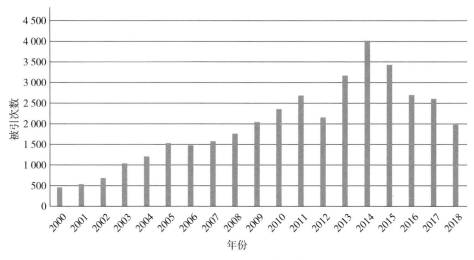

图 2　恐惧管理理论的被引次数

资料来源：根据 Google Scholar 数据整理而成，搜索时采用精确匹配。

恐惧管理理论的核心内容

受到人类学家 Becker（1973）观点的启发，Greenberg et al. (1986) 提出了恐惧管理理论（以下简称"TMT"），认为"死亡不可避免"的意识会深刻地影响人们的思想、情绪、动机和行为。三十多年来，TMT 始终致力于回答有关人类动机和行为的根源性问题（Pyszczynski et al., 2015）。

一、基本观点

TMT 指出，死亡的不可避免性会给人们带来潜在的对失去生命的恐惧，引发死亡焦虑。为了缓解这种潜在的焦虑，人们可能采取不同的方式。例如，人们会形成一系列文化世界观（cultural worldviews）。这些世界观为人们提供了一整套赋予生命意义的理论和衡量行为价值的标准，让人们相信如果坚持这样的世界观，自己的生命或精神可以获得某种形式的延续甚至永存。在这些世界观的引导之下，人们会认为自己是有意义的世界中一个有价值的个体，从而缓解死亡焦虑。当然，这一过程要求人们坚信和遵循自己的世界观，也反映了 TMT 所界定的自尊（self-esteem）的本质，即人们认为自己在多大程度上符合所信仰的文化世界观

（Pyszczynski et al., 2015）。因此，TMT 有助于解释人们为什么需要建立和维护自尊、为什么需要坚持自己的世界观等本质问题（Solomon et al., 1991）。TMT 的基本思路和理论概述见图 3。

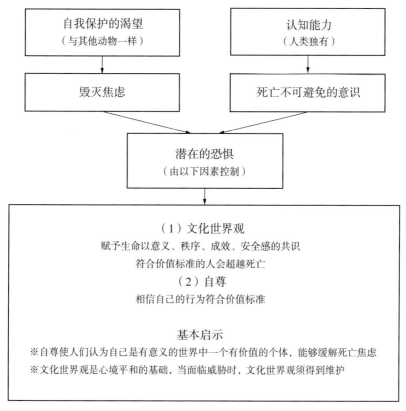

图 3　恐惧管理理论概览

资料来源：Greenberg et al. (1997)。

二、主要假设

虽然 TMT 最初的基本观点相对简单，但是随着理论推演和实证检验的不断涌现，研究者们基于 TMT 提出了三种主要的逻辑假设，试图从不同角度揭示人类行为的内在过程和机制。

1. 焦虑缓解假设（anxiety-buffer hypothesis）

当意识到死亡不可避免时，人们会产生死亡焦虑，因此人们发展出一系列心理防御机制来缓解这种焦虑。焦虑缓解假设认为，自尊是一种最普遍的焦虑缓解机制（Greenberg et al., 1986）。

当面对死亡信息时，提升个体的自尊有助于缓解甚至避免因死亡相关想法而引发的焦虑。Greenberg et al. (1992) 的系列研究表明，在面对死亡信息时，高自尊操纵组的被试在自我报告的焦虑感和生理测量的焦虑感上都没有显著变化，相比之下，控制组被试的焦虑感显著增加。后续的研究还表明，无论是实验操纵获得的高自尊，还是长期特质性的高自尊，都有助于压抑死亡相关信息，缓解个体对死亡的焦虑（Greenberg et al., 1993; Harmon-Jones et al., 1997）。

2. 死亡凸显假设（mortality salience hypothesis）

死亡凸显是指通过实验操纵来引发人们对"死亡不可避免"的意识。死亡凸显假设认为，对于死亡不可避免的意识会引发死亡焦虑，这种焦虑会导致个体增加对世界观、自尊和亲密关系这三种防御机制的需要，进而改变认知和行为。

早期的死亡凸显假设主要关注世界观和自尊这两种防御机制。研究表明，死亡凸显会促使人们捍卫自己的世界观（Rosenblatt et al., 1989），对支持自己世界观的人给予更为积极的评价（Greenberg et al., 1990），较多地攻击那些与自己世界观不同的人（McGregor et al., 1998）。此外，死亡凸显会增加个体的自我服务偏差（Mikulincer and Florian, 2002）和对名望的追求（Greenberg et al., 2010）。Burke et al. (2010) 基于164篇文献中277项实验的元分析表明，死亡凸显会对个体的世界观和自尊产生中等程度的影响（$r = 0.35$）。

随后的研究发现，死亡凸显也会增加人们对亲密关系的需要和投入。研究表明，死亡凸显会促进个体对恋人的吸引力（Mikulincer et al., 2003）和对恋爱关系的渴望（Mikulincer and Florian, 2000）。死亡恐惧会增强个体与父母的积极联系，即使在成年之后，个体也会继续将父母作为管理恐惧的资源，而父母也能从孩子那里获得自我价值和传承繁衍感，进而抵御死亡恐惧（Cox et al., 2008）。进一步地，Mikulincer et al. (2003) 指出，在缓解死亡焦虑的效果上，亲密关系不仅能够替代世界观和自尊的防御作用，甚至具有优先性。

3. 死亡想法易获性假设（death thought accessibility hypothesis）

死亡想法易获性假设指出，任何对"死亡焦虑缓解机制"（如世界观、自尊和亲密关系）的威胁都会增加个体的死亡相关想法，提高死亡想法易获性；相反，对世界观的支持、对自尊的维护、想起亲密关系或依恋对象，有助于降低死亡想法易获性（Harmon-Jones et al., 1997）。研究表明，自我服务偏差具有维护自尊的功能，可以在死亡凸显后抑制死亡想法易获性的提高（Mikulincer and Florian, 2002）。有关与恋人分离的想法会提高死亡想法易获性，而与恋人亲密的想法则会降低死亡想法易获性（Mikulincer et al., 2004）。

三、死亡恐惧管理的双重防御机制

在一系列死亡凸显实验中，Greenberg et al. (1994) 发现了一些有趣的结果：当死亡凸显的诱导方式更为强烈和直接，或是让被试特别认真地思考死亡时，被试不会关注自己的世界观；只有当死亡凸显的诱导方式相对温和，或是让被试不经意地想起死亡时，被试才会试图维护自己的世界观。这样的结果使得 Greenberg et al. (1994) 开始关注死亡凸显的即时效应和延时效应。作为恐惧管理理论的扩展，Pyszczynski et al. (1999) 进一步提出了死亡恐惧管理的双重防御模型，阐明了人们如何通过双重防御机制来抵御意识层面和无意识层面的死亡相关想法（见图4）。

1. 近端防御机制（proximal defenses）

Pyszczynski et al. (1999) 认为，当人们集中精力有意识地思考有关死亡的问题时，会更倾向于用理性、直接、即时的方式去"解决"问题。例如，人们会主动抑制死亡相关想法、扭曲认知以否认脆弱性、夸大自身的健康和坚强等。这样可以使人们坚信，死亡还在遥远的未来，现在和自己没有太大的关系。他们把这样的死亡防御机制定义为近端防御。

近端防御是意识层面的防御机制，其内容与死亡直接相关。虽然近端防御可以帮助人们把死亡相关想法移除到关注点之外，推向遥远的未来，从而逃避思考死亡问题，但近端防御难以否认死亡不可避免这一事实（Pyszczynski et al., 1999）。

2. 远端防御机制（distal defenses）

人终有一天会死去，这是不可否认的事实。虽然很少引起有意识的注意，但死亡很容易让人想起，它徘徊在意识的边缘，处于高度可接近的状态，随时可能进入意识（Wegner, 1994）。为了避免死亡相关想法重新进入意识，人们会通过远端防御机制来将这些内隐想法推离意识，在死亡到达意识之前减少死亡相关想法的可获性。

远端防御处于意识边缘或潜意识层面，当有关死亡的想法出现在意识边缘或潜意识时，恐惧管理的远端防御就会运行。由于表面上看起来远端防御与死亡没有任何逻辑上或语义上的联系，因此人们极少会意识到这一过程（Pyszczynski et al., 1999）。远端防御是 TMT 焦虑缓解的重要方式，主要通过维护自尊和坚定世界观来实现，这一防御方式能让个体将自己视为现实社会中有价值的一员，从而获得超越肉体死亡的永恒。

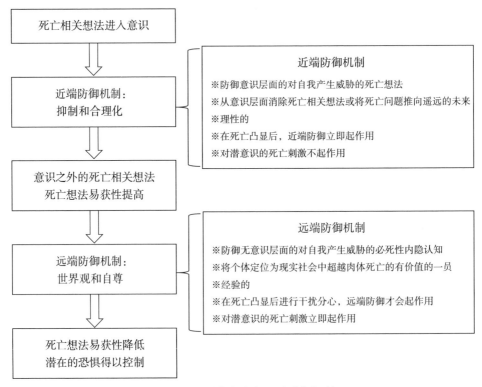

图 4　近端防御机制与远端防御机制

资料来源：Pyszczynski *et al.* (1999)。

近端和远端的防御机制共同作用，使得死亡相关想法保持在意识之外。当死亡相关想法进入人们的意识时，人们通过说服自己或仅仅通过转移注意力的方法来抑制这些想法，将死亡问题推向遥远的未来。一旦这些想法被驱逐出意识，近端防御就会减少，使得死亡相关想法又变得容易接近。随后，远端防御被激活以降低死亡相关想法的易获得性，从而进一步降低死亡相关想法进入意识的可能性。当然，两种防御机制本身都发生在意识之外，这也解释了为什么人们很少或根本没有意识到这些过程。

对该理论的评价

TMT 的提出者认为，社会心理学领域的理论大多都是一些揭示个体心理过程的"小"理论，这些理论虽然可以为解释人类行为提供新思路和新方法，却难以深入探讨人类行为的根本原因这样一些"大"问题（Pyszczynski et al., 2015）。TMT 阐明了个体会如何通过心理防御机制来缓解死亡焦虑，是更宽泛的社会心理学理论（Pyszczynski et al., 2015）。TMT 强调了人类在处理适应性挑战时的能力，虽然死亡是不可避免的，但这些能力可以帮助人类生存和繁衍，适应不断变化的环境（Pyszczynski et al., 2014）。

虽然理论和实证研究表明，TMT 提出的心理防御机制能够有效地解释不同的社会心理现象，但研究者们对 TMT 仍存在一些质疑。

首先，以 Martin and Van den Bos（2014）为代表的研究者认为，TMT"没有将冲突的结果纳入理论"，是不可证伪的。此外，考虑到个体的差异性，每个人面对和处理威胁的方式不尽相同。例如，在死亡凸显时，安全型依恋的个体会优先利用亲密关系作为防御机制，不安全型依恋的个体则更多地使用自尊和世界观作为防御机制（Mikulincer and Florian, 2000）。同时，TMT 并没有具体说明特定的个体在特定的情景下会采取什么样的资源和价值观来应对死亡焦虑（Rothschild et al., 2009）。面对这些质疑的声音，TMT 的提出者认为，由于每个人的价值观不同，死亡凸显确实可能引发不同的反应，这完全取决于人们深信的或即时被激发的价值观（Anson et al., 2009; Pyszczynski et al., 2015）。

其次，Martin and Van den Bos（2014）指出，个体的世界观和自尊的价值标准来源极大地受到文化的影响，但 TMT 忽视了文化的差异。对于这一质疑，Pyszczynski et al.（2015）承认，的确需要在非西方文化背景下更多地验证 TMT。然而，TMT 的理论预测效度在亚洲国家的样本中同样得到了证实。例如，有研究发现，在防御死亡凸显时，个人主义文化的个体会努力使个人价值最大化，而集体主义文化的个体则会努力使集体价值最大化（Kashima et al., 2004）。

最后，除了死亡本身，一些看起来与死亡无直接关联的刺激（例如，不确定感、低控制感、社会排斥、低归属感等）也会导致个体产生死亡凸显后的防御反应（Heine et al., 2006; Pyszczynski et al., 2006）。对此，TMT 没有明确地进行解释。同样地，TMT 也没有充分解释为何某些死亡凸显不能有效地激活个体的防御机制。

关键测量量表

自尊量表 (Self-esteem Scale, SES)：1 个维度，10 个题项

Rosenberg, M. (1965). *Society and the Adolescent Self-image*. Princeton, NJ: Princeton University Press.

经典实验操纵

死亡凸显 (mortality salience, MS) 操纵：死亡凸显的经典操纵是让被试回答两个开放式问题 (Rosenblatt et al., 1989)，这一操纵方式也被后续研究沿用（如 Greenberg et al., 1990; Harmon-Jones et al., 1997; Simon et al., 1997）。其中，实验组需要回答两个与死亡相关的开放式问题，"请简要描述当你想到自己将死时的情绪体验""请尽可能详细地描述当你想到自己将死时的情景"。控制组需要回答两个形式相似、但主题无关痛痒的（例如，观看电视）开放式问题，"请简要描述当你观看电视时的情绪体验""请尽可能详细地描述当你观看电视时的情景"。

Rosenblatt, A., Greenberg, J., & Solomon, S., *et al.* (1989). Evidence for terror management theory: I. The effects of mortality salience on reactions to those who violate or uphold cultural values. *Journal of Personality and Social Psychology*, 57(4), 681–690.

经典文献

Burke, B. L., Martens, A., & Faucher, E. H. (2010). Two decades of terror management theory: A meta-analysis of mortality salience research. *Personality and Social Psychology Review*, 14(2), 155–195.

Florian, V., & Mikulincer, M. (1997). Fear of death and the judgment of social transgressions: A multidimensional test of terror management theory. *Journal of Personality and Social Psychology*, 73(2), 369–380.

Greenberg, J., Pyszczynski, T., & Solomon, S. (1986). The causes and consequences of a need for self-esteem: A terror management theory. In R. F. Baumeister (Ed.), *Public*

Self and Private Self (pp. 189–212). New York: Springer.

Greenberg, J., Pyszczynski, T., & Solomon, S., *et al.* (1990). Evidence for terror management theory II: The effects of mortality salience on reactions to those who threaten or bolster the cultural worldview. *Journal of Personality and Social Psychology*, 58(2), 308–318.

Greenberg, J., Solomon, S., & Pyszczynski, T. (1997). Terror management theory of self-esteem and cultural worldviews: Empirical assessments and conceptual refinements. *Advances in Experimental Social Psychology*, 29, 61–139.

Harmon-Jones, E., Simon, L., & Greenberg, J., *et al.* (1997). Terror management theory and self-esteem: Evidence that increased self-esteem reduces mortality salience effects. *Journal of Personality and Social Psychology*, 72(1), 24–36.

Pyszczynski, T., Greenberg, J., & Solomon, S. (1999). A dual-process model of defense against conscious and unconscious death-related thoughts: An extension of terror management theory. *Psychological Review*, 106(4), 835–845.

Pyszczynski, T., Solomon, S., & Greenberg, J. (2015). Thirty years of terror management: Theory from genesis to revelation. *Advances in Experimental Social Psychology*, 52, 1–70.

Rosenblatt, A., Greenberg, J., & Solomon, S., *et al.* (1989). Evidence for terror management theory: I. The effects of mortality salience on reactions to those who violate or uphold cultural values. *Journal of Personality and Social Psychology*, 57(4), 681–690.

Solomon, S., Greenberg, J., & Pyszczynski, T. (1991). A terror management theory of social behavior: The psychological functions of self-esteem and cultural worldviews. *Advances in Experimental Social Psychology*, 24, 93–159.

对管理者的启示

近三十年来，TMT被越来越广泛地应用于实践领域中。实证研究表明，TMT可以有效地解释个体的消费行为（Ferraro *et al.*, 2005）、司法判断（Rosenblatt *et al.*, 1989; Arndt *et al.*, 2005）、政治偏好（Landau *et al.*, 2004）、健康管理

(Goldenberg and Arndt, 2008)、创造力（Routledge *et al*., 2008）、亲社会行为（Hirschberger *et al*., 2008; 段锦云等, 2018）等。管理者可以进一步关注 TMT 在组织环境中的应用和对员工行为的解释，例如哪些员工行为可能来源于有效的焦虑防御，而哪些失调行为可能根源于无效的恐惧管理。此外，死亡焦虑的三种防御机制可能存在优先级（陆可心等, 2019），并且会受到文化、道德、宗教及身边重要人物的影响（Pyszczynski *et al*., 2014），因此管理者可以针对不同的员工选择不同的干预方式，来实现有效的组织管理。

本章参考文献

14

框架效应理论

冯娇娇[1]

阿莫斯·特沃斯基（Amos Tversky）（见图1）和丹尼尔·卡尼曼（Daniel Kahneman）（见图2）最早在前景理论（prospect theory）的基础上，以"亚洲疾病问题"为经典案例提出了框架效应（framing effect）理论。他们于1981年在《科学》（Science）

图1 阿莫斯·特沃斯基　　图2 丹尼尔·卡尼曼

上发表了框架效应理论的奠基性文章《决策的框架与选择的心理》（The framing of decisions and the psychology of choice）。这篇文章一经发表，便受到学者们的高度重视，框架效应迅速成为风险决策领域的研究焦点。随后，Meyerowitz and Chaikn（1987）、Reyna and Brainerd（1991, 1995）、Levin et al.（1998）、Gonzalez et al.（2005）等学者分别从不同的视角对框架效应进行了解释和验证。框架效应理论经过四十年的发展，目前受到决策研究者及实践者的认可。2002年，该理论的提出者卡尼曼获得诺贝尔经济学奖。自2000年以来，框架效应理论的被引次数不断攀升，如图3所示，应用在行为决策经济学、组织管理学、公共管理学和市场营销管理等领域中。

---

[1] 冯娇娇，中南财经政法大学工商管理学院副教授。主要研究领域：知识管理、劳动关系和国际人力资源管理。电子邮箱：fengjj@zuel.edu.cn。

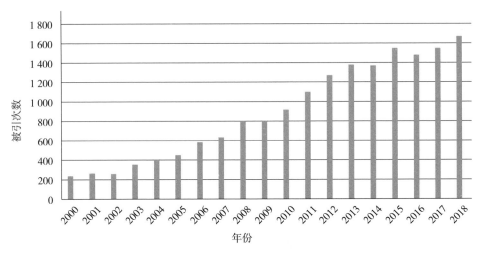

图 3 框架效应理论的被引次数

资料来源：根据 Google Scholar 数据整理而成，搜索时采用精确匹配。

框架效应理论的核心内容

早期的理性决策理论基于理性人假说来解释和预测人们的行为。但是，Kahneman and Tversky（1979）在大量心理学和社会学研究的基础上发现人类行为决策是复杂的，质疑了经济学中的理性人假设，而且指出了人类在不确定条件下做决策时理性是有限的，进而提出了前景理论，撼动了期望效用理论在风险决策领域中的稳固地位。Tversky and Kahneman（1981）基于"亚洲疾病问题"研究发现，同样的问题如果采用不同的表达方式对其进行等价表述，那么个体对各选项的决策偏好会发生变化，他们将这种因备择选项表达方式的变化而导致个体的决策偏好发生变化甚至出现逆转的现象称为框架效应。作为一种典型的非理性决策现象，框架效应自发现以来，便受到了心理学、教育学、经济学、管理学等诸多领域学者广泛的关注和研究。Kühberger（1998）指出，框架效应对理性决策的干扰是客观存在的，会影响决策者从而使其戴上有色眼镜，从而对效用相同的决策方案产生不同的理解。

经典的"亚洲疾病问题"案例是 Tversky and Kahneman（1981）发表在《科学》上的一个决策实验，材料如下：

14 框架效应理论

假设美国正准备应对一种罕见的亚洲疾病,预计该疾病的发作将导致600人死亡。现有两种与疾病作斗争的方案可供选择。假定对各方案所产生后果的精确科学估算如下所示,你会选择哪种方案?

(正面框架)

A:如果采用A方案,则200人将生还。

B:如果采用B方案,则有1/3的机会600人都将生还,而有2/3的机会将无人生还。

(负面框架)

A:如果采用A方案,则400人将死去。

B:如果采用B方案,则有1/3的机会无人死去,而有2/3的机会600人都将死去。

研究结果表明,在正面框架下,有72%的被试选择了风险规避的方案A,而在负面框架下,有78%的被试选择了风险偏好的方案B。实际上,上述两种框架下的方案本质上是一样的,而且四种方案的期望值也是一样的。根据期望效用理论的不变性原则,如果被试在正面框架下选择风险规避,那么在负面框架下也应该同样选择风险规避。但是由于表达方式不同,个体的决策偏好就改变了,这显然违背了经济学中理性人假设的一致性原则要求。

简而言之,框架效应理论认为,个体的决策偏好常会因信息表达方式的变化而发生变化。随着框架效应理论的提出,后续大量的研究对其进行了验证和丰富拓展,该理论的核心内容主要包括:第一,三种代表性的框架效应类别;第二,框架效应的解释理论。

一、三种代表性的框架效应类别

框架效应经典的分类是Levin *et al.* (1998)所提出的三种框架效应,即风险选择框架效应(risky choice framing effect)、属性框架效应或特征框架效应(attribute framing effect)和目标框架效应(goal framing effect)。

(1)风险选择框架效应是指分别从损失和收益两方面来描述某一风险行为决策的信息,会导致决策者产生不同的风险偏好选择。比较典型的例子就是上述Tversky and Kahneman (1981)的"亚洲疾病问题"研究。在此研究中,研究者为被试提供积极和消极的信息表述,每种表述中均有"保守"和"冒险"两种不同风险程度的选择,被试需要从"保守"和"冒险"中选择一个决策行为。研究显示,当信息以积极的方式呈现时,大多数被试选择风险规避的方案;而当信息以消极的方式呈现时，大多数被试选择风险偏好的方案。

（2）属性框架效应也被称为特征框架效应，是指对一个物体或事件关键属性的描述分别采用积极框架和消极框架的方式，会影响人们对该物体或事件的喜爱程度。在这种效应中，只有一个属性被框架，决策任务不是要求被试在两个独立方案之间进行"二选一"的抉择，而是对每个独立方案分别在不同框架下进行评价。属性框架效应可以使人们更直接地考察积极框架和消极框架对人们判断与决策的影响。例如 Levin and Gaeth（1988）关于牛肉味道的实验研究。在此研究中，一块普通的牛肉在积极框架下被描述为"75% 的成分是瘦肉"，而在消极框架下被描述为"25% 的成分是肥肉"；然后请被试在不同框架下对该牛肉的味道进行评价，并选择是否购买。结果表明，被试更偏爱前一种牛肉，觉得味道更好。属性框架效应主要关注的是人们对某种特定属性或特征的评价结果。

（3）目标框架效应主要关注当分别从实施或不实施某行为两方面描述其与行为结果或目标间的关系时，个体对实施该行为的意愿会如何变化。具体而言，在目标框架效应中，信息的形式是接受该信息中行为可能获得的收益（正面框架），或不接受该信息中行为可能遭受的损失（负面框架）。该框架最显著的特点在于试图说服决策者采纳某种特定的行为，说服性信息的效果取决于该信息强调的行为带来的结果是正面还是负面。例如，Meyerowitz and Chaikn（1987）关于劝说女性乳腺投影检查的实验。其中，正面框架被描述为"如果进行乳腺投影检查，那么你将获得及早发现乳腺癌的最佳机会"，而负面框架被描述为"如果不进行乳腺投影检查，那么你将失去及早发现乳腺癌的最佳机会"。研究结果表明，在负面框架下，被试更倾向于接受乳腺投影检查，即负面框架的说服力更强。在目标框架效应中，涉及的行为只有一个，主要考察哪种表达方式下人们对该行为的接受率更高。目标框架与属性框架最大的区别在于，目标框架强调的是某种行为给人带来的结果是正面还是负面，而属性框架强调的是物体或事件的属性本身是正面还是负面。

除上述经典分类外，框架效应还有其他类别，例如 Sun *et al.* (2012) 认为，传统的框架效应都是基于言语表征来描述框架，这导致决策问题本身对决策的影响始终混杂着言语特征的作用。为了排除言语表征对决策的干扰，Sun *et al.* (2012) 采用无言语表述的图形表征形式替代传统的文字来呈现决策信息，发现个体的决策偏好依然会随着描述信息的图形的变化而变化，他们把这种现象称为图形框架效应（graph framing effect）。

二、框架效应的解释理论

框架效应理论显然违背了理性人假设的一致性原则，这种非理性的决策行为是理性决策理论所不能解释的。框架效应一经提出就备受众多学者们的追捧，学者们试图找到一个能够完美解释框架效应内在机制的理论。目前，对此现象常见的理论解释主要有以下四种：

（1）前景理论。Kahneman and Tversky（1979）提出的前景理论是解释框架效应的经典理论，它描述了人们的实际决策行为。前景理论由价值函数和权重函数构成。在价值函数上人们关注的并非财富绝对值的变化，而是相对参照点的改变（收益还是损失）。参照点的改变会导致人们对得失判断的改变，引起人们主观估计的变化，从而影响决策行为。前景理论把决策过程分为"编辑"和"评估"两个阶段。其中在编辑阶段，人们对备选方案进行编码，即对备选方案进行简化和重构，在这个过程中，人们根据方案与相对参照点的偏离情况，将方案编码为收益或损失，确定每个方案价值的正负属性。前景理论通过"S"形的价值函数曲线来解释框架效应。在损失部分是凸函数，在收益部分是凹函数，而且损失部分的曲线比收益部分的曲线更加陡峭，这说明人们在面临收益与损失时的心理体验不同，对同等数量的损失更加敏感。前景理论较好地解释了人们在收益情境下选择风险规避、在损失情境下选择风险偏好的框架效应现象。

（2）模糊痕迹理论（fuzzy-trace theory）。模糊痕迹理论认为，个体的决策因为认知惰性倾向主要依赖于对信息要义痕迹而非逐字痕迹的心理表征，具有模糊加工的偏好（Reyna and Brainerd, 1991），决策依靠的是简单化的记忆痕迹而非精确的数字。以"亚洲疾病问题"为例，在正面框架下，A方案与B方案被分别简化表征为"一些人能获救"和"一些人能获救，或没有人能获救"，自然A方案更有优势；而在负面框架下，A方案与B方案被分别简化表征为"一些人会死亡"和"一些人会死亡，或没有人会死亡"，显然B方案更有优势。McElroy and Seta（2003）提出的决策双系统（dual-systems）理论在一定程度上支持了模糊痕迹理论的解释。决策双系统理论认为，人类的信息处理体系中存在两个相互关联但倾向不同的系统，决策结果取决于由哪个系统做出决策。相较于习惯采用分析系统式加工风格的个体，习惯采用整体启发式加工风格的个体更容易受到框架效应的影响，因为后者对信息的加工更加整体化与不精细。

（3）齐当别模型（equate-to-differentiate model）。齐当别模型是我国学者李纾提出的一种具有国际影响力的理论。该理论认为，决策者在进行多维比较时，会对差异较小的维度视而不见，而仅在差异较大的维度进行方案比较并选择优势方案，框架效应也是因不同框架描述造成大差异维度的改变而造成的（Li, 2004）。

（4）认知—情绪权衡模型（cognitive-affective tradeoff model）。Gonzalez *et al.* (2005) 提出的认知—情绪权衡模型认为，决策者在决策时会使自己付出的认知努力最小化并使获得的情绪体验最大化；当备择选项需要相似的认知努力时，决策者会倾向于选择能带来更大积极情绪体验的选项；当备择选项诱发的情绪体验相似时，决策者会倾向于选择付出的认知努力更小的选项。

对于框架效应的这种非理性决策行为的解释机制，学者们还在不断地探索中。

对该理论的评价

自 Tversky and Kahneman（1981）提出框架效应理论以来，非理性决策行为便受到了广泛的关注。社会科学中各个领域的学者们开始研究"横看成岭侧成峰，远近高低各不同"框架的解释机制、影响因素和应用范围。框架效应在后续的大量相关研究中被证明是一种稳定的现象。Levin *et al.* (1998) 认为，框架效应不仅存在于风险决策领域，还出现在其他决策行为中，并将其归类为风险选择框架效应、属性框架效应和目标框架效应。框架效应体现了人类非理性决策的普遍性，也为合理利用人类的决策特点以干预其决策行为提供了重要契机（李晓明和谭谱，2018）。从其应用上看，框架效应更是大放异彩，是决策理论研究应用化的典范，被广泛应用于教育规劝、谈判竞选、组织管理、医疗健康、广告营销（Levin *et al.*, 1998）、环保、公共事业（李晓明和谭谱，2018；李武等，2018）等领域。

然而，框架效应理论在发展过程中也遇到了很多挑战。并非所有的学者重复 Tversky and Kahneman（1981）的研究都得出了同样的结果，尤其是在使用不同的决策问题和任务要求时（Miller and Fagley, 1991）。因此很多研究为了提高框架效应的有效性，开始关注框架效应的适应条件，即影响框架效应的调节变量，例如性别（Huang and Wang, 2010）、知识水平（Jin and Han, 2014）和计算能力（Peters and Levin, 2008）等。未来应在此类研究的基础上，继续拓展其他可能的调节变量，如个体的情绪体验（李晓明和谭谱，2018）。此外，也有学者认为，前人关于框架效应的研究大都集中于框架效应的理论解释、应用、分类及效应量分析等，但实际上，框架效应本身，即探究操纵问题表征形式会如何影响决策，还存在相当大的拓展空

14 框架效应理论

间，还有相当多的问题有待深入讨论（彭嘉熙，2016; 李晓明和谭谱，2018）。

关键测量量表

由于框架效应是因信息的表达方式变化而导致个体决策的变化，因此大量关于框架效应理论的研究是基于组间或组内的情景实验法来操纵验证。主要的实验材料如下所示：

1. Tversky and Kahneman (1981) 对"亚洲疾病问题"的研究是最早也是使用最为广泛的验证框架效应的材料。

Tversky, A., & Kahneman, D. (1981). The framing of decisions and the psychology of choice. *Science*, 211 (4481), 453–458.

2. Levin and Gaeth (1988) 的关于牛肉味道的属性框架效应的实验。

Levin, I. P., & Gaeth, G. J. (1988). How consumers are affected by the framing of attribute information before and after consuming the product. *Journal of Consumer Research*, 15(3), 374–378.

3. Meyerowitz and Chaikn (1987) 的关于劝说女性乳腺投影检查的实验。

Meyerowitz, B. E., & Chaiken, S. (1987). The effect of message framing on breast self-examination attitudes, intentions, and behavior. *Journal of Personality and Social Psychology*, 52(3), 500.

经典文献

Kahneman, D. (2003). Maps of bounded rationality: Psychology for behavioral economics. *American Economic Review*, 93(5), 1449–1475.

Kahneman, D., & Tversky, A. (2013). Choices, values, and frames. In L. C. MacLean & W. T. Ziemba (Eds.), *Handbook of the Fundamentals of Financial Decision Making: Part I* (pp. 269–278). Singapore: World Scientific.

Levin, I. P., Schneider, S. L., & Gaeth, G. J. (1998). All frames are not created equal: A typology and critical analysis of framing effects. *Organizational Behavior and Human Decision Processes*, 76(2), 149–188.

Levin, I. P., & Gaeth, G. J. (1988). How consumers are affected by the framing of attribute information before and after consuming the product. *Journal of Consumer Research*, 15(3), 374–378.

Meyerowitz, B. E., & Chaiken, S. (1987). The effect of message framing on breast self-examination attitudes, intentions, and behavior. *Journal of Personality and Social Psychology*, 52(3), 500.

Tversky, A., & Kahneman, D. (1981). The framing of decisions and the psychology of choice. *Science*, 211 (4481), 453–458.

Tversky, A., & Kahneman, D. (1989). Rational choice and the framing of decisions. In B. Karpak & S. Zionts (Eds.) *Multiple Criteria Decision Making and Risk Analysis Using Microcomputers* (pp. 81–126). Berlin: Springer.

对管理者的启示

根据框架效应理论，通过操纵信息的表达方式，可以影响甚至逆转他人的决策，这在消费、医疗、政治、公共管理和组织管理中具有重要意义。在组织管理中，管理者可以有效利用框架效应，让下属认为自己是自愿做出某种决策行为的。通过对各种决策信息框架的重塑，管理者可以有效劝说下属认同管理决策。管理者为了达到某种目标，在信息表达中需要注意框架效应的使用。根据目标框架效应，如果管理者试图说服需要做出决策的下属采纳某种特定的行为，那么既可以使用正面框架，即采纳该行为可能获得的收益，又可以使用负面框架，即不采纳该行为可能遭受的损失。具体使用哪种框架，管理者需要根据期望的结果来决定。

本章参考文献

15

烙印理论

吴继红[1]

烙印（Imprinting）的概念来自动物行为研究。1873 年，英国业余生物学家道格拉斯·斯波尔丁（Douglas Spalding）报告了刚孵化出来的家禽追随看到的移动物体的倾向。德国生物学家 Lorenz（1937）开始彻底分析和定义这种现象，并称其为烙印（Prägung），认为这种早期经验决定后续行为的现象与其他学习过程截然不同。1965 年，阿瑟·斯廷奇库姆（Arthur Stinchcombe）（见图 1）将烙印概念引入社会科学领域，用以解释创立期的社会情境和历史条件对组织具有持续性影响（Stinchcombe, 1965），

图 1　阿瑟·斯廷奇库姆

激发了大量在组织生态、组织理论和制度理论等多个领域的多层次视角的研究。自 2000 年起，烙印理论的被引次数不断攀升，如图 2 所示。

烙印理论的核心内容

烙印是指在敏感期发展出反映环境主要特征的过程，这些特征在环境发生重大变化后仍然持续存在（Marquis and Tilcsik, 2013）。例如，杜勇等（2018）发现，中国上市公司 CEO 的海外经历对企业盈余管理具有负向影响，他们认为 CEO 在国外制度环境下形成的认知烙印和能力烙印可以解释这样的影响；戴维奇

---

[1] 吴继红，电子科技大学经济与管理学院慈善与社会企业研究中心副教授。主要研究领域：企业社会责任与人力资源管理、员工—组织关系。电子邮箱：wujh@uestc.edu.cn。

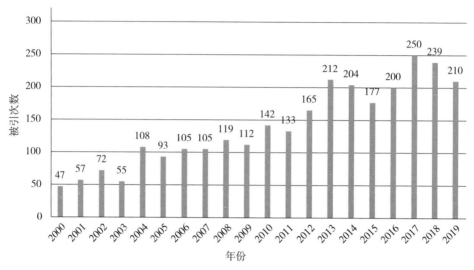

图 2　烙印理论的被引次数

资料来源：根据 Google Scholar 数据整理而成，搜索时采用精确匹配。

等（2016）发现，民营企业家的"体制内"经历通过发展能力烙印与认知烙印，促进其企业在成长过程中介入房地产等业务来"赚快钱"。

烙印的第一个特点是焦点实体在有限的时间内被印上烙印，这段时间内实体对外部影响的接受性特别强。一个实体可能经历多个这样的敏感期（Marquis and Tilcsik, 2013），通常出现在角色转型时期（Ashforth and Saks, 1996; Kish-Gephart and Campbell, 2015），因为"任何类型的转型都标志着个体想要减少焦虑，因为他们将自己扩展到新角色、新身份……这种脆弱的时期增加了烙印的可能性"（Higgins, 2005:338）。

烙印的第二个特点是环境的主要特征在敏感期对焦点实体产生重要影响。因为个体在敏感期有减少不确定性的动机，倾向于经历"认知解冻"（例如 DiRenzo, 1977; Van Maanen and Schein, 1979），这样"他们持有的认知模式会被与新环境更一致的脚本和图式挑战及替代"（Dokko et al., 2009:55）。

烙印的第三个特点是即使环境发生重大变化，烙印仍然持续存在。在个体层面，人们不经历角色转换时面临的不确定性较低，从而在非敏感期对学习和环境影响的接受性降低。在其他层面，烙印持续存在的原因还有组织惯性和制度化

(Marquis and Tilcsik, 2013)。

现有烙印研究涉及了很多领域的各类烙印源（imprinter, source of imprint）和烙印对象（imprinted）。Marquis and Tilcsik（2013）和 Simsek *et al.* (2015) 对它们进行了归类。Marquis amd Tilcsik（2013）将作为环境的烙印源分为三类，即经济和技术环境、制度因素（包括监管的、规范的和文化认知的），以及特定个体；将被烙印的实体，即烙印对象或烙印携带者（bearer of imprint），从宏观到微观分为四类，即组织集群、组织、组织模块和个体。Simsek *et al.* (2015) 则将烙印源归纳为个体、团队、组织、网络、环境、行业和社区七类，将烙印对象归纳为个体、团队、组织、网络和行业五类。

对该理论的评价

烙印理论对理解个体、团队、组织、网络和行业的某些短期经历的长期影响有很强的解释力。但大部分现有研究认为烙印的形成理所当然，把它当作一个黑箱（Simsek *et al.*, 2015）。这使我们对于在相同的时空条件下，实体在接受性和对烙印源影响的反应方面为什么有差异以及有怎样的差异等都不甚了解。此外，Higgins (2005) 的研究启发我们，烙印也可以跨组织传播，但在哪些情况下烙印可以成功传播值得进一步研究。

关键测量量表

目前，在组织管理领域，应用烙印理论的研究大部分假定实体在敏感期处于特定的环境中，即接受了环境的主要特征，而对所形成的烙印的内容和测量探讨较少。目前仅有一篇硕士论文尝试开发了家族企业创始人烙印量表（李博文，2017），但尚没有其他学者采用该量表。Higgins（2005）通过案例研究将职业生涯烙印的内容归纳为三个方面，即人力资本、社会资本、信念与价值观。岑杰等（2018）通过案例研究将社会组织烙印的内容归纳为三个方面，即心智烙印、工具烙印和网络烙印。其中，心智烙印是指混合社会组织的心智内容和特性；工具烙印是指混合社会组织的管理策略或工具的选择和使用偏好；网络烙印是指混合社会组织所嵌入的正式或非正式网络的特性。

| 经典文献 |

Marquis, C., & Tilcsik, A. (2013). Imprinting: Toward a multilevel theory. *Academy of Management Annals*, 7(1), 195–245.

Simsek, Z., Fox, B. C., & Heavey, C. (2015). "What's past is prologue": A framework, review, and future directions for organizational research on imprinting. *Journal of Management*, 41(1), 288–317.

| 对管理者的启示 |

首先,由于烙印会对个体或组织产生长期影响,企业家和管理者需要意识到"烙印效应"的存在,理解其对个体和组织的影响机制,进而利用个体或组织在烙印方面的优势,减少烙印可能带来的负面影响(戴维奇等,2016)。

其次,由于不同时期形成的新旧烙印可以重叠,并以一种复杂的方式影响个体或组织(Marquis and Tilcsik, 2013),为抵消一些过时的、不合时宜的烙印所带来的负面影响,企业家或管理者有必要刻意地选择和经历一些新的情境,从而不断地"接受"新的烙印以缓冲旧有烙印的影响(戴维奇等,2016)。

最后,由于每个人携带的烙印不同,企业家有必要选择和配置一些拥有与自己经历迥异的创业伙伴或高管人员(戴维奇等,2016)。管理者在选择和配置自己的团队成员时也可以考虑这一点,以避免自身经历带来的局限性。

本章参考文献

16
利益相关者理论*

潘静洲[1] 李翊君[2] 万萌[3]

"利益相关者"（stakeholder）一词是相对于股东（shareholder）一词出现的，最早于1963年由斯坦福研究院（Stanford Research Institute, SRI）明确提出，其定义为：那些组织离开他们后就难以维持生存的群体。这一概念的提出挑战着当时盛行的企业只需要对股东负责的观点（Parmar et al., 2010）。20世纪70年代到80年代，越来越多的学者开始质疑"股东利益至上论"。1984年，罗伯特·爱德华·弗里曼（Robert Edward Freeman）（见图1）在《战略管理：一种利益相关者的方法》（Strategic Management: A Stakeholder Approach）一书中系统地阐述了利益相关者理论（stakeholder theory）。与传统的股东至上的观点不同，利益相关者理论认为组织应该追求所有利益相关者的整体利益，而非某些个体的利益，强调企业要注重社会效益而不仅

图1 罗伯特·爱德华·弗里曼

---

* 基金项目：国家自然科学基金面上项目（71872124），教育部人文社会科学青年基金项目（18YJC630129）。

1 潘静洲，天津大学管理与经济学部组织与战略管理系系主任、副教授。主要研究领域：领导力与团队发展、大数据与人才分析、人力资源管理、创新与创造力、职业生涯管理、企业家精神。电子邮箱：pjzh@tju.edu.cn。

2 李翊君，上海交通大学安泰经济与管理学院硕士研究生。主要研究领域：组织与人力资源管理。电子邮箱：yijun_li@sjtu.edu.cn。

3 万萌，天津大学管理与经济学部硕士研究生。主要研究领域：组织行为学与人力资源管理。电子邮箱：mona_wan@163.com。

仅是经济效益。经由众多学者的研究和发展，利益相关者理论受到了越来越多理论学者和实践人士的关注，该理论的被引次数不断攀升，尤其在2015年实现了数量级的飞跃，成为主流的公司治理理论之一。

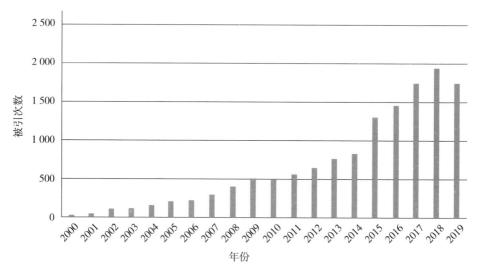

图2　利益相关者理论的被引次数

资料来源：根据Web of Science数据整理而成，搜索时采用精确匹配。

利益相关者理论的核心内容

在股东至上观点作为公司治理研究的主流理论的时代，利益相关者理论突出重围，关键在于其重新回答了"谁是企业所有者和剩余利润享有者"这一问题（Freeman, 1984; Blair and Buesseler, 1998）。在此之前，人们毫无怀疑地认为，股东是企业的所有者，享有全部剩余利润，所以，企业只为股东服务，组织的经营目标即追求股东利益最大化（Grossman and Hart, 1986）。但是，利益相关者理论提出，除股东之外，企业的生存和发展离不开众多的利益相关者，企业应当关注并满足这些利益相关者的利益要求，在追求经济效益的同时承担社会责任（Freeman, 1984）。该理论表明，将各利益相关者纳入治理体系，让其参与组织决策，既是伦理要求，又是战略资源，可以帮助提升企业的竞争力（Cennamo et al.,

2009; Plaza-Ubeda et al., 2010）。

利益相关者理论重新解读了股东至上观点所依赖的理论根基——契约理论和产权理论，并为己所用。股东至上观点认为企业是一组契约，主要存在交易费用关系和委托代理关系，而利益相关者理论指出企业是所有利益相关者之间的一组契约，契约各方的诉求都应该得到关注（Freeman and Evan, 1990）；股东至上观点认为股东向企业投入了专用性资产，这是企业财产和构成"企业剩余"的基础，股东作为产权人享有全部剩余利润占有权（Grossman and Hart, 1986），而利益相关者理论指出员工投入的专用性人力资产、债权人投入的债券资产等同样为"企业剩余"做出了贡献，这些利益相关者同样是产权主体，同样享有剩余利润分配权（Donaldson and Preston, 1995）。

所以，利益相关者理论的核心思想在于：一部分原来由股东掌握的权力和享有的利益，应该分享给利益相关者（Stieb, 2009）。利益相关者理论与股东至上观点的区别具体如表1所示。

表1 利益相关者理论与股东至上观点的区别

项 目	利益相关者理论	股东至上观点
企业所有权归属	归全部利益相关者所有	归股东所有
对契约的解读	企业是所有利益相关者之间的一组契约	企业是一组契约，主要存在交易费用关系和委托代理关系
对产权的解读	股东、雇员、债权人等都是产权人	股东是产权人
企业经营目标	为所有利益相关者和社会有效创造财富	股东利益最大化
企业治理方式	多边治理	单一治理

利益相关者理论的提出让理论界与实践界人士意识到了利益相关者管理和治理的重要性，但是对"谁是企业的利益相关者"这一先决性问题，至今没有统一的结论。Mitchell et al. (1997)统计出了27种利益相关者的定义，并将其分为两类：狭义和广义。狭义的观点强调利益相关者是直接与企业经济利益有关联的群体（Mitchell et al., 1997），如影响企业生存（Bowie, 1988）、承担运营风险（Clarkson, 1995）、参与交易或契约（Freeman and Evan, 1990; Hill and Jones, 1992; Shapiro, 1987）等；广义的观点则认为利益相关者包含了所有直接或间接影响企业及受企业影响的人，其中最具代表性的是Freeman（1984）提出的定义：那些能够影响企业目标实现，或是被企业目标实现过程所影响的任何个体或群体都是利

益相关者。但是，太过宽泛的定义造成了理论研究和实践落地的困难，因为不同的利益相关者有不同的特征和利益要求（Clarkson, 1994），不能"等量齐观"、一概而论，而且如果企业分散太多精力满足所有利益相关者的诉求，那么企业的正常运转就会受到影响（Mitchell *et al.*, 1997）。所以，学者们常常将利益相关者的定义范围缩小到主要的、合法的个体和群体，这在很大程度上排除了那些与组织行为和目标联系不强的部分（Hillman and Keim, 2001）。

Clarkson（1995）提出将利益相关者细分为主要利益相关者和次要利益相关者。其中，主要利益相关者是企业赖以维持生存的群体；而次要利益相关者与企业有关联但不参与企业交易，不对企业生存起关键作用。

Sirgy（2002）区分了内部利益相关者、外部利益相关者和远端利益相关者。其中，内部利益相关者包括企业董事会、各类部门、管理者、员工等；外部利益相关者包括股东、债权人、供应商、所在社区、媒体及自然环境等；远端利益相关者包括政府机构、公会、消费者、竞争对手等。

另一种经典的划分方式是米切尔细分法（Mitchell *et al.*, 1997）。按照权力性（实现渴望的结果的能力）、合法性（一种普遍的看法或假设，认为一个实体的行为是可取的、正确的，或在某些社会建构的规范、价值观、信仰和定义体系中是适当的）、紧迫性（利益相关者要求立即得到关注的程度）三种属性的分值，可以把利益相关者划分为以下三类：①潜在型利益相关者，仅拥有三种属性中的一种；②预期型利益相关者，拥有三种属性中的两种；③确定型利益相关者，同时拥有三种属性，他们是排在企业优先级的利益相关者（Mitchell *et al.*, 1997）。

对利益相关者的理论研究进行观察分析可以发现，该理论研究主要有三种视角，即描述性、工具性和规范性（Donaldson and Preston, 1995）。描述性视角主要用来描述特定的企业特征或行为，例如企业的本质（Brenner and Cochran, 1991）。工具性视角侧重于对比有无利益相关者管理对企业的影响，其中研究最多的结果变量是企业绩效，关注利益相关者的企业在盈利能力、成长性、稳定性等方面都有更好的表现（Donaldson and Preston, 1995），可以获得竞争优势（Jones, 1995）。规范性视角重在论述企业应当怎么做，为企业的经营管理确定伦理道德规范，明确企业的社会责任，这是利益相关者理论研究的核心视角（Donaldson and Preston, 1995）。三种视角对应回答了"发生了什么？""如果这样做会发生什么？""应该怎样做？"的问题（Jones, 1995）。

除了用不同的视角对利益相关者理论的产生基础、利益相关者的识别及划分

16 利益相关者理论

等进行研究,学者们也十分关注利益相关者本身的需求和与企业的互动。利益相关者的需求会影响企业的组织结构、整体政策和具体决策(Donaldson and Preston, 1995)。根据利益相关者的利益和需求,其参与到公司治理时还需要明确其管理权限(Hambrick and Finkelstein, 1987; Phillips et al., 2010)。利益相关者与企业的互动可分为咨询、信息交换、合作、参与等形式(Grafé-Buckens and Hinton, 1998; Green and Hunton-Clarke, 2003)。

对该理论的评价

利益相关者理论自20世纪被提出以来受到了广泛的关注,并且随着时间的推移变得越来越重要。然而,由于该理论的相关模型在一定程度上具有简单性,以及所表达的观点具有多样性、模糊性,多年来学者们的争论与批评不断(Fassin, 2008)。

该理论对利益相关者的识别过程存在争议。该理论将与企业相关的内部或外部群体纳入经营决策的考虑范围,却没有对利益相关者的识别过程做出充分的解释(Key, 1999)。同时,该理论缺乏解释企业与其利益相关者之间复杂、多样的社会关系的知识(Un and Sanchez, 2011)。这可以从两个方面进行解释:一方面,在 Voss et al. (2005) 看来,利益相关者理论没有对利益相关者的需求做出反应,因为这些需求是动态的、潜在的或难以识别的;另一方面,如果利益相关者群体被明确地识别为独立的实体,那么这将导致他们之间的联系失去复杂性(Rowley, 1997)。

有批评者对利益相关者理论的科学性提出质疑。Jones et al. (2002) 指出,利益相关者理论是在明确的道德条件下构想出来的。Antonacopoulou and Méric (2005) 认为,该理论是建立在心理学和社会化的基础上的,并且将道德和价值观作为管理组织的核心特征。因此,批评者质疑该理论更多的是一种意识形态产物,而不是科学的理论。此外,Key (1999) 提出另一个问题,利益相关者理论将环境看作静态的,即利益相关者群体组成及企业形象都是固定的,这与现实环境之间存在较大差距。

该理论实际应用的有效性受到了部分学者的质疑。一般来说,采用利益相关者管理的企业会经历管理层的混乱、冲突、低效率,甚至弱化企业(Abreu, 2010),这与管理目标相悖。Stieb (2009) 批评了 Freeman (2008) 所主张的权力共享观点。利益相关者的利益往往是互不相容的，这必然会影响管理者做出明确的决策。

总而言之，利益相关者理论挑战了传统的股东至上理论，具有开创性和进步性，但就目前的发展状况来看，仍然存在一定的局限性。所有的战略管理理论往往都含蓄地包含一定的道德内容，利益相关者理论最大的特点则是明确地表明了其道德前提。道德内容意味着理论的主题本质上是道德的主题（Freeman，1994）。

关键测量量表

1. 利益相关者影响程度的测量

Hosseini, J. C., & Brenner, S. N. (1992). The stakeholder theory of the firm: A methodology to generate value matrix weights. *Business Ethics Quarterly*, 2, 99–119.

2. 由权力性、合法性和紧迫性三个属性测量利益相关者的显著性

Mitchell, R. K., Agle, B. R. & Wood, D. J. (1997), Towards a theory of stakeholder identification and salience: Defining the principle of who and what really counts. *Academy of Management Review*, 22(4), 853–886.

3. 利益相关者属性和显著性、企业绩效及 CEO 价值观的测量

Agle, B. R., Mitchell. R. K., & Sonnenfeld, J. A. (1999). Who matters to CEOs? An investigation of stakeholder attributes and salience, corporate performance, and CEO values. *Academy of Management Review*, 42, 505–525.

4. 利益相关者优先级和参与度的测量

Boesso, G. & Kumar, K. (2009). An investigation of stakeholder prioritization and engagement: Who and who really counts?. *Journal of Accounting & Organizational Change*, 5, 62–80.

5. 利益相关者知识、互动和适应行为测量

Plaza-Ubeda, J. A., de Burgos-Jimenez, J., & Carmona-Moreno, E. (2010). Measuring stakeholder integration: Knowledge, interaction and adaptational behavior dimensions. *Journal of Business Ethics*, 93, 419–442.

经典文献

Donaldson, T., & Preston, L. E.. (1995). The stakeholder theory of the corporation: Concepts, evidence, and implications. *Academy of Management Review*, 20(1), 65–91.

Freeman, R. E. (1984). *Strategic Management: A Stakeholder Approach*. Boston, MA: Pitman.

Jamali, D. (2008). A stakeholder approach to corporate social responsibility: A fresh perspective into theory and practice. *Journal of Business Ethics*, 82(1), 213–231.

Mitchell, R. K., Agle, B. & Wood, D. J. (1997). Toward a theory of stakeholder identification and salience: Defining the principle of who and what really counts. *Academy of Management Review*, 22(4), 853–886.

Parmar, B. L., Freeman, R. E., & Harrison, J. S., *et al.* (2010). Stakeholder theory: The state of the art. *Academy of Management Annals*, 4(1), 403–445.

对管理者的启示

利益相关者理论已经扩展到诸多领域，可以与战略管理、营销、生产、财务管理、人力资源管理、研究与开发、组织伦理、公司治理、企业绩效、医疗管理、信息技术系统管理等相结合。尽管利益相关者理论不是这些领域的主导理论，但是它提供了一种将伦理问题与复杂的操作环境相结合的方法。当然，如果管理者希望将理论转化为工具应用到实际的管理工作中，就需要提出新的模型，并且这些模型能够回答学者们提出的各种挑战。

实际的理论应用，尤其是描述性分析，需要关注的方面有利益相关者与企业关系的持续性、利益相关者之间的利益冲突，以及应对决策、结构、中介等多重目标的管理困难。研究不同的群体时，如何调和它们之间的利益至关重要。此外，从组织的角度来看，管理者需要划分出属性相似的利益相关者，并在使用模型时配合全面的实证测试。

事实上，衡量利益相关者的显著性是一项具有挑战性的任务，并且容易受到质疑。因此，如何通过运用利益相关者理论将良好的涉众管理与企业绩效联系起来，还需要进行更多的研究。目前，管理学者更普遍地把大型跨国公司作为研究对象，这导致了利益相关者理论对不同类型的企业给予的关注度不同。利益相关者理论在其他组织形式如小型或家族企业、各种规模的私有企业、合伙企业、非营利组织和政府组织中的作用相对较小。

利益相关者理论关注的是谁参与决策，以及谁从决策的结果中受益。因此，在该理论中，程序公正和分配公平同样重要。换言之，如果组织的成果是一块蛋糕，那么谁在如何烘焙蛋糕上有发言权和谁分到了多少蛋糕是同样重要的问题。管理者要正确认识到平等的前提是保持利益相关者利益的平衡，但这并不是指所有的利益相关者都必须得到平等对待。根据最合理的利益相关者理论，利益的分配是基于对组织的相对贡献。换言之，一个对所有人负责的企业，实际上对任何人都不负责。此外，企业要避免出现机会主义管理者，他们往往从自身利益出发进行决策，并声称这种行为对某些利益相关者群体有利。

本章参考文献

17

领导替代理论*

尹奎[1] 芦燕辉[2] 赵景[3]

领导替代理论（substitutes for leadership theory）最早由史蒂文·科尔（Steven Kerr）和约翰·杰米尔（John Jermier）（见图1）于1978年提出。他们在《组织行为和人力绩效》（Organizational Behavior and Human Performance）上发表了奠基性文章《领导替代因素：内涵与测量》（Substitutes for leadership: Their meaning and measurement），率先提出了领导替代理论。该理论聚焦于非领导因素对结果变量的影响，认为员工个体特征、任务特征、组织特征等情境因素能够对员工的行为、认知等产生影响，并对领导（及领导相关因素）与员工态度、行为和绩效间的关系产生影响。Lord et al. (2016) 对之前50年发表在《组织行为和人类决策过程》（Organizational Behavior and Human Decision Processes）上的领导相关文献进行了梳理，发现领导替代理论的被引次数达到了1 694次。截至2021年4月，Google Scholar 上《领导替代因素：

图1 约翰·杰米尔

---

* 基金项目：国家自然科学基金项目（71802019），教育部人文社会科学基金项目（18YJC630230）。
1 尹奎，北京科技大学经济管理学院副教授、硕士生导师。主要研究领域：组织行为、绩效管理行为、知识管理。电子邮箱：Mcqueenyin@ustb.edu.cn。
2 芦燕辉，中国邮政储蓄银行股份有限公司北京分行。主要研究领域：人力资源管理与组织行为学。电子邮箱：luyhrun@163.com。
3 赵景，北京科技大学经济管理学院硕士研究生。主要研究领域：人力资源管理与组织行为学。电子邮箱：zhao_sch@163.com。

内涵与测量》的累计直接被引次数达到 2 698 次（见图 2）。

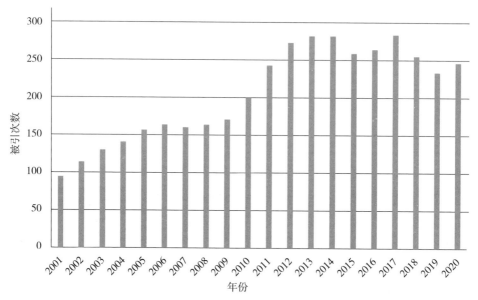

图 2　《领导替代因素：内涵与测量》的直接被引次数

资料来源：根据 Google Scholar 数据整理而成，搜索时采用精确匹配。

领导替代理论的核心内容

早在 20 世纪 70 年代以前，大量权变理论就已经问世，如弗雷德·费德勒（Fred Fiedler）的权变理论、罗伯特·豪斯（Robert House）的路径—目标理论（path-goal theory），以及保罗·赫塞（Paul Hersey）和肯尼思·布兰查德（Kenneth Blanchard）的情境领导理论，上述理论都强调领导在组织中的重要性。路径—目标理论是领导替代理论最直接的理论前身，然而它并没有交代具体在什么情况下领导行为是无效的。Kerr and Jermier（1978）在路径—目标理论的基础上进一步提出个体、任务、组织的特征会降低正式领导效应，这些情境因素产生的影响表现为"对领导的替代"，将会削弱领导提高或降低下属满意和绩效的作用。此外，他们提出了 14 种领导替代因素，其中个体因素包括：能力、经验、培训与知识，独立需要，职业化导向，组织奖励漠视；任务因素包括：任务清晰性、常规性，任务方法不变性，任务完成情况反馈，任务内在满意度；组织因素包括：组织规范化，组织僵化，组织高度具体、完善的指导与员工职责安排，亲密、团结的工作团队，非领导控制的组织奖励，上下级空间距离（Kerr and Jermier, 1978）。领导替代理论的核心观点主要包括以下四个方面：

一、替代因素的角色

"替代"是一个广义的词语，Kerr and Jermier（1978）认为，替代因素可能扮演了"中和剂"（neutralizer）和"替代者"两种角色，分别发挥着"中和"和"替代"的作用。二者结果相似但在理论理解上不同。在领导情境下，中和意味着使领导失效，且当中和剂与领导和结果变量都无关时，就可以将其看作调节变量（moderator），当中和剂与领导相关但与结果无关时，可称其为抑制变量（suppressor）。与中和不同的是，替代被定义为情境因素的存在可以使领导变得无效甚至没有存在的必要。替代因素可能与领导和结果变量都相关。

关于替代因素的角色探讨，有学者认为，替代因素还可以强化领导的影响，扮演"强化剂"（enhancer）的角色，即能够强化领导的有效性（Howell *et al.*, 1986）。Dionne *et al.* (2002)进一步认为，替代因素可以作为受领导影响的"中介变量"，即领导行为通过影响替代因素而对结果变量产生影响，且个体类型的替代因素更可能成为中介变量。总体来说，并不是所有替代因素（如任务完成情况反馈、个体职业化导向）都可以是中介变量，具体还得取决于替代因素是否受到领导的影响。

二、替代因素能够对结果变量产生直接影响

领导替代理论与以往领导权变理论的一个重要区别在于它强调了替代因素对结果变量的直接影响，而且正是由于这种直接影响才"替代"了领导的有效性（耿晓伟和郑全全，2007）。Kerr and Jermier（1978）的模型无论是从检验方法还是从理论论证上，都强调替代因素能够满足个体被指导与关怀的需要，进而替代领导对结果变量产生影响。Zhang and Inness（2019）基于领导替代理论研究变革型领导与员工建言之间的关系时发现，员工主动人格不仅削弱了变革型领导对员工建言行为的作用，而且对员工建言行为产生了积极的主效应，这意味着员工的主动人格有效替代了变革型领导对员工建言行为产生的影响。此外，Velez and Neves（2018）也发现员工主动人格不仅能够调节道德型领导对员工负面情绪的影响，还能直接影响负面情绪，有效替代了道德型领导对员工负面情绪产生的影响。

三、替代因素对不同类型领导行为的影响不同

同一替代因素对不同类型领导行为的影响不同（Howell *et al.*, 1986; Cole *et al.*, 2009）。例如，员工主动人格能够替代变革型领导对员工建言行为的直接作用，进而对员工建言行为产生正向影响（Zhang and Inness, 2019），也能够替代道德型领导通过员工负面情绪间接影响员工组织公民行为（Velez and Neves, 2018）。此外，在大部分组织中，一些领导行为的替代因素未必是另一些领导行为的替代因素（Jermier and Kerr, 1997）。Kerr and Jermier（1978）将领导行为分为关系导向型领导行为和任务导向型领导行为，前者是指以人为中心的支持型领导行为，具体表现为关怀、支持、关系促进；后者是指以人为中心的工具型领导行为，具体表现为目标强调、工作促进。在 14 种替代因素中，能力、经验、培训与知识，组织规范化，组织僵化，组织高度具体、完善的指导与员工职责安排，任务完成情况反馈只对任务导向型领导行为有替代作用；任务内在满意度只对关系导向型领导行为有替代作用；独立需要，职业化导向，组织奖励漠视，亲密、团结的工作团队，非领导控制的组织奖励，上下级空间距离对两种导向的领导行为都有替代作用。

四、区分领导的直接影响与间接影响

Jermier and Kerr（1997）回顾了领导替代理论近 20 年的发展，强调应该区分领导的直接影响与间接影响。直接影响是指领导行为本身对员工的影响；间接影响则是指领导通过影响对结果有作用的隐含信息而对员工产生的影响。对于需要高社会认同的员工而言，关系导向型领导会成为个体工作满意度的直接来源（直接影响）；对于其他员工而言，领导的关怀会被其解读为对自我角色行为的积极评价，即领导可能是在向员工传递隐含信息（间接影响）——采取角色行为后会被奖励。区分领导对结果变量的影响是直接影响还是间接影响，有利于我们寻找影响结果的替代因素并明确替代因素产生替代作用的内在机制。截至目前，基于领导替代理论验证领导直接影响的研究相对较少，如当员工主动人格水平较低时，变革型领导对员工建言行为的直接影响更加显著（Zhang and Inness, 2019）。大多数研究都证实了替代因素在领导间接影响结果中的替代作用，例如员工正念（mindfulness）能够直接影响员工内在动机（intrinsic motivation），从而替代变革型领导在通过员工内在动机影响员工角色外绩效（extra-role performance）中的作用（Kroon *et al.* 2017）。Guerrero *et al.* (2018) 的研究发现，顾客积极反馈（customer positive feedback）能够在变革型领导通过心理授权（psychological empowerment）影响一线员工任务绩效（frontline employees' task performance）的过程中发挥替代作用。

对该理论的评价

领导替代理论与以往的领导理论（如特质理论、领导权变理论）的区别在于：第一，尽管其他领导理论也强调了领导在不同情境下的影响效果不同，但都假定一些领导方式是普适的，而领导替代理论强调不存在普适的有效领导方式；第二，其他领导理论将领导作为理论的核心，如领导权变理论强调在不同外部条件下正式领导都是重要的，而领导替代理论强调了非领导因素的重要性，打破了仅从领导者角度探讨领导有效性的局限（许小东和王晓燕，2008），是系统探讨影响领导有效性因素的理论；第三，尽管路径—目标理论强调，澄清目标与实现目标路径的领导行为在一定情境中是不必要的，但该理论并未对情境做出详细阐述，而领导替代理论从个体、任务与组织因素出发，分析了领导行为可以成为不必要的具体情境。

Kerr and Jermier（1978）提出的领导替代理论主要关注个体特征、任务特征、组织特征这三类情境因素的替代作用，并认为这些因素能够影响领导对结果的效用。其中，个体特征包括知识与能力（Xu et al., 2013; Jiang et al., 2016）、特质与价值观（Steg and De Groot, 2010; Doucet et al., 2015）、认知与评价；任务特征包括任务反馈（Xu et al., 2013）、任务互依性等；组织特征包括制度因素（Neubert et al., 2016; Hong et al., 2016）、文化因素（Santos et al., 2016）。以往研究基于领导替代理论很好地解释了这些情境因素对领导效用的影响，支持并丰富了领导替代理论。

然而，如果按照替代因素的本质特征，即能够减轻领导对员工态度和行为的影响力，甚至取代领导的能力，那么替代因素的范畴不应当仅限于以上三种类别。组织活动是在内外部环境中进行的，这意味着组织内外部因素都会对领导产生影响。Guerrero et al. (2018) 基于领导替代理论发现，组织活动面临的顾客反馈（customer feedback）能够调节变革型领导和员工心理授权之间的关系并产生替代作用。另外，有研究发现情境冗余（contextual redundancies）能够削弱创新型领导实现创新产出的能力（Randel and Jaussi, 2019），而情境冗余作为组织层次和组织外部因素产生的替代作用，对领导替代理论的替代因素范畴进行了补充。因此，未来研究应该从个体、任务、组织、顾客、社会文化等内外部因素多个来源探讨替代因素。

领导替代理论认为，领导对结果变量的影响会被其他情境因素替代，而这里的结果变量不应该仅局限于员工个体层次。基于领导替代理论，Liu *et al.* (2017) 论证了任务互依性（task interdependence）在领导谦卑（leadership humility）通过塑造团队建言氛围影响团队创新中的替代作用。该研究将结果变量聚焦于团队层次，挖掘能够替代领导影响团队创新的情境因素。

领导替代理论向我们解释了组织活动中哪些情境因素、为什么以及如何能够替代领导对结果变量的影响，为学者的研究提供了理论框架。基于该理论，已经产生大量的研究，它们解释了领导在组织活动中的影响机制，促进了不同领导类型研究的深化。因此，随着研究的不断深入和内容的丰富，领导替代理论也会随之得到验证和完善，且该理论对领导领域研究提供的框架指导具有重要意义。

关键测量量表

1. Leadership Substitutes Scale: 13 个维度，44 个题项

Childers, T. L., Dubinsky, A. J., & Gencturk, E. (1986). On the psychometric properties of a scale to measure leadership substitutes. *Psychological Reports*, 59(3), 1215–1226.

2. Leadership Substitutes Scale Measurement: 13 个维度，55 个题项

Kerr, S., & Jermier, J. M. (1978). Substitutes for leadership: Their meaning and measurement. *Organizational Behavior and Human Performance*, 22(3), 375–403.

3. Substitutes for Leadership's Scales: 13 个维度，47 个题项

Williams, M. L., Podsakoff, P. M., & Todor, W. D., *et al.* (1988). A preliminary analysis of the construct validity of Kerr & Jermier's 'Substitutes for Leadership' Scales. *Journal of Occupational Psychology*, 61(4), 307–333.

经典文献

Dionne, S. D., Yammarino, F. J., & Atwater, L. E., *et al.* (2002). Neutralizing substitutes for leadership theory: Leadership effects and common-source bias. *Journal of Applied Psychology*, 87(3), 454.

Dionne, S. D., Yammarino, F. J., & Howell, J. P., *et al.* (2005). Substitutes for leadership, or not. *Leadership Quarterly*, 16(1), 169–193.

Howell, J. P., Dorfman, P. W., & Kerr, S. (1986). Moderator variables in leadership research. *Academy of Management Review*, 11(1), 88–102.

Kerr, S., & Jermier, J. M. (1978). Substitutes for leadership: Their meaning and measurement. *Organizational Behavior and Human Performance*, 22(3), 375–403.

Li, N., Chiaburu, D. S., & Kirkman, B. L., *et al.* (2013). Spotlight on the followers: An examination of moderators of relationships between transformational leadership and subordinates' citizenship and taking charge. *Personnel Psychology*, 66(1), 225–260.

Podsakoff, P. M., & MacKenzie, S. B. (1994). An examination of the psychometric properties and nomological validity of some revised and reduced substitutes for leadership scales. *Journal of Applied Psychology*, 79(5), 702.

Podsakoff, P. M., MacKenzie, S. B., & Bommer, W. H. (1996). Meta-analysis of the relationships between Kerr and Jermier's substitutes for leadership and employee job attitudes, role perceptions, and performance. *Journal of Applied P*sychology, 81(4), 380.

Podsakoff, P. M., Niehoff, B. P., & MacKenzie, S. B., *et al.* (1993). Do substitutes for leadership really substitute for leadership? An empirical examination of Kerr and Jermier's situational leadership model. *Organizational Behavior and Human Decision Processes*, 54(1), 1–44.

Randel, A. E., & Jaussi, K. S. (2019). Giving rise to creative leadership: Contextual enablers and redundancies. *Group & Organization Management*, 44(2), 288–319.

对管理者的启示

领导替代理论有助于管理者寻求有效的领导替代因素，弥补现有组织环境中领导力的不足。领导替代理论的核心解释逻辑在于替代因素能否给下属提供指导、反馈和关怀，从而降低下属对正式领导的需要。例如，管理者可以通过人力资源管理、工作任务设计等手段来提高部门或团队任务互依性，从而激发团队建言氛围，提高团队创新能力（Liu *et al.*, 2017）），弥补当前组织中由于领导谦卑缺失而带来的弊端。当然，管理者若想提高企业员工的组织公民行为，则可以通过强化企业文化概念、对员工进行培训、提高员工福利、为员工提供良好的职业生涯服务等举措来提高员工的组织认同感,从而激发员工的组织公民行为(Mostafa,2018)。

总之,领导替代理论不仅在理论上有利于挖掘影响领导效果的因素,在实践中更是为管理者提供了提高领导效果的新视角。尽管某类型的领导者能够对员工个人或团队产生直接的影响,但是企业并不总是能够获得具有这种特质的领导者,而且领导作用的发挥也受到其他因素的干扰。此时,有效利用情境因素的替代作用,就能很好地为企业创造想要的结果,这个过程需要管理者综合把握组织层面的宏观政策(例如组织文化建设、薪酬福利制度、绩效考核制度等)和微观层面的个体因素(例如通过心理测量、员工选拔、培训、考核反馈等寻求合适的员工)。

本章参考文献

18
目的工作行为理论*

关晓宇[1]

目的工作行为理论（the theory of purposeful work behavior）由默里·R. 巴里克（Murray R. Barrick）（见图1）、迈克尔·K. 芒特（Michael K. Mount）和李宁（Li Ning）于2013年在《美国管理评论》（*Academy of Management Review*）上提出。该理论在认知情感人格系统理论（Mischel and Shoda, 1995）、工作重塑理论（Wrzesniewski and Dutton, 2001）、意念建构理论（Weick, 1993）、人岗匹配理论（Edwards, 1991）、情境强度理论（Meyer *et al.*, 2010）和特质激活理论（Tett and Burnett, 2003）等传统行为科学

图1　默里·R. 巴里克

研究理论的基础上提出，重点关注人格特质与工作特征的匹配过程，结合个体想要达到的高阶导向性目标（higher-order implicit goal）的激励作用（Barrick *et al.*, 2013），以此来解释员工在工作中的行为和结果。如图2所示，自2013年以来，目的工作行为理论的被引次数不断攀升。

---

* 基金项目：国家自然科学基金青年科学基金项目（71802023），中央高校基本科研业务费专项资金项目（2018NTSS58）。

1　关晓宇，北京师范大学政府管理学院助理教授。主要研究领域：组织行为学与人力资源管理。电子邮箱：guanxy@bnu.edu.cn。

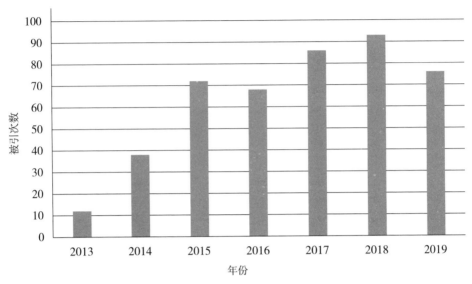

图2 目的工作行为理论的被引次数

资料来源：根据 Google Scholar 数据整理而成，搜索时采用精确匹配。

目的工作行为理论的核心内容

目的工作行为理论将高阶导向性目标、人格特质与工作特征相结合。该理论的核心内容是，不同的人格特质会引发不同的目标动机导向，当其与特定的工作特征相一致时，个体会在工作中感知到充满意义的心理状态。感知到的意义进一步触发任务动机，这个过程影响并决定个体的工作产出。图3为目的工作行为理论的框架模型。该理论的核心变量包括人格特质、高阶导向性目标、工作特征及工作意义等。目标根据抽象概念进行分层（Austin and Vancouver, 1996; Cropanzano et al., 1993），较高级别的目标指定了行为的目的，较低级别的目标则详细说明了如何"行为"。高阶导向性目标代表了人们努力实现的基本的、远端的和期望的动机目标，位于个体目标层次结构的顶部。

该理论有五个基本假设：第一，个体会持续地追求基本内在目标的实现，而不会降低争取额外满意度的强度。因为从理论上讲，这些目标永远无法完全实现，实现一项基本目标并不意味着它将在以后的场合中不再是有目的的努力的源

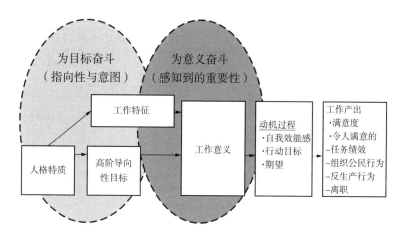

图 3　目的工作行为理论框架模型

泉。第二，关注自主行为。因为工作特征的影响可能超越人格特质的激励作用，例如被解雇的威胁或资源的缺乏，包括时间、金钱、主管支持，甚至足够的工作技能和能力。当发生这种情况时，工作特征处于支配地位（"强"状态），从而使员工在工作中的自由度和选择性降低（Barrick and Mount, 1993; Mischel, 1968）。为了通过员工的人格特质或工作特征来激励行为进而预测行为，员工必须对其目标和行为具有感知及控制能力。第三，对目标的追求源于与人格特质相关的内在来源，但感知到的意义受到内在特质与外部环境的共同影响。基于交互的观点表明，对目标的追求不能仅通过人的内在特质来决定，必须包括外部环境特征，例如与执行任务相关的社会奖励的获得。第四，个人的看法很关键，一个人只能对其感知到的情况（工作特征）做出回应，而为动机努力的强度则取决于他/她自己（Endler and Magnusson, 1976）。因此，该理论专注于对工作特征的主观感知，而不是客观特征。第五，将广泛的人格特质与工作特征联系在一起，来预测随着时间的推移平均聚合的态度和行为（例如年度绩效等级、工作满意度等）。相容性原则表明，这些广泛的预测因素和行为必须在统一的聚合水平上进行匹配，以提供最大的解释力（Ajzen and Fisbbein, 1974; Barrick et al., 2002; Harrison et al., 2006）。尽管预测行为有在特定环境下随时变化的优点，但是该理论是为了解释长时间范围内的典型表现。

目的工作行为理论围绕四个高阶导向性目标展开每组命题。对于每个目标，该理论阐明了相关的人格特质将引发何种目标动机导向，以及相关的工作特征如何将目标动机导向转化为感知到的意义。工作特征可能与多个目标有关,为了保持模型的简约性,该理论将工作特征和人格特质与其最相关的目标行动导向联系在一起。表 1 详细说明了与每个目标行动导向相关的工作特征和人格特质。

表 1 目标动机导向、工作特征与人格特质的关系

目标动机导向	工作特征	人格特质
社交动机导向	社会支持	宜人性 情绪稳定性
	相互依存	
	组织外的互动	
地位动机导向	权力和地位	外倾性
	任务重要性	
	他人的反馈	
自主动机导向	自主性	经验开放性 外倾性
	任务多样性	
成就动机导向	任务认同	责任心 情绪稳定性
	工作或其他反馈	

社交动机导向。追求共融是个体生存与发展的基本目标,它代表了个体在人际关系中获得接纳并与他人和谐共处的动机(Baumeister and Leary, 1995; Hogan, 1996)。大五人格中与社交最紧密的两个维度是宜人性和情绪稳定性(Barrick et al., 2002; Mount et al., 2005; Traupman et al., 2009)。Goldberg(1992)发现,宜人性与善良、无私、慷慨和公平的倾向有关。因此,目的工作行为理论假定宜人性和与他人和谐共处的动机相联系,从而鼓励社交动机导向(Barrick et al., 2002; Traupman et al., 2009)。情绪稳定性的特质也与此类似,因此具有较高宜人性和情绪稳定性的个体倾向于追求具有社交动机导向的工作。同时,工作情境的三个特征,即社会支持、相互依存和组织外的互动提供了促进个体追求共融的社交线索。具有较高社会支持水平的工作提供了更多来自他人建议和帮助的机会(Karasek, 1979; Karasek et al., 1998; Sims et al., 1976)。当个体的人格特质与工作特征相一致时,个体能够自由、充分地利用与注意力和精力分配相关的自我调节过程,以实现社交目标。根据以上论述,目的工作行为理论提出了下列命题:

命题 1a:宜人性和情绪稳定性与社交动机导向的工作目标正相关。

命题1b：高宜人性和情绪稳定性的员工偏好选择以下三个特征水平比较高的工作，即社会支持、相互依存和组织外的互动。

命题1c：社会支持、相互依存和组织外的互动在社交动机导向与感知到的意义之间的关系中起调节作用。

命题1d：感知到的意义在社交动机导向和三个工作特征的交互与特定任务动机（自我效能感、行为目标和期望）之间起中介作用。进一步地，特定任务动机将带来更高的满意度和绩效。

地位动机导向。地位的追求与个体在地位等级中获得权力、影响力和声望的动机相联系（Barrick et al., 2002; Deci and Ryan, 2000; Hogan, 1983）。已有研究表明，外倾性直接关系到个体在地位等级中对权力和支配性的强烈渴望（Barrick et al., 2002; Mount et al., 2005; Traupman et al., 2009）。外倾性的个体独自一人工作往往会感到更愉悦，这意味着他们不受共融思想的驱使（Lucas et al., 2000）。因此，外倾性员工在追求地位时会进行有目的的工作。权力和地位、任务重要性及他人的反馈影响个人努力实现地位目标的程度（Hackman and Oldham, 1975; Hackman and Lawler, 1971; Steers and Braunstein, 1976）。高权力和地位、任务重要性，或增强竞争反馈的情境，可以引导追求地位的员工解释他们的行为是否对个人有意义，并努力实现隐含的目标。根据以上论述，目的工作行为理论提出了下列命题：

命题2a：外倾性与地位动机导向的工作目标正相关。

命题2b：外倾性员工倾向于选择以下三个特征水平比较高的工作，即权力和地位、任务重要性及他人的反馈。

命题2c：权力和地位、任务重要性及他人的反馈在地位动机导向（外在的）与感知到的意义之间的关系中起调节作用。

自主动机导向。De Charms（1968）认为，获得对环境的理解和控制是人们努力实现的基本目标之一。成长和学习中的个体更有可能具备影响或控制环境的能力。研究发现，大五人格中的经验开放性和外倾性与争取自主性有关（Mount et al., 2005）。高经验开放性的个体富有想象力、知识渊博、有好奇心、有原创性、思维开阔、有才智和对艺术敏感（Barrick and Mount, 1991; Costa and McCrae, 1992），但外倾性与争取自主性的关系不大，因此在该理论模型中，只专注于经验开放性。自主性、任务多样性这两个工作特征和与自主动机导向相关的目标有关。高经验开放性的个体积极地寻求机会，通过富有想象力、好奇心和创造力的行为来获得自主权和个人成长。而当个体渴望自主性但在无法掌控的环境中工作时，他们会感到沮丧并受阻（Langer, 1975）。根据以上论述，目的工作行为理论提出了下列命题：

命题3a：经验开放性与自主动机导向的工作目标正相关。

命题3b：高经验开放性的员工倾向于选择以下两个特征水平比较高的工作，即自主性和任务多样性。

命题3c：自主性和任务多样性在自主动机导向与感知到的意义之间的关系中起调节作用。

成就动机导向。现有研究表明，责任心和情绪稳定性与追求成就的动机有关（Barrick et al., 2002; Mount et al., 2005）。有责任心的个体有组织性、可靠、勤奋、坚定、自律、遵守规则和成就导向（Barrick et al., 2003; Barrick et al., 2002; Costa and McCrae, 1992; Goldberg, 1992; Mount et al., 2005），而高情绪稳定性的个体往往表现出更高的成就感（Mount et al., 2005），他们有动力去实现目标。从工作特征的角度来看，任务认同、工作或其他反馈让员工知道组织期望的表现，并提供一种背景，在这种背景下，有目标的工作行为会为那些高责任心和情绪稳定性的个体带来工作意义。当提供工作反馈时，无论是工作带来的还是其他人带来的，都会增强责任心和情绪稳定性与争取成就目标之间的关系。根据以上论述，目的工作行为理论提出了下列命题：

命题4a：责任心和情绪稳定性与成就动机导向的工作目标正相关。

命题4b：高责任心和情绪稳定性的员工倾向于选择以下两个特征水平较高的工作，即任务认同、工作或其他反馈。

命题4c：任务认同和工作或其他反馈在成就动机导向（来自责任心和情绪稳定性）与感知到的意义之间的关系中起调节作用。

| 对该理论的评价 |

目的工作行为理论通过引入高阶导向性目标作为连接来自内部资源（即人格特质）和外部资源（即工作特征）的远端动机的整合机制，弥补了现有理论对个体—情境相互作用的认知不足。该领域的大多数研究都分别检验了人格特质

和工作特征对员工动机与行为的影响，或给出了一个粗略的解决方法，但很少有研究系统地检验这两组动机影响的联合或交互作用（如情境强度理论，Endler and Magnusson, 1976; 特质激活理论，Judge and Ilies, 2002; 群体卷入模型，Blader and Tyler, 2009）。Mischel and Shoda（1995）的认知情感人格系统理论强调了情境在驱使行为中的主导作用，认识到了人格特质在解释不同情况下行为的差异时所起的作用，但该理论并未预测个体随着时间推移的总体行为。在这些理论的基础上，目的工作行为理论区分了在个体—情境相互作用的关系中，人格特质是个体行为的驱动力，情境在其中起调节作用。个体受到的激励是由追求源自个体人格特质的高阶导向性目标的愿望产生的；进一步地，个体在感受到工作意义和个人意义时，会对工作动机过程产生影响，进而影响工作产出。高阶导向性目标表现出个体有目的的动机努力跨越了相当长的时间范畴（DeShon and Gillespie, 2005），并被表示为意识可以达到的一般期望的最终状态。

客观来说，目的工作行为理论也存在一些局限性。首先，该理论在解释个体的动机或行为时，人格特质、工作特征与目标动机导向的类型繁多，交互作用比较复杂，很难在同一个模型中把所有的命题清晰地展现出来，容易出现混淆、解释不清的情况。现有研究大多只聚焦于模型的一部分，检验整个模型难度比较大。直到2018年，Frieder et al.（2018）的研究才对目的工作行为理论的框架做了部分验证，目前的研究尚未能对所有高阶导向性目标进行实证研究。其次，根据Gonzalez-Mule（2015）的研究，目的工作行为理论仅将工作特征分为任务特征和社会特征两个方面，并未考虑工作特征与环境特征（工作条件等）互动的方式。此外，Gonzalez-Mule（2015）在研究中对工作特征做了延伸与拓展，从工作适应理论视角测量了比工作目的更广泛、处于更高分类水平的职业价值观，对工作特征与人格特质的关系起到了调节作用。最后，虽然在该理论的基本假设中，将整个理论模型置于长时间的研究背景中，但该理论对时间变化对个体工作行为的影响关注较少，没有考虑随着时间的变化，个体目标追求的动态特征及其所影响的工作行为是否会发生变化。

关键测量量表

1. 大五人格量表(NEO Five-Factor Inventory): 5个维度，240个题项（简版60个题项）Mccrae, R. R., & Costa, P. T. (1987). Validation of the five-factor model of personality

across instruments and observers. *Journal of Personality and Social Psychology*, 52(1), 81–90.

2. 工作设计问卷 (Work Design Questionnaire)：5 个分量表，分别是任务特征、知识特征、社交特征、工作情境、产出相关，共 77 个题项

Morgeson, F. P., & Humphrey, S. E. (2006). The work design questionnaire (WDQ): Developing and validating a comprehensive measure for assessing job design and the nature of work. *Journal of Applied Psychology*, 91(6), 1321–1339.

3. 工作动机导向量表 (Motivational Orientation Inventory)：包含社交动机导向（11 个题项）、地位动机导向（11 个题项）和成就动机导向（9 个题项），共 31 个题项

Barrick, M. R., Stewart, G. L., & Piotrowski, M. (2002). Personality and job performance: Test of the mediating effects of motivation among sales representatives. *Journal of Applied Psychology*, 87(1), 43–51.

4. 工作意义量表 (Meaningfulness Measure)：1 个维度，6 个题项

May, D., Gilson, R., & Harter, L. (2004). The psychological conditions of meaningfulness, safety and availability and the engagement of the human spirit at work. *Journal of Occupational and Organizational Psychology*, 77(1), 11–37.

经典文献

Barrick, M. R., Mount, M. K., & Li, N. (2013). The theory of purposeful work behavior: The role of personality, higher-order goals, and job characteristics. *Academy of Management Review*, 38(1), 132–153.

Barrick, M. R., & Mount, M. K. (1991). The big five personality dimensions and job performance: A meta-analysis. *Personnel Psychology*, 44(1), 1–26.

Barrick, M. R., Mount, M. K., & Judge, T. A. (2001). Personality and performance at the beginning of the new millennium: What do we know and where do we go next?. *International Journal of Selection and Assessment*, 9 (1–2), 9–30.

Barrick, M. R., Mitchell, T. R., & Stewart, G. L. (2003). Situational and motivational influences on trait-behavior relationships. In M. R. Barrick & A. M. Ryan (Eds.), *Personality and Work*: *Reconsidering the Role of Personality in Organizations* (pp.

60–82). San Francisco: Jossey-Bass.

Barrick, M. R., Stewart, G. L., & Piotrowski, M. (2002). Personality and job performance: Test of the mediating effects of motivation among sales representatives. *Journal of Applied Psychology*, 87(1), 43–51.

DeShon, R. P., & Gillespie, J. Z. (2005). A motivated action theory account of goal orientation. *Journal of Applied Psychology*, 90(6), 1096–1127.

Gustafson, S. B., & Mumford, M. D. (1995). Personal style and person-environment fit: A pattern approach. *Journal of Vocational Behavior*, 46(2), 163–188.

Kanfer, R., & Kanfer, F. H. (1991). Goals and self-regulation: Applications of theory to work settings. *Advances in Motivation and Achievement*, 7, 287–326.

对管理者的启示

目的工作行为理论的模型构建了工作特征、人格特质与目标动机导向之间的匹配关系，对员工与组织管理实践有深刻的启发。首先，该理论强调了将人格特质与工作要求相匹配的重要性（即将合适的人放到合适的位置），在实践中可用于指导根据工作特征选择相应的具有某种人格特质的员工，通过心理测验与能力测验，达到岗位胜任、团队胜任、组织和发展文化胜任。其次，该理论认识到内部资源（即人格特质）和外部资源（即工作特征）对工作意义的共同影响，有助于弄清工作感知到的意义的来源，以及进一步对员工工作满意度和绩效的影响（Frieder et al., 2018），这一点在管理激励中值得借鉴。

在工作分析与组织设计方面，特定工作特征通过感知到的意义和需求满足而促进积极的工作行为，因此根据工作特征来制定工作岗位说明书，明确该岗位从业者的人格特质、岗位职责，有利于工作分析的开展和组织规划的进行，进一步加深员工对组织战略人力资源管理的理解。

在职业生涯规划方面，根据目的工作行为理论中的人格特质—工作特征匹配、人格特质—目标动机导向匹配，在个体的职业生涯规划中，从业者可以根据自己的人格特质选择具有相应特征的工作，并确定职业目标，这样有利于个体工作和职业满意度的提升，从而更容易感知到职业发展的积极意义。Barrick and Mount（1991）在关于人格特质和工作绩效的研究中发现，具有责任感人格特质的员工适合几乎所有类型的工作。因此，对于从业者来说，在职业发展过程中培养和提升自己的责任感是一个必不可少的要素。此外，成就动机导向方面的人格特质（如责任心、情绪稳定性）可以预测管理者的晋升次数和薪酬等（Viswesvaran et al., 1998），是管理者需要重视和加强的。由此在职业生涯规划中，个体可以基于自己的人格特质和目标动机导向选择适合的职业发展方向，开展相应的职业教育和咨询，以更好地规划和管理未来的职业发展道路。

本章参考文献

19

能力—动机—机会理论

高雪原[1]

能力—动机—机会（ability-motivation-opportunity, AMO）理论的出现与发展经历了一个较长的过程。该理论的思想最早来源于梅尔文·布隆伯格（Melvyn Blumberg）（见图1）与其合作者查尔斯·普林格（Charles Pringle）对工作绩效结构的研究。Blumberg and Pringle（1982）首次将机会（opportunity）作为工作绩效的影响因素进行探讨，并提出工作绩效是组织中个人能力（capacity）、意愿（willingness）和机会三者交互作用的结果，其中机会包括工作设备的可得性、工作条件、同事与领导的行为、政策制度等。

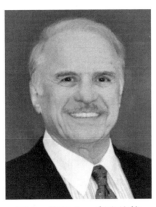

图1　梅尔文·布隆伯格

然而这一观点在理论发展之初并未受到学术界的关注，机会这一因素在绩效领域的研究中也并未受到重视。直到1993年，Bailey（1993）通过对服装行业企业的实证研究，从战略人力资源管理的角度再次强调了工作中机会的重要性，至此，个体的能力、动机（motivation）和机会被明确认为是同时影响人力资源管理对个人与组织层面绩效产生作用的三大重要机制，AMO理论模型框架初步形成并得到实证检验结果的支撑。Appelbaum et al.（2000）延续前人的思路，对钢铁行业、服装行业及医疗电子和成像行业的高绩效工作实践进行研究，再次系统地强调了能力、动机和机会三者对绩效的作用函数，撰写并出版了《制造业优势：为什么高绩效工作系统能取得成功》（*Manufacturing Advantage: Why High-performance Work*

---

[1] 高雪原，管理学博士，中国劳动关系学院劳动关系与人力资源学院讲师。主要研究领域：组织行为、个体职业行为、零工劳动等。电子邮箱：gxy112129@163.com。

Systems Pay Off）一书，标志着 AMO 理论正式出现。

图 2 为根据 Google Scholar 数据整理而成的 AMO 理论自 2000 年以来的被引次数。该理论于 2000 年正式出现，并逐渐成为 21 世纪初战略人力资源管理研究领域中经典的思想和经久不衰的模型。到 2013 年，该理论的被引次数逐年稳步增长，峰值出现在 2017 年，被引次数超过 14 万次。

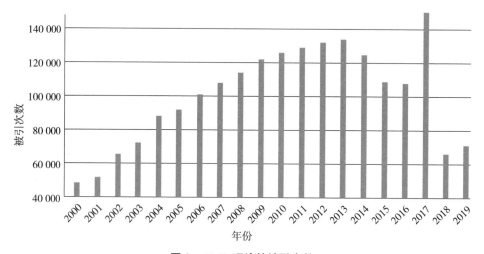

图 2　AMO 理论的被引次数

资料来源：根据 Google Scholar 数据整理而成，搜索时采用精确匹配。

能力—动机—机会理论的核心内容

早期有关绩效的研究认为，绩效是个人能力和动机相互作用的结果，而 AMO 理论的最大不同是将"机会"因素纳入绩效的影响因素范畴，填补了以往的理论空缺。该理论的基本内涵是如果企业的人力资源管理能够满足员工对能力、动机和机会的要求，那么组织的利益将最大化；反之，任一维度个体心理赋值的降低都可能导致个体行为的减少和绩效水平的降低。AMO 理论模型可以用公式"员工绩效 $P=f[$ 能力 (A)，动机 (M)，机会 $(O)]$"表示。其中，员工绩效是指由员工本人控制、与组织目标实现相一致的行为，能力包括个体的生理、心理和认知能力，动机是指影响个体从事某项活动的心理与情绪倾向，机会是指推动或阻碍个体行为的包括事件或人在内的外部环境因素。AMO 理论模型表达的各因素的关系如图 3 所示。

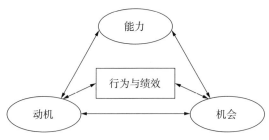

图 3　AMO 理论模型

　　AMO 理论的思想最早诞生于 Blumberg and Pringle（1982）对工作绩效结构的研究，直至 2000 年，Appelbaum *et al.* (2000) 系统地论述了能力、动机和机会三者对绩效的作用函数，这标志着 AMO 理论正式出现。此后，在人力资源与组织绩效管理的研究中，AMO 理论颇受青睐。Jiang *et al.* (2012) 基于 AMO 理论，通过元分析的方法，探讨了人力资源系统中能力提升（skill-enhancing）、动机提升（motivation-enhancing）与机会提升（opportunity-enhancing）三个维度对组织远端结果（如人力资本与员工动机）及近端结果（如离职、业务成果、财务成果）的作用机制，该研究发表于管理学顶级期刊《管理学术期刊》（*Academy of Management Journal*）。研究结果表明，能力提升的人力资源管理实践对组织远端的人力资本会产生更积极的影响效用，而动机提升与机会提升的人力资源管理实践对组织远端的员工动机会产生更积极的影响效用。此外，该研究中探讨的人力资源系统中的三个维度通过依次影响人力资本、员工动机、离职及业务成果，会进一步对企业的财务成果产生直接或间接的影响。Bos-Nehles *et al.* (2013) 基于 AMO 理论对来自两个组织的 174 名生产线经理及 1 065 名直线下属展开研究，对生产线经理人力资源管理实践的有效性进行探讨，该研究发表于管理学重要刊物《人力资源管理》（*Human Resource Management*）。该研究假设，生产线经理的管理绩效水平取决于他们实施管理实践的能力，而动机和机会两个要素则会增强上述作用关系。该研究结果表明，生产线经理的个人能力是预测其管理绩效的首要指标，机会因素能够强化二者的正向关系，而动机因素对二者关系的强化作用没有得到支持。

对该理论的评价

AMO 理论是在一定程度上基于对管理实践的观察而提出的,其理论框架清晰,受到诸多研究者的青睐。1995—2003 年间国际主流期刊发表的人力资源管理实践与组织绩效关系的文章中有 40% 采用了 AMO 理论模型。在研究的具体问题上,该理论为检验人力资源管理系统或具体人力资源管理实践与组织各层面绩效的关系提供了理论支撑,其逻辑一般为组织的人力资源战略通过作用于个体的能力、动机和机会来影响员工绩效,进而影响组织绩效。除人力资源管理实践的研究外,AMO 理论因其简约和严整的特点,在其他领域也被广泛运用,如研究消费者处理广告信息的"能力、动机和机会"对品牌沟通效果的影响(MacInnis et al., 1991),探讨智力资本组合交换过程中"能力、机会和动机"的作用(Nahapiet and Ghoshal, 1998),等等。

然而,该理论本身及在应用过程中也存在一定的局限性。以下第一点和第二点是从理论本身出发对该理论进行的评价,第三点和第四点则是从理论应用的角度对该理论进行的评价。

第一,在 AMO 理论框架下,人力资源管理实践所倡导的价值观存在冲突。一方面为了提高员工动机,采取个人绩效薪酬,提倡个人主义;而另一方面为了增加工作机会,实行团体的工作设计,强调集体主义。当员工接触到不一致的人力资源管理实践所传递的信息时,其心理氛围感知的变异会很大,组织氛围就不会形成。受到价值观冲突的影响,员工会更多地表现出负面的态度与行为。此外,人力资源管理实践之间的冲突使员工感到不确定,为了降低不确定性,员工通过相互作用和沟通形成集体理解。员工对模糊情境中的集体感知并不是组织所需要的,这种"组织氛围"的内容与预期的组织氛围的内容不匹配,与组织目标和战略相冲突,最终会导致生产率和效率的降低。

第二,忽视了人力资源管理实践对员工动机的间接影响。根据 AMO 理论,人力资源管理实践直接影响员工的动机,使员工产生组织所需要的态度和行为,而事实上,这个逻辑不完全正确。已有研究表明,人力资源管理实践并不直接影响员工的态度和行为,员工对组织氛围的共同理解是人力资源管理实践与员工态度和行为之间的中介变量(Bowen and Ostroff, 2004)。人力资源管理实践具有传递信息和发送信号的功能,能使员工理解工作情境的心理意义。如果所有的人力资源管理实践经常以价值冲突的形式表现出来，那么员工对信息的理解就会产生差异，两个员工对同样的人力资源管理实践的解释就会不一样。当员工对人力资源管理实践的理解不同时，就不会出现共同的态度和行为。

第三，已有研究大都将 AMO 理论中的三个因素——能力、动机、机会——作为人力资源管理实践与绩效间关系的中间变量，并对作用机制加以探讨，AMO 理论中的三个因素也一直被认为是人力资源系统作用于绩效的三条主要路径。而事实上，追溯至理论的思想来源，布隆伯格最早强调"机会"是使工作绩效成为可能的工作场所中的资源，并认为个人绩效是能力、意愿和机会三个关键要素的作用函数时，并未将 AMO 理论具体局限为对人力资源管理实践与绩效间关系的中间作用机制，但是后来的理论发展和相关实证研究都选择性地将个人的能力、动机和机会作为一种解释机制而非具体变量进行研究，认为高绩效工作实践通过解决能力、动机和机会三方面的问题而在组织中产生作用。

第四，从研究模型的结果变量上来看，许多检验或应用 AMO 理论的研究选取的结果变量比较单一，除将绩效作为结果变量进行研究以外，主要考察 AMO 理论对其他组织层面结果变量的影响，如组织内和组织间的知识转移，而考量其对个体层面的态度和行为的改变作用的研究很少，仅有几篇文献对个体创新、组织承诺和工作满意度给予了少量关注。这可能是因为构建 AMO 理论模型的初衷是打开高绩效人力资源管理系统的工作黑箱。

关键测量量表

1. Human Resource Management Practice Questionnaire: 3 个维度，22 个题项
Gardner, T. M., Wright, P. M., & Moynihan, L. M. (2011). The impact of motivation, empowerment, and skill-enhancing practices on aggregate voluntary turnover: The mediating effect of collective affective commitment. *Personnel psychology*, 64(2), 315–350.

AMO 理论为人力资源管理实践提供理论指导。在研究中，基于这一理论框架常用的测量量表是 Gardner *et al.* (2011) 开发的人力资源管理实践量表（Human Resource Management Practice Questionnaire）。该量表包含员工能力、参与机会和动机 3 个维度，包括"依据绩效评估结果组织培训""晋升机会""沟通企业目

标"等22个题项。量表采用李克特5点量表进行评价，其中1表示"完全不同意"，5表示"完全同意"。该量表的整体α系数为0.910，其中员工能力、参与机会和动机的信度指标分别为0.697、0.879和0.851。王红椿等（2015a）应用该量表研究并探讨了中国情境下企业人力资源管理与组织结构的匹配问题。

2. 合作型人力资源管理量表：3个维度，20个题项

王红椿, 刘学, & 刘善仕. (2015b). 合作型人力资源管理的构念及其影响效应研究. 管理学报, 12(11), 1614。

合作型人力资源管理实践是提升企业绩效的重要实践之一，基于AMO理论，王红椿等（2015b）开发并修订了合作型人力资源管理量表。该量表分别测量基于能力、动机和机会的合作型人力资源管理实践的3个子维度，包括"本企业在招募我时侧重我与企业价值观、企业文化的匹配""我的薪酬浮动部分与整个企业绩效相关""我可以参与到自我管理团队或项目团队中"等20个题项。量表采用李克特5点量表进行评价，被试根据自身所在企业的实际情况与题项陈述的符合程度进行打分，其中1表示"非常不符合"，5表示"非常符合"。该量表整体的α系数为0.923，其中提高合作能力、激发合作动机和提供合作机会的信度指标分别为0.880、0.845和0.893。陈国权和陈雁翎（2017）运用该量表对基于AMO理论的合作型人力资源管理如何通过影响个人的自我效能感、内外在动机和组织承诺进而提升个人学习进行了探讨。

经典文献

Appelbaum, E., Bailey, T., & Berg, P., *et al.* (2000). *Manufacturing Advantage: Why High–performance Work Systems Pay Off*. Cornell University Press.

Bailey, T. (1993). Organizational innovation in the apparel industry. *Industrial Relations: A Journal of Economy and Society*, 32(1), 30–48.

Blumberg, M., & Pringle, C. D. (1982). The missing opportunity in organizational research: Some implications for a theory of work performance. *Academy of Management Review*, 7(4), 560–569.

Bos-Nehles, A. C., Van Riemsdijk, M. J., & Kees Looise, J. (2013). Employee perceptions of line management performance: Applying the AMO theory to explain the effectiveness of line managers' HRM implementation. *Human Resource Management*, 52(6), 861–877.

Chang, Y. Y., Gong, Y., & Peng, M. W. (2012). Expatriate knowledge transfer, subsidiary absorptive capacity, and subsidiary performance. *Academy of Management Journal*, 55(4), 927–948.

Jiang, K., Lepak, D. P., & Hu, J., *et al*. (2012). How does human resource management influence organizational outcomes? A meta-analytic investigation of mediating mechanisms. *Academy of Management Journal*, 55(6), 1264–1294.

陈国权, & 陈雁翎. (2017). 基于 AMO 理论的合作型人力资源管理对企业员工个人学习影响的实证研究. 技术经济, 36(5), 7–18.

王红椿, 陈盛均, & 刘小浪, 等. (2015a). 人力资源构型与企业组织结构的研究：中国情境下的匹配. 华南师范大学学报 (社会科学版), (4), 19–24.

对管理者的启示

根据 AMO 理论，高绩效工作系统通过能力、动机和机会三个既相互独立又彼此关联的路径影响个人绩效与组织绩效，该理论对管理者改进人力资源管理实践有一定的启示意义，以下主要从两个方面展开。

第一，构建合适的人力资源管理内容。人力资源管理内容是指企业采用的一组人力资源管理实践。企业经营管理的目标在于提高企业绩效，其最终目的是支撑企业整体战略。管理者应当首先明确并给定企业的战略目标，如服务、效率、质量等，进而构建一组人力资源管理实践，指导企业人力资源管理实践围绕特定的战略目标展开。此外，构建合适的人力资源管理内容对于激发员工的积极行为（如创新行为、提升个人学习）有积极意义。例如，组织在管理员工创新行为的过程中，要综合考虑影响员工创新能力、动机和机会三方面的因素，在增强员工对组织创新文化与实践的认同的同时，还要为员工提供支持性的创新环境、创造创新机会。

第二，注重组织氛围对人力资源管理实践的作用。尽管评价者认为 AMO 理论所倡导的人力资源管理实践存在价值观的冲突，但是这也从另一个方面启示管理者应注重组织氛围对人力资源管理实践的作用。氛围是指组织成员对组织内正式的与非正式的政策、活动和程序的感知。氛围有心理氛围和组织氛围之分。心理氛围属于个体层次，代表个人对社会结构和组织情境的认知评价与理解，来自个体与情境的相互作用。当员工之间对其氛围的感知高度一致时，组织层次的组织氛围就出现了。组织的活动、政策和程序影响组织氛围，组织氛围影响员工的整体态度和行为，而态度、行为反过来影响组织效能。管理者在管理沟通的过程中应保证人力资源管理实践传递信息的一致性，避免员工对情境产生不确定性，重视组织氛围对人力资源管理实践发挥的作用。

本章参考文献

20

企业注意力基础观 *

张明[1] 蓝海林[2]

你做什么取决于你注意到了什么。正如你正在仔细阅读"企业注意力基础观"这一章的内容，是因为你（从本书目录中）注意到了"企业注意力基础观"这一章的存在。但是为什么你关注到的是"企业注意力基础观"而不是其他章节？笔者认为，企业注意力基础观可以为你解答这个问题提供思路。

借鉴认知科学、社会心理学、组织理论和战略过程视角的理论洞见与研究成果，美国伊利诺伊大学香槟分校吉斯商学院教授威廉·欧卡秀（William Ocasio）（见图1）于1997年在《战略管理期刊》

图1 威廉·欧卡秀

（Strategic Management Journal）上发表了企业注意力基础观的奠基性文章《关于企业的注意力基础观》（Towards an attention-based view of the firm）。企业注意力基础观为解释企业行为提供了有别于强调理性选择的理论（如博弈论和代理理论）和环境决定论的理论（如种群生态理论）的另一种解释。随着战略和组织理论领域愈发重视探索微观基础（Contractor et al., 2019; Felin et al., 2015），企业注

---

* 基金项目：中国博士后科学基金资助项目（2020M680123），教育部哲学社会科学研究重大课题攻关项目（15JZD020）。

1 张明，华南理工大学工商管理学院博士研究生。主要研究领域：企业战略管理和国际商务。电子邮箱：mingzhang@scut.edu.cn。

2 蓝海林，华南理工大学工商管理学院教授、博士生导师。主要研究领域：企业战略管理。电子邮箱：bmhllan@scut.edu.cn。

意力基础观的被引次数不断攀升（见图 2）。截至 2019 年 12 月 17 日，企业注意力基础观的被引用次数合计达到 3 133 次，且自 2012 年以来，每年的被引次数均超过 200 次。

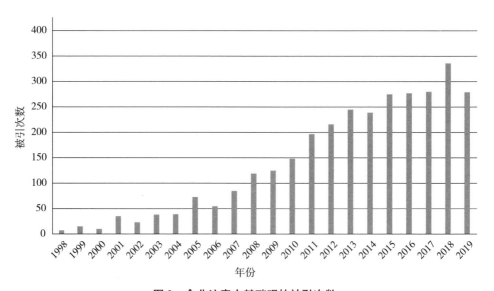

图 2　企业注意力基础观的被引次数

资料来源：根据 Google Scholar 数据整理而成，搜索时采用精确匹配。

企业注意力基础观的核心内容

一、企业注意力基础观的三个原则

企业行为究竟是如何展开的？这是战略管理领域的根本议题之一（Rumelt et al., 1994）。对这一根本议题的解答可以让我们理解企业是否与何时能够适应不断变化的环境，是否能够成功地改变其战略和能力，或者是否能够对竞争做出充分的反应（Ocasio, 1997）。企业注意力基础观视企业为一个注意力配置系统，认为解释企业的行为就是解释企业如何分配和调节决策者的注意力。此处的注意力被定义为企业决策者付出时间和心力对议题与答案的关注、编码、诠释及聚焦。其中，议题是指可能的理解环境的类别集，包括问题、机会和威胁；答案则是指可用的行动方案集，包括提案、惯例、项目、程序和流程。

对于企业如何分配和调节决策者的注意力，基于不同的分析层面，企业注意力基础观有如下三个相互关联的原则或前提：①决策者做什么，取决于其注意力聚焦于何种议题与答案。这是指个体认知层面上的注意力焦点原则，意味着决策者在任一时间下关注的议题与答案是有限的，具有选择性，而决策者最终选择做什么取决于其注意力聚焦的议题与答案。②决策者聚焦于何种议题与答案以及做什么，取决于其所处的特定情境。这是指社会认知层面上的情境化注意力原则，这一原则表明决策者的注意力焦点会因所处的情境而发生变化，这种情境化的注意力将直接影响决策者的行为。③决策者认为自己处在何种特定情境之中以及如何去关注，取决于企业的规则、资源、参与者和职位如何控制和调节议题、答案与决策者在特定企业活动、程序、沟通渠道中的配置及分布。这是指组织层面上的注意力结构性分配原则，这是因为企业中的每一项活动都涉及不同的程序和沟通渠道，这些程序和沟通渠道会使得决策者的注意力聚焦于有限的议题与答案。

二、情境化注意力模型

为了解释企业行为究竟是如何展开的，Ocasio（1997）提出了一个情境化注意力模型（见图3），该模型将企业注意力基础观的三个原则包含于一个综合性框架之中，且展现了一系列的构念和连接这些构念的机制，从而勾画了个体认知、社会

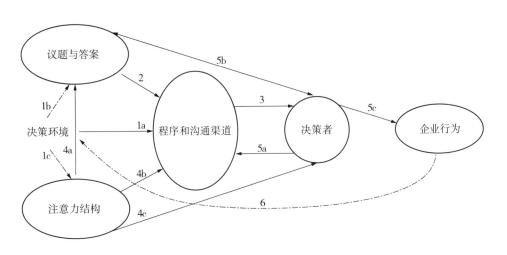

图3 情境化注意力模型

资料来源：Ocasio（1997）。

认知和组织层面的注意力处理是如何交互地塑造企业行为的。模型中企业是一个开放的社会系统，通过注意力处理和决策制定，企业将来自决策环境的投入转换为一系列产出——企业行为。而议题与答案、注意力结构、程序和沟通渠道，以及决策者清晰地展现了这个企业社会系统的组成要素——文化、结构、过程和个体。

情境化注意力模型中主要包含六个基本组成部分：①决策环境；②议题与答案；③程序和沟通渠道；④注意力结构——规则、资源、参与者和职位；⑤决策者；⑥企业行为。模型中的实线表示将一系列构念与企业注意力基础观的三个原则相连接的机制（1a，2，3，4a，4b，4c，5a，5b和5c），这三个基本原则是：

（1）注意力焦点原则。决策者将其注意力聚焦于有限的议题与答案（5b）；决策者聚焦的议题与答案决定其做什么（5c）。

（2）情境化注意力原则。决策者的注意力嵌入在企业的程序和沟通渠道之中，这些渠道的情境包括：决策制定的环境刺激物（1a）；议题与答案在文化符号、人造物和叙事中的具体化（2）；决策者及参与者在渠道中的互动（5a）。企业程序和沟通渠道的情境与特点的互动，以塑造议题与答案的可用性和显著性（3）。

（3）注意力结构性分配原则。企业的规则、资源、参与者、职位在决策者参与到企业的程序和沟通渠道中时产生分配的注意力焦点。议题、答案与决策者在不同的程序和沟通渠道中的分配取决于注意力如何构建：产生一系列能够对议题与答案的重要性和相关性进行排序的价值观（4a）；引导与分配决策制定进入一系列具体的程序和沟通渠道之中（4b）；提供决策者一套结构化的能够影响他们对情境的理解和驱使其行动的利益与身份（4c）。

模型中的虚线表示附加机制（并非模型直接组成部分），包括决策环境如何塑造作为一个文化和社会系统的企业，即（1b）和（1c），以及先前的企业行为又是如何改造决策环境的（6）。需要说明的是，模型中机制的编号只反映构念在模型中的展示顺序，并不反映时间顺序。时间顺序大致已经通过从左至右的位置及代表不同机制的线条的起点得以反映。此外，限于篇幅，有关模型中12个机制的具体内容请参见Ocasio(1997)。

三、注意力基础观的实证研究

近年来，基于企业注意力基础观的实证研究越来越多，且多发表于国际顶尖期刊，如《战略管理杂志》（*Strategic Management Journal*）、《组织科学》（*Organization Science*）、《管理学学会期刊》（*Academy of Management Journal*）、

《管理科学季刊》(*Administrative Science Quarterly*)、《国际商务研究杂志》(*Journal of International Business Studies*) 等（张明等，2018）。综合而言，这些实证研究主要分布在战略管理（Belenzon *et al*., 2019; Rhee and Leonardi, 2018; Stevens *et al*., 2015）、国际商务（Ambos and Birkinshaw, 2010; Bouquet and Birkinshaw, 2008; Bouquet *et al*., 2009; Hammad ul, 2017）和技术创新（Dahlander *et al*., 2016; Li *et al*., 2013; Mithani, 2017; Yadav *et al*., 2007）三个领域，此外，创业领域应用企业注意力基础观的研究也逐渐增多（Dai and Liao, 2019; Keil *et al*., 2017; Tuggle *et al*., 2010; Van Doorn *et al*., 2013）。

仔细分析现有应用企业注意力基础观的实证研究，具体的应用方式可以分为两类：一是直接方式，这种方式是直接应用企业注意力基础观的第一个原则（注意力焦点原则）作为主效应，并借助第二个原则（情境化注意力原则）寻找调节变量。这些研究紧扣企业注意力基础观的基本原则，直截了当、简明易懂，通常需要对特定的注意力进行测量（董临萍和宋渊洋，2017；吴建祖和肖书锋，2016）。二是间接方式，这种方式将企业注意力基础观作为作用机制，运用议题与答案之间的匹配关系去理论化。例如，在McCann and Bahl（2017）有关非正式竞争影响新产品开发的一项研究中，作者基于企业注意力基础观，将非正式竞争作为企业关注的议题（威胁），而将新产品开发视为企业关注到的应对和解决这一议题（威胁）的可能答案，然后根据影响上述议题和答案的显著性与重要性去寻找情境因素（调节变量）。这种方式只是将企业注意力基础观视为一个逻辑解释框架，通常不对注意力进行测量。就目前已有的实证研究而言，绝大部分采用的是直接方式，仅有少部分采用间接方式。上述两种方式的运用在检验和传播企业注意力基础观的同时，也相应地存在一定的局限性：一是大部分的实证研究关注的是特定注意力的影响行为或后果，而忽略了前置因素；二是对企业注意力基础观第三个原则（注意力结构性分配原则）探索较少，由此也就导致现有研究主要是关注企业之外的情境因素，而对企业内部的结构因素考虑不足；三是较少关注企业中有限的多种注意力之间的竞争情况。未来可以在上述三个方面丰富现有的实证研究。

| 对该理论的评价 |

根源于Simon（1947）有关企业行为的原创性观点——解释企业行为就是解释组织及其结构是如何主导和配置其决策者的注意力，企业注意力基础观形成了

注意力焦点原则,并通过增加情境化注意力与注意力结构性分配两个原则进一步扩展和深化了上述观点。基于企业注意力基础观的三个原则而开发的情境化注意力模型具有重要的贡献:一是强调程序和沟通渠道在情境化决策者注意力方面的重要性,二是将来自多个分析层面的能够影响企业行为的文化、认知和经济机制汇聚在注意力处理这一核心概念之下。笔者认为,相较于管理学中涉及认知层面的其他理论视角,企业注意力基础观对影响决策者认知的多个分析层面及其互动的刻画更为具体和深入。正因如此,Chen *et al.* (2013) 认为,企业注意力基础观是对高层梯队理论的深化和补充。然而,这种优势也成为企业注意力基础观的潜在劣势,正是因为太过具体和深入,情境化注意力模型涉及的构念与机制过多,且涉及不同的分析层面及其互动,使得模型过于复杂而带来理解上的难度。同时,深入认知层面的注意力活动难以直接测量(吴建祖等,2009),现有研究通过词频去反映仍然存在较大的偏差。当然,任何一个理论视角都不是完美的,企业注意力基础观的理论开发仍然处于初级阶段,尚需进一步的完善和细化(Ocasio,1997),尽管过去20多年已经取得很大的进步。这意味着未来的研究者在这一方面仍然大有可为,尤其是在外部环境愈发不确定和管理者的重要性日渐增加的情况下(Quigley and Hambrick, 2015)。

关键测量量表

现有的实证研究大部分是借助文本分析方法来度量注意力。在文本内容来源上,国内和国外具有一定的差异,国外通常是使用致股东的信(letters to shareholders),而国内则更多地使用年报中的"董事会报告"或"管理层分析与讨论",分析的层面多是聚焦于企业或高层管理团队。基于测量的注意力内容的不同,选取的关键词也就有所差异。例如,测量创新注意力和国际化注意力的关键词就存在较大不同。在此,笔者仅提供以国内数据为基础并与注意力直接相关的部分变量的参考文献,以供读者参考和借鉴。

1. 创新注意力

Chen, S. M., Bu, M., & Wu, S. B., *et al.* (2015). How does TMT attention to innovation of Chinese firms influence firm innovation activities? A study on the moderating role of corporate governance. *Journal of Business Research*, 68(5), 1127–1135.

2. 国际化注意力

董临萍, & 宋渊洋. (2017). 高管团队注意力与企业国际化绩效：权力与管理自由度的调节作用. 管理评论, 29(8), 167–178.

3. 创业注意力

吴建祖, & 龚敏. (2018). 基于注意力基础观的 CEO 自恋对企业战略变革影响机制研究. 管理学报, 15(11), 1638–1646.

4. 企业社会责任注意力

Zhao, X. P., Chen, S. M., & Xiong, C. (2016). Organizational attention to corporate social responsibility and corporate social performance: The moderating effects of corporate governance. *Business Ethics: A European Review*, 25(4), 386–399.

经典文献

Cho, T. S., & Hambrick, D. C. (2006). Attention as the mediator between top management team characteristics and strategic change: The case of airline deregulation. *Organization Science*, 17(4), 453–469.

Hoffman, A. J., & Ocasio, W. (2001). Not all events are attended equally: Toward a middle-range theory of industry attention to external events. *Organization Science*, 12(4), 414–434.

Joseph, J., & Ocasio, W. (2012). Architecture, attention, and adaptation in the multi-business firm: General electric from 1951 to 2001. *Strategic Management Journal*, 33(6), 633–660.

Joseph, J., & Wilson, A. J. (2018). The growth of the firm: An attention-based view. *Strategic Management Journal*, 39(6), 1779–1800.

Ocasio, W., Laamanen, T., & Vaara, E. (2018). Communication and attention dynamics: An attention-based view of strategic change. *Strategic Management Journal*, 39(1), 155–167.

Ocasio, W. (1997). Towards an attention-based view of the firm. *Strategic Management Journal*, 18 (S1), 187–206.

Ocasio, W. (2011). Attention to attention. *Organization Science*, 22(5), 1286–1296.

Ocasio, W., & Joseph, J. (2005). An attention-based theory of strategy formulation: Linking micro- and macroperspectives in strategy processes. *Advances in Strategic Management*, 22(1), 39–61.

Ocasio, W., & Joseph, J. (2018). The attention-based view of great strategies. *Strategy Science*, 3(1), 289–294.

Shepherd, D. A., McMullen, J. S., & Ocasio, W. (2017). Is that an opportunity? An attention model of top managers' opportunity beliefs for strategic action. *Strategic Management Journal*, 38(3), 626–644.

对管理者的启示

企业注意力基础观对管理者的启示至少包括如下两点：一是管理者需要有意识地去有效管理自己的注意力。企业注意力基础观视企业为一个注意力配置系统，而管理者在该系统中发挥着诠释者和决策者的角色。从一定程度上而言，管理者的注意力就代表着企业的注意力，管理者的注意力范围和焦点也深深地影响着企业的发展方向。因此，管理者应当有效平衡注意力宽度和注意力深度之间的关系。二是为了能够更好地理解企业是如何响应和适应不断变化的外部环境，管理者除了需要理解外部刺激物和决策者的特点，还需要重点关注企业内部的程序与沟通渠道，因为其影响着企业注意力的处理、形成和分配。由此，管理者应当在沟通实践、战略词汇、修辞策略、讨论与文本形式等方面予以重视。

本章参考文献

21

情绪劳动理论*

谭玲[1] 王永丽[2]

情绪劳动（emotional labor, EL）理论最早由亚莉·霍奇查尔德（Arlie Hochschild）（见图 1）提出。她于 1983 年出版了情绪劳动理论的奠基性著作《情感的整饰：人类情感的商业化》（*The Managed Heart: Commercialization of Human Feeling*）。在随后的近三十年里，经由 Morris and Feldman（1997）、Grandey（2000）、Diefendorff *et al.*(2011)、Hülsheger and Schewe（2011）、Hülsheger *et al.*(2010)、Grandey and Melloy（2017）等学者的发展，情绪劳动理论模型日趋完善。

图 1 亚莉·霍奇查尔德

尤其是近十五年以来，基于情绪调节视角的情绪劳动（emotion labor as emotional regulation）理论的提出使得情绪劳动理论模型得到了进一步的拓展。从 2001 年起，情绪劳动理论每年的被引次数均超过了 20 000 次（见图 2），现已成为主流的组织行为学理论之一。

---

* 基金项目：国家自然科学基金项目（71802203, 71772184）。
1 谭玲，广东工业大学管理学院特聘副教授。主要研究领域：积极组织行为学、管理心理学、职场幽默等。电子邮箱：tanling5@mail.sysu.edu.cn。
2 王永丽，中山大学管理学院教授、博士生导师。主要研究领域：企业与公共组织的人力资源管理、组织行为学、工作家庭平衡、领导理论与领导力提升、职场精神境界。电子邮箱：wangyli@mail.sysu.edu.cn。

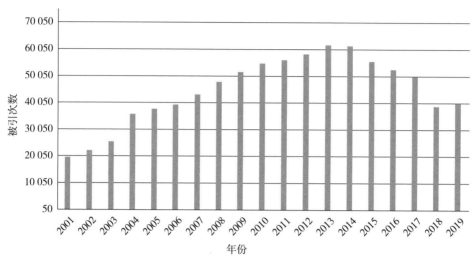

图 2　情绪劳动理论的被引次数

资料来源：根据 Google Scholar 数据整理而成，搜索时采用精确匹配。

情绪劳动理论的核心内容

基于情绪调节视角，情绪劳动理论的核心观点认为，情绪劳动本质上属于一种情绪调节活动（Grandey *et al*., 2013; Grandey and Gabriel, 2015; Hülsheger and Schewe, 2011; Kammeyer-Mueller *et al*., 2013; Mallory and Rupp, 2016），即情绪劳动是在工作情境中的社会互动过程中发生的，个体对一种或多种情绪成分进行增强、维持或弱化而付出的努力（Grandey, 2000; Grandey and Melloy, 2017）。具体而言，情绪劳动者通过两种常见策略——表层扮演（surface acting）和深层扮演（deep acting）——进行情绪调节。表层扮演是指个体为了展现符合组织规则的情绪，对情绪的外部表现（如表情、姿势）进行调整。深层扮演是指个体为了展现符合组织规则的情绪，通过自我说服、想象等方式对情绪的内在体验进行调整（Hochschild, 1979）。这两种策略与个体情绪的自我调节策略相对应。情绪劳动策略中的表层扮演与"反应聚焦的情绪调节"（response-focused emotion regulation）、深层扮演与"前因聚焦的情绪调节"（antecedent-focused emotion regulation）的内涵是一致的，分别指向外部情绪表达的自我控制和内部情绪体验的自我调整。"反应聚焦的情绪调节"是指个体在情绪展开时对情绪反应的外部表现进行的自我调节。"前因聚焦的情绪调节"是指个体在情绪展开前通过对诱发情绪的情境进行修饰或调整认知进行的自我调节（Gross, 1998）。

情绪劳动理论模型在阐述其核心内涵的基础上还对情绪劳动的影响因素、作用机制和边界条件等进行了理论构建，如图3所示。

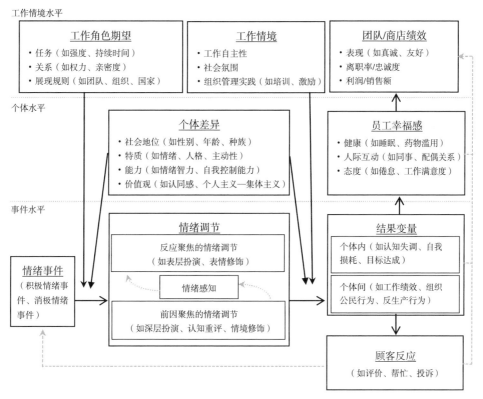

图3 基于情绪调节视角的情绪劳动理论模型

资料来源：Grandey (2000); Grandey and Melloy (2017)。

在前因变量方面，该理论模型从工作情境、个体和事件三个水平构建了情绪劳动的影响因素。首先，在工作情境水平上，工作角色期望是影响情绪劳动的重要因素，包括三个方面：①员工工作任务的强度、持续时间等；②员工与顾客互动过程中是否拥有权力，以及与顾客的亲密度等；③团队、组织乃至国家层面对员工的展现规则要求。其次，在个体水平上，包括四个方面：①社会地位，如性别、年龄和种族等；②特质，如消极情绪、积极情绪、人格和主动性等；③能力，如情绪智力和自我控制能力等；④价值观，如认同感、个人主义—集体主义等。最后，在事件水平上，包括积极情绪事件和消极情绪事件等。

前因变量的理论假设得到了一系列实证研究的证实。首先，在工作情境水平上，元分析的结果表明，积极的展现规则要求（即被期望展示积极情绪）与深层扮演正相关；而消极的展现规则要求（即被期望压抑消极情绪）与表层扮演正相关（Kammeyer-Mueller et al., 2013; Mesmer-Magnus et al., 2012）。例如，相较于要求员工表现出激情（如导游），要求员工表现出愤怒情绪（如催收账单）会更多地诱发其表层扮演（Bono and Vey, 2007）。中性的展现规则要求比积极的展现规则要求会诱发员工更多的表层扮演（Trougakos et al., 2011）。但无论是消极还是积极的展现规则要求，所诱发的员工深层扮演之间不存在差异（Bono and Vey, 2007）。另外，员工和顾客之间的熟悉度、亲密度与员工的深层扮演正相关；而与顾客互动诱发的消极情绪（如敌对情绪）程度越强，员工越倾向于采用表层扮演（Brotheridge and Grandey, 2002; Brotheridge and Lee, 2002; Morris and Feldman, 1997）。组织乃至国家层面的展现规则要求对员工的情绪劳动频率也会产生影响（Diefendorff et al., 2011; Christoforou and Ashforth, 2015）。其次，在个体水平上，高消极情绪的员工倾向于报告更多的表层扮演，而高积极情绪的员工倾向于报告更多的深层扮演（Kammeyer-Mueller et al., 2013）。高自我控制的员工会进行更多的表层扮演，即便是在与同事进行非工作相关的交流互动时（Ozcelik, 2013, Scott et al., 2012），但是自我控制与深层扮演的关联不大。情绪智力高的个体会更多地采用表层扮演和深层扮演（Grant, 2013），相比之下，自认为情绪智力高的个体会更多地采用深层扮演，更少地采用表层扮演（Mesmer-Magnus et al., 2012）。最后，在事件水平上，田野调查和实验研究的结果都表明，顾客苛责等消极情绪事件会促使员工采用更多的表层扮演和深层扮演策略来管理消极情绪以及遵守积极的情绪展现规则（Grandey, 2000）。虽然积极情绪事件对员工的表层扮演影响甚微，但会导致员工采用更多的深层扮演（Totterdell and Holman, 2003; Uy et al., 2017）。诱发骄傲的情绪事件会减少员工某一种类型的表层扮演，如为了让自己看起来显得更能胜任工作而采用的表层扮演（Grandey et al., 2002），但是会增加员工为了避免让自己看起来傲慢而采用的表层扮演（Kalokerinos et al., 2014）。

在结果变量方面，该理论模型同样从工作情境、个体和事件三个水平构建了情绪劳动的作用机制。第一，在工作情境水平上，团队/商店的绩效会受到情绪劳动的影响，包括三个方面：①团队工作表现的真诚度、友好程度；②团队的离职率和忠诚度；③商店的利润/销售额。其次，在个体水平上，员工个体的幸福感会受到情绪劳动的影响，包括三个方面：①健康程度，如睡眠质量、是否存在药物滥用等；②人际互动，如与同事之间的人际交往和与配偶之间的人际互动等；③态度，如是否倦怠、对工作是否满意等。最后，在事件水平上，情绪劳动的影响主要体现在个体内、个体间及顾客反应三个方面：①个体内，如认知失调、自我损耗和目标达成等；②个体间，如工作绩效、组织公民行为和反生产行为等；③顾客反应，如评价、帮忙、投诉等。

关于结果变量的理论假设也得到了一系列实证研究的证实。整体上来说，情绪劳动对个体的影响是多方面的，同时又存在短期效应和长期效应。具体来说，表层扮演对个体主要产生消极影响，而深层扮演对个体主要产生积极影响，二者都与个体的身心疾病显著正相关。元分析的结果显示，表层扮演对个体的短期影响包括诱发焦虑和紧张等消极情绪、导致认知失调和情绪衰竭等（Trougakos *et al*., 2015; Wagner *et al*., 2014; Yam *et al*., 2016）。例如，表层扮演与个体情绪衰竭高度正相关（Hülsheger and Schewe, 2011）。相对地，深层扮演会提升员工工作绩效、提升服务质量、提高顾客满意度、增加顾客的消费额度（Chi *et al*., 2011; Hülsheger *et al*., 2010; Hülsheger and Schewe, 2011）。长期来看，表层扮演会影响个体健康、幸福感、工作态度和工作行为。例如，元分析的结果表明，表层扮演与工作满意度、工作绩效显著负相关，与个体的身心疾病显著正相关（Hülsheger and Schewe, 2011）。另外，表层扮演的个体会分泌更多的皮质醇（Kotsou *et al*., 2011），缺乏对物质滥用等冲动的控制，其夜间睡眠质量会受到损害（Wagner *et al*., 2014）。并且，表层扮演与员工的退缩行为（如离职倾向、离职率）显著正相关（Chau *et al*., 2009; Goodwin *et al*., 2011）。相对地，关于深层扮演的研究发现，深层扮演同样与个体的身心疾病显著正相关（Hülsheger and Schewe, 2011）。此外，虽然有研究发现深层扮演与员工的工作绩效表现不相关（Hülsheger and Schewe, 2011），但也有研究表明深层扮演能够增进员工在工作中的积极表现，例如采用更多深层扮演的员工在组织中表现得更积极，如表现出更多建言行为（Grant, 2013）。深层扮演还会增加员工获取的小费金额，进而影响员工的整体收入水平（Chi *et al*., 2011; Hülsheger *et al*., 2015）。

在边界条件方面，该理论模型认为，情绪劳动会受到工作情境变量和员工个体因素等的调节。具体来说，在工作情境层面上，工作自主性、社会氛围、组织管理实践（如激励制度）都是能增强或削弱员工情绪劳动的影响因素；在个体层面上，员工的个体差异，如员工的社会地位（包括性别、年龄、种族等）、人格特质（包括情绪、人格、主动性）、能力（包括情绪智力、自我控制能力）、价值观（包括认同感、个人主义—集体主义）等都是情绪劳动作用机制的重要调节变量。

关于边界条件的理论假设也得到了一些实证研究的证实。在工作情境层面上，工作自主性能够缓解表层扮演和深层扮演所带来的压力（Grandey et al., 2005; Johnson and Spector, 2007）。来自组织和团队的社会支持能够缓解表层扮演对工作满意度的消极影响（Duke et al., 2009）。另外，安全、真诚的组织氛围也能够减轻表层扮演所导致的紧张等消极情绪（Grandey et al., 2012）。在个体层面上，研究表明，性别是情绪劳动影响机制的一个重要调节变量。相较于男性，表层扮演对女性员工工作满意度和压力的影响更为显著（Johnson and Spector, 2007; Nixon et al., 2011）；表层扮演和深层扮演每天的变化与女性员工每天幸福感的变化显著相关（Scott and Barnes, 2011）；一项田野调查的研究表明，相较于男性护士，女性护士进行情绪劳动时，顾客的满意度更高（Cottingham et al., 2015）；在一项实验室研究中，情绪劳动对男性生理压力的影响更为显著（Hopp et al., 2010）；也有一些研究并没有发现情绪劳动存在性别差异（Cheung and Tang, 2009）。此外，个体的高自我控制倾向（如尽责性）、高自我效能感和高情绪智力会削弱情绪劳动带来的消极影响，而积极特质（如外向性格）能够增强深层扮演的积极影响（Grandey et al., 2016; Joseph and Newman, 2010; Schreurs et al., 2014）。另外，对工作角色更强的认同感能够缓解情绪劳动带来的紧张和压力（Schaubroeck and Jones, 2000），这说明当情绪劳动与自我概念一致时，情绪劳动的消极影响会被削弱。

对该理论的评价

近二十年来，基于情绪调节视角的情绪劳动理论模型经历了两次大的演变和更迭，经受住了时间和实践的检验，其理论假设得到了大量实证研究的检验和证实，但是也面临一些挑战。首先，虽然大部分学者认为深层扮演和表层扮演与情绪调节策略中的前因聚焦和反应聚焦在内涵上是非常一致的，但是这种观点仍存在一定的争议。有学者认为，二者的对应不是完美的，存在一定程度上的差别。

例如，情绪劳动被认为是一种工作角色要求，强调通过情绪调节来实现人际沟通的目标。相比之下，无论是前因聚焦的情绪调节还是反应聚焦的情绪调节，二者都不需要假定其有促进人际沟通的目标。其次，该理论模型关于深层扮演作用机制的理论假设与 Hochschild（1983）等学者的观点存在不一致。情绪调节视角下的情绪劳动理论提出，情绪劳动对员工的影响并不是非黑即白，而取决于员工如何展现这些情绪劳动。因此，深层扮演作为一种前因聚焦的情绪调节策略，会通过真诚的情绪表达对员工自身及组织产生积极的影响。值得注意的是，这个观点与 Hochschild（1983）的观点相冲突，后者认为深层扮演会因情感的违背或异化而对员工产生消极的影响。

关键测量量表

1. The Emotional Labor Scale: 6 个维度，15 个题项

Brotheridge, C. M., & Lee, R. T. (2003). Development and validation of the emotional labour scale. *Journal of Occupational and Organizational Psychology*, 76, 365–379.

2. The Discrete Emotions Emotional Labor Scale: 3 个维度，42 个题项

Glomb, T. M. & Tews, M. J. (2004). Emotional labor: A conceptualization and scale development. *Journal of Vocational Behavior*, 64, 1–23.

3. The Emotion Regulation of Others and Self Scale: 4 个维度，19 个题项

Niven, K., Totterdell, P., & Stride, C. B., *et al.* (2011). Emotion regulation of others and self (EROS): The development and validation of a new individual difference measure. *Current Psychology*, 30, 53–73.

4. Deep Acting and Surface Acting Scale: 2 个维度，8 个题项

Grandey, A. A. (2003). When "The Show Must Go On": Surface acting and deep acting as determinants of emotional exhaustion and peer-rated service delivery. *Academy of Management Journal*, 46(1), 86–96.

5. Deep Acting and Surface Acting Scale: 2 个维度，16 个题项

Diefendorff, J. M., Croyle, M. H., & Gosserand, R. H. (2005). The dimensionality and antecedents of emotional labor strategies. *Journal of Vocational Behavior*, 66, 339–357.

经典文献

Côté, S., Van Kleef, G. A., & Sy, T. (2013). The social effects of emotion regulation in organizations. In A. A. Grandey, J. M. Diefendorff, & D. E. Rupp (Eds.), *Emotional Labor in the 21st Century: Diverse Perspectives on Emotion Regulation at Work* (pp. 79–100). New York, NY: Psychology Press/Routledge.

Gabriel, A. S., & Diefendorff, J. M. (2015). Emotional labor dynamics: A momentary approach. *Academy of Management Journal*, 58(6), 1804–1825.

Grandey, A. A. (2000). Emotion regulation in the workplace: A new way to conceptualize emotional labor. *Journal of Occupational Health Psychology*, 5(1), 95–110.

Grandey, A. A., & Gabriel, A. (2015). Emotional labor at a crossroads: Where do we go from here? *Annual Review of Organizational Psychology and Organizational Behavior*, 2, 323–349.

Grandey, A. A., & Melloy, R. C. (2017). The state of the heart: Emotional labor as emotion regulation reviewed and revised. *Journal of Occupational Health Psychology*, 22(3), 407–422.

Gross, J. J. (1998). The emerging field of emotion regulation: An integrative review. *Review of General Psychology*, 2, 271–299.

Hochschild, A. R. (1983). *The Managed Heart: Commercialization of Human Feeling*. Berkeley, CA: University of California Press.

Hülsheger, U. R., & Schewe, A. F. (2011). On the costs and benefits of emotional labor: A meta-analysis of three decades of research. *Journal of Occupational Health Psychology*, 16(3), 361–389.

Kammeyer-Mueller, J. D., Rubenstein, A. L., & Long, D. M., et al. (2013). A meta-analytic structural model of dispositional affectivity and emotional labor. *Personnel Psychology*, 66, 47–90.

Mallory, D., & Rupp, D. E. (2016). Focusing in on the emotional laborer: Emotion regulation at work. In R. Baumeister & K. Vohs (Eds.), *Handbook of Self-regulation: Research, Theory, and Applications* (3rd ed., pp. 323–344). New York, NY: Guilford Press.

Mesmer-Magnus, J. R., DeChurch, L. A., & Wax, A. (2012). Moving emotional labor beyond surface and deep acting: A discordance- congruence perspective. *Organizational Psychology Review*, 2, 6–53.

Morris, J. A., & Feldman, D. C. (1996). The dimensions, antecedents, and consequences of emotional labor. *Academy of Management Review*, 21, 986–1010.

对管理者的启示

基于情绪调节视角的情绪劳动理论模型为组织和个体提供了一个全面、综合的路线图与指导方针。首先，该理论模型从情绪调节的视角全方位地对情绪劳动的内涵、影响因素、作用机制和边界条件等提供了预测与解释。例如，如果员工在进行情绪劳动时采用合适、有效的情绪调节策略，则在一定程度上可以在最大化提升组织绩效的同时减弱其对员工的消极影响，确保员工的幸福感。其次，区别于以往的质性分析（如深度访谈）和观察法（实地观察编码）等定性研究方法，该理论模型采用实验研究（如场景模拟）和问卷调查等定量研究方法来测量员工在工作场所中情绪劳动策略的类型、强度、多样性及持久性等要素或维度，有利于组织构建一个科学的、标准化的评估体系，对员工的情绪劳动进行全方位、准确的评估。最后，该理论模型从动态的视角，将情绪劳动的短期效应和长期效应考虑进来，充分体现了情绪劳动的"动态性"。

本章参考文献

22

权力的趋近—抑制理论*

娄宇阁[1] 张燕[2]

图 1 达切尔·凯特纳

权力的趋近—抑制理论（approach-inhibition theory of power）最早由达切尔·凯特纳（Dacher Keltner）（见图 1）、德博拉·格鲁费尔德（Deborah Gruenfeld）及卡梅隆·安德森（Cameron Anderson）提出。2003 年，三位研究者在《心理学评论》（*Psychological Review*）上发表了著名的《权力、趋近和抑制》（Power, approach, and inhibition）一文，提出了权力领域的奠基理论之一，为未来的权力研究打下了坚实的理论基础。正是由于趋近—抑制理论及同年产生的新实验范式——回忆权力情境（Galinsky *et al.*, 2003），共同使权力（power）成为社会心理学和组织行为学中成果较为丰硕的研究领域之一（Schaerer *et al.*, 2018）。截至 2019 年 7 月底，权力的趋近—抑制理论的被引次数不断攀升，目前累计被引次数已经超过 2 800 次。

---

* 基金项目：国家自然科学基金项目（71872004）。
1 娄宇阁，北京大学心理与认知科学学院硕士研究生。主要研究领域：权力、真实性、社会认知过程。电子邮箱：ericlou@pku.edu.cn。
2 张燕，北京大学心理与认知科学学院副教授。主要研究领域：领导力、团队动力、矛盾管理、跨文化管理。电子邮箱：annyan.zhang@pku.edu.cn。

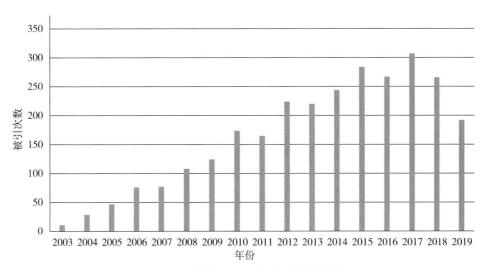

图 2　权力的趋近—抑制理论的引用次数

资料来源：根据 Google Scholar 数据整理而成，搜索时采用精确匹配。

权力的趋近—抑制理论的核心内容

权力，这一社会关系中至关重要的因素（Russell, 1938），被定义为对有价值资源的不对称控制（Magee and Galinsky, 2008）。权力的趋近—抑制理论则用以解释权力对人们行为的影响。在这一理论被提出之前，实证研究已经发现权力对人们的诸多影响。例如，权力会影响情绪表达（Kemper, 1991）、刻板印象形成（Dépret and Fiske, 1993; Fiske, 1993; Keltner and Robinson, 1997），以及道德判断（Fiske, 1992）等。

对于这些繁杂的现象，Keltner et al. (2003) 开始思考权力对行为的影响是否存在一个共同的成因，并提出了权力的趋近—抑制理论。该理论认为，权力的作用通过与高权力相关的趋近动机（approach motivation）和与低权力相关的抑制动机（inhibition motivation）产生：高权力会带来更多的奖赏与回报（rewards）及自由（freedom），从而激活与趋近相关的行为倾向；与之相对，低权力则会带来更多的威胁（threat）、惩罚（punishment）及社会限制（social constraint），从而激活与抑制相关的行为倾向（Keltner et al., 2003）。

Keltner et al. (2003) 认为，通过采用趋近—抑制动机的理论视角，过往的实证结论能够得以整合。高权力会引发个体的正面情绪（positive affect）、对奖赏与回报等信息的注意（attention to rewards）、自动化的信息加工（automatic information processing），以及不受抑制的行为（disinhibited behavior）；而低权力会引起负面情绪（negative affect）、对威胁和惩罚等信息的注意（attention to threat and punishment）、受控制的信息加工（controlled information processing），以及受抑制的行为（inhibited behavior）。从认知神经科学的角度而言，Keltner et al. (2003) 认为，这一系列效应与大脑中的行为趋近系统（behavioral approach system, BAS）及行为抑制系统（behavioral inhibition system, BIS）有关（Gray and McNaughton, 2000），二者分别激活高低权力情境下的趋近动机和抑制动机，进而导致上述的行为结果。

权力的趋近—抑制理论的提出，不仅对当时已有的权力领域实证研究进行了理论整合，还在之后得到了大量的实证研究支持。在文章发表的 2003 年，学术界就已经出现大量的权力相关研究。不过，这些研究中的自变量并不是"权力"本身，而大多是权力的替代性变量，例如性别、种族、社会经济地位等，对"权力"没有一个统一的定义和标准化的操纵（Keltner et al., 2003）。同年，Galinsky et al. (2003) 针对这一问题，提出了新的回忆实验研究范式，即通过让被试回忆处于高/低权力的场景及感受，完成对于高/低权力感的实验操纵。这一实验研究范式的提出开启了权力领域新一轮的实证研究。

十余年来，一系列采用这一范式的实证研究，验证了与权力的趋近—抑制理论相关的许多猜想。例如，权力让人们更愿意采取行动（Galinsky et al., 2003; Magee et al., 2007），在思考和语言表达上更有效率（Galinsky et al., 2008; Wakslak et al., 2014），更愿意寻求和完成目标（DeWall et al., 2011; Guinote, 2007b）；但同时，高权力者也更容易受到认知偏差的影响，如产生社会刻板印象（Guinote and Phillips, 2010）及自我中心偏差（Righetti et al., 2015）等。这些证据都指向了权力促进趋近动机这一假说。近年来，神经成像方法的研究成果发现，高权力者前额叶皮层神经活动具有不对称性，并且这种不对称性被认为是负责 BAS 功能的多巴胺神经元活动导致的（Boksem et al., 2012; Galang and Obhi, 2018），为权力的趋近—抑制理论提供了来自神经成像的直接证据。

此外，Keltner et al. (2003) 还提出了权力对人们情感、认知和行为产生影响的一些边界条件。首先，权力的稳定性和对权力的威胁是重要的调节变量。当权力结构不稳定时，权力与风险偏好之间的正向关系会被削弱（Hiemer and Abele, 2012; Maner and Mead, 2010）。也有研究发现，在组织决策过程中，高风险偏好者主要是由那些在权力结构不稳定情形下的高权力者，以及在权力结构稳定情形下的低权力者构成的（Jordan et al., 2011）。权力的不稳定性也会削弱高权力对人际宽容的正向关系（Karremans and Smith, 2010），促进低权力者的创造力（Sligte et al., 2011）。就这些发现，Deng et al. (2018) 在实证研究的基础上，总结讨论了对权力的威胁阻碍权力产生趋近动机的可能性。这些因素包括来自外部的威胁，例如外部环境的不确定性、权力的不稳定性；以及来自高权力者自身的威胁，例如高权力者自身的权力动机和胜任力。这些因素归结为对控制感的威胁，此种潜在威胁使得高权力者未必会具有趋近动机，反而可能以抑制动机为主导。

其次，问责（accountability）会影响权力的效应。在组织中，个体往往需要对其行为负责。组织通过设置透明化的流程（Bernstein, 2012）、道德准则（Somers, 2001）或绩效评估（Denisi and Murphy, 2017）等来实现对权力个体的监督。问责对权力有非常多的积极作用。当高权力者知晓自己受到问责的制约时，会更多地考虑到决策的社会影响（social consequences）及他人的利益（Lerner and Tetlock, 1999）。近年的研究表明，对高权力者进行问责能提高组织决策沟通过程的效率，提升高权力者在决策沟通过程中的有效性，使他们在决策沟通过程中更加坦诚（Galinsky et al., 2014）。对高权力者进行问责还能够减轻高权力者的风险取向（Anderson and Galinsky, 2006），减少工作场所中的认知偏差（Schaerer et al., 2018; Tetlock and Mitchell, 2009），让高权力者对低权力者更加慷慨（Handgraaf et al., 2008）。

最后，个体差异和文化差异也是权力效应的边界条件。例如，个人化权力取向（individualized power orientation）高的个体倾向于将权力用于追求个人声誉，而社会化权力取向（socialized power orientation）高的个体倾向于将权力用于谋求群体福祉（Magee and Langner, 2008）。与之相似，权力的建构方式（construal of power）也会影响权力的结果。将权力建构为机会者更倾向于将权力用于追求个人目标，而将权力建构为责任者倾向于将权力用于服务他人和集体的利益（Sassenberg et al., 2012）。文化因素会影响个体有关权力的信念和态度。跨文化的权力研究表明，垂直个体主义文化（vertical individualism）中的权力概念与个人化的权力概念（personalized power concept）相关，水平集体主义文化中（horizontal collectivism）的权力概念与社会化的权力概念（socialized power concept）相关

(Torelli and Shavitt, 2010)。

在理论提出之后的十余年间,权力的趋近—抑制理论得到了不断发展。一方面,权力的趋近—抑制理论逐渐被认为是一个动机理论,而非与认知相关的理论。Guinote(2017)在综述中指出,权力激活了泛化的趋近动机(generalized approach motivation),尤其是与目标(goal)相关的趋近动机。高权力者更加目标导向(goal oriented),其具体表现为与目标相关的激活(activating)、渴望(wanting),以及目标寻求(goal seeking)。高权力者更渴望达成目标,因此行为更为聚焦,愿意为目标付出更多努力(Guinote, 2017)。因此,将权力的趋近—抑制理论作为与目标相关的动机理论在理论上更符合 BAS/BIS 的功能(Gray and McNaughton, 2000; Magee and Smith, 2013),同时也能够与大量实证证据保持一致。另一方面,Anicich and Hirsh(2017)对经典的权力趋近—抑制理论做了发展和延伸。在组织中,权力并不是简单地被分为高权力和低权力,而是由低到高的一个连续体(Anicich and Hirsh, 2017)。他们认为,中等权力者与高/低权力者激活的动机和对应的神经系统具有差异性,进而提出了权力的趋近—抑制—回避理论(approach–inhibition–avoidance theory of power, AIA theory of power)作为对经典的权力趋近—抑制理论的修正。AIA 理论认为,由于低权力者更容易注意到威胁,攻击—逃跑—冻结系统(fight-flight-freeze system, FFFS)会被激活,而这一系统与回避动机相关;抑制动机被激活的群体应当是中等权力者,他们受到了组织中角色转换和冲突的影响,与焦虑相关的 BIS 被激活。高权力者与经典的趋近—抑制理论一样,BAS 及趋近动机被激活。

对该理论的评价

权力的趋近—抑制理论可谓权力领域中最重要的理论之一。一方面,这一理论为权力领域的发展打下了坚实的基础。自 2003 年以来,有关权力的研究飞速增长(Galinsky et al., 2015)。理论中权力同自由、奖赏与回报相关,从而激活趋近动机的这一假设,引发了大量实证研究探讨权力与目标行为、社会关系、认知偏差及组织绩效等诸多方面的关系(Galinsky et al., 2015; Guinote, 2017)。另一方面,这一理论至今仍然是权力领域最具有解释力的理论之一。特别是权力的趋近—抑制理论对动机的解释,得到了来自社会心理学、组织行为学及认知神经科学等学科的大量实证证据支持。因此,权力的趋近—抑制理论可谓权力领域的奠基理论。

然而，这一理论以及与之相关的实证研究依然存在一些问题。首先，在解释社会认知相关现象上有失精准（Magee and Smith, 2013）。在权力的趋近—抑制理论中，存在用动机系统的激活解释人们的认知行为的理论假说。虽然 Keltner et al. (2003) 的大部分预测是正确的，也得到了实证的支持，但是用动机解释社会认知的方式有所偏颇。例如，根据权力的趋近—抑制理论，研究者们假设，高权力者更容易对他人产生刻板印象。然而，并没有实证证据表明，BIS 或 BAS 这两个动机系统能够影响刻板印象的形成，或是自动化的社会认知过程（Magee and Smith, 2013）。就这一问题而言，有学者认为，社会认知的功能并不简单地受到 BAS/BIS 的控制（Magee and Smith, 2013）。就此，学者提出了若干源自认知方面的理论，如权力的情境聚焦理论（Guinote, 2007a）、权力的社会距离理论（Hirsh et al., 2011; Magee and Smith, 2013），以及权力的建构水平理论（Smith and Trope, 2006）。它们作为权力的趋近—抑制理论的补充，侧重于解释权力如何影响社会认知，如认为高权力者会更为聚焦于情境下的具体任务需求（situated demand）（Guinote, 2007a），或是与他人之间有着更远的社会距离，拥有更高的建构水平（Smith and Trope, 2006），从而引发诸如物化他人、产生刻板印象等负面的认知倾向。

其次，支持这一理论的实证证据大多为实验室研究。目前，超过半数（约 54%）的权力研究采用的实验操纵比较简单，没有充分体现组织中错综复杂的权力分布状况，从而影响了这一理论和相关实证证据的生态效度（Flynn et al., 2011; Schaerer, Lee, et al., 2018; Sturm and Antonakis, 2015）。例如，对权力的趋近—抑制理论的一个质疑来源于，实验室研究中简单地将权力划分为高/低权力的做法与组织中的实际权力构成并不一致。组织中的权力分布是一个由高到低的连续体，但是实验室研究忽视了中等权力引发的心理过程（Anicich and Hirsh, 2017; Schaerer, DuPlessisa, et al., 2018）。也有一些研究表明，中等权力或是中等社会地位带来的影响和权力的趋近—抑制理论的预测存在不一致（Duguid and Goncalo, 2015; Schaerer, DuPlessisa, et al., 2018）。因此，考虑组织真实情境中个体的中等权力状态非常重要。

最后，对"权力带来的责任"的研究不足，也影响了权力研究的生态效度。虽然 Keltner et al. (2003) 认为，责任（responsibility）或问责（accountability）对权力的效应有调节作用，但是实证研究对这一机制的探索非常有限。最近的研究发现，权力和责任在日常生活中是密不可分的（Smith and Hofmann, 2016）。无论是客观的权力地位还是主观的权力感都和责任密切相关，个体具有的高权力通过感知到的责任正向预测了个体良好的社会关系。同时，在社会情境中，权力和责任之间的相关关系比预想的要紧密得多（Smith and Hofmann, 2016; Tost, 2015）。此外，与诸多权力理论一样，趋近—抑制理论也忽视了时间的影响。在组织中，个体处在组织层级中的位置并不是一成不变的，而是会随着时间的推移经历权力获取、维持及可能失去这几个阶段，其权力的高低也不可能是一成不变的（Anderson and Brion, 2014）。也有不少证据表明，领导的行为会随着时间的推移而改变（Chin et al., 2013; Spaniel and Smith, 2015; Wu et al., 2005）。然而，现有的权力研究并没有深入探究时间对权力的动态性影响（Schaerer, Lee, et al., 2018）。尽管现有的权力研究对权力的稳定性的效应进行了探究（Hiemer and Abele, 2012; Jordan et al., 2011; Sligte et al., 2011），但是还不足以帮助研究者们理解时间对权力的影响。以上这些因素都阻碍了权力这一和组织息息相关的概念，在组织及组织行为学研究中的应用。

关键测量量表和实验操纵材料

1. Sense of Power Scale: 1 个维度，8 个题项

Anderson, C., John, O. P., & Keltner, D. (2012). The personal sense of power. *Journal of Personality*. 80, 2.

2. Recall-a-time with Power 实验操纵材料

Galinsky, A. D., Gruenfeld, D. H., & Magee, J. C. (2003). From power to action. *Journal of Personality and Social Psychology*, 85, 453–466.

Gruenfeld, D. H., Inesi, M. E., & Magee, J. C., et al. (2008). Power and the objectification of social targets. *Journal of Personality and Social Psychology*, 95, 111–127.

3. Power Concepts（权力概念）的测量

Misuse of Power Scale (personalized power orientation): 1 个维度，18 个题项

Lee-Chai, A. Y., Chen, S., & Chartrand, T. L. (2001). From moses to marcos: Individual differences in the use and abuse of power. In A. Y. Lee-Chai & J. A. Bargh (Eds.), *The Use and Abuse of Power: Multiple Perspectives on the Causes of Corruption* (pp. 57–74). New York, NY: Psychology Press.

Helping Power Motivation Scale (socialized power orientation)：1 个维度，6 个题项

Frieze, I. H., & Boneva, B. S. (2001). Power motivation and motivation to help others. In A. Y. Lee-Chai & J. A. Bargh (Eds.), *The Use and Abuse of Power: Multiple Perspectives on the Causes of Corruption* (pp. 75–89). New York, NY: Psychology Press.

4. Construal of Power (as responsibility vs. as opportunity) Scale

De Wit, F. R. C., Scheepers, D., & Ellemers, N., *et al.* (2017). Whether power holders construe their power as responsibility or opportunity influences their tendency to take advice from others. *Journal of Organizational Behavior*, 38(7), 923–949. （1 个维度，7 个题项）

Scholl, A., de Wit, F., & Ellemers, N., *et al.* (2018). The burden of power: Construing power as responsibility (rather than as opportunity) alters threat-challenge responses. *Personality and Social Psychology Bulletin*, 44(7), 1024–1038. （2 个维度，各 4 个题项）

经典文献

Fiske, S. T. (1993). Social cognition and social perception. *Annual Review of Psychology*, 44, 155–194.

Galinsky, A. D., Gruenfeld, D. H., & Magee, J. C. (2003). From power to action. *Journal of Personality and Social Psychology*, 85, 453–466.

Gray, J. A., & McNaughton, N. (2000). *The Neuropsychology of Anxiety: An Enquiry into the Function of the Septo-hippocampal System* (2nd ed.). New York: Oxford University Press.

Guinote, A. (2007a). Behaviour variability and the situated focus theory of power. *European Review of Social Psychology*, 18, 256–295.

Guinote, A. (2017). How power affects people: Activating, wanting, and goal seeking. *Annual Review of Psychology*, 68, 353–381.

Hirsh, J. B., Galinsky, A. D., & Zhong, C. B. (2011). Drunk, powerful, and in the dark: How general processes of disinhibition produce both prosocial and antisocial behavior.

Perspectives on Psychological Science, 6, 415–427.

Keltner, D., Gruenfeld, D. H., & Anderson, C. (2003). Power, approach, and inhibition. *Psychological Review*, 110, 265–284.

Magee, J. C., & Galinsky, A. D. (2008). Social hierarchy: The self-reinforcing nature of power and status. *Academy of Management Annals*, 2, 351–398.

Magee, J. C., & Smith, P. K. (2013). The social distance theory of power. *Personality and Social Psychology Review*, 17, 158–186.

Smith, P. K., & Trope, Y. (2006). You focus on the forest when you're in charge of the trees: Power priming and abstract information processing. *Journal of Personality and Social Psychology*, 90, 578–596.

对管理者的启示

在组织中，管理者被赋予了程度不同的权力。权力的趋近—抑制理论对于管理者理解权力和权力带来的后果非常重要。组织的管理者应该认识到，如权力的趋近—抑制理论所指出的，权力带来的作用具有两面性。一方面，权力能够激发组织管理者的趋近动机，尤其是目标指向的行为（Galinsky *et al.*, 2003; Guinote, 2007b, 2017; Keltner *et al.*, 2003），从而提升自身的绩效（Schmid and Schmid Mast, 2013）和创造力（Galinsky *et al.*, 2008; Sligte *et al.*, 2011）；另一方面，权力对社会关系会产生一些负面影响，例如高权力者会在合作过程中更加以自我为中心（Kopelman, 2009），和同等权力者相处时合作意愿更低（Hildreth and Anderson, 2016），在交往过程中更容易将他人工具化（Gruenfeld *et al.*, 2008），也更容易受到刻板印象的影响（Guinote and Phillips, 2010; Weick and Guinote, 2008）。因此，管理者应该扬长避短，设法发挥权力对组织目标和绩效的正面作用，同时规避权力在社会关系与合作中带来的负面作用。

权力的趋近—抑制理论的一些边界条件可用于干预权力带来的负面影响。其中，组织可以采用的最行之有效的手段是问责。一些关于责任的研究表明，权力带来的责任可以帮助高权力者建立更为准确的认知（Anderson and Galinsky, 2006; Schaerer, Kern, *et al.*, 2018; Tetlock and Mitchell, 2009），提升高权力者与他人社会互动的有效性（Handgraaf *et al.*, 2008），从而削弱权力对社会关系的负面作用。激励高权力者将权力建构为责任也有助于他们使用权力为集体目标服务，并避免腐败的产生（Sassenberg et al., 2012; Sassenberg et al., 2014）。因此，为了促进组织中权力的合理使用，组织应当从制度上进行问责，将明确的责任赋予管理者，并且注重管理者责任意识的培养，让他们使用权力为集体目标服务。

本章参考文献

23
社会比较理论*

刘得格[1]　刘芳[2]

图1　利昂·费斯汀格

社会比较（social comparison）最早可追溯至西方社会学、心理学、哲学等关于自我和社会影响的相关研究，其被认为是人类在相互作用中不可避免并普遍存在的一种社会心理现象。1954年，利昂·费斯汀格（Leon Festinger）（见图1）首次提出社会比较理论。他认为人类存在一种评价自身能力和观点的内在驱动力，当缺乏外部客观的评价标准时，个体将自己的能力和观点与他人的能力和观点进行比较的过程即为社会比较（Festinger, 1954）。Schachter（1959）进一步拓展了Festinger（1954）的社会比较理论，将社会比较的维度从能力、观点拓展到情绪领域，他认为当个体处于一种新的或模糊的情绪状态，又无法用生理、经验的线索判断自己的情绪状态时，个体可能通过社会比较来对自己的情绪状态进行评价。在Festinger（1954）研究的基础上，Wheeler（1966）利用"等级顺序范式"（rand order paradigm）首次提出上行比较（upward comparison）的观点，深入考察向上比较动机。20世纪70年代，Suls and Miiler（1977）出版了第一本关于社会比较

---

* 基金项目：教育部人文社会科学研究规划基金项目（20YJA630044）。
1 刘得格，管理学博士，广州大学管理学院副教授、硕士生导师。主要研究领域：领导理论与实践、人力资源管理和商业模式。电子邮箱：liudege@163.com。
2 刘芳，管理学博士，广州大学管理学院副教授、硕士生导师。主要研究领域：组织行为和人力资源管理。电子邮箱：liufang@gzhu.edu.cn。

理论的著作《社会比较的过程：理论和实证视角》(*Social Comparison Processes: Theoretical and Empirical Perspectives*)，该书内容涉及对以往社会心理和社会学过程（social psychological and sociological processes）文献的回顾，以及社会比较理论的新发现等内容，并对社会比较理论进行了较为系统的介绍。除 Wheeler (1966) 提出的上行比较理论以外，Wills (1981) 提出了下行比较 (downward comparison) 理论，将自我评价的关注重点转移到自我增强 (self-enhancement) 方面。针对以往社会比较的内涵界定，Kruglanski and Mayseless (1990) 认为，以往研究对社会比较狭隘的内涵界定限制了对社会比较中很多重要问题的研究。因此，他们对社会比较的内涵进行了更为宽泛的界定，并认为社会比较是个体对社会刺激在某一特定内容层面上进行的比较性评估。从信息的视角出发，Wood (1996) 认为，社会比较是个体考察他人相对于自己有关信息的过程，并将社会比较过程分为获得有关社会信息、对社会信息进行考察和对社会信息做出回应三个阶段。此外，诸如相对剥夺理论 (relative deprivation theory)、自我评价维持模型 (self-evaluation maintenance model)、群体社会认同理论 (group social identity theory) 等对社会比较理论的发展和丰富做出了重要的贡献。到 20 世纪 90 年代，Buunk and Gibbons (1977) 出版的《从社会比较理论的视角谈健康、应对和幸福》(*Health, Coping, and Well-being: Perspectives from Social Comparison Theory*) 一书使社会比较的研究焦点转移到应用研究方面。

随着认知科学、认知神经科学等多种跨学科和科学技术的发展，社会比较的理论研究和实践应用迎来了飞速发展，得到了来自世界各地不同文化和年龄阶段的样本的验证，并在心理学、管理学、教育学、营销学、社会学等领域得到了广泛应用。截至 2019 年 11 月，该理论自 2000 年以来的被引次数如图 2 所示。

社会比较理论的核心内容

自 Festinger (1954) 提出社会比较理论以来，研究者着重探讨了社会比较的主要内容（能力和观点）、社会比较的方向及社会比较的动机，随后，其他研究者在此基础上对社会比较进一步拓展，从最初能力和观点的比较扩充到情绪及社会生活的比较，从个体有意识的比较发展到潜意识或无意识的比较，研究的重点也转移到社会比较的应对策略及应用等方面。

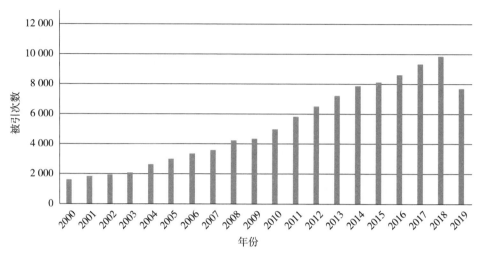

图 2　社会比较理论的被引次数

资料来源：根据 Google Scholar 数据整理而成，搜索时采用精确匹配。

一、社会比较的方向

根据社会比较理论，个体在进行比较时主要有三个方向，即上行比较、平行比较和下行比较。不同比较方向对个体的自我评价往往会产生两种不同的效应：对比效应（contrast effect）和同化效应（assimilation effect）。对比效应是指当个体面对社会比较信息时，其自我评价水平背离（displace away）比较对象的现象。同化效应是指当个体面对社会比较信息时，其自我评价水平朝向（displace toward）比较对象的现象（Blanton, 2001; Collins, 1996; Festinger, 1954）。

（1）上行比较是指个体与比自己优秀的人进行比较（Festinger, 1954）。上行比较不仅会引起对比效应，还会引起同化效应（Blanton, 2001; Collins, 1996）。当个体进行上行比较产生对比效应时，其自我评价水平会降低，例如产生自卑感、挫败感等。当个体进行上行比较产生同化效应时，其自我评价水平则会提高，例如产生积极情绪、提高自我能力评价和自尊等。

（2）平行比较是指个体与和自己能力或观点相似的人进行比较（Festinger, 1954）。在经典社会比较理论中，Festinger（1954）提出了相似性假说（similarity hypothesis），即当缺乏外部客观的评价标准时，为了获得更多真实、有效的信息，个体会倾向于寻找在观点和能力方面与自己存在相似性的他人进行比较。Suls and Wheeler（2000）提出的"代表比较模型"（proxy comparison model）认为，个体往往与在经验、努力程度等内在表现和与自己相仿的人进行比较而不是与在外在表现上和自己相仿的人进行比较；个体希望与和自己有类似能力或境遇的比较对象进行对比，以预测新事物的发展趋势。基于以往社会比较的研究，相较于平行比较，个体更倾向于选择上行或下行比较，因此针对平行比较的研究相对较少。

（3）下行比较是指个体与比自己差的人进行比较（Wills, 1981）。下行比较同样会引起对比效应和同化效应（Blanton, 2001; Wills, 1981）。当个体进行下行比较产生对比效应时，其自我评价水平会提高，例如产生积极情绪、提高自我能力评价和自尊等。当个体进行下行比较产生同化效应时，其自我评价水平则会降低，例如产生自卑感、挫败感等。Hakmiller（1966）的研究发现，当自尊受到威胁时，个体会倾向于下行比较，以试图恢复自尊。Wills（1981）对下行比较理论进行了系统的阐述，他认为通常情况下个体都倾向于上行比较，但个体在受到某些打击或挫败的情况下，会与比自己差的人进行比较，从而维持个体的自尊和主观幸福感。Gerbeer *et al.*（2018）对社会比较 60 年研究的元分析发现，当被试没有面临任何危机和威胁时，他们没有上行或下行的社会比较倾向，即便是面临威胁时，个体大多进行上行比较，下行比较不是其最主要的选择倾向。

二、社会比较的动机

自 Festinger(1954) 提出社会比较理论以来，关于社会比较动机的研究便成为学者们关注的重点。研究表明，动机在社会比较中起着重要作用，个体进行社会比较的动机主要有自我评价（self-evaluation）、自我完善（self-improvement）和自我提升(self-enhancement) (Corcoran *et al.*, 2011; Helgeson and Mickelson, 1995; Taylor *et al.*,1996)。

（1）自我评价。根据经典的社会比较理论（Festinger, 1954），个体都有保持一个稳定而准确的自我认识的基本需求，个体进行社会比较的目的是了解自己的观点和能力，获得有关自己观点和能力的准确的自我评价信息。自我评价往往通过平行比较实现，即和与自己相似的人进行比较。和与自己相似的人进行比较为个体的自我评价提供了更为准确的信息，可以提高个体自我评价的稳定性和主观准确性 (Corcoran *et al.*, 2011; Helgeson and Mickelson, 1995)。

（2）自我完善。个体进行社会比较的另一重要动机是对自我完善的追求，个体通过与比自己优秀的人进行对比，寻找自己与对方的差距，获得提升自己的有效信息，并激励自己不断进步，达到自我完善的目的 (Suls and Wheeler, 2000; Taylor *et al.*, 1996)。自我完善往往通过上行比较实现，通过与优秀的人比较可以使个体获得希望和灵感，并激发个体自我完善。例如，Blanton *et al.*（1999）在对初中生学业成绩的研究中发现，被试会主动选择比自己成绩好的同学进行比较，并且自己的学业成绩会有一定的提高。然而，以自我完善为目的的上行比较也有可能产生消极的结果，例如 Lockwood and Kunda（1999）的研究表明，当个体认为无论如何努力都不会和比较对象一样优秀时，个体会产生强烈的自卑和挫败感。

（3）自我提升。自我提升往往通过下行比较实现，通过与他人比较来达到维护积极自我（例如维护自尊或提升主观幸福感）的目的，也是个体社会比较的动机之一。通过下行比较实现自我提升，强调下行比较的积极作用 (Suls et al., 2002)。Wills（1981）提出的下行比较理论认为，个体未达到自我满足时，会倾向于与比自己的差的人进行比较，来维护自尊和主观幸福感，下行比较能够帮助个体调整自我并获得自我满足。但是，也有研究表明（如 Lockwood, 2002），以自我提升为动机的下行比较的效果并不是一成不变的，当个体感觉自己不像下行比较目标一样不幸时，下行比较会提高其自我评价；当个体感觉自己和下行比较目标一样不幸时，下行比较会威胁其自我概念，并使个体提高保护自己免受同样命运的动机和加强自我管理策略。

三、消减社会比较差异的策略

经过与他人进行比较，如果个体发现其能力观点与比较对象的能力观点高度相似，则个体就会对自己的能力观点更有自信和信心。然而，由于个体经常选择上行比较，其所产生的差异会使个体有动力消除自己和比较对象之间的差异以及因此而带来的痛苦或消极情绪。根据以往研究，个体消除比较差异和因此而带来的痛苦或消极情绪的策略主要包括回避比较、补偿、改变认知、敌意破坏和努力进取。

（1）回避比较。该策略是个体常用的一种自我保护性策略。上行比较和下行比较都会使个体采取回避比较策略。当个体进行上行比较并产生对比效应时，为了保护积极自我，避免或减轻因比较而带来的消极体验，个体会采取回避比较策略 (Brickman and Bulman, 1977)。例如，当个体在面对比自己更加优秀的比较对象时，会主动疏远比较对象以维持对自身的评价 (Pleban and Tesser, 1981)。另外，当个体认为自己是他人上行比较的对象，会对他人产生威胁，且担心他人因上行比较受到威胁后会做出某些具有消极影响的反应时（例如破坏双方关系和排斥自己等），个体也会采取回避比较策略，以免自己受到伤害 (Exline and Lobel, 1999)。

（2）补偿。该策略是指选择新的社会比较维度。研究发现，当个体某一方面的自我概念受到威胁时，个体会通过肯定自身其他方面的重要性或良好表现来抵消上行比较带来的威胁，这是个体维护积极自我或自尊的一种应对策略 (Steele et al., 1993)。例如，宫秀双和张红红（2020）通过 5 个实验研究发现，上行比较降低了个体的自我独特性感知，并且促使个体做出补偿性的消费行为（独特性寻求行为）。

（3）改变认知。维护积极自我评价是个体的内在需要，当个体因社会比较而面对威胁其积极自我的信息时，个体会通过改变认知来应对社会比较给积极自我带来的威胁，例如，个体通过降低比较维度的重要性、水平和数量维持积极自我评价（Collins, 1996; Gibbons et al., 1994; Tesser et al., 1988）。除此之外，因上行比较而受到威胁的个体也会采取一种"天才效应"策略应对受到伤害的积极自我，即夸大比较对象的能力，提高比较目标。该策略一般用于个体与他人的差距较大，且他人社会信息的有效性较具有权威的情况下，是个体为了维护自我概念所采用的一种策略（邢淑芬和俞国良，2005）。

（4）敌意破坏。人际伤害行为不仅受到个体（消极情感、宜人性、自我控制，以及态度、感受和知觉，如工作满意度和组织公平感等）和情境因素（如社会环境中有害行为的存在等背景特征）的影响，还受到人际二元关系（如同事关系等）的影响（Hershcovis and Barling, 2007; Lam et al., 2011）。研究表明，个体是否做出破坏性行为在很大程度上取决于其在某些方面和其他人的比较结果，当因上行比较而产生对比效应时，个体的自我概念和形象会受到威胁，为了消除因上行比较而带来的威胁，个体会采取敌意破坏行为（例如伤害行为、社会破坏行为）伤害比较对象（例如业绩优秀者）（Lam et al., 2011）。个体采取敌意破坏策略的目的是使比较对象在比较维度方面降低到与自己相似或相近的水平。

（5）努力进取。研究发现，当因上行比较而产生对比效应时，个体并不总是会因积极自我受到威胁而采取敌意破坏行为，即并不是所有个体都会采取敌意破坏行为，有些时候个体也会通过努力进取提升自我，例如比之前更加努力、努力提高业绩、向比较对象学习等（Lee and Duffy, 2019; Tai et al., 2012; 刘得格等，2017）。个体采取该类策略的目的是通过努力进取使自己在比较维度方面达到与比较对象相似或相近的水平。例如，Lee and Duffy（2019）发现，社会比较产生差异之后，当妒忌者的核心自我评价较高且和被妒忌者是朋友关系时，妒忌者会向其朋友（被妒忌者）寻求建议。另外，他们还发现，当妒忌者和被妒忌者是朋友关系时，妒忌者会通过观察向其朋友（被妒忌者）学习。

除以上五种策略以外，研究表明，当满足以下三个条件时，个体还会采取弱化策略（例如隐藏优势、谦虚、分享行为和亲社会行为等）和强化策略（例如强化自我优势、报复或羞辱不如自己的竞争对手）来努力消减或强化他人因与自己进行上行比较而产生的消极体验（刘得格等，2018）：第一，个体认为自己是他人上行比较的对象；第二，其他人和自己进行上行比较时，个体认为自己会对他人产生威胁，比如伤害他人自尊等；第三，个体担心他人因上行比较而受到威胁后会做出某些具有消极影响的反应，而这些反应会对自己、双方关系产生负面影响，比如个体会担忧他人的敌意和被排斥等（Exline and Lobel, 1999）。

对该理论的评价

社会比较是一种普遍存在且具有深远影响力的社会互动过程。自 Festinger（1954）提出社会比较理论以来，其研究的范围从能力和观点拓展到情绪、认知和行为等，从社会学研究拓展到心理学研究、市场营销学研究、群体研究和组织行为学研究等，目前已经涉及人类生活的方方面面。研究发现，社会比较是个体用于自我评价的一个重要方法（Festinger, 1954; Wylie, 1961）。

目前，已有研究探究了影响社会比较效应的因素。从个体因素来讲，个体的自我意识（Gibbons and Buunk, 1999; Stapel and Tesser, 2001）、自我概念（Brickman and Bulman, 1977）、情绪（Van der Zee et al., 1998）、人格（Olson and Evans, 1999; Jani and Han, 2015）、共情（Buunk and Gibbons, 1997）等会影响个体社会比较的效应；从环境因素来讲，个体所处的文化环境（Chung and Mallery, 1999; Kang et al., 2013）、家庭环境（Carlson and Masters, 1986; Gilbert, 1992）、组织环境等也会影响社会比较的效应。

另外，目前对社会比较产生的后果的研究也比较丰富。社会比较对个体自身后果（intrapersonal consequences）的影响主要有自我概念、主观幸福感、自尊、抑郁、自我效能感、学业成绩和绩效满意度（Fox and Dayan, 2004）等；对人际后果（interpersonal consequences）的影响主要有亲社会行为（Klein, 2003）、领导—成员关系、对他人的感知（Corcoran et al., 2011; Exline and Lobel, 1999）、妒忌（Dunn et al., 2012; Smith et al., 2017）、合作与竞争行为（Festinger, 1954）、市场消费者选择（Zheng et al., 2018）等。在组织行为领域，社会比较能够对个体的任务绩效、组织公平、职业倦怠、压力、薪酬满意和上下级关系等产生影响。

尽管以往有关社会比较的研究取得了很多成果，但也存在一些不足之处。其一，社会比较对象的选择忽略了权力不对称的个体之间的比较（Kilduff et al., 2010; Schaubroeck and Lam, 2004）。例如，在社会比较和领导理论的研究中，研究者忽略了对领导者和与之权力不对称的追随者之间社会比较过程的研究，特别是领导者和追随者之间的上行比较过程（Leheta et al., 2017）。在社会比较和妒忌的情绪理论研究中，以往绝大多数社会比较和妒忌的研究主要集中在相似个体之间的社会比较及其影响方面，未对权力不对称的被妒忌者和妒忌者进行深入探讨。鉴于权力不对称和社会比较是工作与生活中的普遍现象，且对理解个体之间的互动过程及其影响非常重要（Dijke and Poppe, 2004），研究具有权力不对称性特征的比较对象的社会比较、情绪反应及其影响具有重要的意义（Leheta et al., 2017; Tai et al., 2012）。

其二，社会比较研究较少关注比较对象的态度、情绪和行为反应，以及比较者和比较对象之间的互动过程。以往研究中，无论是上行比较、下行比较还是平行比较，都是从比较者的角度研究社会比较及其结果（Festinger, 1954; Gerber et al., 2018; Wills, 1981），对比较对象是否会因比较者与自己比较而产生某些态度、情绪和行为反应，以及比较对象认为其他人与自己进行社会比较之后如何和比较者进行互动等主题缺少研究。根据以往研究，比较者会采用敌意破坏等策略减少与比较对象的差异，比较者所采用的敌意破坏策略无疑会对比较对象产生影响（Duffy et al., 2012; Duffy et al., 2021）。而且，比较者所采用的敌意破坏策略会进一步影响比较对象与比较者的后续互动，诸如比较对象会如何与比较者互动、会采取哪些行为、什么因素会影响比较对象的行为选择等问题都值得研究者在将来进行深入的研究。

关键测量量表

在以往社会比较的研究中，研究者更多地采用等级排序法（rank order paradigm; 如 Wheeler, 1966）、反应法（reaction method; 如 Morse and Gergen, 1970）、叙述法（narrative approach; 如 Wheeler and Miyake, 1992; Wood et al., 1985）等，而非量表研究和测量社会比较。其中，等级排序法是研究社会比较（对象）常用的一种方法。反应法是把被试置于社会比较情境中，让被试和比自己好或比自己差的比较对象比较。叙述法是被试描述其社会比较经历的一种方法，可分为总体描述（golobal self-report）、每天描述（self-recorded comparison diaries）和比较事件描述（recorded when social comparison is made）。Wood（1996）对上述方法及其有效性进行了深入的分析，有兴趣的读者可以阅读 Wood（1996）。为了更多地介绍与社会比较有关的测量量表，此处我们选择了两个量表，即"成为威胁性上行比较对象的敏感性"量表（Sensitivity about being the Target of a Threatening Upward Comparison, STTUC）和社会比较倾向量表（Social Comparison Orientation Scale）。

1. Sensitivity about being the Target of a Threatening Upward Comparison Scale: 3 个维度，9 个题项

Koch, E. J., & Metcalfe, K. P. (2011). The bittersweet taste of success: Daily and recalled experiences of being an upward social comparison target. *Basic and Applied Social Psychology*, 33, 47–58.

2. Social Comparison Orientation Scale: 1 个维度，11 个题项

Gibbons, F. X., & Buunk, B. P. (1999). Individual differences in social comparison: Development of a scale of social comparison orientation. *Journal of Personality and Social Psychology*, 76, 129–14.

经典文献

Buunk, A. P., & Gibbons, F. X. (2007). Social comparison: The end of a theory and the emergence of a field. *Organizational Behavior and Human Decision Processes*, 102, 3–21.

Duffy, M. K., Lee, K., & Adair, E. A. (2021). Workplace envy. *Annual Review of Organizational Psychology and Organizational Behavior*, 8, 19–44.

Duffy, M. K., Scott, K. L., & Shaw, J. D., et al. (2012). A social context model of envy and social undermining. *Academy of Management Journal*, 55(3), 643–666.

Festinger, L. A. (1954). A theory of social comparison processes. *Human Relations*, 7(2), 117–140.

Gerber, J. P., Wheeler, L., & Suls, J. (2018). A social comparison theory meta-analysis 60+ years on. *Psychological Bulletin*, 144(2) :177–197.

Gibbons, F. X., Lane, D. J., & Gerrard, M., et al. (2002). Comparison-level preferences after performance: Is downward comparison theory still useful?. *Journal of Personality and Social Psychology*, 83(4), 865–880.

Goethals, G. R. (1986). Social comparison theory: Psychology from the lost and found. *Personality and Social Psychology Bulletin*, 12, 261–278.

Hakmiller, K. L. (1966). Threat as a determinant of downward comparison. *Journal of Experimental Social Psychology*, 1, 32–39.

Lockwood, P. (2002). Could it happen to you? predicting the impact of downward comparisons on the self. *Journal of Personality & Social Psychology*, 82(3), 343–358.

McFarland, C., Buehler, R., & MacKay, L. (2001). Affective responses to social comparisons with extremely close others. *Social Cognition*, 19(5), 547–586.

Steele, C. M., Spencer, S. J., & Lynch, M. (1993). Self-image resilience and dissonance: The role of affirmational resources. *Journal of Personality and Social Psychology*, 64(4), 885–896.

Suls, J. M. & Miller, R. L. (1979). Social Comparison Processes: Theoretical and Empirical Perspectives. Washington, DC: Hemisphere.

Suls, J., & Wheeler, L. (2000). *Handbook of Social Comparison: Theory and Research*. Berlin: Springer.

Van der Zee, K., Buunk, B., & Sanderman, R. (1998). Neuroticism and reactions to social comparison information among cancer patients. *Journal of Personality*, 66(2), 175–194.

Wood, J. V. (1996). What is social comparison and how should we study it? *Personality and Social Psychology Bulletin*, 22, 520–537.

邢淑芬, & 俞国良. (2005). 社会比较研究的现状与发展趋势. 心理科学进展, 13(1), 78–84.

对管理者的启示

社会比较理论在工作场合的广泛应用与研究表明，该理论不仅具有重要的价值和意义，而且为企业的管理实践提供了有效的建议和启示。

第一，社会比较和组织公平。企业中，员工会自觉或不自觉地将自己获得的薪酬、工作环境、受到的关注度和地位等同自我、他人进行比较。薪酬激励或福利待遇不公平的企业会造成员工心理失衡，直接打击其工作的积极性，影响员工之间团结的氛围，并因此影响企业的生产经营活动，阻碍企业的发展。因此，管理者在设定企业的薪酬激励制度时不但要考虑内部公平性还要考虑外部公平性，注重提高员工对薪酬和待遇等各方面的评价，建立科学的岗位评价体系和薪酬激励制度，尽力为所有员工提供同样的公平的工作环境，以提高员工感知的组织公平，达到激励员工的目的。

第二，社会比较和员工情绪。上行比较较易诱发"比不上别人"的消极感受，是个体产生不愉快或妒忌情绪的重要影响因素（Smith and Kim, 2007）。例如，妒忌的社会比较理论认为，当个体在上行比较的过程中处于劣势时，个体较易产生妒忌情绪，并产生消极心理影响；个体与比较对象身份越相似，越容易在上行比较后产生妒忌情绪（Klein, 2003）。因此，在工作场合中，员工的上行比较易使员工产生对上级的妒忌。善意妒忌促使个体通过积极的努力和"挑战性行为"获得自己想要的东西，而恶意妒忌则促使个体通过"破坏性行为"把比较对象"拉下马"，比如社会破坏和反生产行为等（刘得格等，2017）。此外，员工也会面临被他人比较的情境，因担心他人与自己比较后而成为妒忌对象，员工有可能产生担心害怕的情绪，从而刻意隐藏自身能力或低调表现，这不利于企业积极、高效地发展（刘得格等，2018）。工作场合中的上行比较不可避免，下属产生妒忌情绪也不可避免，因此管理者需通过一些行为缓解或消除下属的妒忌，当下属妒忌无法消除时，管理者应当正确识别下属的妒忌是善意的还是恶意的，并将恶意的妒忌转化为善意的妒忌，以此刺激下属不断提高自己，努力实现超越上级的目标。

　　第三，上下级之间的社会比较和管理。管理者的重要任务是有效管理下属和领导工作团队实现组织要求的任务目标。在这一过程中，管理者的态度、情绪和行为会对下属工作业绩、满意度、组织承诺及团队凝聚力和组织绩效等产生非常重要的影响。管理者与下属之间的社会比较不仅会影响管理者的态度、情绪和行为（比如，管理者与优秀下属的上行比较会引起领导者的妒忌及对下属的辱虐行为等）（Yu *et al*., 2018），而且会影响下属的态度、情绪和行为。例如，一方面，下属可能因管理者妒忌自己而担心自己失去晋升机会等，并因此减少自己的工作投入，降低自己的业绩；另一方面，下属也会因妒忌管理者而产生敌意情绪和破坏行为（刘得格等，2018; Braun *et al*., 2018; Tariq *et al*., 2021）。此外，上下级之间的社会比较还会对团队氛围产生复杂的消极影响（Ogunfowora *et al*., 2019）。社会比较理论有助于企业对管理者的领导行为进行行之有效的培训和指导，帮助管理者识别和理解上下级之间的社会比较，改变其思维方式和管理方式，使管理者有效疏导自身和下属的社会比较情绪，有针对性地管理工作场所中的社会比较。

本章参考文献

24

社会交换理论

刘冰[1] 齐蕾[2]

社会交换理论（social exchange theory）是20世纪50年代末期兴起于美国进而在全球范围内广泛传播的一种社会学理论，其思想主要来源于古典功利主义、古典政治经济学、功能主义人类学和行为主义心理学。乔治·卡斯珀·霍曼斯（George Casper Homans）（见图1）根据经济交易理论和行为主义心理学的原则，在1958年发表的《社会行为是一种交换》（Social behavior as exchange）一文中，首次提出了社会交换的观念，其主要思想是当事人会在获得回报的预期下，涉入并维持与他人的交换关系（Homans, 1958; Blau, 1968）。

图1 乔治·卡斯珀·霍曼斯

该理论的主要代表人物还有彼得·迈克尔·布劳（Peter Michael Blau）、理查德·埃默森（Richard Emerson）等。社会交换理论仅限于检验那些从他人处得到回报的行为（Blau, 1964）以及被称为"交易"的过程和被称为"交换"的关系，而这些过程和关系具有双边、相互、互惠互利的特征（Emerson, 1976）。该理论假设利己主义者与另一方进行交易或交换是为了实现他/她自己不能实现的结果（Lawler and Thye, 1999），一旦双方感知不到交换是互惠的，这些交换就会被立即停止（Blau, 1994）。Homans（1974）写道，利益交换，

---

1 刘冰，山东大学管理学院教授、博士生导师。主要研究领域：人力资源管理与组织行为。电子邮箱：liubingsdu@163.com。
2 齐蕾，山东财经大学工商管理学院预聘副教授、硕士生导师。主要研究领域：人力资源管理与组织行为。电子邮箱：qileisdu@163.com。

或者给予他人相对更有价值的东西是人类行为的基础。这一理论主张人类的一切行为都受到某种能够带来奖励和报酬的交换活动的支配，因此，人类一切社会活动都可以归结为一种交换，人们在社会交换中所结成的社会关系也是一种交换关系。社会交换理论自提出以来便受到学者们的广泛重视，2011 年之后每年的被引次数均超过 300 次（见图 2），成为研究组织行为的重要理论之一。

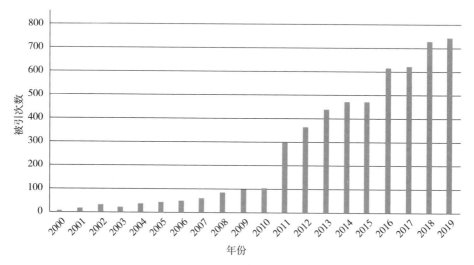

图 2　社会交换理论的被引次数

资料来源：根据 Web of Science 数据整理而成，搜索时采用精确匹配。

社会交换理论的核心内容

有关社会交换的研究是从个人主义和集体主义两种不同的观点演变而来的（Makoba, 1993）。个人主义观点强调了个人在交换中涉及的心理和经济自利（Blau, 1964; Homans, 1974），而集体主义观点强调了群体或社会需求的重要性（Befu, 1977）。根据集体主义观点，社会是个人存在的目的，而个人的存在是为社会利益服务的（Sahlins, 1965; Mauss, 1967; Lévi-Strauss, 1969; Ekeh, 1974）。研究人员试图将这两种观点进行整合（如 Makoba, 1993）。现代社会交换理论将个人和集体行动者间的社会过程视为有价值的资源交换过程，对这一交换过程的分析，有助于对社会结构的了解。

1. 霍曼斯的行为交换理论

霍曼斯作为社会交换理论的创始人,复兴了古典经济学中关于理性人假设的理论,力图恢复存在于人们之间的利益自然认同这一概念。同时,他还以行为主义心理学有关个体行为的原理为基础,构建了旨在恢复经济理性主义理论和个人行为主义理论的社会交换理论。他认为,人们的一切社会活动都是一种交换活动,交换是人类社会生活中的普遍现象。社会交换行为规律与经济学中的交换原理是一致的、普遍存在的,个体能够理性地追求最大利益是维持人际互动和社会稳定的基础。人们在社会互动中总是想从他人那里获得一些报酬,使报酬大于成本,即使做不到人们也总想保持"收支平衡",以达到平等交换;人们与他人交往是为了获得社会报酬。为了阐述这一基本原理,霍曼斯使用了刺激、行为、报酬、惩罚、价值、代价、知觉、规范等基本概念,并提出了人们进行社会交换的六大基本命题:

(1) 成功命题。在一个人所做过的所有行动中,如果其中某一特定行动经常得到报酬,那么这个人就愿意重复该行动。

(2) 刺激命题。如果一个人在过去对某一种或一组刺激做出的某一行动获得了报酬,那么当类似过去的那种刺激再发生时,这个人就有可能做出与过去相同或类似的行动。

(3) 价值命题。某一行动带来的结果对一个人越有价值,则这个人就越有可能做出该行动。

(4) 剥夺—满足命题。某人在近期越是经常得到某一特定报酬,则随后而来的同样报酬对他的价值就越低。

(5) 侵犯—赞同命题。这一命题包括两个副命题:第一,如果一个人的行动没有获得预期的报酬或者受到了预期之外的惩罚,那么这个人会被激怒并可能采取侵犯行为;第二,如果一个人的行动获得了预期的报酬或获得的报酬比预期的多,或者其行动没有受到预期的惩罚,那么这个人会产生喜悦的心情并可能做出别人赞同的行动。

(6) 理性命题。在面对各种行动方案时,行动者总是选择价值最大和成功概率最高的行动。

2. 布劳的社会交换理论

布劳的社会交换理论主要受到经济学的功能主义和社会学的结构主义影响,他对社会交换的定义、条件、特征、原则、过程、社会交换与权力、社会交换与宏观结构及社会交换中出现的不平等和异质性进行了系统分析，实现了社会交换理论从微观向宏观的过渡。同时，布劳的社会交换理论还存在霍曼斯和马克思的影响痕迹，主要体现在布劳一方面在其结构交换理论中吸收了霍曼斯社会交换理论基本原理和基本命题中的合理内核，另一方面通过汲取马克思辩证法思想的精髓，运用"集体主义方法论"与整体结构论进行社会交换中宏观结构的研究，用不对等交换的原则揭示了权力产生、反抗及变迁的基本规律。

布劳认为，虽然大部分人类行为是以对社会交换的考虑为指导的，但并不是所有的人类行为都受到社会交换考虑的指导，社会交换只是人类行为的一部分。他提出了使行为变为交换行为必须具备的两个条件：一是该行为的最终目标只有通过与他人互动才能实现；二是该行为必须采取有助于实现这些目标的手段。布劳把社会交换界定为"当别人做出报答性反应就发生、当别人不再做出报答性反应就停止的行动"（Blau, 1964）。他认为社会交换是个体之间的关系与群体之间的关系、权力分化与伙伴群体关系、对抗力量之间的冲突与合作、社区成员之间间接的联系与亲密依恋关系等的基础。社会的微观结构起源于个体期待社会报酬而发生的交换。个体之所以相互交往，是因为他们从相互交往中通过交换得到了某些需要的东西。在讨论社会交换的形式之前，布劳又区分了两种社会报酬：内在性报酬和外在性报酬。内在性报酬，即从社会交往关系本身中取得的报酬，如乐趣、社会赞同、爱、感激等；外在性报酬，即在社会交往关系之外取得的报酬，如金钱、商品、邀请、帮助、服从等（Blau, 1964）。

布劳把社会交换分为三种形式：① 内在性报酬的社会交换。参加这种交换的行动者把交往过程本身作为目的。② 外在性报酬的社会交换。参加这种交换的行动者把交往过程看作实现更远大目标的手段。外在性报酬对一个人合理选择伙伴提供了客观的、独立的标准。③ 混合性的社会交换。这种交换既具有内在报酬性，又具有外在报酬性。布劳还提出了影响社会交换过程的三个条件：第一，交换发展时期与交换伙伴间关系的特点和性质；第二，社会报酬的性质和提供它们时付出的成本；第三，发生交换的社会背景。

布劳建构了一个更为丰富的宏观社会交换理论，他发现群体之间的交往与个人之间的交往存在相同点：首先，群体之间的交往也受追求报酬的欲望支配。其次，群体之间的交往也大致经历"吸引—竞争—分化—整合与冲突"这一过程，即社会交换始于社会吸引，当行动者互相发现对方拥有自己所需要的社会资源，而又确信对方愿意提供这种资源时,他们之间就产生了相互吸引,相互吸引是刺激人们进行社会交换的前提条件;社会交换是通过竞争得以实现的,在交换关系中各方都尽力展示自己的报酬能力,以吸引其他人同自己交换,每个行动者都试图在竞争中占据有利的交换位置,顺利地实现交换过程;竞争的每一个结果都推动群体成员的结构分化,资源丰厚者在群体中占据较高的交换地位,可以自由选择交换对象,而资源匮乏者对交换对象没有选择的余地;权力分化最终根源于交换各方所拥有的资源不平衡,各个行动者经过反复的交往、互动将这种不平衡以权力等级结构的形式固定下来,并进一步影响交往,这种影响被概括为整合与冲突。

布劳的社会交换理论具有回报性和自愿性等基本特征,遵循互惠规范和公平规范等基本规范,经历了吸引—竞争—分化—整合与冲突这一基本交换过程,包含共享价值和制度化这两种宏观社会交换分析的新概念。

3. 埃默森的社会交换网络论

埃默森将网络分析技术应用于交换理论之中形成了社会交换网络论。他首先受伯尔赫斯·弗雷德里克·斯金纳(Burrhus Frederic Skinner)强化理论的影响,认为交换关系的形成是:① 一个以上行动者认识到机会;② 采取行动;③ 相互强化的行动者之间交换的完成。如果最初的行为没有受到强化,那么交换关系就不会发展,行动者之间的交换活动起码要维持一段时间才具有理论分析的意义。埃默森的观点从一个现成的交换关系开始,他认为行动者的权力是由他人对其所拥有资源的依赖程度决定的。在埃默森的框架中,依赖是权力的最终来源,它取决于所依赖资源的价值和替代资源的数量及成本。如果一个行动者比交换伙伴拥有较高的权力,那么这个行动者将会寻求权力使用,利用另一方对其的依赖获取额外的资源或坚守获取资源的成本。这种交换关系是不平衡的,一方处于权力优势地位。不平衡和权力使用将激活平衡操作过程,即不平衡交换关系随着时间趋于平衡。具体而言,如果 A 对 B 有权力优势,则 B 有四种选择:① 降低来自 A 的强化物或报酬的价值;② 寻找 A 所提供资源的替代资源;③ 增加为 A 提供的强化物的价值;④ 设法减少为 A 提供的报酬的替代资源。

所有这些操作均是为了减少对 A 的依赖或者增加 A 对 B 的依赖,以获得交换关系的平衡和均衡。

对该理论的评价

霍曼斯建构了以理性主义和行为主义为基础的社会交换理论，能够对社会整合、权力和地位的形成进行有效解释，然而却陷入了两难之境，一方面他进行人类行为研究所基于的心理学原理来自对动物行为的研究，由于人类行为和动物行为存在本质区别，因此他并不能很好地解释人类行为中随意性和主观性等问题；另一方面他在坚持彻底的个人主义的同时，又试图通过对微观交换行为的观察来发现和概括出心理定律，并试图用来解释社会结构，其中存在悖论问题。布劳建构的社会交换理论旨在克服霍曼斯理论在解释宏观领域现象时暴露的不足，为分析非制度化的人际互动和制度化的结构关系提供了一般性交换理论框架，填补了理论社会中微观研究与宏观研究之间的鸿沟。霍曼斯和布劳的区别具体如下：霍曼斯倾向于"个人主义方法论"与心理还原论，即以个人的心理解释推到所有群体行为，布劳则倾向于"集体主义方法论"与整体结构论，即认为社会复杂的结构不能还原为个人的心理现象，而且具有整体效应；霍曼斯用对等性原则解释社会交换，布劳则用对等性解释部分社会交换，用不对等性解释另外一些社会交换，布劳认为，不对等交换产生了社会的权力差异与分层现象。

埃默森的社会交换网络论通过以社会关系为基本分析单位，避免了还原主义和循环论证的错误，同时显示了社会交换理论与经济交换理论的明显区别。埃默森将交换理论与网络理论相结合，一方面为网络行动者提供了行为动力，避免了网络分析缺乏理论假设的问题；另一方面通过赋予社会结构以清晰的界定，显示了交换理论解决社会学理论宏观问题的希望。

总体来讲，社会交换理论打破了结构功能主义一统天下的格局，推动了社会理论研究出现多元化的局面，有助于理论研究走出结构功能主义设立的理论迷宫，走出以平衡、和谐为特征的"乌托邦"，更贴近地研究社会现实，成为理解组织行为最有影响力的理论之一（Cropanzano and Mitchell, 2005）。但是，这一理论也难免遭到批评。首先，一些批评者认为，鉴于理论的假设，所有的人类互动都必须被视为社会交换。而一些研究人员将社会交换视为人类社会互动的特殊情况，其他人则忽略了二者之间的区别（Burgess and Nielsen, 1974; Molm et al., 2003）。Coyle-Shapiro and Conway（2004）探讨了理论的模糊性，Cropanzano et al.（2001）表达了对社会交换理论模型频繁误解的关注。其次，批评者认为，交换关系的概念还没有被很好地定义。例如，Cropanzano and Mitchell（2005）描述了两种类型的关系：一系列相互依赖的交换和由一系列相互依赖的交换产生的人际关系。为了帮助解决这种分歧，Cropanzano and Mitchell（2005）在社会交换中提供了交易和关系的类型。最后，批评者认为，该理论将人际互动过度简化为短期的、自利的交换。批评者抱怨当有许多其他更有利可图的关系存在时，人类将在更多因素的驱动下做出行为，并且经常保持非互惠的关系。

关键测量量表

1. 领导—成员交换量表（Leader-Member Exchange Scale）：1 个维度，7 个题项

Scandura, T. A., & Graen, G. B. (1984). Moderating effects of initial leader-member exchange status on the effects of a leadership intervention. *Journal of Applied Psychology*, 69(3), 428.

2. 经济与社会交换量表（Economic and Social Exchange Scale）：2 个维度，16 个题项

Shore, L. M., Tetrick, L. E., & Lynch, P., et al. (2006). Social and economic exchange: Construct development and validation. *Journal of Applied Social Psychology*, 36(4), 837–867.

3. 互惠量表（Reciprocity Scale）：3 个维度，16 个题项

Wu, J. B., Hom, P. W., & Tetrick, L. E., et al. (2006). The norm of reciprocity: Scale development and validation in the Chinese context. *Management and Organization Review*, 2, 377–402.

4. 社会交换风格量表（Social Exchange Styles Model）：2 个维度，20 个题项

Leybman, M. J., Zuroff, D. C., & Fournier, M. A., et al. (2011). Social exchange styles: Measurement, validation, and application. *European Journal of Personality*, 25(3), 198–210.

5. 组织公民行为量表（Organizational Citizenship Behavior Scale）：1 个维度，6 个题项

Wayne, S. J., Shore, L. M., & Liden, R. C. (1997). Perceived organizational support and leader-member exchange: A social exchange perspective. *Academy of Management Journal*, 40(1), 82–111.

6. 社会权力量表（Social Power Scale）：5 个维度，20 个题项

Hinkin, T. R., & Schriesheim, C. A. (1989). Development and application of new scales to measure the French and Raven (1959) bases of social power. *Journal of Applied Psychology*, 74, 4, 561–567.

7. 知识分享量表（Knowledge Sharing Scale）：1 个维度，7 个题项

Bartol, K. M., Liu, W., & Zeng, X., *et al.* (2009). Social exchange and knowledge sharing among knowledge workers: The moderating role of perceived job security. *Management and Organization Review*, 5(2), 223–240.

| 经典文献 |

Adams, J. S. (1996). Inequity in social exchange. *Advances in Experimental Social Psychology*, 2(4), 267–299.

Blau, P. M. (1977). A macrosociological theory of social structure. *American Journal of Sociology*, 83(1), 26–54.

Cropanzano, R., & Mitchell, M. S. (2005). Social exchange theory: An interdisciplinary review. *Journal of Management*, 31(6), 874–900.

Emerson, R. M. (2003). Social exchange theory. *Annual Review of Sociology*, 2(1), 335–362.

Homans, G. C. (1974). *Social Behavior: Its Elementary Forms*. New York: Harcourt.

Lawler, E. J., & Yoon, J. (1996). Commitment in exchange relations: Test of a theory of relational cohesion. *American Sociological Review*, 61(1), 89–108.

Toshio, Y. & Cook, Y. K. S. (1993). Generalized exchange and social dilemmas. *Social Psychology Quarterly*, 56(4), 235–248.

| 对管理者的启示 |

社会交换理论对现代企业管理实践有着重要的指导意义。只有当信任交易伙伴时，人们才会参与到互惠互利的关系之中。管理者的工作是帮助员工与其组织和同事建立长期的、有回报的交换关系；帮助员工了解并信任其组织；帮助组织

通过经济奖励（薪酬、福利、休假时间等）和社会奖励（不花费组织任何资源，诸如赞美、尊重、欣赏、友谊等）激励员工。

员工对组织长期就业前景的看法可以影响他们的组织行为。研究表明，当员工具有较低工作安全感时，或者当员工没有将自己和组织未来规划在一起时，员工可能不会自愿帮助组织，例如分享知识。然而，当员工具有较高工作安全感时，他们会进行知识分享。因此，管理者的工作就是培养员工对他们与组织之间长期信任和相互满足关系的看法，帮助员工看到，当他们投身于组织时，组织同样将会给予他们回馈，并将其纳入组织的未来发展规划。

本章参考文献

25

社会身份认同理论[*]

杨杰[1] 林俊滨[2] S.亚历山大·哈斯兰姆[3] 凯瑟琳·哈斯兰姆[4] 尤兰达·耶腾[5]

图1 亨利·泰弗尔

图2 约翰·查尔斯·特纳

Tajfel（1972）最早引入了"社会身份认同"（social identity）概念。社会身份认同是个体自我概念的一部分，源于对相关社会群体成员的感知（Turner and Oakes, 1986）。社会身份认同理论由波兰社会心理学家亨利·泰弗尔（Henri

---

[*] 基金项目：国家自然科学基金项目（71762013）。

[1] 杨杰，桂林电子科技大学商学院教授、博士生导师。主要研究领域：知识管理与创新、榜样与组织认同、老龄化与代际问题、领导理论与领导力提升、冲突管理与心理健康。电子邮箱：yang66@263.net。

[2] 林俊滨（Ben Lam），澳大利亚昆士兰大学心理学院博士后。主要研究领域：群体过程与压力、中西方亲密者的配偶偏好、关系认知、文化适应和双文化主义。电子邮箱：bencplam@gmail.com。

[3] S.亚历山大·哈斯兰姆（S. Alexander Haslam），澳大利亚昆士兰大学心理学院教授、博士生导师。主要研究领域：组织、社会和临床情境下群体与身份认同过程研究。电子邮箱：a.haslam@uq.edu.au。

[4] 凯瑟琳·哈斯兰姆（Catherine Haslam），澳大利亚昆士兰大学心理学院教授、博士生导师。主要研究领域：创伤和疾病的认知及社会后果、老年人身份与认知的关系。电子邮箱：c.haslam@uq.edu.au。

[5] 尤兰达·耶腾（Jolanda Jetten），澳大利亚昆士兰大学心理学院教授、博士生导师。主要研究领域：群体过程与压力、群体间冲突、偏见、成见、欺凌与边缘化、组织变革与幸福、压力、领导心理。电子邮箱：j.jetten@psy.uq.edu.au。

Tajfel)（见图 1）和英国社会心理学家约翰·查尔斯·特纳（John Charles Turner）（见图 2）于 20 世纪 70 年代提出。该理论用于研究个人和社会身份认同之间的相互作用，具体地说，该理论描述了与社会身份认同相关的认知过程以及社会身份认同如何影响群体间行为。换言之，社会身份认同理论旨在阐明导致人们定义其群体成员身份的认知过程，以及通过将其所属社会群体与其他群体进行有利比较，使人们能够保持积极的社会身份认同的动机过程。在 Google Scholar 搜索中，以"social identity theory"为关键词，以 2000—2018 为时间范围进行检索，共获得 67 425 篇（不限定语言）文献检索结果。从历年的文献发表情况来分析，该理论的热度呈现非常明晰而稳定的逐年递增趋势（见图 3），显示出该理论强大的生命力与现实解释力。在 Web of Science 核心合集中，以"social identity theory"为主题词进行检索，截至 2019 年 12 月 12 日，被引次数超千次的文献共有 5 篇。其中，单篇被引次数最高的文献是布莱克·E. 阿什弗斯（Blake E. Ashforth）与弗雷德·麦尔（Fred Mael）于 1989 年发表于《美国管理学会评论》（*Academy of Management Review*）的《社会身份认同理论与组织》（Social identity theory and the organization），被引次数为 3 841 次。第二高的是迈克尔·A. 霍格（Michael A. Hogg）与德博拉·I. 特瑞（Deborah I. Terry）于 2000 年发表于《美国管理学会评论》的《组织情境下的社会身份认同与自我分类过程》（Social identity and

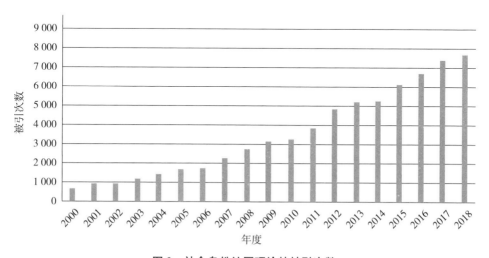

图 3　社会身份认同理论的被引次数

资料来源：根据 Google Scholar 数据整理而成，搜索时采用精确匹配。

self-categorization processes in organizational contexts），被引次数为 1 577 次。第三高的是里亚·卢塔宁（Riia Luhtanen）与珍妮弗·克罗克（Jennifer Crocker）于 1992 年发表于《人格与社会心理学公报》（Personality and Social Psychology Bulletin）的《集体自尊量表：对自己的社会身份认同进行自我评价》（A collective self-esteem scale: Self-evaluation of one's social identity），被引次数为 1 498 次。

社会身份认同理论的核心内容

社会身份认同理论起源于泰弗尔及其同事于 20 世纪 70 年代早期进行的一系列最简群体实验范式研究。他们在研究中考察了知觉过程导致社会刻板印象和偏见的方式。在这些研究中，参与者被任意分配到不同的组别。然而，尽管他们的群体没有结构，群体成员身份也毫无意义，但是研究表明，即使他们没有从群体成员身份中获得任何个人利益，也没有与任何一个群体成员有过交往史，但他们更喜欢分配给他们的群体成员——他们的内群体而不是外群体。最简群体实验范式研究结果显示：对群体成员身份的意识是产生群体行为的最低条件。群体的力量大到以至于仅仅将人们分配到一个简单、无意义的类别中去，也足以产生群体取向的知觉和行为，即足以让人们根据群体成员的身份来思考自己。此外，这种分类导致群体内偏袒和群体外歧视，这表明群体间冲突可能存在于群体之间没有直接竞争的情况下。在这些研究的基础上，泰弗尔于 1972 年首次定义了社会身份认同的概念（个体认识到他或她属于特定的社会群体，同时也认识到作为群体成员带给他或她的情感和价值意义）（Tajfel, 1972），并于 1979 年与其学生特纳正式提出了社会身份认同理论。

泰弗尔和特纳的社会身份认同理论解释了个体自我概念的一部分来自他所属的群体。每个个体不仅有一个个体的自我，还有多个自我和与其所属群体相关的身份（Tajfel and Turner, 1979）。在不同的社会情境下，个体可能根据其所属的群体，如运动队、家庭、国籍、所居住的社区等而采取不同的行动。对属于某群体的意识会强烈地影响个体的知觉、态度和行为。如果没有获得满意的社会身份认同，那么个体就会离开他们的群体或设法加入使其自身更能得到积极区分的群体。

概而言之，个体通过社会分类，对自己的群体产生认同，并产生内群体偏好和外群体偏见。个体通过积极区分内群体与相关的外群体来实现或维持积极的社会身份认同，进而形成积极的自我概念。当社会身份认同受到威胁时，个体会采用各种策略来维持这种积极的自我概念。泰弗尔和特纳认为，影响群体间区分的因素包括：① 人们必须主观上认同他们的内群体；② 情境允许人们进行评价性的群体间比较；③ 外群体必须是可以充分比较的。如果个体过分热衷于自己的群体，认为自己的群体比其他群体好，并致力于寻求积极的社会身份认同和体会群体间差异，就容易引起群体间偏见和群体间冲突（Tajfel and Turner, 1979）。

更具体地说，社会身份认同理论建立在三个关键的认知成分之上，即社会分类、社会身份认同和社会比较。

所谓社会分类，是指把个体分成不同的社会群体，以便了解社会的过程。例如，"外来务工人员""北漂""蚁族"等。这个过程使个体能够根据其所属的群体来定义人，包括其自己。个体倾向于根据社会类别而不是个人特征来定义他们，即将符合内群体的特征赋予自我，从而实现自我定型。社会分类通常强调同一群体中人的相似性和不同群体中人的差异性。"物以类聚，人以群分"反映的就是这个道理。一个人可以属于各种各样的社会范畴，但不同范畴的重要性会根据社会情境而变化。例如，中国传统对优秀女性要求"出得厅堂、入得厨房"就反映了不同范畴在不同情境下的重要性。人们往往通过自动、自发的归类，将有利的资源分配给内群体成员。

所谓社会身份认同，是指认同为一个群体成员的过程。认同某个群体会表现出与该群体相一致的行为方式。例如，如果一个人把自己定义为一个环保主义者，那么他或她可能会努力节约资源，尽可能地回收利用资源，并参加各种与资源可再生利用问题相关的集会。通过这个过程，个体在情感上投资于其群体成员，从而使其自我概念受到群体地位的影响。

所谓社会比较，是指个体在威望和社会地位方面与其他群体进行比较的过程。它使社会分类过程的意义更加明显，并满足个体获得积极自我概念的需要。在进行群体间比较时，个体倾向于在特定的维度上夸大群体间的差异，而对群体内成员给予更积极的评价。这样就使个体产生了不对称的群体评价和行为，更偏向于自己所属的群体，即从认知、情感和行为上认同所属的群体。

一般而言，保持积极的社会身份认同感，个体会自觉积极，并保持较高的自尊。然而，如果无法对所属的群体进行积极评价，那么个体通常会采用三种策略进行回应：① 流动。当一个人不看好自己的群体时，他或她可能尝试离开当前的群体，加入一个社会地位更高的群体，从而获得更满意的社会身份认同等。当然，这不会改变群体的状态，但可以改变个体的状态。地位高的群体会鼓励这种做法，因为它并不试图改变群体之间地位的现状，反而可能降低弱势群体的凝聚力，避免其成员集体性的对抗行为。但是，地位高的群体也会对个体流动的数量进行一定的限制以免他们对自己构成威胁。例如，皮尤研究中心（Pew Research Center）2015 年发布的一份调查显示，超过 40% 的美国人对亚洲移民（47%）和欧洲移民（44%）抱有积极的态度，而仅有 1/4 的美国人对非洲移民和拉丁美洲移民（各占 26%）持有好感。另外，近一半美国人（49%）认为，未来应该减少移民。② 调整。群体成员可以通过调整群体间比较的一些元素来提高现有群体的社会地位。例如，可以通过选择一个不同的维度来比较两个群体，或者通过调整价值判断来实现，这样曾经被认为是负的东西现在可能被认为是正的。另外，可以通过将内群体与不同的外群体进行比较，特别是社会地位较低的外群体来实现。③ 竞争。群体成员可以通过集体努力改善自己的处境，试图提高群体的社会地位。在这种情况下，内群体直接与外群体竞争，目的是在一个或多个维度上改变群体的社会地位。群体内的偏袒和群体外的歧视往往被看作一枚硬币的两面。然而，研究表明，事实并非如此。群体内积极知觉与群体外消极知觉之间不存在系统关系。帮助内群体成员而不向外群体成员提供此类帮助与积极地伤害外群体成员有很大不同。一般而言，个体希望通过保持其群体相对于相关外群体的良好社会地位来保持积极的社会身份认同。外群体偏见会导致从偏见和刻板印象到种族及性别歧视等多种负面结果。然而，这种偏见并不总是导致对外群体的敌意。研究表明，群体内偏袒和群体外歧视是两种不同的现象，二者不一定非此即彼。

对该理论的评价

社会身份认同理论首次把人际行为和群际行为进行了区分，还对个体认同和社会身份认同、个体自尊和集体自尊、人际比较和群际比较进行了区分，这些概念对社会心理学的研究都产生了深远的影响。社会身份认同理论从群体关系背景去理解"社会的"含义，主张认同是在群体关系中产生的，把个体对群体的认同放在核心的位置，从而更深刻地揭示了社会心理的实质和群际行为的内在心理机制。社会身份认同理论是欧洲心理学本土化的重要成果之一，亦是当代欧洲社会心理学主导的研究范式之一。该理论提出之后，受到了心理学家们的广泛关注，社会身份认同概念已经被社会心理学广泛接受，并激发了大量的相关研究。

目前，社会身份认同理论的研究呈现四大特点：一是注重认同的社会信息加工过程。最近，对群体成员社会身份认同动机的研究正从自我激励转移到检验个体减少不确定性的动机或寻找其群体成员资格的意义上来。另外，新近的研究发现，个体差异会影响认同的表现方式。例如：个体对不同群体的认同强度有别，其社会优势倾向和表现偏见的意愿亦不同。二是应用领域扩大化。社会身份认同理论的早期研究领域主要是群体偏见和冲突，现在学者们正努力尝试将该理论应用于组织变革、健康与幸福及体育运动领域。例如由 S. 亚历山大·哈斯兰姆（S. Alexander Haslam）、凯瑟琳·哈斯兰姆（Catherine Haslam）和尤兰达·耶腾（Jolanda Jetten）等澳大利亚研究理事会（Australian Research Council）桂冠学者与知名教授领衔的"社会身份认同与群体网络"团队正致力于将相关理论成果应用于帮助那些因孤独和社会孤立而造成的心理困扰者，试图通过积极干预来为他们提供知识、技能和信心，以增强他们的社会联系，特别是基于群体的社会认同。三是在 VUCA（volatility, 易变性；uncertainty, 不确定性；complexity, 复杂性；ambiguity, 模糊性）与民族极端主义兴起的背景下，社会身份认同理论对于和谐稳定社会/组织构建的重要性将日益突显。研究发现，通过群体接触和重新分类等策略可以消除群体偏见或冲突（Taylor *et al.*, 2004）。Lavy and Shayo (2018) 的研究发现，居住在宗教构成成分复杂地区及接触不同宗教更为便利的主考官不存在对不同宗教信仰考生的歧视；Dahl *et al.* (2018) 则开展了干预实验，他们把女性分配到队伍中来增加男性和女性接触的机会，研究结果发现，增加同女性的接触可以明显减少男性对女性的歧视。在这方面的深入研究无疑将有极其广泛的应用前景。四是跨文化的比较与检验日渐兴盛。一些学者认为，将社会群体描述为基于抽象范畴的非人格化实体，例如最简群体范式研究中的操作，作为社会身份认同理论中的概念，最适用于来自西方个人主义社会的个体的群体间情况（Brewer and Yuki, 2007）。在集体主义较为普遍的东亚社会（如日本、韩国、中国），社会身份认同更多地是基于关系，即人们会以人际关系网络来看待自己和群体成员（如家庭成员、朋友、朋友的朋友等）。他们更注重保持群体内的和谐，而不是进行群体间比较。跨文化研究支持这一区别，并强调了文化在塑造社会身份认同过程中的作用（Brewer and Yuki, 2007）。

  Hogg and Williams (2000) 指出，社会身份认同理论研究至少有三个主要的新方向：①发展社会身份认同过程的激励框架，包括阐述减少不确定性的作用及其与自尊的关系；②根据角色（如领导）、亚群体、原型和人际关系，对社会身份认同的群体内分化进行中介分析；③发展更广泛的社会身份认同过程的社会背景，包括探索群体间的差异，阐述不同群体间战略的决定因素。

需要强调指出的是，社会身份认同理论关注集体现象，它提出集体现象是人与人之间相互作用的结果，并坚持认为，集体现象不能仅从个体的角度得到充分或恰当的解释。它强调人类行为的集体自我概念和社会维度。然而，作为一种仍在发展中的理论，社会身份认同理论亦引发了不少争议，主要集中在五个方面：一是自尊假设，二是积极—消极不对称现象，三是群体间相似性，四是预测效力，五是社会身份认同理论的简化。

社会身份认同理论认为，实现和保持积极的自我概念是人的动机。一些研究者，包括迈克尔·霍格（Michael Hogg）和多米尼克·艾布拉姆斯（Dominic Abrams），提出积极的社会身份认同和自尊之间具有相当直接的关系。Hogg and Abrams（1990）和 Brown（2000）预测自尊在两个方面与群体间歧视有关：首先，成功的群体间歧视提高了自尊；其次，抑郁或受到威胁的自尊促进了群体间歧视。然而，这些预测并未得到研究的完全支持（Long and Spears, 1997; Rubin and Hewstone, 1998）。一些社会身份认同理论家，包括特纳，认为自尊假设并不是社会身份认同理论的原则（Turner and Reynolds, 2001; Long and Spears, 1997）。有些学者甚至认为自尊假设与社会身份认同理论的原则相冲突（Turner, 1999; Turner and Reynolds, 2001; Turner, 1978），还有一些学者认为自尊假设误解了社会身份认同和个体认同之间的区别。按照这种思路，Turner and Oakes（1997）反对将积极的自我概念解释为对自尊的直接需求或"走向偏见的准生物动力"。与之相对，他们更倾向于将积极的自我概念理解为对感知者的意识形态和社会价值的反映。此外，有学者认为，自尊假设忽略了维持社会身份认同理论中阐述的积极自我概念（即个体流动性和社会创造力）的替代策略（Turner, 1999; Turner and Reynolds, 2001; Ellemers and Barreto, 2001）。Houston and Andreopoulou（2003）的研究发现，高自尊的或群体中高地位的个体表现出更多的群体间歧视行为。

关于积极—消极不对称现象，研究发现，惩罚外群体比奖励内群体更能提高自尊（Bourhis and Gagnon, 2001）。社会身份认同理论家指出，要使群体内的偏袒行为发生，社会身份认同"在心理上必须是显著的"，而消极的维度可能被认为是"不太适合自我定义的基础"（Turner and Reynolds, 2010）。这一重要的条件在社会身份认同理论中微妙存在，但在社会分类理论中得到了进一步的发展。研究表明，当实验参与者能够自我选择定义内群体的负维度时，没有发现积极—消极不对称现象（Reynolds *et al.*, 2000）。

关于群体间相似性，有学者认为，按照社会身份认同理论，相似的群体应该有一个更大的动机来区分彼此（Brown, 2000; Brown and Williams, 1984）。但实验结果表明，相似的群体具有更高的群体间吸引力和更低的群体内偏见，这与社会身份认同理论相悖（Brown, 2000）。但亦有人提出，这种明显的不一致性是个体对不同群体的地位等级及其合法性秉持较稳定的看法造成的。

关于预测效力问题，社会身份认同理论因其解释效力远超预测效力而备受批评（Miller, 1983; Hogg and Williams, 2000）。换言之，在研究伊始，往往难以根据社会身份认同理论去进行预测，但在发现了自变量与由此产生的群体间行为的关系后，按照社会身份认同理论去解释则变得更容易。对这一指控的反驳是，该理论从未被宣传为理解群体间关系的最终答案。相反，他们明确强调"客观"因素的作用——社会身份认同理论中变量的效力是由以前的社会、经济和政治进程所决定的。

最后，一些研究者将社会身份认同理论简化解释为在认同一个社会群体和内部偏袒之间建立直接联系。例如，Stangor et al.（1991）认为，社会身份认同理论的一个主要前提是，群体成员会倾向于自己的群体而不是其他群体。但这种简化解释被其他研究者否定。Haslam（2001）指出，虽然社会身份认同理论的庸俗化版本认为"社会身份认同会自动导致歧视和偏见"，但事实上……歧视和偏见只在有限的情况下才会出现。例如，具有长期冲突和种族反感历史的社会群体（如卢旺达的胡图族和图西族）之间竞争激烈的群体间关系，会表现为极端的定势偏见、强烈的情感和暴力的非人性化群体间行为。相比之下，没有真正冲突或种族反感历史的暂时性社会群体（如来自不同大学的学生）之间相对非竞争性的群体间关系，则会表现为无害的概括、温和的情绪、很大程度上象征性的分化和竞争行为。

关键测量量表

1. A Single-item Measure of Social Identification: 1 个维度，1 个题项

Postmes, T., Haslam, S. A., & Jans, L. (2013). A single-item measure of social identification: Reliability, validity, and utility. *British Journal of Social Psychology*, 52(4), 597–617.

2. Four Item Measure of Social Identification: 1 个维度，4 个题项

Postmes, T., Haslam, S. A., & Jans, L. (2013). A single-item measure of social identification: Reliability, validity, and utility. *British Journal of Social Psychology*, 52(4), 597–617.

3. Organizational Identity Scale：1 个维度，6 个题项

Mael, F., & Ashforth, B. E. (1992). Alumni and their alma mater: A partial test of the reformulated model of organizational identification. *Journal of Organizational Behavior*, 13, 103–123.

4. Group Identification Measure：1 个维度，4 个题项

Doosje, B., Ellemers, N., & Spears, R. (1995). Perceived intragroup variability as a function of group status and identification. *Journal of Experimental Social Psychology*, 31, 410–436.

5. Identification With the Work Team and Occupational Group：1 个维度，4 个题项

Grice, T. A., Gallois, C., & Jones, E., et al. (2006). "We do it, but they don't": Multiple categorizations and work team communication. *Journal of Applied Communication Research*, 34(4), 331–348.

6. Organizational Identification Measure：1 个维度，4 个题项

Scott, C. R., Connaughton, S. L., & Diaz-Saenz, H. R., et al. (1999). The impacts of communication and multiple identifications on intent to leave: A multi-methodological exploration. *Management Communication Quarterly*, 12, 400–435.

7. Team Identity Scale：6 个维度，34 个题项

Heere, B., & James, J. D. (2007). Stepping outside the lines: Developing a multi-dimensional team identity scale based on social identity theory. *Sport Management Review*, 10, 65–91.

经典文献

Ashforth, B. E. & Mael, F. (1989). Social identity theory and the organization. *Academy of Management Review*, 14(1), 20–39.

Haslam, S. A. (2001). *Psychology in Organizations: The Social Identity Approach*. Thousand Oaks, CA: Sage.

Haslam, S. A., Jetten, J., & Postmes, T., et al. (2009). Social identity, health and well-being: An emerging agenda for applied psychology. *Applied Psychology: An International Review*, 58(1), 1–23.

Haslam, S. A., O'Brien, A., & Jetten, J., *et al.* (2005). Taking the strain: Social identity, social support, and the experience of stress. *British Journal of Social Psychology*, 44(3), 355–370.

Hogg, M. A. & Terry, D. J. (2000). Social identity and self-categorization processes in organizational contexts. *Academy of Management Review*, 25(1), 121–140.

Hogg, M. A., & Williams, K. D. (2000). From I to we: Social identity and the collective self. *Group Dynamics: Theory, Research, and Practice*, 4(1), 81–97.

Jetten, J., Haslam, C., Haslam, S. A. (2012). *The Social Cure: Identity, Health and Well-being*. New York, NY: Psychology Press.

Luhtanen, R. & Crocker, J. (1992). A collective self-esteem scale: Self-evaluation of one's social identity. *Personality & Social Psychology Bulletin*, 18(3), 302–318.

Tajfel, H., & Turner, J.C. (1986). The social identity theory of intergroup behaviour. In S. Worchel & W. G. Austin (Eds.), *Psychology of Intergroup Relations* (2nd ed., pp. 7–24). Chicago, IL: Nelson-Hall.

Turner, J. & Oakes, P. (1986). The significance of the social identity concept for social psychology with reference to individualism, interactionism and social influence. *British Journal of Social Psychology*. 25(3), 231–252.

对管理者的启示

根据社会身份认同理论，自我概念来源于对群体的认知和情感依恋，因此，管理者可以有意识地通过文化建设、文体活动的开展、明星班组的形塑等来改变不同群体的关系与优势，从而实现定向影响个体行为的目的，为组织战略的有效实施和目标达成提供保障。

群体成员可能会经历各种形式的社会身份威胁，其中一种威胁发生在其群体的道德行为受到质疑时。为了应对身份威胁，群体成员将根据他们对群体的认同程度做出不同的反应。除社会结构的感知特征（以及隐含的机会和限制）外，群体成员的心理意义以及对群体及其成员的忠诚和承诺也决定了他们如何应对身份威胁。因此，在组织发展面临困境时，通过打造"利益共同体"和"命运共同体"的方式将有助于帮助组织渡过难关。

社会身份认同将对内群体的偏袒归因于对积极自我概念的心理需求，并描述了可能发生群体内偏袒的情况（作为感知群体地位、合法性、稳定性的函数）。但管理者需要注意的是，社会身份认同与对内群体的偏袒之间的关系并不是一种普遍存在的稳定关系，二者的关系模式和强度依赖于群体成员对群体间环境特征的判断，只有在很明确的群体间环境下二者之间的关系才是强烈而可靠的。并且，通过引入群体价值威胁和群体独特性威胁两种不同的社会身份认同威胁变量，群体成员对内群体和外群体的信任情绪的强度及作用也会改变。此外，群体成员对内群体和外群体的评估根据其对来自外群体威胁的感觉而有所变化，对内群体偏袒和对外群体歧视现象并不是以"全或无"的方式出现，当内群体的价值受到来自外群体成员的威胁时，二者可同时发生。

在移动互联时代，群体对个体的影响以及个体对群体认同的形成往往在虚拟的网络中发生，如 Facebook、微信、QQ 等社交聊天工具。因此，一些传统上能够增强群体认同的面对面的沟通交流活动被微信群聊、群视频等方式取代，这使得个体与群体的接触更加频繁，同时群体对个体的影响以及个体对群体认同的形成趋向于间接化。管理者需要高度关注员工的代际变化问题以及智能时代个体认同与社会身份认同的新特点、新规律。

本章撰写得到了 S. 亚历山大·哈斯兰姆教授、凯瑟琳·哈斯兰姆教授以及尤兰达·耶腾教授的热诚帮助，他们提供了丰富的素材与真知灼见。林俊滨博士后对全文内容进行了审校，他不仅提出了详细的个人修改建议，还亲自撰写了社会身份认同理论的跨文化研究趋势等内容。在此，对他们致以诚挚的感谢！

本章参考文献

26

社会资本理论*

陶厚永[1]

皮埃尔·布尔迪厄（Pierre Bourdieu）（见图1）是社会资本理论（social capital theory）的奠基者。他于1980年和1986年分别发表了文章《社会资本随笔》（Le capital social: Notes provisoires）与著作《资本的形式》（*The Forms of Capital*），明确定义了"社会资本"这一概念。而Coleman（1988）从中观层面进一步拓展了社会资本理论。Putnam（1993）从宏观层面把社会资本理论引入了政治学领域。Burt（2000）、Lin（2001）等学者则从社会网络的不同角度推动了社会资本理论的发展。图2是该理论的被引情况。

图1　皮埃尔·布尔迪厄

社会资本理论的核心内容

社会资本理论的基本观点是，人们通过社会互动和与他人的联系获得资源，这些资源体现在个体、群体和组织层面，以有形或无形的方式存在（Bourdieu, 1986; Coleman, 1988; Lin, 2001; Putnam, 2000）。社会资本理论着眼于社会资本资源，认为社会资本蕴藏在个体、群体或国家所属的社会网络中，社会关系是获取

---

* 基金项目：国家自然科学基金项目（71872134）。
1　陶厚永，武汉大学经济与管理学院副教授、硕士生导师。主要研究领域：领导成员关系、追随力、组织玩兴。电子邮箱：taohouyong@whu.edu.cn。

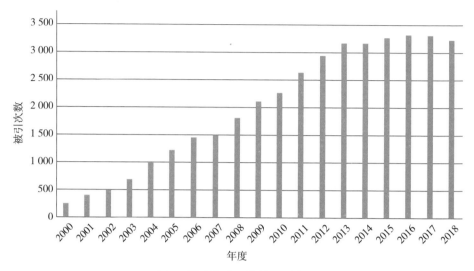

图2　社会资本理论的被引次数

资料来源：根据 Google Scholar 数据整理而成，搜索时采用精确匹配。

此资源的重要途径（Bolino et al., 2002; Inkpen and Tsang, 2005）。

社会资本的概念最初从建立强大家庭和社区的重要性的相关研究工作中诞生（Jacobs, 1965; Loury, 1977），而第一次使用"社会资本"这一术语的人是 Hanifan（1916）。他在有关当地对农村学校的支持的文章中，将社会资本与物质商品进行了对比，将其描述为"存在于由群体和家庭构成的社会单位中，能够使得有形物质达到最高意义的善意、友谊、同理心和社会交往关系"（Hanifan, 1916:130）。基于这一描述，Nahapiet and Ghoshal（1998）将社会资本定义为一个个体或社会单元可以从关系网络（个体或社会单元是其组成部分）中获得的来自关系网络的实际和潜在资源的总和。自此，社会资本的概念在众多领域得到了广泛的研究关注，并从局部影响（Mix, 2011）扩展到高管薪酬（Belliveau et al., 1996）、组织绩效（Baker, 1990; Fischer and Pollock, 2004）、地理区域（Putnam, 1993, 1995, 2000）、跨国企业（Koscova and Roth, 2003）和民族（Fukuyuma, 1995）等研究领域。

社会资本的来源是多样且独立的。对于社会资本的内容和定义，存在不一致的说法，关于采用何种方法界定其边界也没有统一的定论（Fulkerson and

Thompson, 2008)。目前，研究人员对社会资本边界的观点主要有：① 社会资本是个体的财产（Portes, 1998）；② 社会资本是个体及社会单元的财产（Coleman, 1990; Loury, 1977）；③ 社会资本属于群体（Bourdieu and Wacquent, 1992）；④ 社会资本属于政治团体、社区和民族（Bourdieu and Wacquent, 1992）。

社会资本与其他资源一样，也存在于行为人所处的社会关系网络中。Adler and Kwon（2002）描述了社会结构的三个维度：① 市场关系，指货物和服务的物物交换或货币交换关系；② 等级关系，指顺从权威而进行的物质和安全交换关系；③ 社会关系，指物质上和情感上默契、对等、持续的相互交换关系。与其他类型资本不同的是，社会资本取决于成员在社会关系网络中的结构或位置。

社会学研究利用社会资本概念考察了社区的构成和优势（Durkheim, 1960; Tönnies, 1957），研究发现，通过社会关系网络获得的资源往往来自利他主义、工具性两个主要来源（Portes and Landolt, 2000）。社会资本的第一个来源是不计回报的利他主义，具体表现为：① 出于道德义务向他人提供资源；② 为了维持同一社区或地区的团结向他人提供资源。第二个来源是预期得到回报的工具性，具体表现为：① 个体之间的交换；② 较大的社会结构资源交易（例如来自银行的贷款）。这些交换中的各方之间存在信任，因为社区有权强制执行这种信任。

社会资本的研究往往强调其积极方面（Portes, 1998）。拥有社会资本对个体、团体、组织和国家是大有裨益和有利可图的（Adler and Kwon, 2002; Florin et al., 2003）。例如，研究表明，在个体层面，拥有社会资本能够为个体带来更多的职业成功、更高的高管薪酬、更容易获得工作；在组织层面，拥有社会资本能够为组织提供更丰富多元的新员工、更高水平的产品创新、更多的资源交换、更低的流失率、更低的组织失败率、更快的组织成长、更强的企业家精神和组织创业能力、与供应商的更紧密的关系，以及更高水平的组织间学习。

就消极方面而言，社会资本可能引起四种负面结果：① 对网络外人员的排斥；② 对网络内成员要求过于严苛；③ 对个体自由产生约束；④ 排除异己（利用特定条规阻止网络内少数人员晋升）（Portes and Landolt, 1996; Portes and Sensenbrenner, 1993）。社会关系网络中存在一种向内集中的现象，内部人员利益往往凌驾于外部人员利益之上。这种安排会产生同质性群体、"老好人"网络和歧视性做法（Ritchie and Gill, 2007）。消极影响在也可能在组织维度上存在（Inkpen and Tsang, 2005）。例如，个体在网络中的嵌入性过高可能对知识流动产生负效应（Uzzi, 1997）。Hansen（2002）发现，个体与其他业务单元的关系可能是有益的，但维护成本也很高。

Fulkerson and Thompson（2008）使用元分析方法对社会资本理论相关文献进行了整理，总结出了社会资本的六维结构：① 社区价值观（Hanifan, 1916）；② 集体行动、社会结构和利益实现（Coleman, 1988, 1990）；③ 信任、互惠和合作（Putnam, 2000）；④ 个体和群体关系资源（Bourdieu, 1986）；⑤ 公民参与和自发协助（Putnam, 2000）；⑥ 社会关系和网络（Granovetter, 1973）。依据这六个维度，Fulkerson and Thompson（2008）创造了两个首要和相对的社会资本类别：① 资源社会资本，主要指互相共享的资源、网络和社会关系；② 规范性社会资本，包括规范、信任、互惠、公民参与，以及朋友、家庭和社区的价值观。

对该理论的评价

批评者认为，社会资本理论存在同义反复的问题（Putnam, 1993）。例如，许多研究人员从描述社会资本的积极或消极影响开始，然后声称社会资本造成了这些结果。再如，Putnam（2000）指出，一个城市是公民的，因为它有公民参与。此外，研究人员试图揭示社会资本与社会变化之间的关系，但是无法说明其中的因果顺序。

批评者还认为，"社区"和"社会资本"的概念没有明确被界定和区分（Colclough and Sitaraman, 2005）。例如，Putnam（2000）就将这些术语互换着使用。Putnam（2000）从来没有真正地定义"社区"这个词，而是称其为社会资本的"可替代概念"（p.21）。

Durlauf（2002）认为，许多关于社会资本的实证研究未能充分考虑因内生性而产生偏差的可能性。人们倾向于和与自己相似的人交往。因此，在现实中，社会资本的某些效应很可能是由选择造成的（Mouw, 2003, 2006; Shalizi and Thomas, 2011）。

同样地，有关社会资本的来源和性质也受到了质疑。Portes（1998）认为，Coleman（1990）、Putnam（1990）没有充分地定义社会资本的来源，社会资本的持有者或可被视为社会资本的来源。批评者认为，社会资本这个术语不比其他相关术语（如信任、组员关系、社会交往、关系、协会、互惠、公民参与和社区）更好或有独特之处（Fischer, 2005; Haynes 2009）。

批评者抱怨说，社会资本其实不是一种资本（Arrow, 1999）。他们认为，社会资本是发生在人们之间的东西，而不是人们拥有的东西。批评者认为，用经济术语"资本"标注社会概念是不正确、不适当和具有误导性的（Fine, 2001, 2002a, 2002b）。

批评者认为，社会资本的概念已经不适当地从个体和社区层面转移到更大的州、国家和世界层面（DeFilippis, 2002）。批评者认为，这种转移不准确地假定个体收益和个体利益都是相同的，并认为更广泛的社会收益和社会利益也是如此。

社会资本的一个由来已久的问题是，它几乎不可能被测量。批评者抱怨说，一些非常有影响力的研究是基于过度简化的措施和误导性的比较（Maraffi, 1994; Morlino, 1995）。Foley and Edwards（1999）认为，相较于群体层面，在国家层面拥有量化态度、规范和社会信任这些属性并没有产生有用信息。

如前所述，研究人员倾向于强调社会资本的积极影响。然而，最近的研究表明，在社会资本中存在损益的矛盾，例如当有人获利时，有人必须失利。因此，一个社区、国家或民族获得的社会资本越多，对于一些未得到配置的人来说，它也会带来不利的状况（例如，Adler and Kwon, 2002）。

未来研究建议从以下几方面开展：

（1）研究大众传播媒介在什么程度上会导致地方、区域、国家及全球公民参与和脱离。

（2）探索草根社区的努力如何能够推动或损害新类型和种类的企业的创造。

（3）考察组织网络如何协同工作，以保护彼此和阻止新的竞争。

（4）考察不对称与对称的社会资本交换如何帮助或损害个体、群体和组织。

（5）探讨社会、文化和经济形式的资本如何共同影响组织的成功或失败。

（6）寻找量化社会资本价值创造的方法。

（7）研究不同的网络配置及条件如何对个体、群体和组织产生不同的益处与危害。

（8）考察个体、群体或组织的社会资本可能产生的各种消极影响。

（9）比较社会资本的质量及数量与个体、群体和组织产出的关系。

（10）探讨社会资本如何在个体、群体、组织及国家之间共享和使用。

（11）研究什么情况下建立和维持社会资本网络的成本大于或小于社会资本获得的收益。

（12）关注社会和组织的纵向结构，探索社会资本累积所带来的"马太效应"。

（13）研究社会资本与社会变化之间的因果关系。

关键测量量表

1. 一般社会资本量表：8个维度，34个题项

Onyx, J., & Bullen, P. (2000). Measuring social capital in five communities. *Journal of Applied Behavioral Science*, 36, 23–42.

2. 社会资本量表：3 个维度，19 个题项

Nicole, B. E., Charles, S.,& Cliff, L. (2007). The benefits of facebook "friends:" social capital and college students' use of online social network sites. *Journal of Computer-mediated Communication*, 12, 1143–1492.

经典文献

Adler, P. S., & Kwon, S.-W. (2002). Social capital: Prospects for a new concept. *Academy of Management Review*, 27, 17–40.Bourdieu, P. (1986). The forms of capital. In J. G. Richardson(Ed.), *Handbook of Theory and Research for the Sociology of Education* (pp. 241–258). New York: Greenwood Press.

Coleman, J. S. (1988). Social capital in the creation of human capital. *American Journal of Sociology*, 94 (Supplement), S95–S120.

Kwon, S.-W., & Adler, P. S. (2014). Social capital: Maturation of a field of research. *Academy of Management Review*, 39, 412–422.

Lin, N. (2001). *Social Capital: A Theory of Social Structure and Action*. Cambridge: Cambridge University Press.

Nahapiet, J., & Ghoshal, S. (1998). Social capital, intellectual capital, and the organizational advantage. *Academy of Management Review*, 23, 242–266.

Portes, A. (1998). Social capital: Its origins and applications in modern sociology. *Annual Review of Sociology*, 24, 1–24.

对管理者的启示

社会资本理论探讨了人们如何在个体、群体及组织层面获取有形和无形的资源。事实上，人们可以从互相关联的个体、群体、组织或是国家的社会关系网络中获得所需的社会资本资源，因为社会资本来自并深深地嵌入其中。

根据该理论，相较于那些不愿也确实没有与其员工共同构建共享社区意识的管理者，那些愿意并确实做到的管理者会更加成功。个体与他人的交互联系形成了共享经验，共享经验发展出社会关系，而社会关系进一步构成了社区。当与员工形成共享社区意识后，管理者可以支持员工建立起包含信任、合作、互惠及共享的规范和价值观，同时还能够促进建立相互关怀、分享及交流的网络。在管理

者的支持和协助下，员工能够更好地树立彼此的责任意识，相辅相成，并可能促进相互支持来建立组织社区。

需要注意的是，对于组织而言，社会资本是把双刃剑。如果一个组织建立了强有力的组织社区，那么它可能存在过度要求群体内成员、限制个人自由、排斥外人，以及歧视少数群体或其他类型群体的风险。作为管理者，在发挥社会资本积极影响的同时也应当兼顾对负面影响的预防。从社会资本潜在风险的角度进行分析，管理者应当尽可能实时地关注员工的个人需求，从而确保一些群体内的员工能够在能力和精力范围内获取任务分配而不会负担过重；与员工沟通核实，保障他们不会感到自己的想法和创新被阻止或扼杀；确保所处的组织社区不过于排外，不阻止新成员加入；最后，也是最重要的，应当确保组织社区不以任何方式歧视其他少数群体员工或其他类型群体员工。

本章参考文献

27

团队心智模型理论

谢宝国[1] 缪佳玲[2]

图1 珍妮丝·坎农-鲍尔斯

珍妮丝·坎农-鲍尔斯(Janis Cannon-Bowers)(见图1)及同事最早于1993年在《专家团队决策制定中的共享心智模型》(Shared mental models in expert team decision-making)一文中正式提出了团队心智模型(team mental models)的概念。他们认为,团队心智模型是团队成员对团队所处环境关键因素共享的、有组织的认知和心理表征。随着组织为应对动态、复杂和不确定的环境而越来越多地采用团队工作形式,团队心智模型这一概念也越来越受到不同学科理论界和实践界的广泛关注,成为一个跨学科的理论模型。团队心智模型成为解释团队成员之间如何默契协作,给团队带来积极作用的基础性理论。其被引次数不断攀升,从2012年起每年的被引次数均超过800次(见图2)。时至今日,团队心智模型理论仍是一个正在发展的领域。

团队心智模型理论的核心内容

心智模型是简化的知识结构或认知表征,人们常用它来描述、解释及预测周

---

[1] 谢宝国,武汉理工大学管理学院副教授、博士生导师。主要研究领域:职业行为与组织管理。电子邮箱:xiebaoguo@foxmail.com。
[2] 缪佳玲,武汉理工大学创业学院硕士研究生。主要研究领域:职业行为与组织管理。电子邮箱:mjl1102264545@163.com。

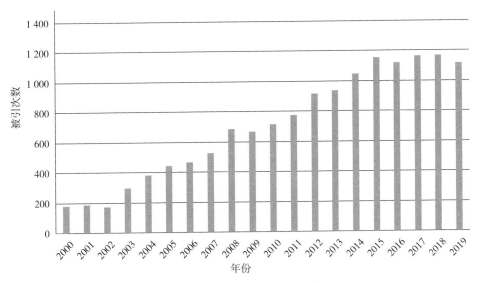

图 2　团队心智模型理论的被引次数

资料来源：根据 Google Scholar 数据整理而成，搜索时采用精确匹配。

围的世界（Johnson-Laird, 1983; Rouse and Morris 1986）。心智模型的思想源于心理学家 Craik（1943），他认为人们头脑中存在一种有关世界如何工作的一个小型（small-scale）模型。但由于 Craik 意外早逝，"心智模型"这一概念没有得到详细的阐述，因此 1943 年产生后的很长一段时间内，心智模型都没受到人们关注。40 年后，Johnson-Laird（1983）和 Gentner and Stevens（1983）同时出版了两本同名著作——《心智模型》（*Mental Models*）。"心智模型"在两本书中有不同的目的。Johnson-Laird（1983）认为，心智模型是对人类如何解决推理问题过程的描述。Gentner and Stevens（1983）认为，心智模型为人们提供了物理系统如何工作的信息。此后，心智模型理论迅速回到人们视野中。目前，心智模型理论对组织行为学、工业组织心理学、认知科学、信息科学与技术、工程学、医学、人类功效学、语言教育、人机交互、体育与健身等多个不同领域都产生了重要影响，成为一个跨学科的理论模型。

一、团队心智模型的基本内涵与假设

心智模型可以发生在个体水平，也有可能存在于团队或组织水平。个体水平上的心智模型被称为个体心智模型（individual mental models）。当团队成员进行互动时，个体心智模型就会经历一个复杂、迭代的过程，继而逐渐聚合成团队心智模型（team mental models，TMMs）。Cannon-Bowers et al. (1993) 认为，TMMs 是团队成员对团队所处环境关键要素共享的、有组织的认知和心理表征。Mohammed et al. (2010) 认为，TMMs 是团队成员之间共享的对团队所面临环境的关键方面（比如有关任务、设备、工作关系和情境等）所持有的有组织的认知和认知表征。TMMs 是一种涌现状态（emergent states），源于个体认知但是以集体现象的方式存在。

TMMs 理论的基本假设是，TMMs 是有效团队过程和高绩效的基本源泉。Cannon-Bowers et al. (1993) 指出，TMMs 使团队成员能够对团队任务形成正确的理解和预期，从而协调自己的行为以适应团队任务和团队其他成员的需求。具体而言，TMMs 可以帮助团队实现多重功能，比如允许团队成员以相同的方式解释信息（描述）、共享有关未来事件的期望（预测）、发展出对某一情境的同样因果解释（解释）（Rouse et al., 1992）。也就是说，具有良好 TMMs 的团队对正在发生什么、下一步将会发生什么，以及为什么会发生等持有相同观点。比如，篮球场上一个看似毫不费力的盲传就显示了队员们能正确预测其他队员在场上的位置及准备情况。相反，针对许多空难和军事事故的事后调查显示，团队合作的失败及谁应该对具体任务负责的模糊性是导致事故发生的主要原因。因此，团队成功和失败的例子都说明了成员"在同一页上"（on the same page）的必要性和重要性。TMMs 理论还认为，由于 TMMs 允许团队成员预测信息及获取资源，因此相较于简单的、静态的、没有时间限制的、确定的环境，复杂的、动态的、有时间限制的、不确定的及应急的环境更需要团队发展出良好的 TMMs。

二、团队心智模型的内容与结构

TMMs 的内容（content）是指团队成员对有关任务、情境、反应模式、工作关系的知识及内化的信念、假设和知觉（Klimoski and Mohammed, 1994）。Cannon-Bowers et al. (1993) 最早提出了四个 TMMs 内容领域：设备模型（equipment model，即关于工具和技术的知识）、任务模型（task model，即关于工作程序、战略和应急计划的理解）、团队互动模型（team interaction model，即关于成员责任、角色互依关系及沟通模式的意识）、团队模型（team model，即关于团队成员偏好、技能和习惯的理解）。在实际研究中，研究者常常将 Cannon-Bowers et al. (1993) 所提出的前两类模型归为任务工作模型（taskwork model），将后两类模型归为团队工作模型（teamwork model）。TMMs 理论还认为，TMMs 的具体内容取决于团队类型，并且团队可以同时构建多个心智模型，它们能够被同时激发且对团队绩效产生独特影响。

TMMs 的结构（structure）是指内容是如何被组织和存储的。Rouse et al. (1992) 认为，TMMs 的结构可以被操作化为团队成员对各种类型知识的表征即知识结构，具体包括陈述性知识（即有关"是什么"的知识）、程序性知识（即有关"如何"的知识）和战略性知识（即有关情境和应用的知识）。还有学者认为，TMMs 的结构还应该包括信念结构。比如，Mohammed et al. (2000) 认为，知识结构只代表了一种有关被相信为真实世界的描述状态，而信念结构则代表了一种有关偏好或期望世界的理想状态。

三、团队心智模型的相似性与准确性

TMMs 理论认为，能以更相似方式描述、解释和预测内外部世界的团队比那些不能这样做的团队绩效水平更高。该理论还认为，那些更有能力对它们所面临的环境建构和准确使用心智模型的团队比那些不能这样做的团队更成功。因此，相似性（similarity）与准确性（accuracy）是评估 TMMs 质量或特征的两个重要指标。TMMs 的相似性是指团队成员心智模型之间的一致性或聚合程度，但并不意味着同一种心智模型。相似性的关键含义是团队成员具有相容的心智模型，从而形成对任务和团队的共同期望（Cannon-Bowers et al., 1993）。准确性反映了 TMMs 对世界真实状态的心理表征。相似性与准确性是两个不同的概念。相似性高的 TMMs 不一定意味着高质量的 TMMs。比如，团队成员可能对他们所面临的任务特征具有相同的理解，然而却是错误的。

四、团队心智模型的聚合与更新

TMMs 的聚合是指 TMMs 是如何随着时间演化，由个体心智模型逐渐演化为团队心智模型。McComb (2007) 认为，心智模型由个体层次汇聚到团队层次依序会经历定向（orientation）、区分（differentiation）和整合（integration）三个阶段。在定向阶段，团队成员收集新的信息，并通过观察、试探和质询等集聚有关团队领域及其同伴的信息；在区分阶段，团队成员对定向阶段所收集的信息进行分类、固化、组织和存储，继而创造一个当信息需要被提取时能够非常容易获取的交互记忆系统；在整合阶段，团队成员协调他们个人观点间的差异，将个人

关注焦点转移到团队层面从而发展成集体焦点。图 3 是一个基于 Kozlowski *et al.* (1999) TMMs 聚合过程的例子。

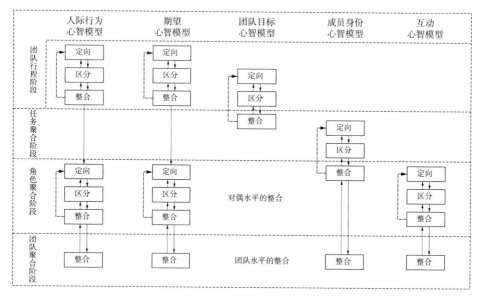

图 3　TMMs 的聚合过程

资料来源：McComb（2007）。

TMMs 的更新是指团队成员根据任务环境的变化而更新其心智模型。Uitdewilligen *et al.* (2013) 认为，相似性与准确性只是从静态角度描述了某个时间点上 TMMs 的知识内容和结构。为了适应动态、新颖的环境，TMMs 还需要及时更新，因为某个时间点上最有效或最优的 TMMs 可能在随后某个时间点上迅速失效或次优。比如，1979—1983 年航空业和 1981—1985 年卡车运输业的许多公司都蒙受了巨大损失，因为它们的管理者坚持之前最佳的运营模式，但是这些行业放松管制后，这些模式很快就过时了。Marks *et al.* (2000) 的研究显示，高绩效团队能够灵活调整它们的心智模型以适应新颖的环境。Uitdewilligen *et al.* (2013) 的实验研究显示，TMMs 更新能够显著预测后续团队绩效的变化。

五、团队心智模型的测量

由于 TMMs 涉及人的心智而且高度依赖情境，因此研究者发展出了许多测量 TMMs 的方法，比如认知访谈技术（cognitive interviewing techniques）、口语报告分析（verbal protocol analysis）、方格技术（repertory grids）、卡片分类（cart sorting）、有序树（ordered tree）、多维尺度（multidimensional scaling, MDS）、距离比公式（distance to ratio formula）、路径搜索法（path finder, PF）、问卷量表法等。Mohammed *et al.* (2010) 指出，TMMs 测量工具与交互记忆（transactive memory）、群体学习（group learning）、团队情境意识（team situation awareness）和战略共识（strategic consensus）等团队认知测量工具的关键区别是，后者常常只使用李克特量表测量认知的内容，而前者除了需要测量认知内容，还需要测量构念之间的关系。配对比较（paired comparison）、概念地图（concept mapping）、卡片分类和质性方法（qualitative methods）是四类经常被用来测量 TMMs 的方法，其比较具体如表 1 所示。

表 1 四类 TMMs 测量方法的比较

比较维度	测量方法			
	配对比较	概念地图	卡片分类	质性方法
一般描述	参与者对配对概念或陈述的相似程度进行评价	参与者将概念置于层级结构中	参与者将写在卡片上的关键事件分成对自己来说有意义的类别	研究者对文档或团队互动影像资料进行编码
内容	研究者提供	研究者提供	研究者提供	从参与者的陈述中获取
结构	计算机化的度量算法指标（比如路径搜索法、多维尺度、社会网络分析法）	研究者事先指定层级化概念	参与者将概念分成表征他们对信息进行组织的类别，并用他们自己的语言对类别进行命名	研究者从文档或团队互动影像资料中抽取概念及其之间的关系
内容的提取和结构的表征	单独的	结合的	结合的	单独的
相似性	通过网络分析程序计算团队成员知识结构的相似度指数	团队成员概念地图之间的重合度	根据参与者是否将卡片分成相同的类别，将每对卡片计算成 1 或 0；计算每个成员得分为 0 列和得分为 1 列之间的相关系数，然后取平均值，得到 TMMs 相似性的分数	假设团队文档和团队互动影像资料揭示了 TMMs；Carley (1997) 使用聚合方法，将基于文本的个人概念地图组合起来得到了团队概念地图；采用概念地图分析程序计算成员之间共享概念地图的数量

（续表）

比较维度	测量方法			
	配对比较	概念地图	卡片分类	质性方法
准确性	主题专家完成配对比较评价，然后与团队成员的评价进行对比	主题专家利用量表的形式对每个团队成员的概念地图进行评估	主题专家完成卡片分类，计算专家得分为0列和得分为1列与每个成员得分为0列和得分为1列之间的相关系数，然后取平均值得到TMMs准确性的分数	一般不能被评估
优势	提供了知识结构相似度的量化指标；一些技术（比如PF、MDS）提供了构念之间如何发生联系的图形化表征；元分析表明，由该方法测量出的TMMs对团队过程具有最强的预测力	既能测量程序性知识又能测量陈述性知识；高的表面效度；能提供构念之间如何发生联系的图形化表征	由于参与者自己进行分类排序，因此最大程度地降低了研究者对结构表征的影响	参与者而不是研究者以他们自身的专业术语决定知识内容；相比量化方法，质性方法更容易获得丰富的语义或文本数据；允许非反应和无干扰数据集；因为在团队水平收集数据，所以对团队互动影像资料进行编码不依赖聚合方法
不足	研究者对知识内容具有决定性影响；大量相关程度判断给参与者造成了很大负担，导致疲劳	研究者对TMMs的知识内容具有决定性影响；即使不存在于团队成员的头脑之中，知识结构也会被强加给团队；参与者仅能决定地图上概念的顺序；如果团队很大、地图很复杂，那么对地图进行编码计算相似性和准确性将会变得非常复杂	研究者对TMMs的知识内容具有决定性影响；分类会变得难以进行，特别是当有大量概念需要分类时	研究者对TMMs的知识结构具有决定性影响；编码会变得复杂、耗时（尽管可以使用概念地图分析程序）；假设文档和团队互动影像资料揭示了心智模型的内容

鉴于TMMs的情境依赖特征，研究者认为，TMMs的测量需要根据具体的团队任务量身定制，即在对团队任务进行分析的基础上，综合考虑每个测量工具的优势和不足以及团队情境，然后选择合适的测量方法（Mohammed et al., 2010）。

六、团队心智模型的前因与效果

TMMs可以有效改善团队过程和团队绩效是TMMs理论的基本理论假设。Langan-Fox et al. (2000) 提出了一个TMMs前因与效果的理论框架。

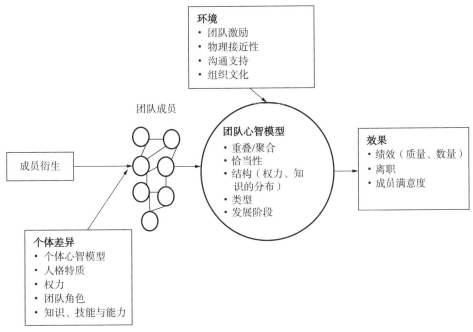

图 4 TMMs 的前因与效果

从现有研究来看，研究者主要对 TMMs 两个特征（相似性和准确性）的前因与效果进行了相关研究。研究结果显示，团队成员的特征（比如性别、年龄、认知能力、任期、教育背景、组织水平）、团队干预（比如计划、反思、领导力、培训）、情境因素（比如压力、工作负荷、新颖或常规的环境）会影响 TMMs 的相似性和准确性。TMMs 的相似性和准确性会影响团队涌现的状态（比如团队集体效能感、规范）、团队过程（比如支持行为、协作、沟通等）、团队效能（比如团队绩效、团队生存力、成员成长、战略执行等）(Mohammed et al., 2010)。另外，一些研究还发现 TMMs 的特征之间会产生交互作用，共同对相关结果变量产生影响。比如，Mathieu et al. (2005)、Lim and Klein（2006）的实证研究显示，TMMs 如果既相似又准确，那么团队将表现出更积极的团队过程及更高的团队绩效。

对该理论的评价

TMMs 因抓住了高效团队中成员之间的内隐协作以及有助于深入理解团队在复杂、动态和不确定的环境中是如何运作的而成为一个非常有吸引力的概念，众多学者对 TMMs 理论的发展做出了不同程度的理论贡献。心智模型这一术语因本身的模糊性和包容性而常常被不同学科以不同方式使用（Turner and Belanger, 1996）。同样的情况也存在于 TMMs 这一术语之中。TMMs 理论认为，TMMs 是一种团队认知（team cognition）。然而，团队认知是一个非常宽泛的概念，交互记忆、团队学习、共享或团队情境意识、战略共识等均属于团队认知。虽然 TMMs 可以从概念定义、学术起源、特征、通用和特定内容领域、共享程度等五个维度与上述不同类型团队认知进行区分（Mohammed et al., 2010），但是研究者仍然以一种非常抽样而非具体的方式来使用 TMMs。鉴于 TMMs 的复杂性和多维特征，Mohammed et al. (2010) 建议研究者在研究中具体指出 TMMs 的内容领域和特征，从而对 TMMs 进行更加准确的概念化和操作化。比如，在研究中使用诸如"团队工作心智模型准确性""团队任务心智模型相似性"等准确表述 TMMs 的内容和特征。Smith-Jentsch et al. (2005) 在探讨空中交通指挥员的 TMMs 时，使用"位置—目标互依性""线索—策略相关性"对 TMMs 的内容做了更进一步具体化。此外，TMMs 是指团队成员共享的对团队所处环境关键因素共享的、有组织的认知表征（包括内容表征和结构表征）。根据定义，研究者在测量 TMMs 时不仅要测量内容表征而且要测量结构表征，这也正是 TMMs 与其他团队认知的关键区别。然而，研究者在实际研究中常常无法保证概念化与操作化之间的一致性（conceptual-operational alignment），仅仅只是测量了团队对 TMMs 内容的共享程度或准确性。为了降低 TMMs 的混乱以及促进 TMMs 理论的成熟，Mohammed et al. (2010) 建议研究者在测量 TMMs 时保持概念化与操作化之间的一致性，同时对 TMMs 的内容和结构进行测量。另外，TMMs 具有很强的情境依赖特征，这是研究者发展出众多 TMMs 测量工具的原因。虽然众多 TMMs 测量工具的出现为研究者提供了更多选择，但是也使得各个研究结果之间难以进行比较。

关键测量量表

1. Mental Model Measures: 测量 Positional-goal Interdependencies 和 Cue-strategy Association 两类团队心智模型，共 17 个题项

Smith-Jentsch., K. A., Mathieu, J. E., & Kraiger, K. (2005). Investigating linear and interactive effects of shared mental models on safety and efficiency in a field setting. *Journal of Applied Psychology*, 90, 523–535.

2. Task Work and Teamwork Mental Model Scales: 测量 Taskwork 和 Teamwork 两类团队心智模型，共 28 个题项

Lim, B.-C., & Klein, K. J. (2006). Team mental models and team performance: A field study of the effects of team mental model similarity and accuracy. *Journal of Organizational Behavior*, 27, 403–418.

3. Shared Mental Model Instrument: 测量 General Task and Team Knowledge, General Task and Communication Skills, Attitude Toward Teammates and Task, Team Dynamics and Interactions, Team Resources and Working Environment 五类团队心智模型，共 42 个题项

Johnson, T. E., Lee, Y., & Lee, M., *et al.* (2007). Measuring sharedness of team-related knowledge: Design and validation of a shared mental model instrument. *Human Resource Development International*, 10(4), 437–454.

经典文献

Cannon-Bowers, J. A., Salas, E., & Converse, S. (1993). Shared mental models in expert team decision-making. In N. J. Castellan Jr. (Ed.), *Individual and Group Decision-Making: Current Issues* (pp. 221–246). Hillsdale, NJ: Lawrence Erlbaum.

Gentner, D., & Stevens, A. L. (1983). *Mental Models*. Hillsdale, NJ: Erlbaum.

Johnson-Laird, P. N. (1983). *Mental Models*. Cambridge, MA: Harvard University Press.

Klimoski, R., & Mohammed, S. (1994). Team mental model: Construct or metaphor?. *Journal of Management*, 20(2), 403–437.

Mathieu, J. E., Heffner, T. S., & Goodwin, G. F., *et al.* (2000). The influence of shared mental models on team process and performance. *Journal of Applied Psychology*, 85(2), 273–283.

Mohammed, S., & Dumville, B. C. (2001). Team mental models in a team knowledge framework: Expanding theory and measurement across disciplinary boundaries. *Journal of Organizational Behavior*, 22(2), 89–106.

Mohammed, S., Ferzandi, L., & Hamilton, K. (2010). Metaphor no more: A 15-year review of the team mental model construct. *Journal of Management*, 36(4), 876–910.

对管理者的启示

TMMs 理论考察了团队成员如何通过构建简化的知识结构（即心智模型）理解团队任务和团队过程。当团队或组织发展出良好、共享的心智模型时，团队或组织中的每个成员就能够更好地对他们正在做的事情达成共识、理解为什么要做这些事情、期望下一步可能做什么；每个成员都能够"在同一页上"。而且，相较于没有发展出良好、共享的心智模型的团队或组织成员而言，发展出良好、共享的心智模型的团队或组织成员能够更准确地描述、解释和预测周围环境。

TMMs 对于管理者来说最大的吸引力在于在团队或组织内部达成共识，形成默契。毫无疑问，共识和默契对于团队或组织来说是非常重要的。因此，管理者的一个重要任务是确保团队或组织内部形成一个发展良好的、共享的心智模型。TMMs 的发展既会受到团队成员个人特征的影响，又会受到外部情境因素的影响。当然，更为快速促进 TMMs 涌现的措施是进行团队水平的干预。现有研究显示，由成员自己制订高质量计划、团队反思、领导者的战略沟通及团队培训等团队干预措施可以有效促进 TMMs 的涌现。

由于团队和组织所面对的环境常常是动态的，因此团队或组织成员应该及时更新心智模型。这就意味着管理者要积极寻找和检验替代心智模型，以确保团队或组织走在能正确表征外界环境的道路上。将心智模型构建为静态的团队或组织会被能根据不断变化的环境而不断完善和调整其心智模型的团队或组织超越。总之，与员工就团队或组织的心智模型达成共识和形成默契，并且因应任务环境变化而不断完善和更新其心智模型的团队或组织能够获得更大且持续的成功。

本章参考文献

28

吸引—选择—磨合理论 *

郭钟泽[1]

图1 本杰明·施耐德

吸引—选择—磨合（attraction-selection-attrition, ASA）理论是由本杰明·施耐德（Benjamin Schneider）（见图1）于1987年提出的。施耐德是马里兰大学心理学名誉教授，多年来一直是该校工业和组织心理学（IO）项目负责人。他的研究兴趣包括服务质量、组织氛围和文化、员工敬业度、人员配置、管理者的人格在组织活动中的作用。康奈尔大学的Bretz et al. (1989)、南洋理工大学的Ng and Van Dyne (2005)、南卡罗莱纳大学的Ployhart et al. (2006)，均从理论解释范畴或实证研究方面推动了该理论的发展。

该理论自2000年以来被引次数不断攀升，如图2所示。

吸引—选择—磨合理论的核心内容

Schneider（1987）基于互动心理学和职业心理学，提出了ASA理论模型，他认为人们并非随机地被安排到特定组织中，不同类型的个体被相符类型的组织吸引、选择和保留，那些被吸引、选择并留在组织中的个体决定了工作环

---

* 基金项目：国家自然科学基金青年项目（72002017）。
1 郭钟泽，北京信息科技大学经济管理学院副教授。主要研究领域：工作心理与态度、领导力与团队创新、情绪管理等。电子邮箱：guozz2013@163.com。

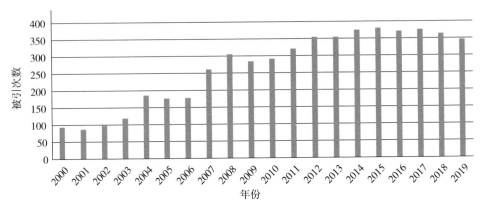

图 2　吸引—选择—磨合理论的被引次数

资料来源：根据 Google Scholar 数据整理而成，搜索时采用精确匹配。

境。该理论的中心命题是：随着时间的推移，组织在人员类型上变得相对同质化（relatively homogeneous）（Schneider, 1983a, 1983b, 1987），即当组织对员工的吸引力、组织甄选、员工与组织的磨合三者相结合时，便会产生相对同质化的组织。持此理论的研究者认为，有相似特征的个体会被同一组织吸引，选择进入并留在这一组织中。长此以往，此组织可能就由拥有相似背景、兴趣、认知、价值观的个体组成，从而产生同质化现象（Schneider et al., 1995）。随着同质化程度的提高，个体反过来被期望以相似的方式感知工作环境，即处于同一团队或组织中的成员会对环境产生相似的感知（Schneider, 1983b），最终在组织中形成某种氛围。

ASA 理论模型的基本观点是，组织由员工构成，员工的行为造就了今天的组织，是员工创造了工作场所。Kristof（1996）认为，个体与组织具有相似性和互补性两种匹配类型（person-organization fit, POF），相似性匹配强调个体的人格、价值观、目标及态度与组织文化、氛围、价值观、目标和规范之间具有一致性（Cable and Edwards, 2004），普遍认为行为是个体和环境的函数，即 $B = f(P, E)$（其中 B = behavior, P = person, E = environment）；而互补性匹配强调个体弥补组织所需，或者组织弥补个体所需（Kristof, 1996）。Schneider（1987）则认为，环境是个体及其行为的函数，即 $E = f(P, B)$。ASA 理论模型包含三个相互关联的互动过程，即吸引（attraction）、选择（selection）和磨合（attrition），图 3 概括了 ASA 理论的框架。

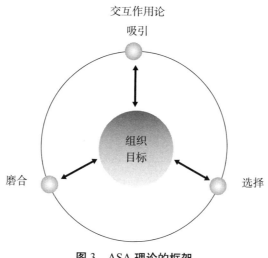

图 3　ASA 理论的框架

（1）目标。该理论框架的核心是组织目标，值得注意的是，这里的组织目标最初由创始人阐明（内隐的或外显的），并通过他或她的行为表现出来。组织目标以及为促进目标实现的组织结构、流程和文化，被认为是创始人及其早期同事特定特征（即人格）的反映。因此，组织目标通过个体的行为变得可操作化，而行为反过来又产生了组织结构和流程。目标会吸引人，目标是人相互作用的结果，如果个体和组织目标不匹配，那么个体就会离开组织。随着时间的推移，组织目标的特点决定了什么样的个体会被吸引、选择和保留。当组织发展到成熟阶段时，组织中所有个体的行为决定了组织的发展方向。

（2）吸引。吸引是指人们对自己的个体特征与工作组织的特征是否一致进行内隐评估，如果评估结果一致，那么个体就偏好该组织，被该组织吸引。个体特征主要是指人格、兴趣、知识和能力，而组织特征则通过组织目标、结构、流程和文化体现。吸引过程涉及一个事实，即人们对特定组织的偏好是建立在对个体特征和潜在工作组织特征一致的隐含预测的基础上。也就是说，人们发现组织有不同的吸引力，是由于他们对组织目标（及作为组织目标具体表现形式的结构、流程和文化）的隐含预测与他们的个体特征一致。例如，一个医生选择到医院 A

工作而不选择到医院 B，是基于他预测自己的人格和价值观与医院 A 的特征匹配或一致。

（3）选择过程是指组织运用正式或非正式的程序和手段招募与雇用那些具有组织想要特质的人员，它严重限制员工的类型。然而，组织需要具备多种能力的人才能生存，如果需要具备多种能力的人，那么组织怎能被"类型化"呢？因为人不是由单一的个体特征定义的，而是多维的。通过招聘和甄选流程，组织最终会选择那些拥有很多共同个体特征的人，尽管他们可能没有共同能力。换句话说，非营利机构的会计师应该与非营利机构的社会工作者共享很多个体特征，而非营利机构的会计师只与银行的会计师共享一些非常具体的能力。

（4）磨合过程是指那些与组织不匹配的人将自愿或非自愿地离开组织，而那些与组织匹配的人将被保留。通过 ASA 这样一个互动循环过程，组织中的人越来越同质，最终不适合组织的人往往会离开这个组织（Schneider and Schneider, 1994）。吸引的反面是磨合，Schneider *et al.* (1995) 认为，如果不合适的人离开了组织，那么留下来的人将彼此相似，关键点是他们不仅彼此相似，而且他们将构成一个更同质性的群体，使得特定类型的人被特定的环境吸引，不适合的人离开，产生限制区间。另一种解释是，由于组织的吸引和磨合，相似的人被保留，他们的行为相似是因为他们本身相似，而不是因为一些外部因素。这种区间上的限制使人们不仅在性质上相似，而且在行为、经历、方向、感觉和反应上相似。

ASA 理论框架用于理解人们如何构建工作场所，之前的 IO 心理学家未能将人的个体特征纳入组织理论，也未将组织定义为是由人的集体特征（collective characteristics）所定义。由 ASA 理论可以发现：①个体与组织是一个相互选择和磨合的过程。这种选择和磨合的关键影响因素是双方知觉到的彼此匹配。②个体进入并留在组织是一个过程，并非仅仅通过招聘和甄选环节就可以完成。③ASA 理论模型中的每一个过程都分别体现了一个关键问题，吸引过程实质上是匹配度感知和判断过程；选择过程是甄选过程，体现了组织的选择和决策问题；磨合过程则是双方适应过程。④通过 ASA 过程，与组织特征匹配的个体将留在组织中，组织成员在类型上也变得越来越同质。总之，ASA 理论特别强调个体与组织特征的匹配以及个体融入组织的过程性。

Schneider *et al.* (1995) 进一步思考了 Schneider（1987）两个主要命题的有效性：创始人和高层管理者在 ASA 循环启动与延续中的作用，已有研究间接支持创始人和高层管理者通过 ASA 循环对组织产生长期影响；预测组织内由于 ASA

循环而增加的同质性,已有研究提供了间接和直接证据支持 ASA 理论的中心命题——随着时间的推移,组织在人员类型上变得相对同质化。

对该理论的评价

作为目前 IO 领域普遍接受的情境占主导地位理论(situationally dominated theories)的一种替代理论,ASA 理论为新研究提供了有趣路径,并为体验组织病因学(etiology of organizations)提供了新视角。但显然,基于个人逻辑(personologically-based)来解释组织结构、流程和文化,ASA 理论被完全接受还有很多工作要做。

Schneider et al. (1995) 认为,虽然 ASA 理论模型提出了一些可以实证检验的命题,但是该模型在很多方面是模糊的。例如,该模型指出,人受到不同组织的吸引是基于个体和组织特征之间的某种匹配。然而,该模型没有详细说明个体和组织特征的含义,此外,什么是"匹配"(fit)也含糊不清。同时,该模型还提出,那些不适合组织的人将会离开,导致组织中员工的同质化增加,然而,如何精确地测量匹配?同质化是连续的还是间断的?如果是连续的,是线性还是非线性的?同质化对组织生存和发展的影响是什么?如何准确地界定同质化指标(index homogeneity)?均没有详细说明。值得关注的是,ASA 理论可以较好地解释聚合个体层面变量的合理性。Ng and Van Dyne (2005) 认为,同一群体中的个体在知识结构、兴趣爱好和价值观等方面均存在一定程度的同质性。因此,在团队层面的实证研究中,在将个体层面的变量聚合至团队层面,解释其合理性时,ASA 理论不失为最佳选择。

另外,需要检验 ASA 理论假设的创始人和高层管理者的人格与组织结构、流程、文化之间的直接联系。目前,创始人和高层管理者对组织影响的相对重要程度还在争论中。环境动荡、企业再造、全面质量管理等问题均旨在打破创始人和高层管理者对组织产生长期影响的观点。在 ASA 循环中,之前关于同质化研究主题的文献只是研究了同质化,而没有研究人格同质化在多大程度上反过来影响组织结构、流程和文化。另一个尚未明确的问题涉及吸引、选择和磨合对同质化的相对作用程度。此外,尚无研究关注与工资水平、假期计划和附加福利相比,组织结构、流程和文化作为吸引力对个体的相对重要性。已有证据表明,薪酬和其他更有形的组织属性对个体的吸引力不同,并且这些个体偏好的差异也预测了组织选择个体的差异。可见，ASA 理论仍有很多问题没有解决。

关键测量量表

1. 人格研究量表（Personality Research Form, PRF）

　　Bretz et al.（1989）使用杰克逊人格研究量表（Jackson Personality Research Form, PRF）来对个体的 14 项成就归属感需求进行评估。为了检验同质化，首先需要测量个体差异，即不同的人格特征。

Bretz Jr, R. D., Ash, R. A., & Dreher, G. F. (1989). Do people make the place? An examination of the attraction-selection-attrition hypothesis. *Personnel Psychology*, 42(3), 561–581.

2. 自尊和成就需要（Self-esteem and Need for Achievement）

　　其中，自尊包含 8 个题项，成就需要包含 5 个题项。

Turban, D. B., & Keon, T. L. (1993). Organizational attractiveness: An interactionist perspective. *Journal of Applied Psychology*, 78, 184–193.

3. 组织文化剖面图（Organizational Culture Profile, OCP）

　　组织文化剖面图（OCP）用来测量人与组织匹配（person-organization fit, POF），OCP 包含 54 条价值观陈述（例如质量、对个人的尊重、灵活性、冒险精神），这些价值观陈述能够反映个人和组织的规范与价值取向。

Chatman, J. (1991). Matching people and organizations: Selection and socialization in public accounting firms. *Administrative Science Quarterly*, 36, 459–484.

4. 人格同质化（Personality Homogeneity）

　　研究者以 4 个组织的 344 名英国管理者为研究对象，对组织中的人格同质化（personality homogeneity）趋势进行了实地研究，采用卡特尔 16 种人格因素问卷（16PF）对个体人格进行了测量，因为 16PF 代表了一般个体特征。研究发现，在控制了年龄和教育的情况下，组织对人格有主要影响；职业和组织的交互作用影响人格。Jordan et al.（1991）的结论是，人格同质化假设得到了支持，但同一职业在不同组织中存在不同人格的问题值得进一步研究。

Jordan, M., Herriott, P., & Chalmers, C. (1991). Testing Schneider's ASA theory. *Applied Psychology: An International Review*, 40(1), 47–54.

5. 工作价值观（Work Values）与感知到人和组织匹配（价值一致性）(Perceived P-O Fit, Value Congruence)

工作价值观：

De Cooman *et al.* (2009) 使用荷兰缩减版本的工作重要性研究工具来测量工作价值观，包括 6 个维度，共 21 个题项。6 个维度分别是经济保障（4 个题项）、职业和领导力（4 个题项）、人际沟通（4 个题项）、社会服务（3 个题项）、自主性（3 个题项）、识别（3 个题项）。

感知到人和组织匹配（价值一致性）：

De Cooman *et al.* (2009) 采用 5 分制量表，包括两个问题：你觉得自己的价值观与组织的价值观相符吗？你觉得自己的价值观与组织其他员工的价值观一致吗？

De Cooman, R., De Gieter, S., & Petermans, R., *et al.* (2009). Person-organization fit: Testing socialization and attraction-selection-attrition hypotheses. *Journal of Vocational Behavior*, 74(1), 102–107.

经典文献

Bretz Jr, R. D., Ash, R. A., & Dreher, G. F. (1989). Do people make the place? An examination of the attraction-selection-attrition hypothesis. *Personnel Psychology*, 42(3), 561–581.

Cable, D. M., & Edwards, J. R. (2004). Complementary and supplementary fit: A theoretical and empirical integration. *Journal of Applied Psychology*, 89(5), 822–834.

Kristof, A. L. (1996). Person-organization fit: An integrative review of its conceptualizations, measurement, and implications. *Personnel Psychology*, 49(1), 1–49.

Ng, K. Y., & Van Dyne, L. (2005). Antecedents and performance consequences of helping behavior in work groups: A multilevel analysis. *Group & Organization Management*, 30(5), 514–540.

Ployhart, R. E., Weekley, J. A., & Baughman, K. (2006). The structure and function of human capital emergence: A multilevel examination of the attraction-selection-attrition model. *Academy of Management Journal*, 49(4), 661–677.

Schneider, B. (1983a). Interactional psychology and organizational behavior. In L. L. Cummings & B. M. Staw(Eds.), *Research in Organizational Behavior* (pp. 1–31).

Greenwich, CT: JAI Press.

Schneider, B. (1983b). An interactionist perspective on organizational effectiveness. In K. S. Cameron & D. S. Whetton(Eds.), *Organizational Effectiveness: A Comparison of Multiple Models* (pp. 27–54). New York: Academic Press.

Schneider, B. (1987). The people make the place. *Personnel Psychology*, 40(3), 437–453.

Schneider, B., Goldstein, H. W., & Smith, D. B. (1995). The ASA framework: An Update, *Personnel Psychology*, 48(4), 747–773.

Schneider, B., & Schneider, J. L. (1994). Biodata: An organizational focus. In G. S. Stokes, M. D. Mumford & W. A. Owens WA (Eds.), *Biodata Handbook* (pp. 423–450). Palo Alto: CPP Books.

对管理者的启示

ASA 理论在解释诸如组织有效性、组织消亡、组织变革和人员甄选等问题上，具有一定的实用性。ASA 理论模型对管理者有以下几个方面的启示：

首先，组织生存和组织变革。ASA 理论模型表明，除非组织有意识地限制内部人员同质化，否则当环境发生变化时，组织可能面临不知道环境发生变化，或者没有能力改变自身来应对环境变化的情况。它告诫管理者随着时间的推移，组织员工类型趋于同质化的趋势可能对组织长期效能产生危害。管理者普遍认为，同质化只发生在官僚结构的大型企业中，但事实并非如此。大多数组织是小型的、家族拥有或控制的企业，这类企业的同质化倾向可能更加明显。因此，小型企业尤其要警惕同质化倾向。

其次，人格和兴趣的测量。ASA 理论模型提示管理者在了解组织最佳结构之前，需要更多地了解整个组织中人员的类型。Schneider (1987) 强调了很多概念来描述属性，如人格、兴趣、类型、种类、倾向等。管理者可以充分地利用整个组织成员人格和兴趣的测量数据，来更好地找到组织风格。

再次，组织氛围和组织文化。ASA 理论模型能够帮助管理者了解组织氛围和组织文化的起源。组织氛围是组织向成员表明什么对组织有效性是重要的。与氛围相比，文化是一个更模糊的主题，当组织成员拥有一套共同的假设、价值观和信仰时，组织就有了特定的文化。显然，氛围和文化是互补的话题。氛围关注组织如何运作（它奖励、支持和期望什么），而文化关注特定活动和行为为什么得到奖励、支持和期望。因此，文化关注的是为什么事情会这样发生，以及发生的意义或原因。它提示管理者关注组织中出现的流程和结构是其成员为实现创始人的目标而表现出的各种行为方式的函数。

最后，招聘的重要性。ASA 理论模型表明，组织可以通过招聘活动积极地确定候选人库，并从候选人库中挑选所需的人员。因此，如果组织想要主动地扩大候选人员的类型范围，那么可以通过增加候选人库中的人员数量来实现。ASA 理论模型提示管理者招聘流程可以用来确定哪些人适合组织，哪些人不适合组织。工作绩效包括对工作环境的反应，更适合工作环境的人格特征，再加上工作所要求的知识、技能和能力（KSAs），结合起来可以提高人员甄选流程的有效性。

此外，ASA 理论对领导力、动机、工作态度和工作社会化等方面也有一些有趣的管理启示。

本章参考文献

29

相似吸引理论[*]

苗仁涛[1] 李桐[2] 张佳玥[3] 曹毅[4]

图1 唐·伯恩

唐·伯恩（Donn Byrne）（见图1）是相似吸引理论（similarity attraction theory）的主要奠基人，他曾于1971年出版了有关相似吸引理论的开创性著作《吸引力范式》(*The Attraction Paradigm*)，这本著作提出个体之间的态度和信念越相似，则相互吸引的可能性越大。而后经由 Baskett（1973）、Lincoln and Miller（1979）、Jackson *et al.*（1991）、Weldon *et al.*（1991）、Smith *et al.*（1994）、Harrison *et al.*（1998）、Riordan（2000）等学者的发展，相似吸引理论的内容得到扩充，除态度和信念外，许多维度的相似都可以增加个体间的吸引力，包括人口统计学特征、性格及价值观等。同时，后期研究重点逐渐从个体转向团队，在团队研究中群体内成员越相似，则成员越容易

---

[*] 基金项目：国家社会科学基金项目（16BGL099，20BGL149），北京市教育委员会社科计划重点项目（SZ20161003820）。
[1] 苗仁涛，首都经济贸易大学劳动经济学院人才学系教授、博士生导师。主要研究领域：战略人力资源管理、职业心理与行为、人才管理与领导力开发。电子邮箱：mrtmiao@hotmail.com。
[2] 李桐，首都经济贸易大学劳动经济学院硕士研究生。主要研究领域：战略人力资源管理、职业心理与行为。电子邮箱：renshilitong@163.com。
[3] 张佳玥，首都经济贸易大学劳动经济学院硕士研究生。主要研究领域：战略人力资源管理、职业心理与行为。电子邮箱：2511656396@qq.com。
[4] 曹毅，北京大学心理与认知科学学院博士研究生。主要研究领域：组织行为与人力资源管理、人格与社会心理学。电子邮箱：2691396604@qq.com。

相互吸引。相似吸引理论逐渐受到理论界与实践界的关注，该理论的被引次数从2000年起呈上升趋势，从2014年起每年的被引次数均超过100次（见图2）。

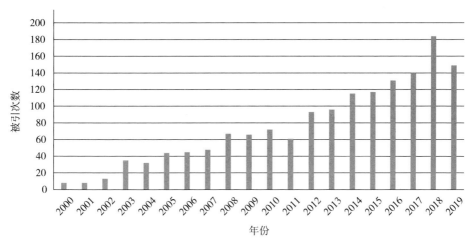

图2　相似吸引理论的被引次数

资料来源：根据Google Scholar数据整理而成，搜索时采用精确匹配。

相似吸引理论的核心内容

相似吸引理论起源于日常观察结果以及态度、观点、信念和价值观等的相似性研究。Schiller（1932）、Schooley（1936）、Newcomb and Svehla（1937）等学者研究了已婚夫妇之间的相似性，证实了夫妻之间在种族、宗教、战争、生育等方面的看法存在相似性；Winslow（1937）、Richardson（1940）等学者研究了朋友之间的相似性，认为人与人之间在意见、审美和种族等方面越相似，就越容易促进友谊的建立；Loomis（1946）比较了德国农村居民的社交访问方式和政治归属，发现具有相同政治背景的家庭，其社交访问更加频繁；Triandis（1959）研究了工作环境中主管和下属的相似性，指出主管与下属越相似，则其交流越有效；Byrne（1971）早期关于相似—吸引范式的研究证实，人们更容易受到与自己具有相似态度的人的吸引，并认为这些人更聪明、知识渊博且适应能力强。在此研究背景下，Byrne（1971）提出了个体之间的态度和信念越相似，相互吸引的可能性越大，并进一步验证了其有效性和普适性。

随后，新的研究发现，在任何维度上的相似性都可能增加吸引力，如候选人与主管在档案背景、态度、工作表现等方面的相似性越强，他越容易得到晋升机会并获得更高的薪水（Baskett, 1973）。除 Byrne（1971）在相似吸引理论中提到的态度和信念相似性以外，人口统计学特征、性格及价值观等维度的相似性也可以增强个体间的吸引力（Riordan, 2000）。其中，人口统计学相似度是指个体的人口统计学特征（年龄、性别、种族和受教育程度等）与社会中其他成员的相似程度（Riordan and Shore, 1997）。研究发现，人口统计学特征上的相似性会对组织问题产生重要影响，具体表现为性别、种族、年龄、任期、受教育程度和背景的相似性会影响员工的态度、离职率及与团队其他成员的沟通（Jackson et al., 1991; O'Reilly III et al., 1989; Tsui et al., 1992; Zenger and Lawrence, 1989）。在有关年龄相似性的研究中，学者们发现，年龄上的相似性会影响组织承诺、帮助行为、尽责程度、离职意图及对团队绩效的看法，因而年龄相似性对人际吸引具有一定的影响（Riordan and Weatherly, 1999; Tsui et al., 1992）。在性别相似性与吸引力的研究中，Graves and Powell（1995）发现，性别相似会使面试官与申请人之间产生更多的共同话题，进而增强面试官与同性别申请人进行互动的意愿，因此性别相似性对人际吸引具有强烈的影响。Hoffman（1959）和 Hoffman and Maier（1961）发现，与种族同质的群体相比，种族多样化的群体可能面临更多的问题与冲突。在文化多样性的经典研究中，Triandis（1959）发现，与文化上同质的群体成员相比，文化上异质的群体成员之间相互吸引的可能性更小，并且彼此之间的交流更加困难。此外，受教育程度的相似性与员工喜好、工作满意度、组织承诺正相关（Riordan and Weatherly, 1999）。若高管团队成员间受教育程度存在差异，则会使团队中受教育程度与其他成员差异过大的员工产生离职意图，从而更容易离开高管团队（Jackson et al., 1991）。

以上都是研究有关单一维度的相似性与人际吸引间的关系。也有学者创建了相似性的综合度量指数，用于探究不同方面的相似特征对工作结果、薪酬等方面的影响。Kirchmeyer（1993）将年龄、受教育程度和生活方式相结合，形成了一个有关代际相似的综合指数，并将宗教和种族进行结合，形成了一个有关文化相似的综合指数。然而，研究并没有发现相似性的综合度量指数与工作结果之间存在显著关系。

随着研究的深入，相似吸引理论研究的重点逐渐从个体层面转向团队层面，并尝试兼顾个体层面与团队层面的研究。表现为群体内成员之间越相似，则成员越容易相互吸引（Baskett, 1973; Byrne et al., 1966; Byrne, 1971）。基于相似性是决定吸引力的重要原因（Berscheid, 1985; Byrne, 1971; Levine and Moreland, 1990; Lott and Lott, 1965），学者们分别提出了吸引—选择—磨合（attraction-selection-attrition, ASA; Schneider, 1987）模型和组织人口模型（organizational demography model; Pfeffer, 1983）。其中，ASA模型是从交互心理学的角度得出的，通过吸引、选择和磨合的过程，组织会朝着人际同质的状态发展，其中相似性的维度包括个性、兴趣和价值观（Schneider, 1983）。在此过程的早期，人们会被他们认为与自己相似的组织成员吸引，进而寻求成为组织成员的资格。组织内成员在筛选潜在新成员时也会被相似的成员吸引，因此他们更有可能接纳与他们相似的新成员。新成员进入组织后，相似—吸引效应会再次影响成员双方的情感和行为，在双方感知到彼此相似时会认为这种成员间的组合是令人满意的（Tsui and O'Reilly III, 1989）；如果这种组合不令人满意，就会对异质成员造成压力，迫使其离开组织，随着时间的推移，组织内的员工逐渐趋于同质（George, 1990）。随后，Jackson et al. (1991)在为期4年的针对93个高管团队的实证研究中，运用ASA模型来预测招聘、离职和晋升，并且认为在管理团队中高管人员不是随机分布，而是根据相似的个性特征（例如年龄、经验和大学课程）组成更为同质的团队。这支持了Schneider（1983）的假设，即招聘和减员过程可以解释群体内部的同质性。

在组织人口模型中，组织的年龄、任期、性别、种族、社会经济背景及宗教信仰等特征会影响沟通、工作转移、晋升和离职等行为。Pfeffer（1983）构建了人口统计学特征与组织控制维度之间的联系，并提出成员间相似的背景、共同经历和共同观点是成员间相互交流与相互理解的基础，因而当成员间更加同质时，社交或非正式控制将是最有效的；相反，当成员间的人口统计学特征存在差异时，官僚控制则是最有效的。不同于Schneider（1987）在个体层面对相似性和吸引力的讨论，Pfeffer（1983）聚焦于团队层面对同质性和凝聚力的讨论。并且与Schneider（1987）聚焦于相似性对选拔、淘汰影响的研究不同，Pfeffer（1983）强调了员工流动与交流沟通。因而，跨层面研究的发展是整合这两种模型的潜在手段，其表现形式为群体特征（如异质性）被视为个体行为的预测因子（Jackson et al., 1991）。实证研究也支持了相似吸引理论是解释团队互动的基础理论，与同质团队相比，异质团队的协调和控制更加困难，会导致更加高昂的管理成本，最终将阻碍绩效（Smith et al., 1994）。此外，叶笛和林东清（2013）采用74个信息系统开发（ISD）项目团队中的264位参与者的调研资料进行实证检验，结果显示团队成员的相似性会影响成员间的人际吸引，激发成员间的社会融合，并最终促进团队成员间的知识整合。

在相似吸引理论的研究中，许多学者都描述了易于检测的属性（例如年龄、性别、种族）和更深层次的属性（例如态度、信念、价值观）的多样性，并在部分多样性变量的水平（表层或深层）上达成了一致（Jackson et al., 1995）。Harrison et al. (1998) 改进了相似性的分类，开发了两因素方法，将异质性编码为两个主要的形态："表层"（surface level）和"深层"（deep level）的多样性。其中，他将表层多样性定义为团队成员间在人口统计学和生物学特征上的差异，这些差异通常反映在物理特征（即年龄、性别和种族）上，这些特征通常是不可变的，可以立即观察到，并且可以通过简单有效的方式进行测量（Jackson et al., 1995）。同时，Harrison et al. (1998) 将深层多样性定义为成员态度、信念和价值观之间的差异，不同于表层多样性测量，成员态度、信念和价值观要通过个体间的交流、互动才能得以感知。进一步地，相关研究概念化了多样性的维度，包括态度、价值观、知识和技能等，并指出这些方面比表层多样性"更易变"（Jackson et al., 1995）。Lankau et al. (2005) 进一步检验了领导成员关系中表层相似性和深层相似性的重要作用，并将表层相似性的测量扩展到性别、种族、受教育程度、职位和背景，将深层相似性的测量扩展到个性、兴趣、价值观、工作价值、对组织事务的看法，以及解决问题的方法。在整合前人研究的基础上，他们将人口统计学相似性（demographic similarity）视为表层相似性，包括年龄、性别和背景等，将认知相似性（cognitive similarity）视为深层相似性，包括价值观、认知能力、感情和个性，并在此基础上提出了目标相似性（goal similarity），认为其是团队项目开发成功的重要因素。其中，表层相似性即人口统计学相似性已在上文进行了详细的阐述，在下文中我们将进一步阐述认知相似性和目标相似性。

认知相似性是指与他人有相似的特征以及采用相似的方法来收集和处理信息（Kang et al., 2006）。认知形态包括态度、信念和价值观，会影响人们如何在所处的环境中寻找、组织和解释信息，以及如何使用这些信息来指导他们的行动，认知相似性可以通过人际互动言语或非言语的沟通过程来形成，并进一步对人际吸引产生影响（Byrne, 1971）。已有研究发现，价值观、态度、理解、期望等方面的相似性会加深成员彼此之间的吸引力，并带来更高的群体凝聚力（Terborg et al., 1976; Antill, 1983; Byrne, 1971; McGrath, 1984; Newcomb, 1961）。进一步地，Tsui and O'Reilly III（1989）提出，态度相似性会使员工对工作和组织有相似的概念，进而增加员工在工作中的交流，这将有助于沟通、减少角色冲突和角色歧义。相反，当员工发现彼此之间的态度存在差异时，共同工作将降低员工的幸福感并阻碍工作的推进。

在组织情境下，"目标"的概念涵盖绩效标准、配额、工作规范、任务、截止日期和预算。清晰、一致的目标有助于建立有效的团队，因而团队领导者在团队活动开始之初就应当与团队成员达成共识，建立一致的前景方向（Katzenbach and Smith, 1993）。目标相似性是指个体所采取的行动具有相似的目的，具有相同目标的人群吸引力增强，并进一步增加彼此之间的互动（Jehn, 1995）。研究发现，目标相似性会增强成员间的吸引力、降低员工的离职意愿、促进社会融合并最终形成团队成员间的知识整合（Vancouver and Schmitt, 1991）。此外，Smith et al. (1994) 基于 ASA 模型提出，若 CEO 与高管团队每个成员之间的目标和信息具有不确定性，则多元化团队的态度和行为将难以预测。

对该理论的评价

相似吸引理论起初用于探究个体态度和信念间的相似性，即个体之间的态度和信念越相似，相互吸引的可能性越大；随后用于探究人口统计学特征、性格和价值观等维度的相似性对吸引力的影响。该理论的研究逐渐从个体层面转向团队层面，并改进了相似性的分类，具体分为表层相似性和深层相似性。相似吸引理论主要用于研究高管团队的绩效、领导成员关系、组织沟通、组织学习等方面，该理论还应用于买卖双方关系及导师与学生关系等的研究中。基于相似吸引理论，近年来研究焦点逐渐从相似性转向异质性研究，团队成员的表层人口统计学特征与深层特征的多样性会对换位思考、团队帮助行为、社会融合等产生消极影响，但也有研究表明团队多样性会提高员工的创造力，进而提高企业绩效。

目前，在相似吸引理论的研究中，人口统计学相似性对个体态度和行为的影响并没有形成一致的结论，这可能是由于样本的选择缺乏科学性和合理性，面对不同的样本群体很难得出相同的结论。已有研究并没有证实部分维度上的相似性与吸引力之间存在显著关系，在未来的研究中可以继续拓展相似性的维度，在不同的研究背景下对相似吸引理论进行深入的研究。此外，相似吸引理论研究框架中缺乏中间机制的探究，未来应聚焦于解释不同维度上的相似或差异是如何影响个体的态度和行为的。

关键测量量表

1. Similarity Scale：2 个维度，10 个题项

Lankau, M. J., Riordan, C. M., & Thomas, C. H. (2005). The effects of similarity and liking in formal relationships between mentors and protégés. *Journal of Vocational Behavior*, 67(2), 252–265.

2. Similarity Scale：3 个维度，19 个题项

Lin, T. C., Liu, C. C., & Tsai, Y. L. (2012). Factors affecting knowledge integration-based on similarity-attraction theory. In PACIS (p. 39).

3. Interpersonal Attraction Scale：2 个维度，9 个题项

Byrne, D., & Wong, T. J. (1962). Racial prejudice, interpersonal attraction, and assumed dissimilarity of attitudes. *Journal of Abnormal and Social Psychology*, 65(4), 246–253.

经典文献

Byrne, D. (1971). *The Attraction Paradigm.* New York: Academic Press.

Harrison, D. A., Price, K. H., & Bell, M. P. (1998). Beyond relational demography: Time and the effects of surface- and deep-level diversity on work group cohesion. *Academy of Management Journal*, 41(1), 96–107.

Jackson, S. E., Brett, J. F., & Sessa, V. I., et al. (1991). Some differences make a difference: Individual dissimilarity and group heterogeneity as correlates of recruitment, promotions, and turnover. *Journal of Applied Psychology*, 76(5), 675–689.

Liang, H. Y., Shih, H. A., & Chiang, Y. H. (2015). Team diversity and team helping behavior: The mediating roles of team cooperation and team cohesion. *European Management Journal*, 33(1), 48–59.

Newcomb, T., & Svehla, G. (1937). Intra-family relationships in attitudes. *Sociometry*, 1(1–2), 180–205.

Riordan, C. M. (2000). Relational demography within groups: Past developments, contradictions, and new directions. In M. Buckley, J. Halbesleben & A. R. Wheeler (Eds.), *Research in Personnel and Human Resources Management* (pp. 131–173). Bingley, UK: Emerald Group Publishing Limited.

对管理者的启示

相似吸引理论对现代企业管理实践有着重要的指导意义。第一，企业在招聘环节中应尽量选择与企业自身文化、价值观、愿景相契合的员工，使员工在入职后能够尽快融入工作团队，与现有员工有效沟通，形成良性互动，进而提高团队工作效率和员工满意度。相反，若新员工与企业现有员工在态度、认知和观点方面存在较大差异，则会产生沟通冲突，对双方的情感和行为产生影响，降低员工满意度，并对异质性员工形成压力，迫使其离开企业，进而导致企业的无效招聘、成本上升和资源浪费，最终不利于企业的长远发展。第二，企业应通过培训使员工充分了解企业的价值理念、社会责任、使命，明确企业的经营理念和制度，进而增强企业与员工之间的认知相似性和目标相似性，实现个人职业发展与企业战略相结合，这一方面可以增强员工的组织自尊，另一方面可以促进企业可持续发展，实现双赢。同时，成员间通过特定的培训能够增进了解，互相影响，使团队趋向于同质发展，最终实现高效合作。第三，在企业中，领导与下属在人口统计学特征、态度、目标等方面相似，会增进领导与下属间的沟通交流，形成高质量的领导成员关系，进一步促进领导与下属间的互相信任、互相忠诚，最终对创新行为、工作满意度、组织承诺和组织支持感等产生积极影响。第四，在企业中，团队成员间的相似性会影响成员间的人际吸引，增进成员间的互动，激发成员间的社会融合，并最终促进团队成员间的知识整合，进而形成学习型组织。知识整合能力是当代企业在激烈的竞争环境中立足并保持竞争优势所必须拥有的重要能力。因此，管理者应该举办一些团队活动来增进团队成员间正式与非正式的交流，建立合作的文化和工作场所互惠环境，并鼓励成员间互帮互助，促进专业经验和知识的整合，最终提高企业的核心竞争力。

本章参考文献

心理逆反理论[*]

赵新元[1] 王伏瑾[2] 王甲乐[3]

图1 杰克·布里姆

人们往往会遵从领导者的命令或公认的社会规范，但有时也会做出与"要求"相反的事，抵制命令，甚至以逆反的方式行事。这种现象普遍存在于父母与儿女、夫妻及朋友之间的沟通交往中。致力于解释此现象的"心理逆反理论"（theory of psychological reactance）（Brehm, 1996）受到越来越多国内外学者的关注。

心理逆反理论（亦称"反向心理学"）由杰克·布里姆（Jack Brehm）（见图1）在杜克大学任教期间提出，他与合作者于1966年在《人格与社会心理学杂志》（Journal of Personality & Social Psychology）上发表了首篇关于心理逆反的论文《减少自由的恩惠的影响》（Effect of a favor which reduces freedom）(Brehm and Cole, 1966)，这篇论文不仅将心理逆反引入了社会心理学领域，而且是该期刊历史上唯一没有参考文献的实证文章。论文发表后不久，布里姆出版

---

[*] 基金项目：国家自然科学基金项目（71872191），教育部人文社会科学研究一般项目（18YJA630151），广东省自然科学基金项目（2018A030313502，2021A1515011978）。

[1] 赵新元，中山大学管理学院副教授、博士生导师。主要研究领域：工作家庭关系、雇佣关系、职业生涯管理等。电子邮箱：zhaoxy22@mail.sysu.edu.cn。

[2] 王伏瑾，中山大学管理学院硕士研究生。主要研究领域：工作家庭关系、雇佣关系、职业生涯管理等。电子邮箱：wang.fujin@foxmail.com。

[3] 王甲乐，中山大学管理学院硕士研究生。主要研究领域：工作家庭关系、雇佣关系、职业生涯管理等。电子邮箱：741331978@qq.com。

了他的经典著作《心理逆反理论》(*A Theory of Psychological Reactance*)（Brehm, 1966）。

根据心理逆反理论，如果个体认为其一个自由行为会被消除或威胁被消除，那么心理逆反的动机状态将被唤起，以恢复其自由行为（Miron and Brehm, 2006）。逆反是一种动机状态，它具有激励性质，驱使个体做出恢复自由的行为，而个体拥有可选择的自由是心理逆反产生的前提。因此，逆反是被动的，而不是主动的，只存在于"激励人们放弃自由、服从威胁或消除的其他力量的环境中"。

心理逆反理论的应用十分广泛，包括说服和态度改变、消费者调查、人际和群体关系、医学治疗，以及动机和情绪等众多领域。临床研究是心理逆反理论应用最丰富的领域之一，最常见的是在治疗中说服病人遵从医生的建议（Fogarty and Youngs, 2010）。Rohrbaugh et al. (2010) 提出了自由和非自由症状或行为之间的区别，并为每种类型设计了特定的治疗策略。另外，心理逆反理论与连锁反应的研究路径涉及工作动机和冲突谈判。信息技术领域的研究已经应用心理逆反理论来解释为什么用户对新技术（例如在线广告和社交机器人）存在抵制（Feng *et al.*, 2018）。

由图2可知，关于心理逆反理论的文章的被引次数逐年增加，这从侧面印证了学术界对该主题的研究热度逐步上升。从研究内容来看，心理逆反理论已经在信息沟通、青少年健康、营销广告、禁烟等不同领域得到广泛应用。被引次数最高的文章为 Dillard and Shen (2005)。该文章通过两项研究——提倡使用牙线和督促青少年控制酒精摄入，证明了逆反的本质及其在说服性健康信息影响中的作用。此外，作者把心理逆反看作愤怒和消极认知的结合，并在学术界初次提供了一个对心理逆反的测量方式，提出对自由威胁的强度和心理逆反的倾向会正向影响心理逆反，这对于心理逆反理论的发展具有独特的贡献。

心理逆反理论的核心内容

一、心理逆反的构成因素

1. 自由

个体能够根据自主意识做出决定并采取行动，且这些行动具有可以实现的现实可能性，为个体将来成功实现目标以及满足需求和愿望提供机会。这就是心

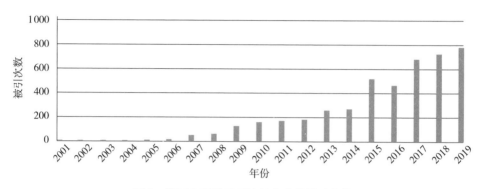

图 2　关于心理逆反理论的文章的被引次数

资料来源：根据 Web of Science 数据整理而成，搜索时采用精确匹配。

逆反理论所指的自由概念，在某种程度上构成了与幸福相关的基本需求。自由感决定人们偏爱哪种决策情境，并且影响对某些决策环境的行为反应（Lau and Wenzel, 2014）。

2. 对自由的威胁

心理逆反理论中的"威胁"，是指对个体以自由意志选择与行动进行限制的权力代表或社会影响。逆反行为是反应性而非前摄性的，随着个体承受威胁带来的压力逐渐增大，或者当个体感知到信息源具有较高的社会权力时，个体心理逆反倾向会更强烈（Font and Hindley, 2017）。

3. 逆反

Brehm and Brehm（1981）最初认为逆反是一种引发特定行为的厌恶性动机状态，是个体对目前或将来的自由受到威胁或被限制的反应，其强度难以直接进行量化，只能从拒绝服从的反向态度中进行推断。具有某些人格特质的个体表现出了更多的逆反倾向，这种个体固有的内在逆反倾向被称为特质逆反。因此，逆反既可以是特定情境中瞬间发生的一种状态，也可以是稳定的、具有个体差异的人格特质。

4. 对自由的恢复

心理逆反一旦被唤醒，就会驱使个体通过直接或间接的方式，恢复受威胁的自由。直接恢复是指个体以与所提倡立场相反的方向表达其独立行为、态度或情绪。"关联反向效应"是指个体以间接的形式恢复自由，不是从事受威胁或被取消的特定自由行为,而是从事相似行为;"替代反向效应"是指个体受威胁的自由可以通过观察他人从事被禁止的行为或与被禁止行为相似的行为得到间接恢复。心理逆反还有可能引起针对威胁者的攻击和敌意。

二、产生心理逆反的主要原因

1. 语言特征

信息中的语言特征是影响个体产生心理逆反的重要因素,尤其是语言中带有的教条式指令会被认为更具威胁性,从而激起个体的愤怒情绪及心理逆反(Miller *et al.*, 2007)。教条式信息包括强硬的命令式语气、过于绝对性的主张、对他人观点的嘲笑和带有恐吓性的威胁警告,而不是客观、公正的信息。当个体面对愈发强硬的说服企图时,他们可能会对这种企图做出更加消极的反应,因为这种劝导活动会引起愤怒情绪和消极认知(Ghazali *et al.*, 2018)。然而,不同的个体对同一性质的信息,其唤起的心理逆反程度各不相同,这些差异化反应是由不同的人格特质造成的。

2. 个体差异

虽然特质逆反(即不同个体表现出对同一情境的独特反应)在人生的不同阶段可能有所波动,但个体在不同的情况下会表现出相对稳定的独特的人格特质(Miller *et al.*, 2007)。特质逆反与个体亲和力、尽责性、性格稳定性呈负相关关系,与个体权利感呈正相关关系。特质逆反程度高的人更好斗、易怒、冲动、不随主流,而且容易感到被冒犯、愤怒、孤独和郁闷(Yost and Finney, 2018)。特质逆反与感觉寻求可以影响和预测个体感知威胁的敏感度、逆反状态和逆反恢复(Quick and Stephenson, 2008)。

3. 物理空间

一个相对较小的、物理上受限制的空间会激发被限制的感觉,从而对一个人的自由产生威胁。因此,受到威胁的个体可能以旨在恢复其自由的行为的形式表现出逆反,而且个体在相对狭小的空间里会倾向于在选择中表现出更大的多样性。当个体与说服者之间的距离越来越小时,他们接受劝说的可能性会逐渐降低,因为他们认为自己的个人空间受到了威胁(Levav and Zhu, 2009)。

三、心理逆反的基本原理

1. 逆反唤起的前提条件是个体认为可以实现某种自由

从控制结果的意义上说,自由对于区分自我与他人以及自我各方面的整合是至关重要的(Graupmann *et al.*, 2012)。Brehm and Brehm(1981)认为,个体只有在具备实现某种自由行为的相关能力和客观条件时才会产生心理逆反。被取消的选择自由往往在被取消后变得更具有吸引力。

2. 逆反程度与威胁量呈正相关关系

相较于没有被明确告知禁止做某事的个体，收到禁令的个体更倾向于表现出相反方向的行为，禁止程度越高，则个体的心理逆反驱动力越强（Silvia, 2006）。接触对自由选择威胁程度高的信息的个体，比收到对自由选择威胁程度低的信息的个体，会产生更强的负面想法和愤怒情绪。

3. 逆反程度与受威胁行为的吸引力呈正相关关系

个体初始态度的重要性与心理逆反程度之间关系密切。当被讨论的主题对受众是重要的时，个体对受威胁行为本身的选择倾向越高，越容易激起针对该威胁行为的直接逆反（Park, 2013）。

4. 逆反程度与被知觉到的隐含威胁量呈正相关关系

当个体的自由受到威胁或威胁被取消时，除非有明确的并令人信服的解释，否则个体就会倾向于认为，有许多自由处在危险中，也就是说对某一特定自由的威胁（对未来场合下同样自由的威胁和对相似或不太重要自由的威胁）通常会被认为对其他自由也造成了威胁（Brehm, 1993）。这一规律被称为隐含原理，与刺激—反应原理相比，隐含原理基于逻辑思考或心理认识，而非基于刺激反应的相似性。

对该理论的评价

心理逆反理论作为社会心理学领域的重要理论之一，其贡献十分广泛，该理论已被用于研究说服和态度改变、消费者调查、人际和群体关系、医学治疗，以及普遍意义上的动机和情绪。王春荣和王光荣（2011）指出，心理逆反理论从"自由"的角度论述人与人以及人与社会之间的关系，既强调个体内在的认知动力，又强调外在因素在人类行为中的作用，进一步丰富了社会心理学研究中有关社会影响和态度改变的理论。

心理逆反的研究提供了许多关于逆反决定因素、主观经验、所涉及的过程及其后果的成果。心理逆反是一种由情感、认知和动机组成的状态，而愤怒是这种状态的一个情感和动机特征。由于愤怒通常被理解为当人们无法达到预期目标时出现的一种消极情绪（Berkowitz and Harmon-Jones, 2004），很多研究者致力于区别心理逆反是否等同于愤怒。虽然愤怒是心理逆反的一个重要组成部分，也被发现能唤起趋近动机（Harmon-Jones *et al.* 2013），但研究表明心理逆反还包含其他负面认知（Rains, 2013）。

另一个有趣的问题是，逆反动机是否总是会导致恢复自由的努力。根据动机强度理论（Wright *et al.* 2015），人们为了恢复自由所付出的努力取决于所需行动的难度。行动越困难，则投入的精力就越多，直到不可能恢复自由的程度。如果个体不能恢复自由，那么其因逆反而引起的努力会呈现怎样的变化呢？这是一个有待解决的问题。

Wright *et al.*（2015）提出，未来需要更多的研究来更好地解释恢复自由的感知困难在因逆反而引起的努力中的作用。在说服力的情境下将逆反描述为愤怒和消极认知的组合，进而影响个体的态度（Rains, 2013），是理解逆反过程的一个重要路径。然而，这种模式是否适用于所有的逆反情况还有待探究。

使用替代或合法的自由威胁来引发逆反的研究表明，逆反有两个过程，一个是更冲动的情绪过程，另一个是反思性的认知过程。人们要么立即对威胁做出反应，要么在一段时间的延迟后以中间认知来做出反应（Sittenthaler *et al.*, 2015）。Bessarabova *et al.*（2015）研究了内疚诉求引起的逆反过程，发现与交织模型（Rains and Turner, 2007）形成不同的是，在内疚感的情境下，情感逆反和认知逆反的组成部分并不相关。然而根据交织模型，这两个变量都影响了个体对感知到的自由威胁的反应。虽然内疚感直接影响了逆反的情感成分（愤怒），但它只是通过人们对信息是一种内疚诉求的认识间接影响了逆反的认知成分（消极认知）（Bessarabova *et al.*, 2015）。不同的逆反模型（双过程和交织）如何应用的问题是逆反研究中一个比较前沿的方向，应该在未来的学术研究中进一步予以探索。

类似于对内疚感的调查，未来的研究可以发掘逆反和其他消极（积极）情绪如恐惧（或幽默）之间的关系。Shen and Coles（2015）从被试的角度研究了恐惧诉求导致的逆反过程，他们发现幽默信息的呈现可以缓解逆反，从而提高信息的说服力。Lemus *et al.*（2016）的研究表明，逆反威胁也可能来自对个体群体和社会身份的感知威胁，在他们的实验中对女性的刻板印象在女权主义女性中引起了逆反，而对女性的反刻板印象在更传统的女性中引起了逆反。此外，情感和认知如何在不同类型的自由威胁中结合？限制自由和强加自由之间有区别吗？如果有，这种区别如何影响情感体验、认知、动机和生理唤起？这些都将成为未来逆反研究的话题。

由于人们经常受到来自他人的不同程度的威胁，逆反在人与人的互动过程中起着至关重要的作用。在任何社会交往中，一个人的反应会影响另一个人的体验、行为和认知，反过来又会影响前者（Steindl and Jonas, 2015）。未来的研究可以在广泛的社会背景下审视动态的逆反过程，以理解人们对自由威胁的反应是如何相互影响的。

关键测量量表

有关心理逆反的测量量表主要分为两大类：测量个体逆反行为的状态逆反量表和测量个体逆反倾向的特质逆反量表。

一、状态逆反量表

1. Patient Resistant Scale (PRS)：2个维度，10个题项

由 Morgan *et al.*（1982）编制。该量表以精神分析理论为基础测量来访者在治疗期间的防御水平。研究表明 PRS 具有较高的信度，但其缺点是不能用于评价来访者的逆反水平与治疗结果之间的关系。

Morgan, R., Luborsky, L., & Crits-Christoph, P., *et al.* (1982). Predicting the outcomes of psychotherapy by the Penn Helping Alliance Rating Method. *Arch Gen Psychiatry*, 39(4), 397–402.

2. The Resistance Scale (TRS)：3个维度，19个题项

TRS 是 Schuller *et al.*（1991）在 PRS 的基础上扩展修订而成的多维度量表。它由言语表达、言语内容、言语质量等19个题项组成。评定者根据会谈录像并结合文字稿，对当事人在会谈中逆反行为（包括声音、内容和说话特点）的频率和强度进行评估。研究证实，TRS 所评定的心理逆反包含4种亚型（言辞突兀/转换话题、平铺直叙/迟疑、对抗、含糊其辞/疑虑），各分量表具有较高的信度。

Schuller, R., Crits-Christoph, P., & Connolly, M. B. (1991). The resistance scale: Background and psychometric properties. *Psychoanalytic Psychology*, 8(2), 195–211.

二、特质逆反量表

1. The Questionnaire for Measuring Psychological Reactance (QMPR)：3个维度，18个题项

QMPR 由 Merz（1983）在德国编制，是测量特质逆反的第一个自评问卷。

QMPR 由 18 个题项组成，采用 6 点计分法计分（Donnell *et al.*, 2001）。其得分与来访者的自主性、支配性、情绪稳定性、紧张性、不安全感、自我意识、抑郁等因素正相关，因此测量结果既可以用于评价来访者的特质逆反，又可以帮助研究者了解个体的某些与特质逆反相关的人格缺陷。

Merz, J. (1983). Questionnaire for measuring psychological reactance. *Diagnostica*, 29, 75–82.

2. The Therapeutic Reactance Scale (TRS)：2 个维度，28 题项

Dowd *et al.*（1991）翻译并修订德文版的 QMPR 从而编制了 TRS。TRS 由言语逆反分量表和行为逆反分量表组成，有 28 个题项，采用 4 点计分法计分。其中，言语逆反分量表由反映言语对立风格的题项组成（如好辩），而行为逆反分量表由反映行为对立风格的题项组成（如做与要求相反的事）。TRS 是自陈量表，具有较高的聚合效度和区分效度。

Dowd, E. T., Milne, C. R., & Wise, S. L. (1991). The therapeutic reactance scale: A measure of psychological reactance. *Journal of Counseling & Development*, 69(6), 541.

3. The Hong Psychological Reactance Scale (HPRS)：4 个维度，14 个题项

由于不满意 Merz（1983）的 QMPR，Hong and Page（1989）编制了由 14 个题项组成的 Hong 氏心理逆反量表，该量表采用 5 点计分法计分，分数越高表示个体的心理逆反水平越高；反之心理逆反水平越低。HPRS 由 4 个维度组成，即选择自由、服从逆反、行为自由、对意见和建议的逆反。量表中 4 个因子，即对限制选择的情绪反应、服从逆反、抵制外来影响和对意见和建议的逆反。

Hong, S. M., & Page, S. (1989). A psychological reactance scale: Development, factor structure and reliability. *Psychological Reports*, 64(3), 1323–1326.

另外，虽然 Brehm and Brehm（1981）最初认为逆反不能被直接测量，但 Miron and Brehm（2006）提出了如何评估情感、认知和生理方面的心理逆反的观点，Steindl and Jonas（2015）使用脑电图与功能磁共振成像（fMRI）的神经科学研究以更加精准的仪器来更好地解释和测量心理逆反。为了探索逆反的本质及其与愤怒的区别，Steindl and Jonas（2015）使用 fMRI 技术来比较参与者引起逆反、引起愤怒或中性情境的条件。在激发逆反和激发愤怒的情况下，人体的颞中叶、颞极和回直肌会变得活跃，这些脑区域参与了人们推断他人心理状态的心智化过程（Frith and Frith, 2006）。

经典文献

Brehm, J. W. (1966). *A Theory of Psychological Reactance*. New York, NY: Academic Press.

Brehm, J. W. (1993). *Control, Its Loss, and Psychological Reactance*. New York, NY: Springer.

Brehm, J. W., & Cole, A. H. (1966). Effect of a favor which reduces freedom. *Journal of Personality & Social Psychology*, 3(4), 420–426.

Brehm, S. S., & Brehm, J. W. (1981). Psychological reactance: A theory of freedom and control. New York: Academic Press.

Dillard, J. P., & Shen, L. (2005). On the nature of reactance and its role in persuasive health communication. *Communication Monographs*, 72(2), 144–168.

Edwards, S. M., Li, H., & Lee, J.-H. (2002). Forced exposure and psychological reactance: Antecedents and consequences of the perceived intrusiveness of pop-up ads. *Journal of Advertising*, 31(3), 83–95.

Grandpre, J., Alvaro, E. M., & Burgoon, M., et al. (2003). Adolescent reactance and anti-smoking campaigns: A theoretical approach. *Health Communication*, 15(3), 349–366.

Lindsey, L. L. M. (2005). Anticipated guilt as behavioral motivation: An examination of appeals to help unknown others through bone marrow donation. *Human Communication Research*, 31(4), 453–481.

Miller, C. H., Lane, L. T., & Deatrick, L. M., et al. (2007). Psychological reactance and promotional health messages: The effects of controlling language, lexical concreteness, and the restoration of freedom. *Human Communication Research*, 33(2), 219–240.

Rains, S. A., & Turner, M. M. (2007). Psychological reactance and persuasive health communication: A test and extension of the intertwined model. *Human Communication Research*, 33(2), 241–269.

| 关键测量量表 |

随着员工背景日益多元化，组织内部员工的心理逆反问题会更为突出，这将对企业管理者提出新的挑战。随着"95"后和"00"后新生代员工自我意识提升，其层级意识与权力距离观念逐渐弱化，如果感觉到自由、平等受到较大约束或者难以获得管理人员认可，则他们比较容易产生逆反心理，从而导致反生产行为。如何对千禧一代员工进行心理疏导，消解其在工作中产生的逆反心理，是组织行为学学者与企业管理者需要探究和解决的难题。

此外，随着人口老龄化，劳动力队伍"灰色化"日益突出，年长员工思维定势比较强、行为习惯比较固化，对组织变革、薪酬绩效考核的新规章制度等也容易产生逆反心理。心理逆反的管理学研究，势必要关注本土特有人群特征，分析其逆反心理产生的条件和发展规律，提出有针对性的"因人而异"的管理建议，有效化解员工在工作中产生的消极观念和偏见。企业管理者可以从组织文化、创新等角度探讨应对员工逆反心理的对策。

本章参考文献

31

心理账户理论

杜林致[1]　陈雨欣[2]

图1　理查德·萨勒

心理账户理论由2017年诺贝尔经济学奖获得者、行为经济学和行为金融学领域重要代表人物理查德·萨勒（Richard Thaler）（见图1）教授提出。1980年，萨勒教授首次提出"心理账户系统"（psychological accounting system）的概念，用来解释沉没成本效应（sunk cost effect）产生的思维过程。1981年，阿莫斯·特沃斯基（Amos Tversky）教授和丹尼尔·卡尼曼（Daniel Kahneman）教授在《科学》（Science）上发表的文章指出，"心理账户"（psychological account）的存在会导致不同的决策结果，特别是当目前处于消极状况的时候，与决策相关的账户会受到沉没成本的影响。1984年，卡尼曼教授和特沃斯基教授采用了一个更贴切的术语"mental account"来表示心理账户，并进一步提出最小（minimal）、局部（topical）和综合（comprehensive）账户，认为人们的决策更多受到局部账户的影响。1985年，萨勒教授在《心理账户和消费选择》（Mental accounting and consumer choice）一文中正式提出心理账户理论，并系统分析了该理论不同于传统经济学的运算规则和本质特征。至此，心理账户理论基本成熟。1999年，萨勒教授回顾过往十几年的

---

[1] 杜林致，兰州大学管理学院教授。主要研究领域：人才测评、领导胜任力模型开发、金钱心理与行为。电子邮箱：dulzh@lzu.edu.cn。
[2] 陈雨欣，兰州大学管理学院硕士研究生。主要研究领域：组织行为与人力资源管理。电子邮箱：15556933227@163.com。

研究，对人们的心理账户活动进行了总结，并阐述了其重要性。

心理账户理论自提出以来其应用领域之广泛远远超出预期，先后在消费者行为、金融投资、薪酬管理等多个领域得到运用。图2展示了心理账户理论从2000年到2019年的被引次数。

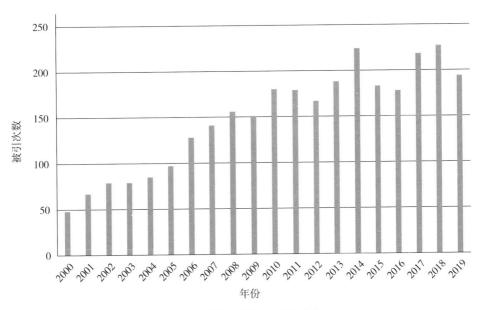

图2 心理账户理论的被引次数

资料来源：根据Google Scholar数据整理而成，搜索时采用精确匹配。

心理账户理论的核心内容

一、心理账户的起源

为了解释个人决策中出现的"异常"现象，卡尼曼教授和特沃斯基教授于1979年提出了前景理论，作为预期效用理论的一个替代选择。类似地，萨勒教授于1980年提出了心理账户理论，以补充消费者选择理论。现实生活中我们经常能够观察到消费者违背传统经济理论的行为，比如过于关注沉没成本、与已经付出的成本相比低估了机会成本等。心理账户理论和前景理论都属于描述性理论，它们注重预测决策者（消费者）实际做什么，而不是基于理性应该做什么。

二、心理账户的含义

特沃斯基教授和卡尼曼教授认为,心理账户运算过程是为了对不同选择下的结果进行得与失的具体估价,它引导人们相对于参照点而不是绝对项来评估收益与损失(Tversky and Kahneman, 1981)。萨勒教授在1999年总结指出,心理账户是个人与家庭用来组织、评估和跟踪财务活动的一系列认知操作。心理账户有三个最受关注的组成部分:第一,心理账户捕获到(经济)结果是如何被感知和体验的,以及决策是如何制定和评估的。心理账户系统会提供事前和事后成本效益分析。第二,心理账户系统将活动分配给特定的账户,资金的来源和用途在实际生活中及心理账户系统中都贴有标签,支出会被具体分类(住房、食品等),花费有时会受到隐性或显性预算的制约。第三,涉及账户的评估频率和涵盖范围。账户可以是狭义的也可以是广义的。综上所述,我们得出,心理账户是指人们针对(经济)结果分门别类地建立相关账户,进行编码、核算、追踪、评估等一系列活动的心理认知过程。

三、心理账户的核心特征

萨勒教授认为,所有的组织,从企业集团到个人家庭都有或明确或隐含的心理账户系统,它会以一种非预期的方式影响决策行为(Thaler, 1985)。他指出,心理账户的两个核心特征一是不可替代性,二是不同于传统经济学的运算规则[如用值函数 $v(x)$ 替代传统的效用函数 $u(x)$]。正是由于这些特征的存在,造成消费者实际行为与传统经济学假设相背离。

1. 心理账户的不可替代性

萨勒教授在其文章中给出过一个有趣的例子,解释了心理账户不可替代性的表现(Thaler, 1985)。一对夫妻去钓鱼,钓到了一些鲑鱼。他们把鱼打包后让航空公司寄回家,但是鱼在运输途中丢失了,最后他们从航空公司得到了300美元的赔偿。这对夫妻拿着钱出去吃饭,大手笔地花了225美元。想象一下,如果是辛苦工作赚来的300美元,那么这对夫妻定然不会这么"奢侈"地进行消费。这种例子在生活中经常可见。那么为什么会出现这种情况?萨勒教授对此给出的解释是,在上述例子中,这对夫妻之所以这么做,是因为他们把这笔钱存进了"意外收入账户"和"食品账户"。如果是辛苦工作赚来的同样数目的钱,则会被存进"常规收入账户",他们可能也会犒劳自己,但是不会这么奢侈。由此可见,心理账户系统中每个账户的金钱都贴有相应的使用标签,不会相互替代。

特沃斯基教授和卡尼曼教授也做过相似的实验,证明了心理账户的存在和不可替代性会影响人们决策（Tversky and Kahneman, 1981）。

情境一（$N = 183$）：假设你决定去看演出，票价是10美元，当你到达剧场时发现自己丢了10美元，此时你愿意花10美元买演出的票吗？（结果显示88%的实验对象愿意，只有12%的实验对象不愿意。）

情境二（$N = 200$）：假设你决定去看演出，并且已经花了10美元买了一张票。当你到达剧场时发现票丢了，此时你愿意花10美元再买一张票吗？（结果显示只有46%的实验对象愿意，54%的实验对象不愿意。）

两个实验情境都是损失了10美元，但是实验结果有显著差异。心理账户理论对这个结果的解释是：情境一丢失的10美元和买票的10美元是没有联系的，没有放在同一个心理账户里，所以影响不大。但是情境二丢失的价值10美元的票和重新买票的10美元是放在同一个账户里的，人们会觉得是花了20美元买演出票，"太不划算"，因此多数人不愿意再买一张票。

按照传统经济学的理性假设，钱是不应该有标签的，并且是可以相互替代的，但是现实生活中经常能够看到违背经济学规律的现象。心理账户不可替代性的根源，在于人们心理存在的账户系统具有特定的账户结构和类别。具体来看，不同财富来源、支出类别和储蓄方式等，构成了心理账户不同的结构和类别，不同类别的心理账户不可相互替代。

2. 心理账户的运算规则

（1）值函数（the value function）。萨勒教授引用前景理论中意义更丰富的值函数 $v(x)$ 来代替传统经济学中的效用函数，值函数在心理账户中用于描述在决策中事件是如何被感知和编码的。值函数的形状包含三个重要的行为原则：第一，值函数是相对于某个参照点的损益来定义的。关注变化，而不是预期效用理论中的财富水平，反映了心理账户的零碎性。通过使用参照点，该理论也允许框架效应影响选择。第二，值函数的形状是一个类似S形的曲线（见图3），收益曲线为下凹形（concave），损失曲线为上凸形（convex）[$v(x)'' < 0, x > 0; v(x)'' > 0, x < 0$]，这表明人们在获利时是风险规避的，而在亏损时是风险趋向的，并且对离参照点越近的差额越敏感。例如，10美元和20美元之间的差额似乎大于110美元和120美元之间的差额，不论所涉数额的符号如何。第三，损失函数比收益函数更陡峭[$v(x) < -v(-x), x > 0$]，人们对亏损的感受比对收益的感受更强烈，这种对损失的厌恶可以用禀赋效应来解释。

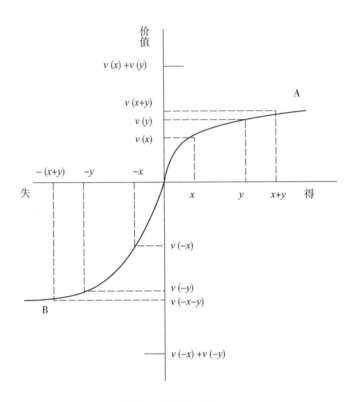

图 3　值函数 $v(x)$

（2）得与失的编码（coding gains and losses）。现有两笔收入 (x, y)，这里考虑两种可能性编码，一是将两笔收入整合为 $v(x+y)$，二是将它们分离单独赋值为 $v(x) + v(y)$，那么整合和分离哪种效用更大？萨勒教授认为，这个问题从三个不同的角度来看都很有趣。第一，如果情况非常模糊，人们将如何选择编码结果？在某种程度上，人们试图以任何让他们最快乐的方式来描述结果，即享乐主义编辑（hedonic editing）。第二，人们可能对他们的生活方式有特定偏好。大多数人是想要 3 万美元的工资和 5 000 美元的奖金，还是想要 3.5 万美元的工资？第三，与市场营销也密切相关，卖家希望如何描述交易的特征？哪些属性应该整合，哪些属性应该分离？假设 x，y 为两笔收入（其中 $-x$ 表示收入为负，即损失），有四种可能的组合可以考虑：

第一，分离收益。假设 $x > 0$，$y > 0$，由于收益曲线为下凹形，$v(x) + v(y) > v(x + y)$，因此最好将收益进行分离。寓意：不要把所有的圣诞礼物都放在一个盒子里，即两笔收益分开获得的喜悦比一起获得的喜悦更大。

第二，整合损失。假设结果是 $-x$ 和 $-y$（其中 x 和 y 仍然是正的）。由于损失曲线为上凸形，$v(-x)+v(-y)<v[-(x+y)]$，因此应该将损失进行整合。也就是说，即使损失总额一样，但是分开两次损失的负面效应要大于一次性损失。

第三，大得小失应该整合。考虑结果 $(x,-y)$，其中 $x>y$，有净收益。由于 $v(x)+v(-y)<v(x-y)$，因此应该选择整合。事实上，由于损失函数比收益函数更陡峭，$v(x)+v(-y)<0$ 是有可能的，而 $v(x-y)$ 一定为正，因为假设 $x>y$。因此，大得小失应该整合。假如有一个大的好消息和一个非常微不足道的坏消息，那么可以选择一起告诉别人，这样好消息带来的喜悦会缓冲坏消息的负面影响。

第四，小得大失的结果无法确定，需要具体分析。考虑结果 $(x,-y)$，其中 $x<y$，为净损失。在这种情况下，若没有进一步的信息，我们无法确定 $v(x)+v(-y)\sim v(x-y)$。若进一步考虑还可以再分为两种情况：其一，小得大失且悬殊很大，应分开，此时 $v(x)+v(-y)>v(x-y)$，这种现象被称为"困境中的一线希望"（silver lining）。如（40 美元，-6 000 美元），人们更愿意分开，因为 40 美元的收益相较于 6 000 美元的损失来说微不足道，所以不如分开，还能感受到 40 美元的收益带来的喜悦。其二，小得大失且悬殊不大，应整合，此时 $v(x-y)>v(x)+v(-y)$。如（40 美元，-50 美元），人们更愿意整合，因为当把 40 美元的收益和 50 美元的损失整合在一起的时候，人们在心理上会把损失从 50 美元降低到 10 美元，这样更能体现整合的价值。

（3）参照点效应。人们总是会根据内心期望的结果来评估实际得到的结果是积极的还是消极的，参照点的变化决定了将结果评估为收益还是损失。一个人的参照点通常情况下是其所适应的稳定的状态，但是也受到社会规则、期望水平和欲望水平的影响。假设一个人的期望值是 X，那么 X 就是其参照点，这个人的实际收入应该是 $X+\Delta X$。如果 $\Delta X=0$，即一个人打开月工资发现收入与往常一样，则不会对其有影响。但是，如果 $\Delta X\neq 0$，则该如何评估结果呢？

萨勒教授提到这样一个实验（Thaler, 1985）：

A 先生希望圣诞节的奖金是 300 美元。他收到了奖金支票，金额确实是 300 美元。一个星期后，他又收到了一张通知，说这张奖金支票上有一个错误，多给了 50 美元，他必须归还那 50 美元。

B 先生希望圣诞节的奖金是 300 美元。他收到了奖金支票，发现是 250 美元。

很明显，A 先生会比 B 先生更沮丧，因为 A 先生少的 50 美元是与期望值分离的，直接归类为损失；而 B 先生是与期望值整合后，收入比预期少了 50 美元。

这两种处理方式对人们心理感受的影响是不同的。

四、心理账户的应用与发展

1. 心理账户在消费者行为领域的应用

心理账户理论首先在消费者行为领域得到广泛应用，包括储蓄（Shefrin and Thaler, 1992）、消费预算（Heath and Soll, 1996）、借款和债务（Hirst et al., 1994; Prelec and Loewenstein, 1998）、意外收入与支出（Arkes et al., 1994）、延迟消费（Shafir and Thaler, 2006）等。

（1）心理预算（mental budgeting）。与组织通过建立预算来跟踪和限制部门支出相类似，心理账户系统也是一种将支出控制在预算之内的方式（Thaler and Shefrin, 1981）。心理账户的预算过程有助于资金在各种用途之间进行合理的分配，并且心理账户系统本身会起到自我控制的作用。Heath and Soll（1996）提出的"心理预算"概念是对心理账户理论的重要补充和延伸，主要内容是预算设置和花费追踪如何对消费者决策产生影响。李爱梅和鹿凡凡（2014）在总结心理预算机制时提出，心理预算的过程可以具体分为三个阶段，即预算设置过程、花费追踪过程和心理结算过程。Heath and Soll（1996）的实验发现，人们确实会进行心理预算（MBA学生大多有每周的饮食和娱乐预算以及每月的服装预算），并且预算一旦设置，人们就会严格执行，预算弹性小。只要预算不可替代，它们的存在就会以各种方式影响消费。消费者会为各种支出设置预算，当他们花钱的时候，会把具体开支分配到适当的账户上，然后定期重新计算他们预算中剩余的钱。当一项特定的预算耗尽时，他们会抵制在该项目上继续花费。由于预算是在消费发生之前制定的，因此有时会高估或低估某个特定账户所需的资金。因此，设置预算会导致人们对一些商品过度消费，而对另一些商品消费不足。

（2）双通道心理账户理论（"double-entry" mental accounting theory）。双通道心理账户理论是由Prelec and Loewenstein（1998）提出的，"双通道"是指人们在做消费决策时会考虑两个通道：一个是消费带来的积极体验，另一个是支付带来的痛苦。该理论主要描述了消费的快乐（the pleasure of consumption）和支付的痛苦（the pain of paying）之间的相互作用，以及它们对消费者行为和享乐的影响。在心理账户理论的基础上，Prelec and Loewenstein（1998）提出了一个核心假设，即人们会在心中建立一个"前景账户"（prospective accounting），该账户在特定消费和支付之间建立象征性的联系。另外一个重要的概念是"联结"（coupling），即消费让人们想起支付的程度。该模型在实证中做出了各种不同于传统经济公式的预测，比如人们有强烈的债务厌恶感，即人们在消费某些商品和服务时（如度假）倾向于预付，更偏爱在工作完成后得到报酬。Prelec and Loewenstein（1998）认为，这种"预付"的顺序带来了享乐主义的好处，因为人们在享受消费时不必考虑将来是否需要为此买单。双通道心理账户理论关注到消费和支付的相互作用，不仅对解释生活中观察到的消费行为模式有帮助，而且可以为商品或服务的支付机制设计提供新的见解（比如信用卡支付会削弱消费和支出之间的联结，从而减少支付痛苦，而现金支付却相反）。

（3）情绪账户理论。基于心理账户理论，以往研究发现，人们会将获取收入的难易程度和具体使用该收入的难易程度进行匹配，因此人们会把意外之财放在一个随时可以支出的账户里，更容易用其进行消费（Arkes et al., 1994），并且更偏爱用其进行享乐型消费（Thaler, 1985）。Levav and McGraw（2009）提出了"情绪账户"的概念，消费者会根据某笔钱所唤醒的情绪形成特定的心理账户，即给钱贴上情绪标签。如果该笔钱被贴上消极情绪标签，那么消费者会选择有策略地消费，从而摆脱消极情绪标签的影响。具体来说，会有两种策略来应对消极情绪标签：第一种是被动策略，即进行享乐规避从而避免扩大消极情绪；第二种是主动策略，即通过选择有道德的产品或耐用品，对含有消极情绪的钱进行"清洗"（launder）。李爱梅等（2014）结合心理账户的认知标签和情绪标签，得出了认知和情绪匹配下对消费者决策的影响。人们普遍认为，通过努力获得的"辛苦钱"或"血汗钱"不应该用于享乐型消费。人们倾向于将积极情绪的意外之财用于享乐型消费，而将消极情绪的意外之财用于实用型消费。内疚感是消极情绪的意外之财倾向享乐规避的心理作用机制。

2. 心理账户在行为金融领域的应用

心理账户理论可以帮助解释现实生活中观察到的人们在金融领域的"反常"行为。假设有位投资者以每股 10 美元的价格购买了 100 股股票，这项投资的最初价值为 1 000 美元。随着股票价格的波动，账面上会出现损益，而把股票变卖后，账面上的损益就会变成现实的损益。一个很明显的直觉是：现实的损失比账面损失更痛苦。当该投资者需要筹集一些现金，并且必须在两种股票中进行选择（一种是增值的股票，另一种是下跌的股票）时，理性分析倾向于出售下跌的股票，而心理账户理论预测会出售增值的股票（Shefrin and Statman, 1985），这是因为将账面损失变现是痛苦的过程。Odean（1998）发现，投资者更可能出售其增值的股票，而不是下跌的股票。

Friedman and Savage（1948）曾对投资者同时出现规避风险和寻求风险的矛盾行为提出疑问，因为据其观察，购买保险的人通常也会购买彩票。Fisher and

Statman（1997）的研究表明，人们会在投资时把资金分别放在不同的投资账户中。Shefrin and Statman（2000）在前景理论和心理账户理论的基础上，提出了行为资产组合理论（behavioral portfolio theory, BPT）。BPT 的最优投资组合不同于资本资产定价模型（CAPM）的最优投资组合。CAPM 的最优投资组合是市场投资组合和无风险证券的组合。相比之下，BPT 的最优投资组合类似于债券和彩票的组合。BPT 分为单心理账户版本（BPT-SA）和多心理账户版本（BPT-MA）。BPT-SA 投资者将他们的投资组合整合到一个心理账户中，而 BPT-MA 投资者将他们的投资组合分离到多个心理账户中。BPT-MA 的投资组合类似于一个与欲望相关的金字塔，其中低层是为了避免贫困，而高层是为了快速致富。BPT 认为，投资者把资金放在不同的心理账户中，每个账户中的资金用途不同，所以投资者出现同时规避风险和寻求风险这样看似矛盾的行为。

3. 心理账户在管理学领域的应用

心理账户在管理学领域主要是应用于薪酬激励。刘晓峰等（2016）认为，心理账户理论对我国高校教师的薪酬激励制度提供了新的设计思路。他们的研究发现，教师的年龄、学位和学科是影响薪酬满意的重要因素，并且货币激励和非货币激励发挥不同的作用。具体来看，当货币薪酬没有达到教师的预期时，这时非货币薪酬会发挥作用，随着货币薪酬的提高，非货币薪酬的作用会逐渐减弱。

李爱梅和凌文铨（2009）通过三个实验，分别验证了薪酬的参照点、得失强度体验和价值形式对激励效果的影响，研究证明降低员工心理预期、适度奖惩以及满足员工偏好等方式，都能最大程度地提高员工薪酬满意度。

对该理论的评价

心理账户理论是认知心理学和微观经济学的结合，它的出现极大地丰富了现有的理论，很好地解释（和预测）了那些传统经济学无法解释的"异常"行为。心理账户理论一开始是为了解释人们为什么会受到沉没成本的影响，以及为什么人们会被廉价商品吸引而做出不理智的消费决策。目前，心理账户理论的解释范围已经远远超出预期，被广泛地应用于行为决策学、行为金融学、消费者行为学等新兴交叉学科领域。

一个没有得到太多关注的问题是，心理账户是否对我们有好处。心理账户过程可以节省时间和思考成本，并处理自我控制问题。但是正如所预料的那样，这些过程并不完美。人们仍然关注沉没成本；购买自己不需要的东西，因为这笔交易太值得了，不容错过。修复一个问题可能产生另一个问题。例如，如果我们教人们忽略沉没成本，那么他们是否会不再遵守"不浪费"的原则？如果我们不再受"好交易"的诱惑，那么我们是否就不再关注价格？这些都没有简单的答案。

我国学者李爱梅和凌文辁于 2002 年将心理账户的概念引入国内。目前，国内关于心理账户的有关研究仍处于起步阶段，未来研究重点还应放在那些被传统经济理论忽视，但在实际消费、投资、管理决策等过程中会产生重要影响的行为因素上。

主要实验操纵及关键测量量表

大量研究采用实验的方法启动人们的相关心理账户，并且根据研究的目的在实验中使用不同的启动材料，大多数为情境实验，下面是几种常见的实验操纵方式：

一、实验操纵

1. Thaler（1985）对康奈尔大学统计学本科班的 87 名学生进行了一项小情境实验（实验分为两笔收益、两笔损失、小得大失和大得小失四种情况），验证了人们对心理账户得与失的编码具有不同偏好。

Thaler, R. H. (1985). Mental accounting and consumer choice. *Marketing Science*, 4(3), 199–214.

2. Tversky and Kahneman（1981）采用"演出实验"，验证了心理账户的存在和不可替代性特征会对决策产生影响。

Tversky, A., & Kahneman, D. (1981). The framing of decisions and the psychology of choice. *Science*, 211(4481), 453–458.

3. Prelec and Loewenstein（1998）通过一系列小情境实验（如度假消费的预付/后付，工资的预付/后付），验证了"债务厌恶"现象，解释了人们在消费决策中的"预付偏好"。

Prelec, D., & Loewenstein, G. (1998). The red and the black: Mental accounting of savings and debt. *Marketing Science*, 17(1), 4–28.

4. Levav and McGraw（2009）通过启动金钱心理账户的认知标签（辛苦所得/意外之财）和情绪标签（积极情绪/消极情绪），验证了消极情绪下意外之财的享乐规避效应。

Levav, J., & McGraw, A. P. (2009). Emotional accounting: How feelings about money influence consumer choice. *Journal of Marketing Research*, 46(1), 66–80.

5. Shafir and Thaler（2006）通过实验研究葡萄酒（赠送/自己消费/打破）对

机会成本的感知，以及延迟消费（未来消费/即刻消费）对人们心理编码（投资/成本）的影响，提出在购买和消费暂时分离的商品交易中，人们会建构多种框架的心理账户。

Shafir, E., & Thaler, R. H. (2006). Invest now, drink later, spend never: On the mental accounting of delayed consumption. *Journal of Economic Psychology*, 27(5), 694–712.

6. 李爱梅和凌文辁（2009）通过三个实验研究了心理账户对薪酬激励效果的影响。如通过设置四种实验情境（低于预期、高于预期、降低预期和提高预期），表明通过事先改变员工内心的参照点，相同数量的奖金带来了不同的情绪体验和激励效果。

李爱梅, & 凌文辁. (2009). 心理账户与薪酬激励效应的实验研究. 暨南学报(哲学社会科学版), 31(1), 80–87+155.

二、测量量表

1. 江林等 (2016) 使用 3 题项量表，对心理账户灵活性进行测量。

江林, 宫秀双, & 卢健飞, 等. (2016). 消费预期对居民消费意愿的影响研究：心理账户灵活性的中介作用. 消费经济, 32(4), 54–60.

2. 李爱梅 (2005) 编制了中国人心理账户分类结构、特征和认知图式的调查问卷。

李爱梅. (2005). 心理账户与非理性经济决策行为的实证研究. 暨南大学.

经典文献

Arkes H. R., Joyner C. A., & Pezzo M. V., *et al.* (1994). The Psychology of Windfall Gains. *Organizational Behavior & Human Decision Processes*, 59(3), 331–347.

Fisher K. L., & Statman M. (1997). Investment advice from mutual fund companies. *Journal of Portfolio Management*, 24(1), 9–25.

Friedman, M. & Savage, L. J. (1948).The utility analysis of choices involving risk. *Journal of Political Economy*, 56, 279–304.

Heath, C., & Soll, J. B. (1996). Mental budgeting and consumer decisions. *Journal of Consumer Research*, 23(1), 40.

Kahneman, D., & Tversky, A. (1984). Choices, values and frames. *American Psychologist*, 39, 673–692.

Prelec, D., & Loewenstein, G. (1998). The red and the black: Mental accounting of savings and debt. *Marketing Science*, 17(1), 4–28.

Shefrin, H., & Statman, M. (2000). Behavioral portfolio theory. *Journal of Financial & Quantitative Analysis*, 35(2), 127–151.

Thaler, R. H. (1980). Toward a positive theory of consumer choice. *Journal of Economic Behavior & Organization*, 1(1), 39–60.

Thaler, R. H. (1985). Mental accounting and consumer choice. *Marketing Science*, 4(3), 199–214.

Thaler, R. H. (1990). Anomalies: Savings, fungibility, and mental accounts. *Journal of Economic Perspectives*, 4(1), 193–205.

Thaler, R. H. (1999). Mental accounting matters. *Journal of Behavioral Decision Making*, 12(3), 183–206.

Thaler, R. H. (2008). Commentary–Mental accounting and consumer choice: Anatomy of a failure. *Marketing Science*, 27(1), 12–14

Tversky, A., & Kahneman, D. (1981). The framing of decisions and the psychology of choice. *Science*, 211 (4481), 453–458.

对管理者的启示

心理账户理论有助于管理者做好薪酬设计方案，提高员工满意度。具体来看，有以下几点重要启示：第一，根据参照点效应，公司加薪本是激励人心的好事，但是提前放出不实风声抬高员工的心理预期，最后如果实际加薪效果没有到达员工的预期（参照点），那么只会适得其反，降低员工的体验；第二，根据心理账户值函数的特点，人们会有损失厌恶的心理，因此适度的惩罚措施更能激发员工的潜能；第三，实验已经证明，奖励金额较小时人们倾向于选择物品，而奖励金额较大时倾向于选择现金（李爱梅和凌文辁，2009）。管理者应该根据奖励的幅度和员工的偏好，设置不同的薪酬形式，给员工一定的选择空间，从而提高员工的满意度。

本章参考文献

32
信息不对称理论

徐光[1]　田也壮[2]　张雪[3]　黄莹[4]

图1　肯尼斯·约瑟夫·阿罗

美国经济学家肯尼斯·约瑟夫·阿罗（Kenneth Joseph Arrow）（见图1）于1963年在《美国经济评论》（*American Economic Review*）杂志上发表的《不确定性和医疗保健的福利经济学》（Uncertainty and welfare economics of medicalcase）一文中首次提出"信息不对称"（asymmetric information）概念。乔治·阿克尔洛夫（George Akerlof）、迈克尔·斯彭斯（Michael Spencer）、约瑟夫·斯蒂格利茨（Joseph Stiglitz）三位学者基于对市场交易行为的分析研究，提出了"信息不对称理论"，并因此于2001年获得瑞典皇家科学院授予的诺贝尔经济学奖。该理论证实了在市场经济活动中，掌握信息较为充分的一方总是比信息贫乏的一方处于有利的地位，为市场经济提供了一个新的视角。此后，信息不对称理论逐渐受到学术界和实践界的重视，学者们将信息不对称理论的研究和应用扩大到非经济领域，取得了许多开创性的研究成果。在组织和市场环境动态变化日益复杂的今天，信息不对称理论逐渐成为学术

1　徐光，哈尔滨师范大学管理学院教授、博士生导师。主要研究领域：组织理论与创新。电子邮箱：guang.harbin@foxmail.com。
2　田也壮，哈尔滨工业大学经济与管理学院教授、博士生导师。主要研究领域：组织行为、制造战略。电子邮箱：tianyezhuang@hit.edu.cn。
3　张雪，上海师范大学哲学与法政学院讲师。主要研究领域：员工不道德行为、感知资质过剩、数字化转型组织变革。电子邮箱：zhangxue1005@shnu.edu.cn。
4　黄莹，哈尔滨师范大学管理学院硕士研究生。主要研究领域：组织行为与人力资源管理、领导行为。电子邮箱：1370059984@qq.com。

界关注的重要研究热点且仍处于不断发展与丰富的过程。自 2000 年以来，信息不对称理论的被引次数如图 2 所示。

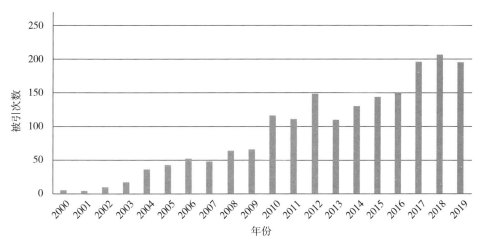

图 2　信息不对称理论的被引次数

资料来源：根据 Google Scholar 数据整理而成，搜索时采用精确匹配。

信息不对称理论的核心内容

信息不对称理论尚处于发展阶段，没有形成成熟的理论体系，而信息不对称本身也没有统一的概念标准，不同学者根据各自的研究目的与需要分别给出了不同的定义。Arrow（1963）依据福利经济学第一与第二最优原理，分析了医疗市场失灵现象，提出了医疗市场有显著的"不确定性、外部性、信息不对称"等特征。在此基础上，Akerlof（1970）提出了"信息市场"的概念，即一种关系中的一方比另一方拥有更多或更好的信息。文章指出，在旧车市场中，由于买卖双方对车况掌握的信息不同，使得获取信息不完整的一方对交易缺乏信心，进而滋生矛盾，最终导致旧车市场难以为继。Spence（1973）发现在劳动力市场亦存在用人单位与应聘者之间的信息不对称情况，并为此提出了"获得成本"的概念以帮助双方从各式各样的选择中去芜存精，增加对对方的信任，降低交易成本。随后，Stiglitz（2002）将信息不对称这一理论应用到保险市场，进一步将信息不对称解释为"不同的人知道不同的东西"，帮助投保者在多种投保方式间做出抉择，解决保险过程中的逆向选择问题。这些学者的研究为信息经济领域奠定了基础，信息不对称在各个领域的重要角色逐渐被发掘。Fox and Marcus（1992）指出，由于信息不对称导致的敌意收购对企业人力、物力和员工人力资本价值的损耗，经常造成企业高昂的交易成本。信息不对称导致的隐忧表现在"逆向选择"和"道德风险"。Vanhaverbeke et al.（2002）从交易完成前的角度，强调在谈判交易过程中的很多信息都是不对称的，信息掌握更准确和更全面的一方提供的资料可能有机会主义倾向，造成逆向选择问题。Gomez-Mejia et al.（2001）从交易完成后的角度，提出交易双方的关系和提前界定交易的合理性的契约，减轻了由委托人和代理人利益之间的信息不对称分歧引起的道德风险问题。这两类风险在代理理论中尤其得到体现，当委托人认识到代理人有可能允许他或她有逆向选择或道德风险的倾向时，可以相互达成事前保证和事后监督，以削弱相关的负面影响（Eisenhardt, 1989）。

　　学者们对信息不对称的分析框架、管理机制等理论问题进行了研究，从理论上捕捉了产生信息不对称的先决条件及信息不对称在理论模型中所扮演的角色，明确了交易双方如何在信息不对称的影响下参与决策的判断和选择，进一步探究了交易双方增加或减少信息不对称的动机和方式（Bergh et al., 2008）。导致市场经济中信息不对称现象产生的一个最普遍的因素是难以观察且不确定的性质，包括对（目标）资产、产品或服务质量及合作伙伴的意图等难以观测，不确定的事前或事后评估（Ragozzino and Reuer, 2009）。在这种情况下，交易双方在稀缺资源和时间压力的约束下评估交易时，所收集到的信息总是有限且存在偏差的（Jensen, 2003），因此难以做出最优决策，也无法满足双方想要实现利益最大化的需求。有时焦点对象即使能够获取关于合作者素质及意图的信息，但由于信息捕捉的主观性与传递的失真性导致交易双方获取信息的不确定性仍然无法避免（Groysberg and Lee, 2009）。除了难以观察且不确定的性质，一个组织的进入威胁也会影响市场经济中信息不对称现象的产生（Porter, 1991），进入威胁的大小取决于呈现的进入障碍（结构性障碍）与准备进入者可能遇到的现有在位者的反击（行为性障碍或战略性障碍）。Johanson and Wiedersheim-Paul（1975）的研究证实了结构性障碍，如语言、文化、政治制度、教育水平、工业发展水平等方面的差异，可能减少行为者调查、处理和传播信息的能力，阻碍或削弱信息传播的完整性，造成信息不对称现象。与此一致，如果考虑到拥有信息优势的潜在好处，则一些行为者为了使自己或其所在的公司受益，将做出信息保密或隐藏的行为（Connelly *et al.*, 2011）。Werder（2011）对利益相关者机会主义的研究表明，利益相关者在决定如何采取战略行动之前会评估环境背景，包括当前的法律、法规和文化背景等，这将决定他们利用信息不对称为自身谋取利益的程度。

按照 Bacharach（1989）提出的"假设、机制、构念和边界条件"的理论分析框架，信息不对称在理论研究中应用得十分广泛。Paruchuri and Misangyi（2015）将信息不对称理论应用在提出假设的过程中，指出"股东与公司最高管理层之间的关系存在高度的信息不对称，而解决这一问题的关键是具有一个高警惕性的董事会"，在此，信息不对称被作为理论推理的一个基本要素，用来解释概念和变量之间存在的相互关系。Nayyar（1990）的研究证实了信息不对称在理论模型中作为机制的作用，表明"信息不对称不能仅被看作竞争中的障碍因素，它们也可以成为企业竞争的优势来源，帮助其开发现有客户的新服务"，并用来预测自变量与因变量之间的因果关系、内在联系、功能及运行原理（Bacharach, 1989）。此外，信息不对称本身就是一种不能够直接观察和测量的构念，通常会被呈现在研究者的理论模型中。在 Banks *et al.* (2016) 关于"学者和实践者之间的差距"的研究中，信息不对称作为构念首先被使用在研究问题的提出中：在学者和实践者进行联合研究时，信息不对称是如何导致更高的合作成本的？最后，Nayyar（1993）在其研究中探讨了信息不对称如何在理论模型中发挥边界条件的作用，表明信息不对称将促进购买体验感知与企业绩效之间的关系，通过信息不对称来改变购买者的行为，"买卖双方之间的信息不对称与购买后体验感知的交互影响，将对绩效产生积极的作用"。此时，信息不对称程度的变化将引起焦点对象行为的变化，反映了理论模型的应用范围。

一方面，增加或减少交易双方的信息不对称取决于交易双方的意图。当交易双方在减少各自的信息不对称的意图上达成一致时，如经理和雇员提前约定绩效标准以减少工作过程的逃避责任（Gomez-Mejia and Balkin, 1992），此时双方都会积极地减少信息不对称，最终达成共赢或联盟。但当交易双方的意图无法达成一致（即一方试图减少信息不对称，而另一方试图增加）时，如公司董事会通常希望减少与管理层的信息不对称，而管理层则希望增加信息不对称以获取利益（Sundaramurthy and Lewis, 2003），此时信息不对称就会呈现减少—增加的拉锯战。当交易双方彼此希望增加对方的信息不对称时，如相互竞争的求职者（Pillutla and Murnighan, 1995），此时决议的结果通常是只有一方（任意一方）有可能受益。另一方面，增加或减少交易双方的信息不对称可以遵循一些行为。信息劣势方可采取的最为直接的方式是尽可能地收集信息以扩大现有信息的广度和深度（Jacobides and Croson, 2001），包括向现有合作伙伴或竞争对手学习（Gerwin and Ferris, 2004; Zaheer et al., 2010），或者淘汰不愿意合作的伙伴（Lumineau and Oxley, 2012）。而信息优势方则可采取信息披露等方式来减少信息不对称，他们经第三方向潜在投资者（信息劣势方）介绍他们的商业模式、信用历史和未来商业前景，从而获取投资（Reuer and Koza, 2000）。在交易市场中，为了减少信息不对称带来的逆向选择和道德风险，双方往往采取达成预先承诺（Smit, 2003）和在交易期间进行监督奖励（Sanders and Carpenter, 2003）的方式，以减少信息不对称带来的不确定性和风险性，增加双方的信任。相反，增加信息不对称最常用的方式是包装，即企业的印象管理，企业向他人或公众发布其正面信息来获取高度的自我评价或信任程度（Dutton et al., 1997）。增加信息不对称也可以利用企业计划与执行的不一致达成（Westphal and Zajac, 2001），如企业向公众承诺股权回购，以得到公众对企业的积极看法，但实际并未采取任何具体行动（Crilly et al., 2016）亦能使企业名利双收。

信息不对称理论既是许多理论的基本要素，包括代理理论（Jensen and Meckling, 1976）、交易成本经济理论（Williamson, 1975）、资源基础理论（Barney, 1991）、制度理论（DiMaggio and Powell, 1991; Zucker, 1987）、资源依赖理论（Pfeffer and Salancik, 2003）和信号理论（Spence, 1978）等，又为很多市场现象如股市沉浮、就业与失业、信贷配给、商品促销、商品的市场占有等提供了正确的解释和预测。最初，Akerlof（1970）、Spence（1973）、Stiglitz（1980）三位学者将信息不对称理论应用于经济学领域，并认为市场经济中的信息是不对称且不完整的，用以解释交易双方选择增加或减少信息不对称的原因和结果影响。此后，越来越多的学者将信息不对称理论应用于管理学领域，研究不同主体信息不对称的动机与行为。例如，在人力资源管理的招聘过程中，雇主与雇员皆有动机来隐藏关于自身的负面信息，导致信息不对称问题出现，造成双方的期望落差。信息不对称理论的应用主要集中表现在：并购双方的信息不对称（Zhou et al., 2007），雇主与雇员的信息不对称（Gomez-Mejia and Balkin, 1992），领导者与下属的信息不对称（Gioia and Chittipeddi, 1991），跨国商务企业与本土企业的信息不对称（Cuypers et al., 2015），以及企业创始人与主要利益相关者的信息不对称（Eckhardt and Shane, 2003）。

对该理论的评价

信息不对称理论突破了传统经济学理论对研究者认知思维的禁锢，既弥补了传统经济学理论认可的完全信息市场假设的漏洞，又阐释了管理学领域研究主体间的互动作用机制及其与环境之间的相互作用和影响。同时，信息不对称理论具有很强的包容性，不仅能在依赖其他理论本身的内涵与假设的基础上拓展出新的预测和跨理论化的见解，而且可以作为一种共享桥梁搭建出不同理论间的联系，成为战略管理（Bergh et al., 2008）、企业社会责任（McWilliams et al., 2006）、人力资源管理（Gomez-Mejia and Balkin, 1992）、组织行为（Brodbeck et al., 2007）、国际商务（Cuypers et al., 2015）等管理学领域研究中的一个极其重要的假设条件。信息不对称理论独特的分析范式和广泛的包容性使其在经济与管理学领域具有强大的解释力，提供了强有力的新逻辑与独特的分析工具，对不同主体的立场与决策提供了正确的阐释，在一定程度上推动了社会科学研究的进展（向鹏成等，2006）。

尽管信息不对称理论打破了长久以来被经济学家认可的理论观点，为社会科学研究提供了更全面和新颖的分析视角，但由于信息本身充满着复杂性且难以捕捉，市场经济环境又是瞬息万变的，因此国内外学者对信息不对称理论无法给出统一或得到广泛认可的测量指标和量表，实证研究数量同样有限（Dunk, 1993）。同时，好的理论除了需要回答为什么（why）、怎样（how）的问题，还需要回答什么时候（when）的问题，就如当前有大量关于战略联盟和并购的文献，但它们很少告诉我们企业如何在基于技术的战略联盟和并购之间做出选择，因此还需要为信息不对称理论寻找其他理论边界。最后，鉴于代理理论（Gomez-Mejia and Balkin, 1992）与信息不对称理论存在一定的交叉，未来研究可以吸收有关代理理论的成果，以进一步丰富和完善信息不对称理论。

关键测量量表

Information Asymmetry Scale：1 个维度，6 个题项

Dunk, A. S. (1993). The effect of budget emphasis and information asymmetry on the relation between budgetary participation and slack. *Accounting Review*, 68(2), 400–410.

经典文献

Acharya, S., Alonso, R., & Franklin, M., *et al.* (1995). Broadcast disks: data management for asymmetric communication environments. In T. Imielinski & H. F. Korth (Eds.), *Mobile Computing* (pp. 331–361). Boston, MA: Springer.

Chiappori, P. A., & Salanie, B. (2000). Testing for asymmetric information in reinsurance markets. *Journal of Political Economy*, 108(1), 56–78.

Corbett, C. J., & De Groote, X. (2000). A supplier's optimal quantity discount policy under asymmetric information. *Management Science*, 46(3), 444–450.

Cukierman, A., & Meltzer, A. H. (1986). A theory of ambiguity, credibility, and inflation under discretion and asymmetric information. *Econometrica*, 54(5), 1099–1128.

Hayashi, T., Yamamoto, A., & Ito, Y., *et al.* (1989). Asymmetric synthesis catalyzed by chiral ferrocenylphosphine - transition-metal complexes. 8. palladium-catalyzed asymmetric allylic amination. *Journal of the American Chemical Society*, 111(16), 6301–6311.

Pakes, A. (2012). Dynamic games with asymmetric information: A framework for empirical work. *Quarterly Journal of Economics*, 127(4), 1611–1661.

Rock, M. K. (1985). Dividend policy under asymmetric information. *Journal of Finance*, 40(4), 1031–1051.

Sharpe, S. A. (1990). Asymmetric information, bank lending, and implicit contracts: A stylized model of customer relationships. *Journal of Finance*, 45(4), 1069–1087.

Smith, J. M., & Parker, G. A. (1976). The logic of asymmetric contests. *Animal Behaviour*, 24(1), 159–175.

Stein, J. C. (2001). Agency, information and corporate investment. *Social Science Electronic Publishing*, 1 (03), 111–165.

对管理者的启示

信息不对称理论的提出对组织赢得竞争优势、解释收益分配、管理员工行为等研究提供了一个新的视角。信息不对称理论的核心是强调信息优势者的有利地位，它解释了信息优势者是如何对他人的反馈信号做出反应以达成自己的目的，包括对竞争对手的反馈响应和对组织内部员工的反馈响应（Jordan and Audia, 2012）。对竞争优势的不懈追求使得组织需要通过大量地获取市场信号或发出美德信号来巧妙地平衡竞争双方的信息不对称（Payne et al., 2013），加强信息基础建设和以数据共享为目的的集成数据环境建设，以获得高质量的信息，帮助组织实现卓越绩效。另外，Coff（1999）提出，组织收益并不是在利益相关者群体之间平均分配的，而是这些群体在组织内部竞争适当的资源，由于信息优势群体比信息劣势群体具有更大的竞争优势，很大一部分利益相关者将不会得到其付出应得的收益。同样，领导者基于与下属之间的信息不对称来管理员工的招聘、工作和评估，这可能导致员工因信息不对称的某些信号，如"他们知道一些我不知道的事情"而心生恐惧，导致逆向选择和道德风险行为（Smircich and Morgan, 1982）。因此，考虑到下属工作的有效性和对下属的道德义务，领导者应及时在组织和员工之间创造更大的透明度以管理信息不对称，从而在人力资源管理中保留敏感信息，改善个人绩效、组织承诺和组织绩效。

当前的市场竞争与合作是一个充满不确定性、高利润与高风险并存、快速多变的"风险经济"的博弈，是否认识到信息不对称现象的存在，在什么时间利用信息不对称，如何利用信息不对称将左右一个组织的发展方向和前景，而问题的关键是组织的管理者和决策者怎样努力掌握与了解更充分的信息，将信息不对称发展的规律和趋势与组织的战略目标相结合，促进理想的绩效分配方式，有效管理员工行为。

本章参考文献

33
意义构建理论

曲庆[1]

图1 卡尔·维克

意义构建作为一个明确的研究主题始于1969年,卡尔·维克(Karl Weick)(见图1)在其著作《组织社会心理学》(*The Social Psychology of Organizing*)中首次提出这一概念。对这一理论做出重要贡献的学者除维克外,还有萨莉·迈特利斯(Sally Maitlis)、丹尼斯·A.乔亚(Dennis A. Gioia)、安德鲁·D.布朗(Andrew D. Brown)等。

该理论自2000年以来的被引次数如图2所示。

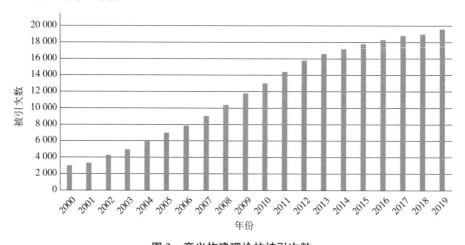

图2 意义构建理论的被引次数

资料来源:根据Google Scholar数据整理而成,搜索时采用精确匹配。

---

[1] 曲庆,清华大学经济管理学院副教授。主要研究领域:企业文化、领导力、人力资源管理等。电子邮箱:quq@sem.tsinghua.edu.cn。

意义构建理论的核心内容

一、意义构建的内涵

意义构建包括不设定具体环境的一般的意义构建和组织环境中的意义构建，这里我们重点介绍组织环境中的意义构建。

意义构建是对那些将人们正在做的事情合理化的似是而非的图像进行持续的回顾性开发（Weick *et al.*, 2005）。说得更具体些，意义构建是由违反预期所引起的一种过程，包括注意和归类环境中的线索，通过解释和行动的循环创造主体间的意义，从而形成一个更有序的环境，从中可以提取出更多的线索（Maitlis and Christianson, 2014）。

根据上述定义，意义构建是一个连续的过程，它通常包含三个步骤：首先，组织成员遇到了模棱两可或不确定的情况；接着，他们试图通过从他们所处的环境中提取线索并加以梳理和解释，澄清正在发生的事情，理解发生了什么，即创造意义；最后，他们创造的关于事件的意义会影响当前和未来的行动，并帮助他们继续创造环境（Brown, 2000; Maitlis, 2005; Weick, 1995; Weick *et al.*, 2005）。相应地，意义构建理论也关注三个方面的问题：① 人们如何注意事件；② 人们如何从事件中形成意义；③ 人们创造出来的关于事件的意义如何影响当前和未来的行动。重点是前面两个问题，正如 Weick *et al.* (2005) 所说，意义构建是关于两个问题：第一，一件事是如何成为一个事件的？第二，一个事件意味着什么？在日常生活中，当人们面对一些难以理解的事情时，会问"这里的故事是什么？""现在我该怎么办？"前一个问题使一件事成为一个事件，后一个问题则使意义开始形成。Weick（1979）用这样一个问题总结意义构建的主题：在见到我所说的之前我如何知道我想的是什么？

最容易和意义构建混淆的一个概念是解释（interpretation）。二者之间既有联系，又有区别。意义构建是产生所解释的内容的方式，它强调的是行动、活动或过程；解释可以是一个过程，但主要是对结果的描述。从过程的角度来看，解释是对已经存在的东西的揭示或近似，意义构建则强调创造（Weick, 1995）。

二、意义构建的特征

Weick（1995）提出了意义构建的七个特征：

（1）意义构建以身份的建构为基础。意义构建主体如何定义自己，决定了如何定义"它"；对"它"的定义又会反过来影响对自己的定义。身份的建立和维护是意义构建的核心要件。

（2）意义构建是回顾性的。意义构建都是针对已经发生的事情。由于人们是在某一个时点向以前看，现在发生的事情会影响人们向以前看时的发现；同时，这也意味着人们要依靠记忆来进行意义构建，因此那些影响记忆的因素也会影响意义构建。回顾性还决定了人们要同时面对多个不同的项目，在进行意义构建时需要对许多不同的意义进行整合。

（3）意义构建生成于感知到的环境。人创造环境，环境也创造人，人都是自己所处环境的一部分。人所接收到的刺激都是自身活动的结果。

（4）意义构建是社会性的。一个人的行为会受到其他人的行为的影响，而且"其他人"既包括实际存在的，又包括想象出来的。意义构建研究特别关注讨论、演讲、对话等社会交往方式。

（5）意义构建是一个持续的、连续的过程。人永远都置身于事件中，意义构建是人们从事件的连续流中截取一个个片段并从中抽取线索。Maitlis and Christianson（2014）把这点描述为动态性、暂时性。

（6）意义构建使用提取的线索。提取的线索是简单而熟悉的结构，它们是种子，人们能够从中得出关于正在发生什么的更大感觉。而提取的线索会如何则依赖于环境，环境不仅决定了什么会被提取为线索，而且影响人们如何解释线索。Maitlis and Christianson（2014）指出，在意义构建上起核心作用的线索常常以违背期望的形式出现，当人们遇到某种令人惊讶或困惑的事件、问题和行动时，就会触发意义构建。

（7）意义构建被合理性而不是准确性驱动。意义构建关注合理性、务实性、连贯性、可解释性、创造性、工具性，但不依赖准确性，可能不能准确反映现实。它采取的是接近真理的相对方法。

Weick et al.（2005）又提出了组织意义构建的八个特征，其中"将持续的变化组织起来"和上述第五个特征相似，"回顾性"和上述第二个特征一致，"社会性和系统性"和上述第四个特征相似。其他五个特征是：

（1）意义构建始于注意和分类。意义构建的早期阶段，现象"必须从原始经验的未分化的流动中被强行切割出来，并在概念上固定和标记，以便它们能够成为沟通交流的共同货币"（Weick et al., 2005:411）。

（2）意义构建和分类有关。意义构建与旨在稳定经验流的标签（label）和分类有关。标签通过区分和简单的定位、识别和分类、规则化和程序化（来翻译）难以处理的或顽固的形式，使其成为一种更易于功能部署的形式。在一般的组织工作中，功能部署意味着在相互关联的事件上贴上标签，以表明管理、协调和分配行动的合理性。

（3）意义构建是关于推测的。实例是具体的、特殊的和个人的，知识是抽象的和百科全书式的。意义构建就是把抽象和具体联系起来。人们很容易忽略这一联系，并将意义构建描述为比通常更理智、更被动、更抽象。

（4）意义构建是关于行动的。如果意义构建的第一个问题是"这是怎么回事？"，那么第二个同样重要的问题是"我下一步该怎么做？"。在意义构建中，行动和对话循环发生，而不是单向的。行动是一系列变化中不可区分的一个部分，直到对话将它分类并赋予它某种意义。

（5）意义构建通过沟通来组织。沟通是意义构建和组织工作的一个核心组成部分，它是一个持续的过程，能够帮助人们理解所处的环境和影响他们的事件。

三、意义构建的相关构念

近年来，出现了很多与意义构建有关的构念，其中最重要的是意义发送（sensegiving）和意义破坏（sensebreaking）。意义发送是试图影响他人的意义构建从而对组织现实进行重新定义的过程。除非存在意义发送，否则意义构建是不完整的（Gioia and Chittipeddi, 1991）。意义发送可能影响意义构建者和意义构建的对象。意义破坏是指"意义的破坏或分解"（Pratt, 2000:464）。意义破坏可以激励人们重新考虑他们已经找到的感觉，质疑他们潜在的假设，并重新审视他们的行动过程（Lawrence and Maitlis, 2014）。它常常是意义发送的前奏，在意义发送中，领导者或组织用新的意义来填补意义破坏产生的意义空白（Pratt, 2000）。

四、四种形式的组织意义构建

Maitlis（2005）根据领导者和利益相关者的意义发送特征提出了四种形式的组织意义构建，即导向性、限制性、片段性及最小的组织意义构建，如图3所示。

图3 组织意义构建的四种形式

图中的"过程特征"包括两个方面,即意义构建过程被鼓励的程度(活力)和被控制的程度;"结果"则表现在解释和行动上。解释包括对一个问题及其环境的描述,其变化表现在它们是:① 元的还是多元的;②丰富的还是狭隘的。行动主要指组织决策,其变化表现在它们在多大程度上是:①通过一系列行动或一次性行动(或计划好的一组行动)确定;②与其他和这一问题相关的行动一致或不一致。

"高意义发送"表示领导者/利益相关者是积极的意义发送者,他们积极对事件发表见解,推动过程的进行。利益相关者的积极参与使意义构建过程充满活力,过程中的行动是自然发生的一系列行动,最终形成内容丰富的解释;领导者的积极参与则使过程得到有效控制,过程中的行动能保持一致,最终形成一元的解释。"低意义发送"的过程及结果与高意义发送正好相反。

五、与该理论相关的重要研究

根据 Maitlis and Christianson（2014）的综述，在组织文献中，相关研究议题主要涉及组织中意义构建是如何完成的以及意义构建对各种关键组织过程的影响。

关于意义构建如何完成，现有研究主要关注三个问题：

（1）事件如何触发意义构建。事件触发意义构建需要满足几个条件：首先，它能导致期望和现实的不一致；其次，这种差异要足够大或足够重要；最后，它受到群体规范和组织文化的影响。现有研究还发现了违背期望引起的惊讶或困惑触发意义构建的组织情境，包括环境混乱和组织危机、对组织身份的威胁、有计划的组织变革等。关于组织文化对个人意义构建的影响，Harris（1994）认为是通过组织—特别图式的模式化系统的运作揭示的。图式指保留并组织个人的认知结构，它们指导组织成员对意义构建中非常重要的问题的回答："它是什么或是谁？""它意味着什么？""我应该做何反应？"图式引导的意义构建可能是相对有意识的也可能是相对无意识的，有意识处理的程度主要是由在刺激领域的经历程度决定的，经历多能促进无意识的处理。

（2）组织中主体间的意义如何建构。现有研究主要关注领导者和管理者对意义构建的影响以及组织如何运用话语（实践包括隐喻、叙述和更具体的情境实践）来进行意义构建。

（3）行动在意义构建中的角色。这类研究关注的是危机和意外事件期间的行动、临时组织中的角色结构对意义构建的影响；同时，越来越多的研究揭示了组织内外的利益相关者所采取的行动作为其意义构建的一部分如何有助于构建组织所处的环境，特别是如何形成特定的市场。

意义构建对组织过程和结果的影响有很多方面。现有研究关注较多的是以下三个方面（Maitlis and Christianson, 2014）：

（1）战略变革。现有研究表明，组织各个层面上的意义构建对产生（或抑制）变革都有重要意义。领导者与组织成员间交替的意义构建能为组织成员提供指导性的愿景和新的意义，从而促进组织变革。当意义构建受到抑制时，变革的过程也会受到影响。

（2）学习。意义构建是组织、团队和个人重要的学习过程。现有研究既关注高风险和危机情境下意义构建对从错误中学习的作用，又关注传统情境下意义构建在学习中扮演的角色，一个基本观点是在模糊性高的环境里，意义构建对学习特别重要。

（3）创造性和创新。这类研究相对少一些。现有研究发现，意义构建能够促进创造性（新颖想法的产生）和创新（创造性想法的成功实施），但其与创新的关系会受到组织环境的影响，例如矛盾的绩效目标。

对该理论的评价

意义构建是组织中的一项核心活动，已经成为组织研究中的一个非常重要的课题（Maitlis and Christianson, 2014）。自 Weick（1995）的经典著作《组织中的意义构建》（*Sensemaking in Organizations*）出版以来，意义构建研究蓬勃发展，但与此同时，关于意义构建的文献已经变得支离破碎。虽然有些学者提到了"意义构建理论"，但并不存在单一的意义构建理论（Maitlis and Christianson, 2014）。有些学者则使用了"意义构建视角"（例如 Weick, 1995）、"意义构建透镜"（lens）（例如 Sonenshein, 2009）的说法，还有学者使用了"意义构建框架"，具体是指 Weick（1995）提出的意义构建的七个特征。尽管存在共同的兴趣和问题，但少有跨研究方向的对话。意义构建文献中还存在很多困惑，未来研究方向也不太明确（Maitlis and Christianson, 2014）。

关键测量量表

目前还没有学者将意义构建作为一个构念开发相关的测量量表。

经典文献

Drazin, R., Glynn, M. A., & Kazanjian, R. K. (1999). Multilevel theorizing about creativity in organizations: A sensemaking perspective. *Academy of Management Review*, 24, 286–307.

Gioia, D. A., & Chittipeddi, K. (1991). Sensemaking and sensegiving in strategic change initiation. *Strategic Management Journal*, 12(6), 433–448.

Gioia, D. A., & Thomas, J. B. (1996). Institutional identity, image, and issue interpretation: Sensemaking during strategic change in academia. *Administrative Science Quarterly*, 41(3), 370–403.

Maitlis, S. (2005). The social processes of organizational sense-making. *Academy of Management Journal*, 48(1), 21–49.

Maitlis, S., & Christianson, M. (2014). Sensemaking in organizations: Taking stock and moving forward. *Academy of Management Annals*, 8(1), 57–125.

Thomas, J. B., Clark, S. M., & Gioia, D. A. (1993). Strategic sensemaking and organizational performance: Linkages among scanning, interpretation, action, and outcomes. *Academy of Management Journal*, 36(2), 239–270.

Weick, K. E. (1979). *The Social Psychology of Organizing* (2nd ed.). New York: Addison-Wesley.

Weick, K. E. (1993). The collapse of sensemaking in organizations: The Mann Gulch disaster. *Administrative Science Quarterly*, 38(4), 628–652.

Weick, K. E. (1995). *Sensemaking in Organizations*. Thousand Oaks, CA: Sage Publications.

Weick, K. E., Sutcliffe, K. M., & Obstfeld, D. (2005). Organizing and the process of sensemaking. *Organization Science*, 16(4), 409–421.

对管理者的启示

意义构建广泛地存在于管理者和员工的日常活动中，认识和管理这一过程对于管理者具有重要意义。根据现有文献，这一理论对管理者的启示主要有以下四个方面：

第一，管理者要重视自己的意义发送。尽管导向性意义构建被认为是最有效的形式，但管理者和利益相关者应根据期望实现的结果选择适当的意义构建形式（Maitlis, 2005）。

第二，管理者要认识到组织成员意义构建对于组织变革的重要性。不同组织成员之间的意义构建以及变革本身可能不完全在管理者的控制范围内，变革的接受者同时也创造了变革。管理者要提前确定利益相关者的"深层结构"，更好地理解组织成员对变革举措的反应（Balogun and Johnson, 2004）。

第三，管理者可以通过有意创造并管理模糊性（例如有吸引力的愿景）引导利益相关者质疑现有的思维方式（Gioia and Chittipeddi, 1991），一个可信的、有吸引力的甚至是理想主义的未来图景,有助于组织成员做好准备(Gioia and Thomas, 1996),从而促进组织变革。

第四,管理者要提高意义构建和意义发送技能,包括社交能力、自我认知、社会学分析能力等(Rouleau, 2005)。管理者还要把合理性而不是准确性当作指导学习的标准,坚持不懈地行动,把约束部分地看作自己造成的而不仅仅是被动反应的对象,用回顾来获得方向感,清晰地传达能激发人的描述(Weick et al., 2005)。

本章参考文献

34

印象管理理论 *

张昱城[1]　王丹[2]　赵优[3]

欧文·戈夫曼（Erving Goffman）（见图1）于1959年最先提出了印象管理（impression management）的概念，并在《日常生活中的自我呈现》（*The Presentation of Self in Everyday Life*）一书中对印象管理进行了概念诠释。经由 Baumeister（1982）、Jones and Pittman（1982）、Sutton and Callahan（1987）、Leary and Kowalski（1990）、Rudman（1998）、Baron and Markman（2000）、Bansal and Clelland（2004）、Vohs *et al.*（2005）、Grant and Mayer（2009）、Rosenberg and Egbert（2011）、McDonnell and King（2013）、Bolino *et al.*（2016）等众多学者的发展和补充，印象管理理论（impression management theory）展示了重要的学术价值和社会应用价值，逐渐受到了理论界和实践界的广泛关注，并在社会学、心理学、组织学、管理学和信息领域形成庞大的研究网络。

图1　欧文·戈夫曼

---

* 基金项目：国家自然科学基金项目（71972065; 71602163），河北省自然科学基金项目（G2019202307），河北省高校百名优秀创新人才支持计划（SLRC2019002）。

1　张昱城，河北工业大学经济管理学院教授、博士生导师。主要研究领域：负向领导、家庭友好型人力资源实践、管理学大数据、多层次分析模型、元分析方法等。电子邮箱：yucheng.eason.zhang@gmail.com。

2　王丹，河北工业大学经济管理学院博士研究生。主要研究领域：组织行为学、人力资源管理、管理学大数据。电子邮箱：danayxwang@163.com。

3　赵优，河北工业大学经济管理学院硕士研究生。主要研究领域：组织行为学、人力资源管理、管理学大数据。电子邮箱：youyouzhao@foxmail.com。

如图 2 所示，该理论的被引次数呈直线式显著上升趋势，从 2000 年的 5 次以百倍的增速增加至 2007 年的 1 303 次。而且自 2012 年起，该理论每年的被引次数均超过了 4 000 次，并以每年近千次的被引次数持续增加。到目前为止，印象管理理论已成为主流的社会心理学理论之一。

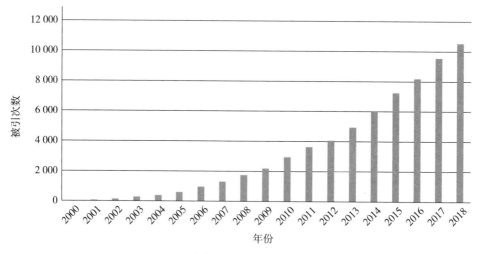

图 2　印象管理理论的被引次数

资料来源：根据 Google Scholar 数据整理而成，搜索时采用精确匹配。

印象管理理论的核心内容

印象管理思想可以追溯到 20 世纪中叶意大利政治家尼可罗·马基雅维利（Niccolò Machiavelli），而正式提出印象管理概念的学者则是美国社会学家欧文·戈夫曼。他在《日常生活中的自我呈现》一书中将印象管理定义为个体尝试影响或控制他人对自身形成印象的有意识或潜意识的过程，即实现目标自我的呈现。Jones and Pittman（1982）将自我呈现扩大到控制他人对自身特质的印象。Leary and Kowalski（1990）提出，印象管理是个体通过某种形式试图影响他人对自身看法的过程，并进一步将印象管理分为印象动机（impression motivation）和印象建构（impression construction）两部分，称为"双组件模型"（two-component model）。随着印象管理研究的不断发展，Sutton and Callahan（1987）开始关注管理领域的企业负面事件，并识别了管理者应对污名影响的印象管理策略，如掩盖真相、积极定义、推卸责任、承担责任和沉默寡言等。Baron and Markman（2000）也提出了良好的印象对于创业者获得融资和商业发展的重要性，从而把印象管理理论引入创业领域。此外，在信息系统领域，个体或组织印象管理的相关问题已经引起学术界的关注（黄丽佳和袁勤俭，2018）。因此，无论是现实还是虚拟社会，印象管理理论都展示了人们如何以满足自身需求和目标的方式，尝试管理和控制他人对自身所形成的印象感知。

综合现有文献中印象管理的概念，学者几乎一致认为印象管理是指个体（或组织）通过创建、维持和保护等方式来努力影响或改变他人对自身印象形成的过程（Gardner and Martinko, 1988；金婧，2018）。也就是说，印象管理通常涉及三个过程：形成印象管理动机（impression management motive），选择印象管理策略（impression management tactics）和产生印象管理效果（impression management effect）（金婧，2018）。其中，印象管理动机表示人们控制他人对自身印象的意愿程度，动机水平一般取决于印象目标的相关性（goal-relevance of impressions）、期望目标的价值性（value of desired goals）、期望印象与当前印象间的差异度（discrepancy between desired and current image）。印象管理策略包含个体选择传达的印象类型（如人格特征、态度等）和怎样产生该类印象的过程（Leary and Kowalski, 1990）。印象管理策略按照预期达到的效果分为四种子类型，即最大化正面效应、最小化负面效应、最大化负面效应，以及最小化正面效应（Bolino et al., 2008）。

印象管理理论的核心在于如何管理他人（或其他组织）对自身（或本组织）所持有的印象，与其他相似概念存在一定的不同和联系，比如自我表现（self-presentation）、自我监控（self-monitoring）、符号管理（symbolic management）、危机管理（crisis management）等。具体而言，①自我表现与印象管理在认知和行为的共同作用上有显著的不同。前者强调以自我为中心的理念，描述了个体如何在日常生活中呈现目标角色进而影响他人对自身印象的认知（Goffman, 1959）；后者则更加广泛地描述了个体如何参与活动来控制或感知公众对自身、他人、团队或组织印象的认知，即它综合了印象认知和外显行为等两方面的作用过程。②自我监控与印象管理在角色预期来源上有显著的不同。前者是个体调控自身行为来满足特定角色的标准（Snyder, 1974），而后者并非完全出于他人对角色的预期。③符号管理与印象管理在操作手段上有显著的不同。前者一般指企业只通过进行一些表面而非实质的操作以企图影响他人的印象（Van Halderen et al., 2016），可以算作印象管理的一种；而后者还包括通过采取实质行动的手段来影响他人印象的行为。④危机管理与印象管理在活动情境上有显著的不同。前者特指个体或组织在遭遇十分紧急且严重的负面事件后所采取的一系列行动，也可以算作印象管理的一种；而后者还包括在一般情境下个体或组织希望获得更好印象时所采取的行动（金婧，2018）。从以上分析来看，四个概念均归属于印象管理某一方面的具体内容，这种紧密的联系有助于丰富和细化印象管理理论的相关研究。

近年来，印象管理的研究开始更多地转向展现其对组织的实践价值。大量相关研究已经发现，印象管理可以在组织的各个层面产生重要影响。例如，在个体层面，印象管理将促进员工产生更多的反馈寻求行为（Dahling and Whitaker, 2016）和组织公民行为（Grant and Mayer, 2009; Kim et al., 2013），提升上下级关系（Cheng et al., 2013）。在组织层面，印象管理有利于抑制组织不利信息和降低负面影响（Graffin et al., 2016; McDonnell and King, 2013），影响和控制公众的形象感知（Aral et al., 2013），影响组织利益相关者的期望（Busenbark et al., 2017），塑造良好的组织形象（Jia and Zhang, 2015），以及彰显组织的社会责任（Culnan et al., 2010）。此外，随着社会化网络媒体的兴起，个体或组织也会通过该平台来塑造形象。比如，个体在线上发布照片、文字等信息将促进接受人群对其性格特点的形象感知（Hall et al., 2014），提高平台用户本人在线参与活动的意愿（Jeong and Lee, 2013）。组织会通过网络媒体（如官方网站、在线评论等）给客户传递良好的财务业绩感知（Huang et al., 2011），快速维护组织的社会可接受性和可信度（Lillqvist and Louhiala Salminen, 2014），提升组织的财务收益（Schniederjans et al., 2013）。

为了解释印象管理的作用机制，学者们基于实证研究检验了一些可能的前因变量、中介变量和调节变量。在前因变量方面，印象管理会受到个体因素的影响，比如个体经验（Clarke, 2011）和认知属性（Granqvist et al., 2013）；第三方特征的影响，比如社交网络特征（Gerhart and Sidorova, 2017）、传统文化特征（Pearce and Vitak, 2016）；以及情境因素的影响（Tyler et al., 2012），比如企业所面临的不同程度的监督（Benson et al., 2015）、制度冲突（Özen and Akkemik, 2012）、污名化情况（Durand and Vergne, 2015）。在中介变量方面，Amaral et al. (2019) 发现，面试官对应聘者能力的感知在印象管理策略（诚实的自我推销策略）与面试评分之间起到中介作用。Kim et al.（2013）通过检验发现，角色认知在印象管理动机与组织公民行为之间起到中介作用。Dahling and Whitaker（2016）的研究发现，反馈寻求在下属印象增强动机与上级任务绩效评价之间起到中介作用。在调节变量方面，社龄会调节虚拟社会成员创新参与动机与在线（获得性/保护性）印象管理行为间的关系（唐小飞等，2020）。自我观会促进创业失败者自身印象展示对心理幸福感的影响（Shepherd and Haynie, 2011）。政治技能会促进下属印象增强动机对上级任务绩效评价的影响（Dahling and Whitaker, 2016）。环境不确定性会促进创业者（创业企业）的印象管理对成就信息和潜在能力展示的影响（Zott and Huy, 2007）。而历史成就则会降低创业者（创业企业）在获取资源上对印象管理的依赖（Zott and Huy, 2007）。综上来看，印象管理作用机制的调节变量主要集中在个体（组织）特征变量、认知属性变量和环境变量等方面，有待未来更加丰富和全面的研究。

对该理论的评价

印象管理理论作为社会互动的指导工具，通过调节和控制社会交际中的信息，来确定个体（或组织）在社会中的地位及激发角色行为（Goffman, 1955）。虽然印象管理理论已经受到大量学者的关注和运用，但是目前的研究还存在一些问题和不足。首先，对印象管理理论的研究主要集中在个体层面的影响，组织层面的研究仍处于发展阶段。并且大多现有研究主要关注良好形象的建立和维护，即某一印象管理策略产生的最小化负面效应和最大化正面效应（Bansal and Clelland, 2004; Graffin et al., 2016），而忽视或低估了最大化负面效应和最小化正面效应的作用研究（Parhankangas and Ehrlich, 2014; 金婧，2018；于晓宇和陈依，2019）。其次，过多的印象管理可能成为螺旋式陷阱。金婧（2018）指出，当组织采用印象管理策略成功处理较多次错误或危机事件后，这将可能弱化他们发现和解决问题的动机，以及增加未来印象管理的难度，导致印象管理失效。最后，随着互联网技术的发展和印象管理策略的多样性，传统简单易测量的形式（比如二手数据）和单一平台、单一地区的信息来源，将成为印象管理相关研究进一步发展的重大障碍（黄丽佳和袁勤俭，2018）。

关键测量量表

1. Impression Management Scale：5 个维度，22 个题项

Bolino, M. C., & Turnley, W. H. (1999). Measuring impression management in organizations: A scale development based on the Jones and Pittman taxonomy. *Organizational Research Methods*, 2(2), 187–206.

2. Impression Management Measures：2 个维度，13 个题项

Ingold, P. V., Kleinmann, M., & König, C. J., et al. (2015). Transparency of assessment centers: Lower criterion-related validity but greater opportunity to perform?. *Personnel Psychology*, 69(2), 467–497.

3. Impression Management：1 个维度，10 个题项

Paulhus, D. L. (1984). Two-component models of socially desirable responding. *Journal of Personality and Social Psychology*, 46(3), 598–609.

4. Self-presentation in Exercise Questionnaire (SPEQ)：2 个维度，11 个题项

Conroy, D. E., Motl, R. W., & Hall, E. G. (2000). Progress toward construct validation of the Self-presentation in Exercise Questionnaire (SPEQ). *Journal of Sport and Exercise Psychology*, 22(1), 21–38.

经典文献

Bolino, M. C. (1999). Citizenship and impression management: Good soldiers or good actors? *Academy of Management Review*, 24(1), 82–98.

Bolino, M. C., Kacmar, K. M., & Turnley, W. H., et al. (2008). A multi-level review of impression management motives and behaviors. *Journal of Management*, 34(6), 1080–1109.

Gardner, W. L., & Martinko, M. J. (1988). Impression management in organizations. *Journal of Management*, 14(2), 321–338.

Gilmore, D. C., & Ferris, G. R. (1989). The effects of applicant impression management tactics on interviewer judgments. *Journal of Management*, 15(4), 557–564.

Hooghiemstra, R. (2000). Corporate communication and impression management–New perspectives why companies engage in corporate social reporting. *Journal of Business Ethics*, 27 (1–2), 55–68.

Leary, M. R., & Kowalski, R. M. (1990). Impression management: A literature review and two-component model. *Psychological Bulletin*, 107(1), 34–47.

Schlenker, B. R. (1980). *Impression Management*. Monterey, CA: Brooks/Cole Publishing Company.

Wayne, S. J., & Liden, R. C. (1995). Effects of impression management on performance ratings: A longitudinal study. *Academy of Management Journal*, 38(1), 232–260.

| 对管理者的启示 |

印象管理之所以在当前的理论研究与管理实践中受到高度重视，是因为随着社会化网络媒体的发展，个人和企业的丑闻频发，这让人们意识到塑造自身在公众心目中形象的重要性（McDonnell and King, 2013）。印象管理理论探讨了如何通过促进或抑制某些信息的传递来影响或控制他人对自身所形成的印象的过程（Goffman, 1959），这为管理者如何处理日常管理事务，以及如何应对突发事件并从中获益提供了宝贵的意见。

首先，对印象管理个体层面的深入探讨，有助于管理者对日常管理事务的高效处理。在日常工作中，高度自我监控的管理者对协调其自我表现或印象更加敏感、反应更加强烈。而这些高度自我监控的人，也被认为更有可能获得提升，也更有可能流动。在绩效考核方面，下属有可能做出更有利于提高绩效评分的印象管理行为，比如讨好恳求、自我宣传和揭示困难等，因此，管理者在与下属的交往中要理智看待下属的赞扬和解释。在企业招聘过程中，教育背景和工作经验在简历筛选中被广泛关注。在面试时，当应聘者希望得到工作机会时，他们最容易使用讨好策略，自我监控程度高或外向型的应聘者更容易正面地评价自己和面试官（Higgins and Judge, 2004）。因此，管理者要仔细分析工作岗位的需求和应聘者的实际情况，提高匹配度，降低应聘成本。此外，性别的不同会导致其在印象管理中的侧重点有所差异。

其次，对印象管理组织层面的深入探讨，有助于管理者对组织形象的维护，促进组织的发展。当需要获得风险投资者的青睐时，创业者会展现组织的激情和能力，以最大化正面效应，实现自我推销（展示）（Chen *et al*., 2009）。另外，组织也会通过包装 CEO（Pollach and Kerbler, 2011）、讨好政府等利益相关者以获得更多的资源。当组织面临负面事件、绩效不理想等情境时，组织多采用道歉、辩解、划清界限、隐瞒、保持沉默等策略，以最小化负面效应，实现控制局面、降低损失的目的。此外，承担社会责任可以使组织同时最大化正面效应和最小化负面效应。为了避免获奖带来的同行嫉妒或媒体关注，组织多采用不过分强调获奖等事情的策略，以最小化正面效应，降低外界的关注与监管（金婧, 2018）。当希望不被过高期望时，组织会提前发布组织目前的一些不利消息，以降低外界的期望，即最大化负面效应；同时，组织会提出合理且可以达到的预期，以获得外界对组织正面的反应。

最后，印象管理策略的效果受到多方面因素的影响，例如角色约束、目标价值和当前的社会形象等。如果在使用印象管理策略时缺乏技巧，那么效果可能就会不尽如人意（Harris *et al*., 2007），甚至起到相反的作用，比如 2008 年三鹿"毒奶粉"的危机公关。另外，组织在印象管理之后要注重落实问题，不能给以后的管理工作带来隐患。

本章参考文献

35

涌现理论*

蒋建武[1] 朱文博[2] 黄小霞[3]

美国组织心理学家斯蒂夫·科兹洛夫斯基（Steve Kozlowski）（见图1）和凯瑟琳·克莱因（Katherine Klein）（见图2）于2000年在其著作《组织中的多层理论、研究和方法：基础、扩展和新方向》（*Multilevel Theory, Research and Methods in Organizations: Foundations, Extensions, and New Directions*）中强调了组织理论和研究的多层次视角，并提出了涌现模型。随后，经由 Cronn *et al.* (2011)、Ployhart and Moliterno (2011)、Kozlowski and Chao (2012)、Vallacher *et al.* (2015) 等学者的发展，涌现理论（emergence theory）受到了理论界和实践界的广泛关注，该理

图1 斯蒂夫·科兹洛夫斯基

图2 凯瑟琳·克莱因

---

* 基金项目：国家自然科学基金项目（71672116）。
1 蒋建武，深圳大学管理学院教授。主要研究领域：人力资源管理、劳动关系管理、工作安排等。电子邮箱：jwjiang@szu.edu.cn。
2 朱文博，深圳大学管理学院硕士研究生。主要研究领域：战略人力资源管理。电子邮箱：zwb1307@126.com。
3 黄小霞，深圳大学管理学院硕士研究生。主要研究领域：战略人力资源管理。电子邮箱：1075103869@qq.com。

论的被引次数也在不断攀升（见图3）。

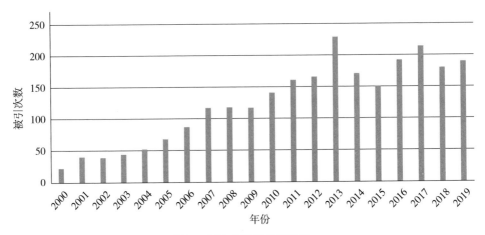

图3　涌现理论的被引次数

资料来源：根据Google Scholar数据整理而成，搜索时采用精确匹配。

涌现理论的核心内容

涌现（emergency）亦称突现、演生，源于系统科学，是最普遍的现象之一，亦是最神秘的现象之一。Goldstein（1999）将涌现定义为复杂系统在自组织的过程中所产生的各种新颖且连贯的结构、模式和特性。由于系统中个体的相互作用，使得原本个体所不具备的"新质"突然在系统层面诞生，因此"涌现"也可以通俗地理解为系统中"整体大于部分"的特性（Bertalanffy, 1968）。Kozlowski and Klein（2000）开创性地将涌现理论引入组织管理领域，他们认为，当源于个体层面的认知、情感、行为或其他特征的现象，通过交互作用得以放大并表现为一个更高层面（如团队、组织）共同的结构时，这种自下而上的交互作用过程称为涌现。

在组织管理领域，多层次组织系统（Lewin, 1951）是理解涌现现象的核心。层级观点的基础是认识到微观现象嵌入宏观环境，宏观现象往往通过较低层次元素的相互作用和动态变化而出现。宏观视角忽视了个体行为、感知和相互作用所产生的更高层次现象的方式，而微观视角忽视了能够限制因个体差异所引起的更高层次表现出的特定现象的环境因素（House et al., 1995; Klein et al., 1994; Roberts et al., 1978; Rousseau, 1985），因此任何一个单一层级的观点都不能充分解释组织行为。为了更全面地理解组织中的跨层现象，多层次理论模型提供了两种连接不同层级现象的方式，即自上而下和自下而上。目前，越来越多的学者采用多层次理论的框架研究组织管理问题，如 Wiley（1988）提出了四个主观层次的概念，即主体内、主体间、一般主体和主体外（宏观文化），将微观层面与宏观层面联系起来。Acton et al. (2019) 运用多层次理论，推导微观层面的动态变化产生更高层次现象的过程机制，解释组织中领导力的涌现机制。

一、涌现的原则和特征

Acton et al. (2019) 基于多层次理论的研究（Klein and Kozlowski, 2000; Kozlowski et al., 2013），整理了涌现现象的三个原则。

第一，涌现过程的基本属性：多层次理论认为，每一个涌现过程都以其较低层次的元素或成分为特征。元素可以表现为神经元、认知、态度、行为、信息和事件等，这些都影响涌现过程（Kozlowski et al., 2013; Morgeson and Hofmann, 1999; Roberts et al., 1978; Vallacher et al., 2015）。Klein and Kozlowski（2000）认为，这些基本属性对于涌现过程的理解是至关重要的，它们是更高层次结果的微观基础。

第二，涌现过程涉及的机制：涌现现象是多层次的，至少包含两个不同层次的分析，一个是现象产生的较低层次（例如个体认知、动机、影响和行为），另一个是集体表现的较高层次。涌现现象是面向过程的，其重点在于驱动实体（例如个人）之间动态交互的过程机制，这种交互产生了涌现的属性，过程机制是涌现的理论引擎，因此需要精确地指定它们（Kozlowski et al., 2013）。Vallacher et al. (2015) 认为，将个体元素相互调整的过程称为自组织，这为高阶模式的出现提供了解释。Acton et al. (2019) 在研究领导力涌现时将过程机制分为三个层次，分别是个体层次过程机制、关系层次过程机制和集体层次过程机制。

第三，涌现结果的形式：涌现结果是动态可变的，涌现也并非仅发生一次就停止（Wiley, 1988），涌现的结果或形式也会随着时间而变化（Lichtenstein, 2014）。Klein and Kozlowski（2000）探索了三种方法，将时间整合到多层次理论模型中，以提高多层次理论构建的严谨性、创造性和有效性：① 将时间作为边界条件或调节变量。时间范围以及社会实体（例如组织）生命周期中的点，影响许多现象的明显起源和方向，使得它们的出现形式为自上而下、自下而上或二者兼有。因此，在理论模型构建中，需要明确规定所讨论现象的时间假设，或者将时间作为现象的调节变量，例如这种现象的方向（自上而下或自下而上）和影响随着组织成熟度的变化而变化。②注意跨级别的时间尺度变化。时间尺度的差异允许低层次的自上而下的涌现效应快速显现。自下而上的涌现效应会在更长的时期内显现出来，例如个体认知、态度及行为通过与社交和工作互动相结合，个体成果将构成或汇总到小组水平，并且在较长的时间范围内将产生组织成果。此外，不同层次的现象可能在不同的时间点出现。因此，研究设计必须对理论的时间要求敏感。③考虑随时间变化的"夹带"（entrainment）现象。夹带是指连接不同层次过程的节奏、步调和同步性（Ancona and Chong, 1996; House et al., 1995）。夹带受到任务周期、工作流程、预算周期及其他与组织生活步调一致的临时结构化事件的影响（Ancona and Chong, 1997）。因此，在理论模型构建过程中必须考虑夹带现象。夹带可以紧密耦合通常只是松散耦合的现象。处理夹带现象的理论必须规定适当的时间周期，并且必须利用这些周期来构建研究设计。

国内学者刘洪（2002）在研究中总结了涌现系统的四个特征，分别是：①非线性，即系统不具有加和性，系统整体功能不等于各部分加和。②自组织，指系统的创造性、自生存、需求适应性的行为，主要指系统内元素的自动调整过程。③远离平衡。系统在远离平衡的条件下，使得随机事件被放大，从而推进涌现现象的发生。④吸引子。在复杂系统理论中，系统的进化轨道是一条有终点的曲线，这个终点就是吸引子。涌现现象是系统进入新的吸引子区域时所产生的新层次。

二、解释涌现的两种模式：组合式与合成式

Klein and Kozlowski（2000）在分析团队认知涌现形式的过程中，将涌现概括为两种形式——组合式和合成式。组合式（composition）涌现基于同构性假设，组织中所有个体的认知、情感反映等特性基本相似，即涌现的元素类型和数量是相似的。个体间的共识、一致性、同质性是组合式涌现的核心。合成式（compilation）涌现则基于间断性假设，某种属性或现象在不同层次上出现时有不同的结果，这些属性或现象在本质上起的是相同的作用，而结果的差异是由它们在不同层次上的不同结构造成的。合成过程描述了相关但不同的元素的结合，能够产生功能上与其组成元素相同的高层次特性。

组合式涌现与合成式涌现的区别主要是由该过程的假设前提、所涉及元素的类型和数量、元素间的动态交互过程，以及表示涌现形式的结果组合规律不同造

成的（Klein and Kozlowski, 2000）。具体而言，分析涌现过程所依据的原则可分为同构性假设与间断性假设、元素类型和数量的相似性与相异性、动态交互过程的稳定低散发性与不规则高散发性，以及表现结果的线性收敛性与非线性模式化。

依据以上原则，Klein and Kozlowski（2000）概括了六种涌现形式：① 收敛涌现（convergent emergence）。基于同构性假设，即个体贡献相同类型和数量的元素内容，且元素数量和个体贡献的可变性非常低，在成员之间分布均匀。因此，对整体均值的聚合消除了少量的误差方差，并在更高层次的结构上有效地代表了整体的特性。例如，团队氛围的涌现过程就是基于团队成员相似的氛围感知和心智模型（James, 1982; Kozlowski and Hattrup, 1992）。② 合并约束涌现（pooled constrained emergence）。个体贡献相同类型的元素内容而元素的数量无须保持一致，只需满足最低限度的贡献即可。因此，在这种涌现形式下，群体内部的可变性受到限制。Wittenbaum and Stasser（1996）运用相似的模型研究群体讨论与群体决策的关系。研究发现，在小组成员同时拥有相似和不同类型信息的情况下，这些信息只有用于讨论才能产生小组决策，而小组成员的讨论几乎都集中在相似的信息上。这种互动过程限制了涌现的产生，由此形成的群体决策在本质上是共享信息的均值。③ 合并无约束涌现（pooled unconstrained emergence）。个体贡献相同类型的元素内容而元素的数量完全无要求，在这种涌现形式下，个体间贡献数量的变化可能相当大。研究表明，在团体任务中可能出现"搭便车"的困扰，即当无法确定个体贡献时，个体对集体的贡献要小得多（Harkins et al., 1980）。④ 最小值/最大值涌现（minimum/maximum emergence）。这种涌现形式是从线性到非线性的转变，个体贡献相同类型的元素内容，结果的组合规则是非线性的，整体表现的属性由个体的最大值或最小值决定。因此，当整体的某一属性的涌现受个体极端值影响时，将表现出最小值/最大值涌现形式。⑤ 涌现的变异形式（variance form of emergence）。个体贡献可能在类型和数量上相似，也可能在类型和数量上不同。这种涌现形式将现象表现为群体内部的可变性，个体贡献的差异是这种涌现形式的核心。⑥ 模式化涌现（patterned emergence）。基于个体贡献的类型和数量的最大可变性，以及这些差异的组合模式表示涌现现象。例如，团队认知现象——交互记忆系统（transactive memory system, TMS）（Wegner, 1995）就是一种模式化涌现现象，成员的认知分布是不均匀的，存在异质性，这种涌现过程是以团队成员间异质却又互补的认知互动为基础的（吕杰和张钢，2013）。

三、组织管理中涌现现象的研究

近年来，涌现理论越来越多地被应用于团队或组织成员个体特征合成模型的检验（吕杰和张钢，2013）。涌现理论可以很好地解释团队乃至组织层面变量的形成机制（Theiner and O'Connor, 2010），是将个体心理氛围聚合至团队和组织层面，从而成为团队氛围和组织氛围的理论基础。在涌现过程中，个体的认知、情感、行为或其他特征构成涌现现象的基本内容，亦称为涌现的原始材料。在组织中，个体层面的感知通过同级交流、上下级交流等相互作用，将得到放大而成为团队乃至组织层面的氛围。

另外，许多学者探讨了组织创新的内在涌现机制。刘新梅和李彩凤（2014）构建了个体创造力涌现为团队创造力，团队创造力再涌现为组织创造力的过程模型。张琳玲等（2013）认为，组织创新是一种系统涌现，并对涌现过程进行了描述，初步剖析了组织创新系统的涌现机理。张美丽等（2013）运用定性分析方法研究得出，组织创新与技术创新不同维度的要素通过自组织过程，最终涌现出不同层次水平的匹配效应。

随着组织结构趋于扁平化发展，企业中非正式领导的作用日益凸显，领导力涌现现象受到学者的广泛关注（蒿坡等，2017）。多层次理论和复杂性科学将涌现概念化并且推进了领导力涌现的研究（Klein and Kozlowski, 2000; Lichtenstein and Plowman, 2009; Morgeson and Hofmann, 1999; Sawyer, 2001）。Lichtenstein *et al.* (2006) 认为，领导力是通过多层次的动态互动而出现的，Acton *et al.* (2019) 从复杂性角度出发，将领导力涌现过程概念化，同时基于先前学者的研究（DeRue, 2011）引入了一个面向过程的领导力涌现框架，并将其扩展到更深层次。

| 对该理论的评价 |

在多层次理论建立之前，组织科学领域的研究主要依靠单层模型支撑，然而，越来越多的学者意识到，对单一层级的强调无法实现对组织现象的全面理解。涌现理论的出现，为理解组织中自下而上的跨层现象提供了更有意义、更为综合的方法（Klein and Kozlowski, 2000）。涌现理论的主要贡献是提出了一个更具兼容性的理论模型分析涌现现象，该理论强调，一种集体现象可能在不同的集体内以各种不同的方式呈现，而不同的集体内元素的动态交互过程可能造成涌现现象以不同的形式呈现。美国组织心理学家斯蒂夫·科兹洛夫斯基和凯瑟琳·克莱因依据涌现所涉及元

素的类型和数量、元素间的动态交互过程，以及表示涌现形式的结果组合规律，发展了一种涌现类型学（a typology of emergence）。

许多学者使用涌现的概念解释微观与宏观的跨层现象。集体主义涌现论者（collectivist emergentists）认为，集体现象是由个体共同创造的，但集体属性不能简单地用个体属性来解释（Archer, 1995）；而个人主义涌现论者（individualist emergentists）认为，集体的属性和规律可以归结为对个体及其关系的解释，他们关注社会属性如何从个体行为中产生（Axelrod, 1997）。Sawyer（2001）认为，这两种对立的社会学范式都援引涌现这一概念，并得出相反的结论。可见，涌现在当代社会学中的用途是矛盾且不稳定的。

另外，Acton *et al.* (2019) 认为，Klein and Kozlowski（2000）提出的涌现理论虽然为组织中的涌现现象提供了重要的分析框架，但是他们并没有进一步地对不同形式的涌现过程做出更为具体和深入的分析。

关键测量量表

作为一个中层理论，涌现没有直接被测量。部分研究者基于涌现视角，研究了其他变量之间的关系。以下以团队涌现现象研究为例。

Lewis（2003）开发了一种适用于团队的记忆交互系统测量方法，该量表被广泛地应用于团队中的涌现现象研究。Lewis（2003）将交互记忆系统分为专长、可信和协调3个维度，共15个题项，所有题项均采用5点计分法，1表示非常不同意，2表示比较不同意，3表示既不同意也不反对，4表示比较同意，5表示非常同意。

Lewis, K. (2003). Measuring transactive memory systems in the field: Scale development and validation. *Journal of applied psychology*, 88(4), 587–604.

经典文献

Acton, B. P., Foti, R. J., & Lord, R. G., *et al.* (2019). Putting emergence back in leadership emergence: A dynamic, multilevel, process-oriented framework. *Leadership Quarterly*, 30(1), 145–164.

Goldstein, J. (1999). Emergence as a construct: History and issues. *Emergence*, 1(1),

49–72.

Klein, K. J., & Kozlowski, S. W. (2000). *Multilevel Theory, Research, and Methods in Organizations: Foundations, Extensions, and New Directions.* New York: Jossey-Bass.

Kozlowski, S. W. J., Chao, G. T., & Grand, J. A., *et al.* (2013). Advancing multilevel research design: Capturing the dynamics of emergence. *Organizational Research Methods*, 16(4), 581–615.

Kozlowski, S. W. (2015). Advancing research on team process dynamics: Theoretical, methodological, and measurement considerations. *Organizational Psychology Review*, 5(4), 270–299.

Lewin, K. (1951). *Field Theory in the Social Sciences.* New York: HarperCollins.

Sawyer, R. K. (2001). Emergence in sociology: Contemporary philosophy of mind and some implications for sociological theory. *American Journal of Sociology*, 107(3), 551–585.

Shin, S. J., Kim, T. Y., & Lee, J. Y., *et al.* (2012). Cognitive team diversity and individual team member creativity: A cross-level interaction. *Academy of Management Journal*, 55(1), 197–212.

Theiner, G., & O'Connor, T. (2010). The emergence of group cognition. In A. Corradini & T. O'Connor (Eds.), *Emergence in Science and Philosophy* (pp. 92–132). London: Routledge.

Wiley, N. (1988). The micro-macro problem in social theory. *Sociological Theory*, 6(?), 254–261.

吕洁 , & 张钢 . (2013). 团队认知的涌现：基于集体信息加工的视角 . 心理科学进展 , 21(12), 2214–2223.

张美丽 , 石春生 , & 贾云庆 .(2013). 企业组织创新与技术创新匹配效应涌现机理研究 . 软科学 ,6,44–47.

| 对管理者的启示 |

涌现理论诠释和证明了"整体具有部分所不具备的特征"，即"整体大于部分之和"这一定律，对于揭示人力资本在提升战略价值及组织核心竞争力中的作

用机理具有较高的学术和实践价值（李新建等，2017）。刘洪（2002）认为，自发于组织正式支持渠道之外的事件、过程、群体和领导等可以看作涌现。管理者需要重视那些有利于企业未来发展的非正式组织，并且创造氛围鼓励自组织团体的产生，刺激组织的多元文化。

此外，Shin *et al.* (2012) 关于团队认知涌现的研究表明，团队绩效的提升需要管理者考虑团队认知的一致性、准确性和互补性。因此，管理者需要进行团队任务分析（Arthur *et al.*, 2005）以明确任务的团队认知需求，在此基础上构建重要的支持系统（如绩效考核、绩效评估和奖励结构），同时发挥培训与领导的作用以发展和塑造成功团队合作所需的集体认知（DeChurch and Mesmer-Magnus, 2010）。

本章参考文献

36

幽默型领导理论

杨付[1] 陈刚[2] 杨菊[3]

图1 塞西莉·库珀

塞西莉·库珀（Cecily Cooper）指出，幽默型领导（leader humor）作为领导研究领域一个前沿的主题，是指领导采取幽默的方式取悦下属的行为（Cooper, 2005）。Avolio *et al.* (1999)、Decker and Rotondo（2001）、Pundt and Herrmann（2015）和 Yam *et al.* (2018) 等学者对幽默型领导理论的形成和发展做出了重要贡献。

目前，学术界关于幽默型领导的专业术语尚未达成共识，我们通过 Web of Science 来了解幽默型领导自 2000 年以来的被引情况，截至 2019 年 12 月 12 日，以"leader humor""humor in leadership""leader's use of humor""leader sense of humor""humorous leadership""humorous leader"和"leader's humor"为检索词进行主题搜索，共得到 29 篇相关文献。在仔细阅读相关文献的基础上，我们将 Decker and Rotondo（2001）、Gkorezis *et al.* (2011)、Vecchio *et al.* (2009) 和 Arendt（2009）等四篇经典文献加入搜索结果，得出幽默型领导理论的被引次数走势如图 2 所示。

---

[1] 杨付，西南财经大学工商管理学院教授、博士生导师。主要研究领域：领导行为、职业发展、主动行为、团队和人力资源管理实践。电子邮箱：yfu@swufe.edu.cn。
[2] 陈刚，西南财经大学工商管理学院人力资源管理专业博士研究生。主要研究领域：组织行为和领导力。电子邮箱：framechen@163.com。
[3] 杨菊，西南财经大学工商管理学院人力资源管理专业博士研究生。主要研究领域：组织行为和领导力。电子邮箱：yangju1011@126.com。

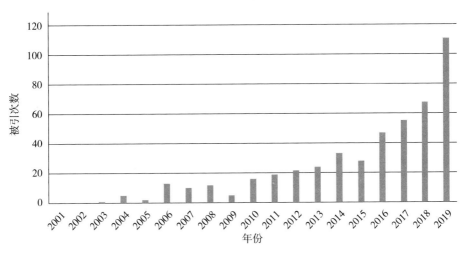

图 2　幽默型领导理论的被引次数

资料来源：根据 Web of Science 数据整理而成。搜索时采用精确匹配。

幽默型领导理论的核心内容

幽默型领导的内涵仍然存在分歧，目前主要从两种视角来进行界定：特质观和行为观。特质观强调，幽默型领导是一种类特质（trait-like），即领导在与下属的互动过程中，倾向于使用或表现出与愉悦相关的态度、能力和行为的一种特质（Martin, 2001; Yam et al., 2018）。行为观将幽默型领导视为一种沟通行为，是领导采取幽默的方式取悦下属的一种沟通策略（Cooper, 2005; Crawford, 1994; Pundt and Herrmann, 2015）。幽默型领导的目的是使下属感到愉悦，从而改善其情感和动机状态，进而产生积极的工作结果（Cooper and Sosik, 2012; Cooper et al., 2018）。特质观侧重个体在工作场所中理解、欣赏幽默的稳定性倾向（Ruch, 1998）；而行为观强调幽默能诱发个体、团队和组织的积极情感与认知过程（Romero and Cruthirds, 2006），是一种由发送者向接受者传递趣味性刺激的沟通方式或活动（Al Obthani et al., 2013）。尽管已有研究支持了特质观，但是在组织管理实践中幽默是可以被学习、适应和改善的（Decker and Rotondo, 2001; Romero and Cruthirds, 2006; Yang et al., 2017），因此目前大量职场中有关幽默的研究倾向于采用行为观视角的界定。我们列举了幽默型领导在两种不同视角下的代表性定义，如表1所示。

表1　不同视角下幽默型领导的代表性定义

视角	研究者	代表性定义
特质观	Yam et al. (2018)	是一种类特质的个体倾向，即领导在与下属的互动过程中，倾向于使用或表现出与愉悦相关的态度、能力和行为的一种特质
行为观	Pundt and Herrmann (2015)	是领导使用的一种沟通策略，其核心是领导与下属分享有趣的事件，意图取悦下属
行为观	Cooper et al. (2018)	是一种沟通行为，即由领导发出的、目的是愉悦下属，并且能够被下属感知到的有意图的行为

资料来源：作者根据相关资料整理而得。

与幽默的属性相类似，幽默型领导也可以分为积极幽默和消极幽默（Decker and Rotondo, 2001; Martin et al., 2003）。积极幽默是指能够增强领导有效性的个体差异（Decker and Rotondo, 2001; Goswami et al., 2016），也是一种通过语言或非语言方式愉悦下属的良性管理工具和沟通策略（Gkorezis et al., 2011; Pundt and Herrmann, 2015）。消极幽默是指领导通过讥讽、嘲弄下属的方式，显示自己的等级地位和优越性（Romero and Cruthirds, 2006; Howland and Simpson, 2014）。例如，领导使用带有种族、伦理和性别歧视色彩的幽默来讥讽与嘲弄下属（Gkorezis et al., 2011）。根据 Martin et al. (2003) 提出的四种幽默风格，积极幽默包括亲和式幽默（affiliative humor）、自我增强式幽默（self-enhancing humor）和适度的自我贬低式幽默（self-defeating humor），消极幽默包括攻击式幽默（aggressive humor）和过度的自我贬低式幽默（Gkorezis et al., 2011）。幽默型领导的风格与类型划分如表2所示。

表2　幽默型领导的风格与类型

研究者	风格	风格内涵	类型
Martin et al. (2003)	亲和式幽默	会进行非敌对的开玩笑行为，讲一些与自身相关的趣事，帮助建立人际关系	积极幽默
Martin et al. (2003)	自我增强式幽默	是一种减少压力事件对情绪状态影响的积极应对机制	积极幽默
Gkorezis et al. (2011)	自我贬低式幽默	试图通过自嘲的方式来取悦他人并获得他人的认可	适度自我贬低：积极幽默 过度自我贬低：消极幽默
Gkorezis et al. (2011)	攻击式幽默	涉及"令人难堪的话"、种族和性别歧视性的幽默，以及挖苦、戏弄和讥讽的幽默表达	消极幽默

资料来源：作者根据相关资料整理而得。

幽默型领导目前仍处于发展初期阶段，实证研究才刚刚起步。第一，目前对幽默型领导的前因研究相对较少，部分研究从领导自身（性别）、员工自身（消极情感、积极情感）、上下级关系（领导—成员交换关系）等三个方面零星地探讨了幽默型领导的影响因素（Cooper et al., 2018; Decker and Rotondo, 2001; Pundt and Herrmann, 2015）。此外，还有研究讨论了文化因素对幽默型领导的作用。内在化的价值观系统和特定文化下的行为模式影响着人们对幽默的体验（Apte, 1985），同一种幽默行为可以进行不同的编码和转化。因此，拥有不同文化价值观的个体可能对同一种幽默行为有不同的解读（Nevo et al., 2001; Roth et al., 2006）。第二，幽默型领导的实施效果和作用机制研究一直是研究者们关注的重点问题。我们通过梳理相关文献发现，幽默型领导实施效果和作用机制主要基于社会交换理论、社会信息加工理论、良性冲突理论、关系过程、关系认同、积极情绪、压力释放、领导风格类型、互动、结构等视角展开。在此基础上，王婷和杨付（2019）指出，幽默型领导的未来研究可以基于互动和结构视角将幽默型领导的实施效果从个体层面拓展到团队层面，也可以基于社会信息加工理论深入探讨幽默型领导的作用机制。幽默型领导实证研究整合模型如图3所示。

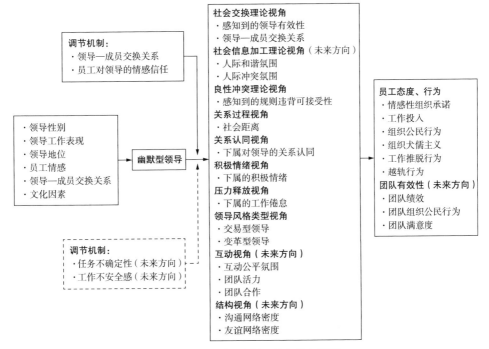

图3　幽默型领导实证研究整合模型

资料来源：作者根据相关资料整理而得。

对该理论的评价

尽管幽默型领导具有一定的实证研究基础，对个体、团队和组织的结果具有重要的积极作用，但很少有研究深入探讨这一主题。从文献分析可知，学术界对幽默型领导的研究还处于探索阶段，尤其是中国组织情境下的幽默型领导研究才刚刚起步，许多问题有待进一步考察。

第一，幽默型领导的专业术语、性质和测量存在分歧。首先，专业术语上，尽管目前幽默型领导的研究成果主要以英文论文呈现，但是幽默型领导没有统一的、权威的英文表达，这将阻碍幽默型领导的进一步发展和推广。其次，性质上，幽默型领导究竟是一种特质，还是一种行为方式，现有研究未给出清晰的界定，领导的幽默感和幽默的领导行为无法统一，混淆二者容易造成幽默型领导研究的混乱和无法深入探讨（王婷和杨付，2019）。最后，测量上，尽管西方组织情境下所开发的幽默型领导量表占主导，但是幽默型领导量表的维度差异较大，学者缺乏共识。具体而言，西方以往幽默型领导的量表主要有五种（Avolio et al., 1999; Cooper et al., 2018; Decker and Rotondo, 2001; Martin et al., 2003; Thorson and Powell, 1993），学术界关于幽默型领导的维度与测量至今没有达成共识，各个量表的信度、效度及跨文化适应性没有得到重复检验和完全验证。此外，由于中国文化的特征是高权力距离和崇尚儒家传统思想（Yang and Chau, 2016; Yang and Zhang, 2014），这可能使得中国组织情境下的幽默型领导的内涵与特征不同于西方。中国文化强调仪表、尊严、等级等，要求领导谨言慎行，这会使下属认为领导需要严肃，幽默会显得不庄重（Wu and Chan, 2013；陈国海和陈少博，2011），中国人会更欣赏有内涵、启发式的幽默（Yue, 2010）。因此，在中国组织情境下研究幽默型领导需要对其维度和测量进行重新界定，直接沿用西方相关研究成果可能造成"水土不服"，得出与现实情况不符的结论。

第二，幽默型领导的形成机制和实施效果研究需要进一步拓展。其一，幽默型领导作为重要的管理工具，拓展其形成机制的研究将有助于培育和引导领导幽默。现有研究只是零星地探讨了领导与下属的性别匹配、文化的权变作用对幽默型领导的影响。我们认为，可以基于个体差异的视角，探讨个体特质对幽默型领导的影响。同时，幽默型领导的形成机制还需要进一步拓展，基于特质激发理论（Tett and Burnett, 2003; Tett and Guterman, 2000），幽默型领导不仅受领导个体特质的影响，团队情境发挥的作用也不可忽视。其二，幽默型领导实施效果的研究内容相对狭隘。以往研究主要关注幽默型领导如何影响下属的态度、行为和绩效等，鲜有研究探讨幽默型领导是否会影响团队层面的结果变量。随着经济的不断发展，工作团队成为应对组织变化的有效方式之一（Salas et al., 2004），在组织中得到了广泛的应用（Cohen and Bailey, 1997; Guzzo and Dickson, 1996）。相应地，团队的行为与结果自然成为组织管理者需要特别关注的问题。

第三，我们通过文献梳理发现，幽默型领导是一把双刃剑（Cooper et al., 2018），探讨幽默型领导通过何种机制产生不同的结果是急需解决的重要问题。关于幽默型领导的作用机制研究，尽管已有文献同时探讨了三种理论在幽默型领导与员工结果关系间起到的中介作用（Cooper et al., 2018），但是多数研究仍是使用单一的理论。王婷和杨付（2019）梳理了现有作用机制研究中主要使用的七种理论视角。不同理论在幽默型领导作用机制中具体发挥何种（积极或消极）作用以及孰强孰弱，是未来研究需要积极探索的重要领域。此外，幽默型领导发挥作用的边界条件也是不可忽视的重要问题，现有研究主要从员工、领导和领导—成员交换关系三个方面展开，如领导工作年限（Robert et al., 2016）、员工组织任期（Gkorezis et al., 2011）、变革型领导（Goswami et al., 2016）、领导的幽默类型（Yam et al., 2018）和领导—成员交换（Robert et al., 2016）。幽默型领导发挥的作用因情境而异，不同文化价值观可能是重要的边界条件（Niwa and Maruno, 2010）。中国文化强调集体利益，这与重视个人利益的西方文化有较大差异（杜旌, 2013）。基于文化差异，中国组织情境下幽默型领导效应能否发挥其原有作用尚存疑问。文化背景不同的上下级关系中，如外籍领导者，他/她使用幽默可能不被理解，预期目的也可能很难达成（Cooper et al., 2018）。

关键测量量表

1. Humor Styles Questionnaire (HSQ): 4个维度，32个题项

Martin, R. A., Puhlik-Doris, P., & Larsen, G., et al. (2003). Individual differences in uses of humor and their relation to psychological well-being: Development of the Humor Styles Questionnaire. *Journal of Research in Personality*, 37(1), 48–75.

2. A Multidimensional Sense of Humor Scale: 4个维度，29个题项

Thorson, J. A., & Powell, F. C. (1993). Development and validation of a multidimensional sense of humor scale. *Journal of Clinical Psychology*, 49(1), 13–23.

3. The Leader's Use of Humor: 1 个维度，5 个题项

Avolio, B. J., Howell, J. M., & Sosik, J. J. (1999). A funny thing happened on the way to the bottom line: Humor as a moderator of leadership style effects. *Academy of Management Journal*, 42(2), 219–227.

4. Perceived Use of Humor: 2 个维度，7 个题项

Decker, W. H., & Rotondo, D. M. (2001). Relationships among gender, type of humor, perceived leader effectiveness. *Journal of Management Issues*, 13(4), 450–465.

5. Leader Humor: 1 个维度，3 个题项

Cooper, C. D., Kong, D. T., & Crossley, C. D. (2018). Leader humor as an interpersonal resource: Integrating three theoretical perspectives. *Academy of Management Journal*, 61(2), 769–796.

幽默型领导的关键测量量表如表 3 所示。

表 3　幽默型领导的关键测量量表

量表名称	开发者	维度	题项
Humor Styles Questionnaire	Martin et al. (2003)	亲和式幽默、自我增强式幽默、攻击式幽默、自我贬低式幽默	每个维度 8 个题项，共 32 个题项；$\alpha = 0.77$–0.81
A Multidimensional Sense of Humor Scale	Thorson and Powell (1993)	幽默的创造和使用、幽默应对、幽默欣赏能力、对幽默的态度	幽默的创造和使用 12 个题项，幽默应对 6 个题项，幽默欣赏能力 3 个题项，对幽默的态度 8 个题项，共 29 个题项；$\alpha = 0.926$
The Leader's Use of Humor	Avolio et al. (1999)	领导幽默的使用	共 5 个题项，$\alpha = 0.90$
Perceived Use of Humor	Decker and Rotondo (2001)	积极幽默、消极幽默	积极幽默 5 个题项，$\alpha = 0.86$；消极幽默 2 个题项，$\alpha = 0.82$；共 7 个题项
Leader Humor	Cooper et al. (2018)	领导幽默	共 3 个题项，$\alpha = 0.94$

资料来源：作者根据相关资料整理而得。

经典文献

Arendt, L. A. (2009). Transformational leadership and follower creativity: The moderating effect of leader humor. *Review of Business Research*, 9(4), 99–106.

Cooper, C. D., Kong, D. T., & Crossley, C. D. (2018). Leader humor as an interpersonal resource: Integrating three theoretical perspectives. *Academy of Management Journal*, 61(2), 769–796.

Decker, W. H., & Rotondo, D. M. (2001). Relationships among gender, type of humor, and perceived leader effectiveness. *Journal of Managerial Issues*, 13(4), 450–465.

Gkorezis, P., Hatzithomas, L., & Petridou, E. (2011). The impact of leader's humor on employees' psychological empowerment: The moderating role of tenure. *Journal of Managerial Issues*, 23(1), 83–95.

Gkorezis, P., Petridou, E., & Xanthiakos, P. (2014). Leader positive humor and organizational cynicism: LMX as a mediator. *Leadership & Organization Development Journal*, 35(4), 305–315.

Howland, M., & Simpson, J. A. (2014). Attachment orientations and reactivity to humor in a social support context. *Journal of Social and Personal Relationships*, 31(1), 114–137.

Pundt, A., & Venz, L. (2017). Personal need for structure as a boundary condition for humor in leadership. *Journal of Organizational Behavior*, 38(1), 87–107.

Robert, C., Dunne, T., & Iun, J. (2016). The impact of leader humor on subordinate job satisfaction: The crucial role of leader–subordinate relationship quality. *Group & Organization Management*, 41(3), 375–406.

Romero, E. J., & Cruthirds, K. W. (2006). The use of humor in the workplace. *Academy of Management Perspectives*, 20(2), 58–69.

Ruch, W. (1998). Sense of humor: A new look at an old concept. In W. Ruch (Ed.), *The Sense of Humor: Explorations of a Personality Characteristic* (pp. 3–14). New York: Mouton de Gruyter.

Tett, R. P., & Burnett, D. D. (2003). A personality trait-based interactionist model of job performance. *Journal of Applied Psychology*, 88(3), 500–517.

Tett, R. P., & Guterman, H. A. (2000). Situation trait relevance, trait expression, and cross-situational consistency: Testing a principle of trait activation. *Journal of*

Research in Personality, 34(4), 397–423.

Vecchio, R. P., Justin, J. E., & Pearce, C. L. (2009). The influence of leader humor on relationships between leader behavior and follower outcomes. *Journal of Managerial Issues*, 21(2), 171–194.

Wisse, B., & Rietzschel, E. F. (2014). Humor in leader-follower relationships: Humor styles, similarity and relationship quality. *Humor: International Journal of Humor Research*, 27(2), 249–269.

Yang, F., & Chau, R. (2016). Proactive personality and career success. *Journal of Managerial Psychology*, 31(2), 467–482.

Yang, F., & Zhang, L. H. (2014). An examination of when and how leader political skill influences team performance in China: A cultural value perspective. *Asian Journal of Social Psychology*, 17(4), 286–295.

Yam, K. C., Christian, M. S., & Wei, W., *et al.* (2018). The mixed blessing of leader sense of humor: Examining costs and benefits. *Academy of Management Journal*, 61(1), 348–369.

Yang, I., Kitchen, P. J., & Bacouel-Jentjens, S. (2017). How to promote relationship-building leadership at work? A comparative exploration of leader humor behavior between North America and China. *International Journal of Human Resource Management*, 28(10), 1454–1474.

（注：尽管 Pundt and Venz（2017）、Cooper *et al.*（2018）、Yam *et al.*（2018）三篇文献的被引次数相对有限，但是它们引领了目前幽默型领导研究的前沿方向。因此，我们在此列举出来。）

对管理者的启示

幽默作为一种促进社会交流、降低互动摩擦的关系润滑剂（Mesmer-Magnus *et al.*, 2012），通过愉悦他人的沟通方式打破个体间的沟通障碍、增加彼此间的信任，促进信息在组织内的交流和传递（Barsoux, 1996; Cooper, 2005; 王婷和杨付, 2019）。幽默型领导是改善组织有效性的重要工具或手段（Malone, 1980），对管理者具有一定的参考价值和实践启示。首先，幽默型领导进一步扩展和完善了领导力的相关研究，这对后续管理者提高团队有效性和组织凝聚力，以及组织选拔和培育具有幽默感的候选人具有重要的指导意义。比如，管理者可以通过参与幽默的领导力训练、正式幽默培训及七个幽默习惯等项目进一步提升自身的幽默感（McGhee, 2010）。同时，管理者可以借助修订人力资源的招聘策略和甄选工具以进一步筛选出具有幽默感的个体，从而加强组织的幽默文化（Mesmer-Magnus *et al.*, 2012）。其次，幽默型领导通过调整自己的领导行为，增加与下属的沟通，改善彼此间人际关系的质量，这为管理者处理与下属间的冲突关系提供了有效的借鉴意义。比如，管理者可以通过授权给团队成员，帮助促进团队成员间的社会互动与团队沟通，建立团队成员间的情感依附，从而提高团队成员工作的积极性。最后，幽默型领导的有效性会受到情境因素的影响（如 Vecchio *et al.*, 2009; Robert *et al.*, 2016）。组织的管理者应该树立权变管理观，识别有利于幽默型领导效用最大化的情境因素。个体倾向于在他们认为"安全的环境"中使用幽默（Romero and Pescosolido, 2008），因此组织的管理者可以有意识地构建温暖的氛围（Rothbart, 1976）、良好的领导—成员交换关系及相互欣赏的氛围等（Pundt and Herrmann, 2015）以促进幽默型领导效用的发挥。

本章参考文献

37
制度理论

高宇[1]

图 1　亚里士多德

制度理论（institutional theory）的研究最早可以追溯到古希腊的哲学研究，例如亚里士多德（见图 1）的城邦制度探讨、柏拉图的经典著作《理想国》、托马斯·莫尔的"乌托邦"理念等。这一时期的制度理论研究较为抽象，更多的是从哲学的层面描述哲学家对国家制度的设想。现代意义上的制度理论研究整合了政治、经济和社会方面的问题，例如马克思的《资本论》、韦伯的《新教伦理与资本主义精神》等。这些著作仍偏重于描述性研究，缺少量化检验，且过于注重政治领域的探讨，与组织和个体实践的关联性较低。这一时期的制度理论研究可以被归纳为旧制度理论研究。

旧制度理论到新制度理论的过渡发生于 19 世纪末至 20 世纪中叶。在此期间，研究者逐渐将经济学、政治学和社会学领域的研究范式与结论引入旧制度理论的研究框架中，提高了制度理论研究的系统性和科学性。以社会学领域的制度理论研究为例，该领域的学者关注了制度体系与社会发展的共演，并分析了制度体系对组织和个体行为的影响（Spencer, 1896）。在此时期，Hughes（1936）将制度体系定义为既有社会框架下永久的、独立的和已经设立的规范系统。Marx（1939）认为，制度体系并非与生俱有，而是基于组织和个体的观念、规范、权利或权威

---

[1] 高宇，西安交通大学经济与金融学院副教授、博士生导师。主要研究领域：创新管理、制度理论与创新资源管理、公司治理。电子邮箱：joegao1001@xjtu.edu.cn。

性准则构建而成。以上两种观点的差异也正是后续研究产生分歧的主因。

以 Berger and Luckmann（1967）提出制度化过程（institutionalization）为标志，旧制度理论向新制度理论转变趋于完成。该论点具有后期制度化过程规范定义的几点核心要素，即该过程通过组织或个体对规范的熟悉、认同和遵从而实现，该过程是某种（类）行为趋于稳定、合法的迭代过程。后续的社会学领域的制度理论研究也采用此过程作为讨论组织和个体行为的重要依据。

North（1990）分析了社会、政治和历史情境下经济行为的演进，揭示了其内在关系，奠定了新制度理论在经济学领域的基础。North（1990）的分析框架中以制度演化为核心，并在关注正式制度（formal institutions）的同时关注了非正式制度（informal institutions）的影响。制度被定义为正式和非正式的"游戏规则"，这些游戏规则建立了一个社会、国家、区域、组织或规模更小的独立群体中的经济、政治和社会关系，这些关系的集合，结合当前的技术发展，共同为经济活动打下了基础，只有被这样一个制度体系支持、允许、倡导的经济活动才可以合法、有效地进行。社会学领域的新制度理论以 DiMaggio and Powell（1983）为标识，他们提出了同质化（即制度压力下的行为趋同）的三种方式。Scott（1995）是这一领域的又一经典之作，其将制度定义成为社会行为提供意义和稳定性的规制性、规范性与认知性的社会结构及准则，约束并改变个体或组织的行为，并维持社会、政治和经济生活的稳定。至此，新制度理论的研究框架得以建立，并成为社会学、心理学、经济学和管理学中重要的分析视角。

新制度理论研究框架的确立带来了制度理论研究的迅猛发展，尤其是进入 21 世纪以来，随着全球化进程的深入，制度理论被广泛地用于战略管理、跨国管理、组织管理等学科的研究。图 2 显示了自 2000 年以来，制度理论的经典文献之一——North（1990）的被引次数情况。

制度理论的核心内容

一、制度的分类

在社会学领域，DiMaggio and Powell（1983）将制度分为强制性制度、模仿性制度和规范性制度。强制性制度来源于特定组织受到其他组织正式或非正式的压力。模仿性制度来源于某个特定组织在行为存在不确定性、组织目标存在模糊性，或者内外部环境存在不确定性时所体现的趋同倾向。规范性制度来源于职业

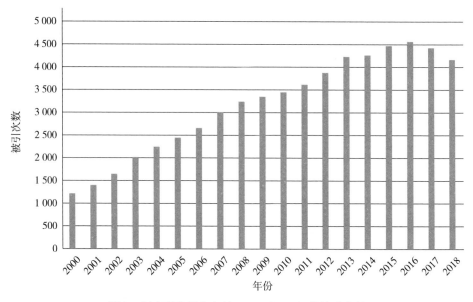

图 2　制度理论经典文献 North（1990）的被引次数

资料来源：根据 Google Scholar 数据整理而成，搜索时采用精确匹配。

性的、类似于职业规范或社会通行的行事和认知模式。Soctt（1995）进一步将制度划分为规制性制度、规范性制度和认知性制度。规制性制度类似于强制性制度，由法律、政治力量和法则构成，支持符合规制性制度的行为，而限制和惩罚违反规制性制度的行为。规范性制度代表了特定社会环境下组织或个体所秉持的价值观、信仰、习俗及行为模式。它通过定义"何种行为在社交或商业场合是合适并且符合期望的"来引导组织或个体的行为。规范制度系统由价值系统和习俗系统构成。价值系统主要解决"什么行为是合乎规矩"的问题，而习俗系统主要解决"何种做事方式是与价值系统相一致"的问题（Scott, 2008）。认知性制度来源于制度环境内的文化和行为模式，并代表了组织或个体主观的、逐渐建立的、限定自身信念和行为的准则。认知性制度也代表了个体用于诠释某种特定现象的思维范式、通行的社会知识和个体的认知方式（Roth and Kostova, 2003）。认知性制度主要作用于个体层面，其外显方式包括文化，语言，以及约定俗成的、很少被置疑的行为范式。

在经济学领域，North（1990）将制度分为正式制度和非正式制度。正式制度是指具有执行强制性的，由监督管理部门制定的法律、法规、规范。非正式制度包括社会通行的行为范式和习俗。正式制度和非正式制度的划分较为粗略、抽象。Chan et al. (2010) 将制度分为经济制度、政治制度和社会制度。经济制度涵盖了市场体系的组成部分，包括市场监控机构、协调机构、咨询机构和交易各方，以及为企业运行提供所需人力、物力和技术与知识资源的经济基础。政治制度包括制定并规范执行法律法规的政府和行政管理机构，其职能包括制定法律法规并监督其执行，制定行业发展政策，制定市场管理政策，等等。社会制度是指社会通行的习俗规范，社会制度代表了组织和个体所秉持的传统风俗与文化价值观，并且具有地域性。

二、趋同假说

Scott et al. (2000) 指出，为了检验信念和规则系统如何影响社会、组织的行为与结构，并进行社会生活、组织管理、个体实践分析，我们需要围绕趋同假说开展相应的制度影响与行为研究。

趋同研究可以追溯到德国意识学家和现象学家所建立的哲学理念。他们强调，个体的意识行为建立在个体对外界的映像以及基于这种映像对自身行为进行调整的基础之上，并提出了最早的"文化系统"和"社会组织性"的概念。Schuetz（1941）和 Berger（1963）拓展了这一观点，Schuetz（1941）对人类受到环境因素的影响进行自我认知加工、产生行为决策的过程进行了阐述。Berger（1963）则指出，个体与社会结构之间的交互可以产生个体对社会现实的主观映像。Meyer and Rowan（1977）认为，现代社会建立在被制度化而形成的主流行为规则和范式的基础之上。某些特定的行为规则和范式逐渐被社会个体和组织认同、遵守，进而形成符号化的规范准则，使得人们按照这些"通行的"规范准则行事。Soctt（1987）指出，组织是一个开放性的系统，受到周围环境的影响。一个组织的行为不仅是为了追求更加卓越的绩效，更是为了使自身更加符合社会中通行的标准、规范和习俗，而趋同压力正是由此而产生的。Soctt et al.（1994）提出了制度化的概念，即某些或某种特定的行为范式从规范性或认知的角度被社会个体承认，并在实践中被认为是理所当然的行为范式的过程。趋同过程是某种行为规则、范式的制度化的过程。

对该理论的评价

传统的制度理论研究偏重于对"制度体系如何限制组织、群体和个体行为"以及由此带来的"趋同压力、趋同过程"的讨论，在取得长足发展的同时，也伴随着难以反映"制度体系—组织与个体"间相互影响全貌的质疑。为应对这一质疑，过去二十年中，制度理论的研究从传统的"顶层影响—底层行为"的单向作用路径转为"顶层影响—底层行为"的双向影响范式，并产生了制度逻辑、制度复杂性、制度企业家精神或制度代理、制度创造这些新兴领域的研究。

制度逻辑是具有历史路径依赖性的、在社会生活中建立的一系列关于物质实践、价值观、信仰、规则的范式。社会个体依照此范式进行物质资料的生产和再生产，建立时空观，同时赋予社会现实以意义（Thornton and Ocasio, 1999），并指导社会个体与群体对社会和组织现实的诠释（Thornton, 2004）。Thornton（2004）和后续研究引入了包括国家逻辑、市场逻辑、家庭逻辑、宗教逻辑、公司逻辑、职业逻辑、社群逻辑的制度逻辑体系，用以归纳和理解在社会和经济生活中存在的各种细微的制度准则。

当特定制度体系中存在多种制度逻辑，且各种制度逻辑的产生有时间差异，并具有相互挤占或替代性时，就形成了具有"制度复杂性"（institutional complexity）（Greenwood et al., 2011）的体系状态。在此状态下，制度系统存在多于一个的具有统治地位的制度逻辑，而这些制度逻辑之间的相互排挤、替代会导致旧制度的消亡和新制度统治地位的确立。

在这一过程中，制度企业家精神（Institutional entrepreneurship）或制度代理（agency）是主要推动者（Thornton and Ocasio, 1999）。制度"代理"，即社会与群体生活中可以影响和改变该社会、群体中现存制度的组织或个体。制度代理的提出是针对 DiMaggio and Powell（1983）所提出的"群体和个体会由于外部的规范性、认知性和模仿性的趋同压力而趋于一致"观点进行的反思。虽然早在1988年，DiMaggio 就曾提出"制度企业家精神"的概念，但是直到21世纪初制度复杂性的提出，才使得这一概念得到赖以存在的理论根基。

制度企业家精神或制度代理对制度体系的影响主要通过制度创造加以实施。制度创造，即基于政治途径（例如拥戴或鼓吹）、信仰体系的重构（例如身份构建）、归属系统或表意体系的改变（例如教育），创造出新的制度或者改变既有的制度。制度创造的研究除上文所述的对制度企业家精神、制度代理的概念分析，还包括对制度创造过程的分析和争论。被动创造观点的持有者认为，制度创造存在于组织或个体对既有制度的无意识重复和细微调整之中；而能动创造的观点持有者认为，制度创造的行为是制度企业家精神或制度代理在有意识地改变现有通行准则的前提下，进行的一系列偏离当前准则的行为，并推广普及直至固化为新的通行准则的过程（Lounsbury and Crumley, 2007; Smets and Jarzabkowski, 2013）。

关键测量量表

制度理论的研究多采用定性方法，采用定量方法的文献多以制度理论为研究视角，而非以制度理论为研究对象。因此，现有文献中关于制度的量表多集中在对各分类制度的测量、对趋同性的测量，以及对规制性制度的细节的测量上。下面列出近二十年来具有代表性的量表供读者参考。

1. 趋同假说中对趋同压力的测量：3 个维度，9 个题项

Liang, H., Saraf, N., & Hu, Q., *et al.* (2007). Assimilation of enterprise systems: The effect of institutional pressures and the mediating role of top management. *MIS Quarterly*, 31(1), 59–87.

2. 对规制性制度中法律效率的测量：1 个维度，3 个题项

Yang, Z., Su, C., & Fam, K. S. (2012). Dealing with institutional distances in international marketing channels: Governance strategies that engender legitimacy and efficiency. *Journal of Marketing*, 76(3), 41–55.

3. 基于 Scott（1995）制度划分的对制度要素的测量：3 个维度，13 个题项

Busenitz, L. W., Gomez, C., & Spencer, J. W. (2000). Country institutional profiles: Unlocking entrepreneurial phenomena. *Academy of Management Journal*, 43(5), 994–1003.

4. 规制性制度的细节的测量：4 个维度，14 个题项

Child, J., Chung, L., & Davies, H. (2003). The performance of cross-border units in China: A test of natural selection, strategic choice and contingency theories. *Journal of International Business Studies*, 34(3), 242–254.

| 经典文献 |

DiMaggio, P. J., & Powell, W. W. (1983). The iron cage revisited: Institutional isomorphism and collective rationality in organizational fields. *American Sociological Review*, 48(2), 147–160.

Greenwood, R., Raynard, M., & Kodeih, F., *et al.* (2011). Institutional complexity and organizational responses. *Academy of Management Annals*, 5(1), 317–371.

Meyer, J. W., & Rowan, B. (1977). Institutionalized organizations: Formal structure as myth and ceremony. *American Journal of Sociology*, 83(2), 340–363.

North, D. C. (1990). *Institutions, Institutional Change and Economic Performance*. Cambridge: Cambridge University Press.

Scott, W. R. (1995). *Institutions and Organizations*. London: A Sage Publication Series.

Smets, M., & Jarzabkowski, P. (2013). Reconstructing institutional complexity in practice: A relational model of institutional work and complexity. *Human Relations*, 66(10), 1279–1309.

Thornton, P. H., & Ocasio, W. (1999). Institutional logics and the historical contingency of power in organizations: Executive succession in the higher education publishing industry, 1958–1990. *American Journal of Sociology*, 105(3), 801–843.

| 对管理者的启示 |

制度理论是诠释外部客观存在如何影响组织和个体行为的理论，虽然目前制度维度的定义和区分有所不同，但都是对同一个客观概念的理解。因此：

（1）管理者应当认识到制度影响的普遍性，在认识、理解自身所处制度环境及其通行规则、规范、习俗的基础上，在不损害自身利益的前提下，顺应外部制度的影响。

（2）管理者应当通过内部规章制度设计、组织文化培育、组织氛围构建，引导员工的正确行为，并从规制性、规范性和认知性影响三个途径将其进一步固化。

制度体系及其影响不是一成不变的，组织和个体在受到制度影响的同时也具有对制度环境的反作用力。因此：

（1）管理者应当依据自身能力和定位，以及外部制度环境的状态，勇于创新开拓，通过反馈机制促进有利于自身的外部制度规则或体系更新。

（2）管理者应当关注组织内部具有影响力和感召力的员工个体，通过引导其行为促使有利于组织利益的内部规章制度更新。

本章参考文献

38
制度逻辑理论

葛明磊[1]

图 1　罗伯特·奥尔福德

罗伯特·奥尔福德 (Robert Alford)（见图 1）和罗杰·弗里德兰 (Roger Friedland) 最早介绍了制度逻辑的概念，他们呼吁在研究组织活动和个体行为时，需要考虑社会背景（social background）因素（Alford and Friedland, 1985）。制度理论（institutional theory）回答了这样一个中心问题：为什么同一领域的所有组织常常看起来和行动起来都一样（DiMaggio and Powell, 1983）。制度理论假定制度是环境中的一个关键组成部分，能为社会生活提供规制性、规范性和文化—认知性要素（Scott, 1995）。DiMaggio and Powell（1983）提出了三种具体的同形实现机制——强制性同形、模仿性同形和规范性同形，对组织同形现象做出了深刻的理论解释，但传统制度理论并没有涉及社会背景的研究，难以解释组织异质性现象（Thornton et al., 2012; 杜运周和尤树洋, 2013）。在这种背景下，多元制度逻辑理论（multiple institutional logics theory）应运而生，学者们开始研究当下日趋复杂的制度环境中基于多元制度逻辑的不同要素如何对组织产生影响，使其成为研究组织复杂性的热点理论之一。制度逻辑理论关注多元制度逻辑持续共同存在的原因及其所导致的主体多元化行动。组织对相互竞争的多元制度逻辑的反应会导致组织的多样性与变迁（Thornton and Ocasio, 2008）。

[1] 葛明磊，中共北京市委党校领导科学教研部讲师。主要研究领域：战略管理、组织理论、人力资源管理、案例开发。电子邮箱：geminglei@126.com。

制度逻辑理论受到了学界越来越多的关注，相关研究呈显著增长趋势。自 2000 年以来，以"制度逻辑"为主题检索到的论文篇数如图 2 所示。

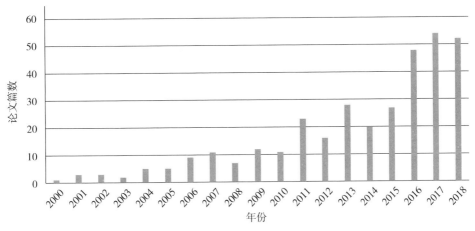

图 2　以"制度逻辑"为主题检索到的论文篇数

资料来源：根据 Web of Science 数据整理而成，搜索时采用精确匹配。

制度逻辑理论的核心内容

Alford and Friedland（1985）最早介绍了制度逻辑的概念，他们呼吁在研究组织活动和个体行为时，需要考虑社会背景（social background）因素。在社会中存在多种制度，每一种制度均有各自的核心逻辑，即社会层面的文化、信仰和规则（Friedland and Alford, 1991）。Friedland and Alford（1991）提出了西方社会的五种主要制度类型——资本主义市场、宗教、科层政府、家族和自由民主，它们影响和形塑了个体的偏好与组织的利益，以及个体用以获得他们的利益或实现他们的偏好的传统知识储备和技艺（repertoires）。Friedland and Alford（1991）所提到的上述制度类型之间既存在联系又存在冲突，这对于行动主体来讲意味着他们将要面对多元制度逻辑的状况。不同的制度逻辑各有其自成体系的规则和秩序，有其内在逻辑和意义，政府、家族、市场等不同的制度领域会遵循其特定逻辑以建立其核心的建构原则（organizing principle）（Friedland and Alford, 1991; Thornton, 2004）。个体和组织通过探索与解决不同逻辑之间的矛盾而改变、转换社会中这些制度之间的关系。Thornton and Ocasio（1999）、Thornton（2004）、

Thornton and Ocasio（2008）将制度逻辑定义为由社会建构的、历史性的文化象征符号，包括决定某一领域中什么是合法（legitimate）的和有意义（meaningful）的信念（beliefs）、实践（practices）、价值观（values）、假设（assumptions）和规则（rules），为行动者的认知和决策提供指导原则（principles），支配着人们的物质生活和组织活动，并赋予其意义（Thornton and Ocasio, 1999, 2008）。

制度逻辑并非制度本身，这与其字面上的信息迥然不同。制度逻辑所涵盖的范围相对较大，不局限于单一组织，而是涉及场域组群或某一群体，是一种基于物质实践和象征符号系统的内在的"理"（王利平，2017）。制度逻辑能够帮助组织解释其所面临的环境现实，界定组织的恰当行动和获得成功的标准，为组织的合法性提供原则性指导（Thornton and Ocasio, 1999）。

制度逻辑理论体系中的行动者或行动主体存在于社会、场域、组织、个体等多个层面，制度分析跨越多个层次，不同层面的研究均要考虑制度因素的影响，行动主体会在社会、场域、组织、个体等多个层面中有嵌入性行动（Thornton and Ocasio, 2008; Thornton et al., 2012）。Friedland and Alford（1991）在制度逻辑早期的研究中已明确指出，分析必须同时在个体、组织和社会三个层面进行。

在社会层面，Friedland and Alford（1991）认为，对组织、组织成员等行动者认知和行为的解释需要嵌入特定的社会情境中；反之，社会情境也需要通过行动者的具体活动来得到诠释和体现，制度则恰好起到了社会和组织、个体不同层面的桥接作用。存在于场域、组织、个体各层面的具体制度逻辑皆内嵌于社会层面的制度逻辑或从中进行提炼和汲取。Thornton and Ocasio（2008）指出，要从多层次的视角去研究制度逻辑，他们强调个体、组织、场域和社会等不同层面之间的互动。但现有研究更倾向于关注其中的某一个层面，即分别关注了个体行动者、组织内部的动态变化，以及场域或社会层面的变化，缺少统一的概念性框架来对不同层面的要素如何影响组织内部的逻辑进行探讨（Besharov and Smith, 2014）。

Besharov and Smith（2014）非常重视对制度逻辑在场域、组织和个体之间相互联系的探究。Besharov and Smith（2014）提到，制度逻辑的兼容性不仅受场域中专业性机构的影响，还受雇佣、社会化等组织内部实践的影响，这些组织实践决定了组织所聘用员工的类型，以及他们所"携带"（carry）的逻辑及这些逻辑对个体行为的影响。逻辑中心性方面，他们解释了组织内部逻辑中心性会受场域中的力量和结构的影响，同时也会受组织目标、战略、携带特定逻辑的个体成员的相对力量以及这些逻辑对个体行为的作用的影响。此外，场域层面的制度逻辑演变可能部分地受组织内部多种制度逻辑性质的影响，例如高兼容性和高中心性会使组织内部的多元逻辑更兼容，而高兼容性和低中心性则会导致逻辑同化。随着时间的推移，组织层面的逻辑兼容与同化会促进场域层面逻辑的变化（Smets et al., 2012）。

社会层面的制度逻辑在解释与研究组织和个体行为方面十分必要（Friedland and Alford, 1991; Goodrick and Reay, 2011）。逻辑渗透于组织和个体的利益、价值观与身份之中，为组织和个体的决策与产出提供了情境（Thornton and Ocasio, 2008）。一方面，制度逻辑塑造、支配和引导了行动者（组织或个体）的认知与行为；另一方面，行动者的认知与行为也会对制度逻辑产生作用，制度逻辑与行动者之间呈现交互影响的关系状态（Thornton, 2004）。

制度逻辑理论认为，组织或个体等行动者长期嵌入多元制度逻辑是一种常态，组织必须持续回应多元制度要求（Besharov and Simth, 2014）。组织面临多元制度逻辑这一现象广泛存在于文化行业、生物科技行业、专业服务行业和制造业等诸多领域（Besharov and Smith, 2014）。行动主体的行为会受到制度主体的制约，不同类型的制度主体对应着特定的逻辑，不同制度逻辑彼此存在交互性影响，形成制度"集群"效应，对组织和个体行动者的活动产生综合性影响（Goodrick and Reay, 2011）。

早期的制度逻辑研究多聚焦于单一的主导逻辑的作用及其变化（Dunn and Jones, 2010）。后来，由于这一研究结论不能充分反映制度环境日益复杂的真实情况，学术界开始关注制度逻辑的多样性以及不同制度逻辑间的关系及其对组织战略、决策、结构和行为的影响（Hoffman, 1999）。在大多数研究中，制度逻辑被默认为竞争的、冲突的，即是不兼容的（incompatible）（梁强等, 2016）。学者们针对国有企业、政府、公益组织、社会企业等不同领域的研究发现了多元制度逻辑的存在及其对周边的影响（刘振等, 2015; 郑莹等, 2015; 陈嘉雯和姚小涛, 2015; 彭小辉和史清华, 2016; 谭海波和赵雪娇, 2016; 王凯和王丽丽, 2016; 李宏贵和谢蕊, 2017; 杨书燕等, 2017; Cobb et al., 2016; Greve and Zhang, 2017）。

与相对传统的制度研究相比，Friedland and Alford（1991）所介绍的制度逻辑具体类型在此基础上已有重大突破，但依然不够全面，一些制度性部门在社会层面的影响并没有被纳入他们所提出的制度逻辑框架。Thornton (2004) 在之前研究的基础上归纳了六种制度逻辑——家庭（family）、宗教（religion）、政府（state）、市场（market）、专业（profession）和公司（corporation）。Thornton (2004)

也比较了六种不同制度逻辑之间的基本要素类别，例如根隐喻（root metaphor）、合法性来源（sources of legitimacy）、身份（identity）、规范（norms）、权力（authority）和注意力（attention）等。Thornton（2004）提出的理想类型更适用于具体的实证研究和理论建构过程，但在此后，Thornton et al.（2012）又指出这一框架缺失了一种重要的制度秩序——社区（community），于是又提出了修正后的理想类型框架。

尽管 Thornton et al.（2012）提出的修正后的理想类型框架相对全面，但在过往数年和最近几年的具体实证研究中，学者们关于制度逻辑分类及其具体特征维度的界定并不统一，"丛林"状态特征明显。造成这种研究倾向的原因可能在于学者们所研究的具体领域差异较大，其范围涵盖了社会企业、非营利组织、医疗、生物技术、金融信贷、编辑出版、文化艺术、法律等众多行业和领域，不同的研究情境下场域或组织所嵌入的制度逻辑各不相同。

多元制度逻辑之间存在竞争与冲突、兼容等复杂状态。多元制度逻辑同时存在使得组织面临制度多元性（institutional pluralism）（Kraatz and Block, 2008; Pache and Santos, 2010）。单一主导逻辑视角更关注主导逻辑的存在，这方面的学者认为，出现多元制度逻辑的竞争与冲突是暂时的，会随着一种主导逻辑替代另一种主导逻辑占据主导地位而消失（Hoffman, 1999; Nigam and Ocasio, 2010）。例如，Thornton and Ocasio（1999）、Thornton（2002, 2004）研究了 20 世纪末北美地区高教出版行业由"编辑逻辑"向"市场逻辑"演化的过程及其对组织的影响。Reay and Hinings（2005）研究了阿尔伯塔省（Alberta）地区医疗机构的制度逻辑在 1988—1998 年期间由"专业逻辑"（editorial logic）转变为"市场逻辑"（market logic）的过程，并发现了不同时期主导逻辑间存在"替代"关系。他们在研究中指出，存在单一逻辑主导了场域，逻辑间存在的紧张或冲突被视为两个相对稳定的阶段不同文化过渡。

近年来，逻辑竞争视角的研究较多。它们认为，单一的制度逻辑难以完全主导整个场域，多元制度逻辑之间的竞争、冲突与不兼容状态是长期存在的，其所导致的制度复杂性已成为组织所面临的常态（Dunn and Jones, 2010; Greenwood et al., 2011; Reay and Hinings, 2009）。不同制度逻辑长期共存并且彼此冲突的情况逐渐成为常态（毛益民，2014）。例如，1994—2008 年期间，Alberta 地区医疗机构中相互竞争的制度逻辑之间呈现长期并存的状态（Reay and Hinings, 2009）；混合社会组织也面临商业逻辑和公益逻辑的持续冲突（岑杰和盛亚，2016）。此外，也有学者发现，多元制度逻辑之间的关系不仅表现为竞争与冲突，还表现为"和平共处"与融合（Reay and Hinings, 2009）。制度逻辑之间在一定条件下可以实现兼容，多元制度逻辑的并存状态也逐渐得到学术界的共识，这使得不同制度逻辑之间的关系更加复杂。

"逻辑群"这一概念也被学者引入进来（Goodrick and Reay, 2011），旨在阐述多元制度逻辑在场域中的结构配置及其关系特征。他们在文中指出，行动主体的行为与活动受到不同制度逻辑之间交互作用的影响。不同制度逻辑之间既对立又相互依赖，对立关系意味着对立制度逻辑之间的此消彼长，而依赖关系意味着不同制度逻辑之间的共变特征。Jay（2013）认为，正是这种多元制度逻辑的综合效应，促使组织发展具有持续性和创造力。

对该理论的评价

经过数年的发展，学术界对制度逻辑理论的研究逐步深入，制度逻辑理论对于研究组织复杂性、组织内外部环境、组织变革与发展起到了重要影响。研究多元制度逻辑在组织内部的关系及其具体表现，对于深入理解制度性要素及其关系特征对组织的影响具有重要意义（Besharov and Smith, 2014）。

场域中的制度逻辑结构与性质多处于动态演变的过程状态，而非一成不变的。场域中行动者的相对位置会随着时间的推移而变化，曾经的主导者可能会边缘化，而曾经的边缘行动者可能会移动至中心（毛益民，2014）。Besharov and Smith（2014）的研究也仅从静态视角切入，从动态视角对制度逻辑演变过程的研究有待进一步深化。另外，杜运周和尤树洋（2013）指出，过往的文献重点关注了多元竞争性制度逻辑之间的冲突及其前因和结果变量，对竞争性制度逻辑兼容效应和互补效应关注不够，忽略了不同制度逻辑之间可能存在的兼容性和互补性及其作用边界问题。以中国为例，在经济转型时期，对企业而言，市场逻辑与政府逻辑之间究竟是替代关系还是互补关系由行业竞争环境决定。目前，学术界对多元制度逻辑共存的格局状态、不同制度逻辑之间的交互作用机制及其背后的影响因素依然缺乏探讨，有待深入研究。不同制度逻辑之间互补与替代关系的边界和前提条件是未来研究需要关注的议题之一。

既有研究多聚焦于场域层面的多元制度逻辑与应对，对单个组织或项目、团队等微观行动主体如何应对制度复杂性的过程和机制关注不够（Smets et al.,

2012）。学者们为研究场域中制度逻辑如何演变提供了不同视角。一些研究显示了某一制度逻辑被另一个制度逻辑替代（Thornton, 2004），其他研究描述了不同制度逻辑之间兼容或同化的过程。但是，针对如何在组织内部实现不同制度逻辑的整合这一具体过程及其驱动因素的研究和解释依然有待深化，组织如何应对其内部的多元制度逻辑冲突与张力的研究有较大空间（Greenwood *et al.*, 2011; Pache and Santos, 2013; Battilana *et al.*, 2015; 胥思齐等, 2016）。

未来可加强制度逻辑在组织层面、组织内部各子单元（subunit）、项目（project）及个体（individual）层面的探讨（Besharov and Smith, 2014; Andriopoulos and Lewis, 2009），微观层面的制度逻辑也有较大的研究空间。同时，鉴于制度逻辑理论在组织内部等微观层面的实证分析或实际例子还不够丰富，中心性—兼容性框架又略显抽象而缺少实例解释的针对性（Besharov and Smith, 2014），需要强化制度逻辑实例化（instantiation）探索。

关键概念测量

1. 逻辑兼容度 (Compatibility) 和中心度 (Centrality)

Besharov, M. L., & Smith, W. K. (2014). Mutiple institutional logics in organizations: Explaining their varied nature and implication. *Academy of Management Review*, 39(3), 364–381.

2. 市场逻辑 (Market Logic) 和编辑逻辑 (Editorial Logic)

Thornton, P. H., & Ocasio, W. (1999). Institutional logics and the historical contingency of power in organizations: Executive succession in the higher education publishing industry, 1958—1990. *American Journal of Sociology,* 105(3), 801–843.

3. 医学专业逻辑 (Medical Professionalism Logic) 和商业化医疗护理逻辑 (Business-like Health Care Logic)

Murray, F. (2010). The oncomouse that roared: Hybrid exchange strategies as a source of distinction at the boundary of overlapping institutions. *American Journal of Sociology,* 116(2), 341–388.

4. 商业逻辑 (Commercial Logic) 和社会逻辑 (Social Logic)

Ramus, T., Vaccaro, A., & Brusoni, S. (2017). Institutional complexity in turbulent times:

Formalization, collaboration, and the emergence of blended logics. *Academy of Management Journal,* 60(4), 1253–1284.

经典文献

Battilana, J., & Dorado, S. (2010). Building sustainable hybrid organizations: The case of commercial microfinance organizations. *Academy of Management Journal*, 53(6), 1419–1440.

Besharov, M. L., & Smith, W. K. (2014). Multiple institutional logics in organizations: Explaining their varied nature and implications. *Academy of Management Review*, 39(3), 364–381.

Cobb, J. A., Wry, T., & Zhao, E. Y.(2016). Funding financial inclusion: Institutional logics and the contextual contingency of funding for microfinance organizations. *Academy of Management Journal*, 59 (6), 2103–2132.

Dunn, M. B., & Jones, C. (2010). Institutional logics and institutional pluralism: The contestation of care and science logics in medical education, 1967–2005. *Administrative Science Quarterly*, 55(1), 114–149.

Greenwood, R., Raynard, M., & Kodeih, F., *et al.* (2011). Institutional complexity and organizational responses. *Academy of Management Annals*, 5(1), 317–371.

Greve, H. R., & Zhang, C. M.(2017).Institutional logics and power sources: Merger and acquisition decisions. *Academy of Management Journal*, 60 (2), 671–694.

Meyer, J. W., & Rowan, B. (1977). Institutionalized organizations: Formal structure as myth and ceremony. *American Journal of Sociology*, 83(2), 340–363.

Pache, A. C., & Santos, F. (2013). Inside the hybrid organization: Selective coupling as a response to competing institutional logics. *Academy of Management Journal*, 56(4), 972–1001.

Ramus, T., Vaccaro, A., & Brusoni, S. (2017). Institutional complexity in turbulent times: Formalization, collaboration, and the emergence of blended logics. *Academy of Management Journal*, 60(4), 1253–1284.

Reay, T., & Hinings, C. R. (2009). Managing the rivalry of competing institutional logics.

Organization Studies, 30(6), 629–652.

Thornton, P. H., & Ocasio, W. (1999). Institutional logics and the historical contingency of power in organizations: Executive succession in the higher education publishing industry, 1958—1990. *American Journal of Sociology*, 105(3), 801–843.

对管理者的启示

以往的制度理论更关注组织同形，强调组织之间的趋同性，而制度逻辑则告诉我们，不同组织之间之所以存在差异可能是由于组织需要对其所嵌入的不同制度逻辑予以回应。

管理者需要充分认识到制度逻辑存在于不同的层面，例如宏观社会层面的制度逻辑会影响组织内部的行动者及其实践。在管理过程中，管理者需要关注不同制度逻辑对组织的影响，在组织活动过程中因时制宜地平衡和管控不同制度逻辑之间的相对力量态势。管理者需要研究多元制度逻辑关系特征的动态演变，根据企业自身情况明晰各阶段的战略关注重点。了解制度逻辑与组织管理实践的关系机制，可以通过调整组织结构、重塑企业文化、完善人力资源管理政策等有计划地建构组织双元性，以回应不同时期的多元制度逻辑给组织带来的复杂性。

组织内部的部分亚单元和个体成员受场域或社会层面的制度逻辑影响较大，在将场域或社会层面的特定制度逻辑带入组织后，有可能造成不同制度逻辑之间的矛盾和冲突。面对多元竞争性制度逻辑可能带来的冲突性局面，管理者不应采取回避性措施，而应将其视为建设性冲突，并采取有力措施努力实现矛盾双方的相互转化与融合。

本章参考文献

39

资源编排理论*

张建琦[1]　郭子生[2]

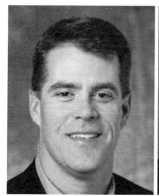
图1　戴维·塞蒙

图2　迈克尔·希特

图3　R.杜安·爱尔兰

资源编排（resource orchestration）是由戴维·塞蒙（David Sirmon）（见图1）、迈克尔·希特（Michael Hitt）（见图2）及R.杜安·爱尔兰（R. Duane Ireland）（见图3）在《通过资源编排打造竞争优势：宽度、深度与生命周期影响》（Resource orchestration to create competitive advantage: Breadth, depth, and life cycle effects）一文中

---

* 基金项目：国家自然科学基金项目（71572204），广东省普通高校省级重大科研项目（2016WZDXM001）。

1　张建琦，中山大学岭南（大学）学院教授、博士生导师。主要研究领域：公司战略、创业管理、资源拼凑。电子邮箱：lnszjq@sysu.edu.cn。

2　郭子生，华南理工大学工商管理学院博士后。主要研究领域：创新创业、组织资源利用、管理研究方法。电子邮箱：guozs@scut.edu.cn。

提出的管理理论。该理论是在三位学者早先提出的资源管理（resource management; Sirmon et al., 2007）理论的基础上，糅合资产编排（asset orchestration; Helfat et al., 2007）的部分观点后诞生的。资源编排理论继承了资源管理的基本内容，近期研究在引用资源管理的有关命题时亦多以"资源编排"为这些命题的来源（例如 Asmussen and Fosfuri, 2019; Deligianni et al., 2019; Symeonidou and Nicolaou, 2018）。因此，我们遵循既有文献共识，采用"资源编排"一词统称塞蒙等所创立的这一成果。

自提出以来，资源编排理论得到了学术界的普遍关注，其观点尤其广泛应用于分析组织如何在具体情境中运用资源创造价值的问题。Google Scholar 搜索结果（见图4）显示，自提出以来，资源编排理论的被引次数逐年上升。近年来，其年被引次数逐渐稳定在 300 次以上，已成为组织管理领域中极具发展潜力的新理论之一。

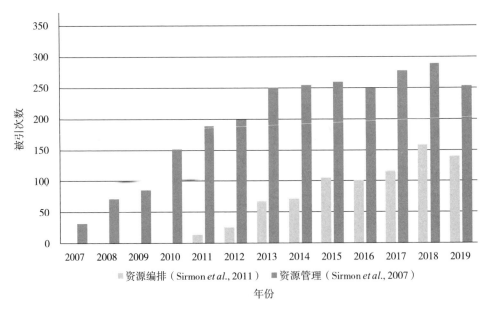

图 4　资源编排理论核心文献的被引次数

资料来源：根据 Google Scholar 数据整理而成，搜索时采用精确匹配。

注：由于 "resource management" 与 "resource orchestration" 是频繁出现在英语文本中的两个短语，直接对其进行搜索会返回大量的无关结果。因此，作者通过分析两篇基础文献（Sirmon et al., 2007; Sirmon et al., 2011）的被引数据来考察资源编排理论的被引状况。

资源编排理论的核心内容

塞蒙最早于 Sirmon and Hitt（2003）中提出"掌握资源不等于拥有优势"的观点，指出掌握优势资源仅是获得竞争优势的必要条件；企业必须通过有效管理资源、将其转化为具有 VRIN 性质的资源束，才能帮助企业建立可持续的竞争优势。顺延这一观点，Sirmon et al. (2007) 在《美国管理学学会评论》（*Academy of Management Review*）上发表了题为《通过管理企业资源在动态环境中创造价值：深入了解黑匣子》（Managing firm resources in dynamic environments to create value: Looking inside the black box）的论文，建立了资源编排理论的前身——资源管理理论。资源管理理论具有三个重要的理论预设：其一，Sirmon et al. (2007) 遵循资源基础观关于资源分布的假定，认为不同资源之间具有异质性，其不均匀地分布在不同企业之中。其二，参考 Lippman and Rumelt（2003）的处理方式，Sirmon et al. (2007) 将竞争优势问题转化为企业如何在与客户交易的过程中创造价值的问题，建立起资源管理和利润的逻辑联系。其三，Sirmon et al. (2007) 引入了组织学习的观点，允许企业通过学习改善生产流程。特别地，Sirmon et al. (2007) 强调管理者可以通过组织学习将自身对资源的理解扩散至企业整体，从而优化组织成员改造资源的手段，奠定进一步挖掘资源潜力的管理基础。

基于以上假设，Sirmon et al. (2007) 提出了一个由构造（structuring）、绑定（bundling）和运用（leveraging）三个步骤构成的资源管理模型（见图 5）。资源构造的目标在于建立异质资源的有机组合（resource portfolio），而非相似资源的简单累积。管理者可以通过获取（acquiring）、积累（accumulating）和消化（digesting）三种策略构造资源组合。其中，获取策略和积累策略是用于扩大资源组合的手段。前者指企业从战略要素市场中直接购买资源，后者则指企业通过开发内部资源的方式形成新资源。资源组合中过时或无价值的资源则以消化策略予以剥离。在建立资源组合以后，资源管理的下一项工作是绑定资源以形成组织能力。Sirmon et al. (2007) 将"能力"定义为一簇支持企业采取特定行动（例如营销、研发、生产等）的资源束，它使企业能够为客户提供特定的产品和服务，是价值创造的必要前提。其中，领先（pioneering）策略是最基本的资源绑定手段，它要求企业从零开始组合资源、形成新的组织能力。在通过领先策略建立了一系列能力以后，企业可以进一步通过稳定（stabilizing）策略和丰富（enriching）策略调整或扩展既有能力。绑定步骤完成以后，企业应积极运用所建立的能力满足市场需求，为客户创造新的价值。为此，企业需要采取动员（mobilizing）策略识别满足特定市场机会所需的能力，继而协调（coordinating）这些能力为一组复合的能力配置（capability configuration），最后部署（deploying）所形成的能力配置提供具体的产品或服务，满足客户的现实需求。需求得到满足的客户将为了获得产品和服务而向企业支付溢价，企业由此获得经济效益、实现利润增长。

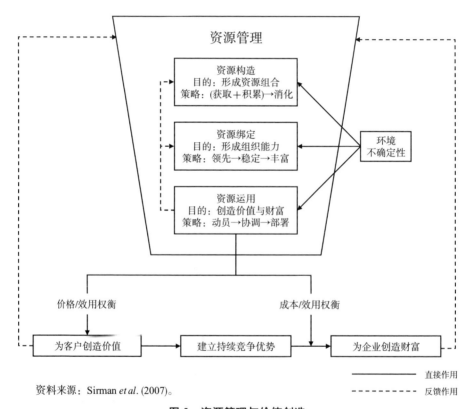

资料来源：Sirman et al. (2007)。

图 5　资源管理与价值创造

Sirmon et al. (2007) 同时考虑了行业结构、需求动荡、技术变迁和资源丰裕度等情境因素的影响。这些因素决定了企业所能获得的资源和利用资源的方式，影响资源管理的效果。但资源管理模型在解构资源到产品间"黑箱"的过程中并未充分回应两个问题：其一，管理者在资源管理过程中扮演什么角色？其二，新的价值如何在资源和能力组合中涌现？以经济租为核心的传统资源观一直难以在这两个问题上提供令人满意的答案（Kraaijenbrink et al., 2010; Priem and Butler,

2001）。为了回应以上争议，Sirmon *et al.* (2011) 引入了资产编排（Helfat *et al.*, 2007）的观点，进一步完善了资源管理的思想。资产编排观点认为，传统的企业理论忽略了管理者的作用，认为市场机制能将资产配置到创造最大价值的位置上。然而，经济体内存在大量的共生资产（co-specialized asset）。这些资产所能创造的价值取决于它们能与多少相互共生的资产出现在同一资产配置（asset configuration）中。单凭价格机制，企业只能在极其偶然的情况下形成少量满足这一条件的资产配置，从而致使大量资产无法充分创造价值。为了解决这一问题，企业需要由具有主观能动性的管理者对资产进行"编排"，即在组织范围内有目的地引入、剔除和组合不同资产，只有这样才能将共生资产安排在恰当的资产配置中，更有效地创造价值与财富。

资源管理和资产编排分别从不同的角度探讨了企业活动与产出的关系，二者互有重叠、相互补足。Sirmon *et al.* (2011) 比较二者后发现，资源管理指示了资产编排的基础、目的与作用，资产编排则弥补了资源管理在管理者地位和价值创造机制等方面的不足。以 Sirmon *et al.* (2007) 提出的资源管理模型为主体，Sirmon *et al.* (2011) 整合了资源管理和资产编排的观点，正式提出了资源编排理论（见图 6）。与资源管理相比，资源编排理论进一步明晰了以下内容：首先，资源编排理论明确指出，管理者是资源编排的主体，管理者的主要工作是通过构造、绑定和运用等方式"编排"资源，从而形成各种能力支持企业战略的实现。其次，Sirmon *et al.* (2011) 指出，资源编排的关键是在绑定和运用步骤中将相互共生的资源或能力编排在一起，从而形成异质性的能力配置。企业运用这些能力配置为客

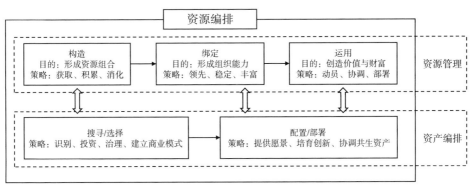

资料来源：Sirman *et al.* (2011)。

图 6　资源管理、资产编排与资源编排的关系

户提供独特的产品或服务，从而满足单个资源或能力无法满足的深层次需求，创造新的价值和财富。最后，管理者可以借助资产编排的手段，支持特定的资源编排工作。例如，管理者可以通过识别、投资、治理和建立商业模式等方式形成资源组合，而提供愿景、培育创新及协调共生资产等策略则有助于指导资源的绑定与运用。

作为资源编排的主体，管理者肩负着决定资源编排策略的重要任务。他们必须审慎地分析不同情境下资源和需求的特点，有针对性地调整资源编排的重点和目标。Sirmon et al. (2011) 探讨了在不同的企业战略、竞争程度、生命周期阶段及管理层级下，管理者应关注的资源编排活动。例如，生存是初创企业的首要诉求，因此构造健康的资源组合便成为其管理者资源编排的重点。对于成熟企业而言，平衡好创新与效率的关系是持续成长的关键，因此其管理者应当重视资源绑定工作，特别是通过稳定和丰富策略更新既有能力。限于篇幅，我们不便继续展开 Sirmon et al. (2011) 的详细论述，有兴趣的读者可参阅 Sirmon et al. (2011) 的有关部分。

对该理论的评价

作为资源基础观的重要分支（Hitt et al., 2016），资源编排理论的贡献在于其有效地打开了资源与产品之间的"黑箱"，将资源产生价值的过程还原到管理活动上，进一步澄清了企业创造财富的机理。事实上，不少学者提出了尝试打开"黑箱"的分析框架（例如 Bromiley and Rau, 2014; Luo and Child, 2015），但资源编排理论是少数得到了资源基础观学者认可的理论成果（Barney et al., 2011）。从资源基础观的角度来看，资源编排理论有助于解释资源 VRIN 属性的由来，它在建立能力及形成价值方面的观点也丰富了资源基础观的思想体系（Hitt et al., 2016）。此外，资源编排理论对管理者地位的重视亦便于研究者考察战略决策的微观基础（micro foundation），种种优势使其颇受实证研究者的青睐。不少学者积极应用资源编排理论分析问题，例如供应链管理（Liu et al., 2016）、人力资源（Chadwick et al., 2015）、商业模式（Frankenberger and Stam, 2020）及社会责任（Asmussen and Fosfuri, 2019）等。这些研究在为相关领域贡献独到见解的同时，亦从多个角度验证了资源编排的观点，取得了丰硕的成果。

尽管如此，资源编排理论仍存在多处有待完善的细节。例如，在价值创造机制方面，该理论主要考虑企业特别是管理者的作用，而低估了消费者——即产品与服务的接受者——的作用。在资源编排理论框架下，消费者处于价值创造过程的末端，他们只是被动地接受企业提供的产品或服务。面对这一问题，资源编排理论的对手——资源整合（resource integration）理论则在服务主导逻辑（service-dominant logic）的指引下，将客户的能动性纳入价值创造过程（Peters *et al.*, 2014）。客户在资源编排过程中所扮演的角色仍有待后续研究挖掘。此外，资源编排理论存在严重的术语冗余问题。特别是引入资产编排的观点后，资源编排理论中同时存在资源、资产及能力等多个相似概念。如何进一步厘清这些概念、提高理论区分不同实体的效力，也是资源编排理论后续发展的重要课题。最后，有学者指出，资源编排理论与动态能力理论，特别是添补了微观基础的动态能力理论（Dixon *et al.*, 2014; Hodgkinson and Healey, 2011）过于相似。若要提供更多有别于先前理论的新见解，资源编排理论应进一步明晰管理者设计资源编排策略的过程，为企业活用资源提供更具操作性的指引。

尽管 Sirmon *et al.* (2011) 围绕多种情境下的资源编排策略提出了大量推论，但迄今为止，管理学界仅对其中少量命题进行了检验，剩余大部分假说则尚未得到关注，留下大片研究空白。未来研究者可以尝试予以验证、补充和扩展。

关键测量量表

目前，多数研究仅运用资源编排的逻辑分析特定类型的资源的影响（例如 Miao *et al.*, 2017）或某种情境下企业编排资源的过程（例如 Nemeh and Yami, 2019），而鲜有针对资源编排的步骤与策略开发量表。其中，Symeonidou and Nicolaou（2018）尝试通过企业与竞争对手的研发偏差（R&D deviation）测量企业的创新聚焦运用战略（leveraging strategy focusing on innovation），即企业愿意为支持创新而运用自身能力的程度。Symeonidou and Nicolaou（2018）提出了以下指标：

$$研发偏差_{it} = \frac{R_{it} - M(R_t)}{SD(R_t)}$$

其中，R_{it} 为第 i 家企业在 t 时期内产品和服务创新人员的占比，R_t 为 t 时期内某行业内企业平均创新人员的占比，M 与 SD 分别为均值与标准差函数。研发偏差越大，表明与行业平均水平相比 i 企业在第 t 时期内将更多人手投在产品和服务创新上，意味着企业运用更多的资源与能力支持其创新战略。

Symeonidou, N., & Nicolaou, N. (2018). Resource orchestration in start-ups: Synchronizing human capital investment, leveraging strategy, and founder start-up experience. *Strategic Entrepreneurship Journal*, 12(2), 194–218.

经典文献

Helfat, C. E., Finkelstein, S., & Mitchell, W., *et al.* (2007). *Dynamic Capabilities: Understanding Strategic Change in Organizations*. Malden, MA: Blackwell.

Lippman, S. A., & Rumelt, R. P. (2003). A bargaining perspective on resource advantage. *Strategic Management Journal*, 24(11), 1069–1086.

Sirmon, D. G., & Hitt, M. A. (2003). Managing resources: Linking unique resources, management, and wealth creation in family firms. *Entrepreneurship Theory and Practice*, 27(4), 339–358.

Sirmon, D. G., Hitt, M. A., & Ireland, R. D. (2007). Managing firm resources in dynamic environments to create value: Looking inside the black box. *Academy of Management Review*, 32(1), 273–292.

Sirmon, D. G., Hitt, M. A., & Ireland, R. D., *et al.* (2011). Resource orchestration to create competitive advantage: Breadth, depth, and life cycle effects. *Journal of Management*, 37(5), 1390–1412.

Symeonidou, N., & Nicolaou, N. (2018). Resource orchestration in start-ups: Synchronizing human capital investment, leveraging strategy, and founder start-up experience. *Strategic Entrepreneurship Journal*, 12(2), 194–218.

对管理者的启示

与传统资源观不同，资源编排理论强调管理者对资源的编排活动是创造价值与财富的关键。在资源编排理论看来，资源本身不会进行生产，它们必须由具备主观能动性的人恰当地编排后，才能转化为可以满足深层次需求的产品或服务。

掌握优势资源的企业可能会因管理者编排资源的失当而失败，而在资源方面处于劣势的企业则可能通过管理者的妥善编排赢得竞争。这意味着赢家难以"通吃"，无论优势方还是劣势方都有必要活用手上的每一份资源，实现有质量的发展与增长。

业界时常批评"学院派"管理理论未能为管理实践提供明确的指导建议，作为对这种观点的部分回应，资源编排理论为管理者提供了相对丰富的管理工具。例如，构造—绑定—运用的三步骤模型有助于引导管理者治理从资源到产品的过程；共生资产的观点为管理者提供了编排资源的线索；Sirmon *et al.* (2011) 更是针对多种管理情境给出了细致的建议；等等。总之，资源编排理论为管理实践提供了大量操作性很强的管理建议。管理者可以遵循这些建议，根据竞争环境的特点审慎地编排资源，从而构建和保持可持续的竞争优势。

值得注意的是，资源编排理论指出，共生性是资源/能力配置产生新功能的关键，这一线索可能有助于管理者在陌生环境中形成具体的编排策略。在资源编排实践中，管理者应重视不同要素之间的共生性，并在其指引下组合异质资源与能力。此外，管理者也可以在资源构造的过程中引入存在共生性的资源，为后续编排工作提供便利。

本章参考文献

40

资源基础理论

贾建锋[1] 闫佳祺[2]

图1 伯格·沃纳菲尔特

伯格·沃纳菲尔特（Birger Wernerfelt）（见图1）最早提出了"资源基础观"的概念，他于1984年发表的《企业的资源基础观》（A resource-based view of the firm）一文，标志着资源基础理论（resource-based theory）的诞生。经由Barney（1991，1996）、Mahoney（2001）、Peteraf（2003）、Acedo et al.（2006）、Kraaijenbrink et al.（2010）和Barney et al.（2011）等学者的发展，资源基础理论持续受到理论界和实践界的广泛关注，成为探讨如何实现企业持续竞争优势的重要理论指导。自提出以来，该理论的被引次数不断攀升（见图2），现已成为用于解释资源的流行理论之一。

资源基础理论的核心内容

资源基础理论的基本假设是：企业具有不同的有形和无形的资源，这些资源可转变成独特的能力，资源在企业间是不可流动且难以复制的，这些独特的资源与能力是企业持续竞争优势的源泉（Barney，1991；Peteraf and Barney，2003）。总体

---

[1] 贾建锋，东北大学工商管理学院教授、副院长、博士生导师。主要研究领域：组织与人力资源管理、创新创业管理。电子邮箱：jianfengjiajia@163.com。

[2] 闫佳祺，东北大学工商管理学院讲师（一级），同济大学与悉尼大学联合培养博士。主要研究领域：人力资源管理、创新创业管理。电子邮箱：yanjiaqi@mail.neu.edu.cn。

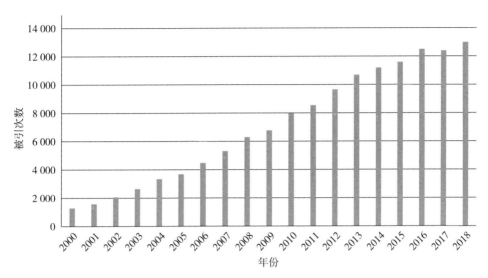

图 2 资源基础理论的被引次数

资料来源：根据 Google Scholar 数据整理而成，搜索时采用精确匹配。

而言，资源基础理论通过考察差异化管理效能，检验企业在不同异质性资源下所具有的绩效差异（Peteraf and Barney, 2003）。本部分回顾资源基础理论的基本内容，并结合该理论的发展脉络，从企业竞争优势的来源、保持企业竞争优势的可持续性及资源基础的战略观三个方面进行梳理。

一、企业竞争优势的来源

一般说来，企业决策具有以下特点：第一，不确定性，即决策者对社会、经济、产业、技术等外部环境不可能完全清楚，对竞争者的竞争行为、消费者的偏好把握不可能绝对准确；第二，复杂性，即影响企业外部环境的各种因素的相互作用具有复杂性，竞争者之间基于对外部环境的不同感受而发生的相互作用具有复杂性；第三，组织内部冲突，即决策制定者、执行者与利益相关者在目标上并不一致，每个人都将从最大化自身效用出发影响决策行为。这些特点决定了任何决策都具有较大范围的自由裁量，结果也会各不相同。因此，经过一段时间的运作，企业拥有的资源将会因企业复杂的经历及管理者差异化决策的作用而表现出巨大差异，企业一旦陷入偏差，就可能走入越来越难以纠正的境地。因此，资源是企业保持基业长青的重要保障。

资源基础观学者普遍认为，企业通过自身的资源与其他组织进行竞争，资源在其中扮演重要的角色（Barney, 1991; Kraaijenbrink et al., 2010; Peteraf and Barney, 2003）。资源是指企业中能够展现企业核心竞争力的任何事物，既可以是有形的，又可以是无形的，是能够帮助企业更好地进行竞争并实现其愿景、使命和目标的一系列属性组合（Barney, 1991）。正是由于资源方面的差异，企业拥有了差异化的获利能力。作为竞争优势来源的资源应该具备以下四个条件：第一，有价值。企业获得竞争优势所使用的资源一定是有价值的，企业利用这些有价值的资源可以开展一系列生产经营活动，提升产出效率。第二，稀缺。稀缺的资源难以获得，资源的稀缺性为竞争优势的塑造提供获取壁垒。第三，难以模仿。如果某种资源极易被模仿、重塑、使用，那么其将无法在较长的时期内保持竞争优势。第四，不可替代。如果能够寻找到可替代的资源，则其他企业便会利用替代资源弥补差距，企业竞争优势几近丧失。

二、保持企业竞争优势的可持续性

前文提到，企业的竞争优势根源于企业的特殊资源，这种特殊资源能够给企业带来竞争优势。在经济利益的驱动下，其他企业势必会模仿优势企业，采用种种方法进行追赶，其结果是企业趋同，优势散尽。那么，资源基础理论所强调的"独特、异质、难模仿、不可替代"是否仍然具有指导意义，资源基础理论学者针对这一问题进行了广泛的探讨。他们认为，至少有三大因素阻碍企业之间互相模仿，确保企业竞争优势保持可持续性（Peteraf and Barney, 2003; Acedo et al., 2006; Kraaijenbrink et al., 2010）。

第一，因果关系模糊。企业在动荡多变的市场竞争环境中开展生产经营活动，开展的日常活动又具有高度的复杂性，企业的竞争优势很难说是某一种特殊资源所导致的，而是多种资源综合的结果（Helfat and Peteraf, 2003）。因此，资源对于不同水平绩效的作用后果很难被预测。这也就是为何很多企业在不停地学习华为、海尔，模仿华为、海尔，但却无法打造另一个华为和另一个海尔的重要原因。

第二，路径依赖性。企业可能因长远设计或偶然机遇而拥有某种资源，占据某种优势，但这种资源或优势的价值在事前或当时并不为大家所认识，也没有人去模仿。后来环境发生变化，形势日渐明朗，资源或优势的价值日渐显露出来，成为企业追逐的对象。然而，由于时过境迁，其他企业再也不可能获得那种资源或优势，或者再也不可能以原有的低成本获得同样的资源或优势，已经拥有此种资源或优势的企业则可以稳定地获得高水平的绩效（Acedo et al., 2006）。

第三，较高的模仿成本。其他企业在模仿优势企业时，需要投入时间成本和资金成本。如果企业的模仿行为需要花费较长的时间才能够达到预期的目标，而市场环境瞬息万变，那么在这段时间内完全可能因环境的变化而使某种优势资源丧失价值，使企业的模仿行为毫无意义（Peteraf and Barney, 2003）。在这样一种威慑下，很多企业选择放弃模仿。即使模仿时间较短，优势资源不会丧失价值，企业的模仿行为也会消耗大量的资金，且资金的消耗量具有不确定性。如果模仿行为带来的收益不足以补偿成本，则企业也不会选择模仿行为。

三、资源基础的战略观

围绕最重要的资源和能力设计战略，意味着企业将其战略范围聚焦于那些拥有明显竞争优势的活动上（Priem and Butler, 2001）。从战略视角审视，资源形成可持续竞争优势的过程是一个至关重要的战略规划过程（Barney, 2001）。如果一家企业的资源和能力缺乏持久性，或者容易转移或被复制，那么该企业必须采取短期盈利战略，或者必须投资搜寻新的竞争优势来源。尤其是对于小型的技术初创企业而言，这些措施至关重要，因为技术变革的速度可能意味着创新只能提供暂时的竞争优势。若想基业长青，则该企业必须在强大和成熟的竞争对手或其他初创企业扩大规模之前，利用其原始创新或建立持续创新的技术能力，形成战略性竞争优势（Richard, 2000）。

在以资源为基础的战略规划过程中，组织学习、知识管理和建立外部网络有助于企业获得战略性竞争优势（Priem and Butler, 2001; Richard, 2000）。第一，由于企业的知识和能力不是每一个员工知识和能力的简单加总，而是员工知识和能力的有机结合，通过组织学习不仅可以提高员工个人的知识和能力，而且可以促进员工的知识和能力向组织的知识和能力转化，使知识和能力聚焦，产生更大的合力。第二，科学的知识管理有助于企业在生产经营活动中不断地获取外界知识，从而获得战略性竞争优势。这需要企业不断地对员工创造的知识进行加工整理，将特定的知识传递给特定工作岗位的员工，企业处置知识的效率和速度将影响企业的竞争优势。因此，企业对知识微观活动过程进行管理，有助于企业获取特殊的资源，增强竞争优势。第三，通过建立战略联盟、知识联盟等外部网络学习优势企业的知识和能力则要便捷得多。来自不同企业的员工在一起工作、学习还可以激发员工的创造力，促进知识的创造和能力的培养。

对该理论的评价

资源基础理论作为管理学的一个经典理论，在具有积极意义的同时，也获得了一些批评的声音。对该理论的评价如下：

第一，资源基础理论对于探讨组织多样性具有里程碑式的意义。资源基础理论能够实现管理学、组织经济学、新制度经济学和工业组织经济学的有机整合，在不同学科丰富以资源为基础的多样化观点（Wan et al., 2011）。

第二，一些批评者认为，有价值、稀缺、难以模仿、不可替代的资源对于企业获得可持续竞争优势而言既不是必要的又不是充分的，实证研究对于异质性资源促进企业获得可持续竞争优势仅能提供一定程度的支持（Wan et al., 2011）。这意味着除了异质性资源因素，其他因素也能够解释企业能否获得可持续竞争优势。

第三，虽然资源基础理论对竞争优势的关注有助于解释企业绩效差异，但这种因果解释具有一定的局限，因为竞争优势不是产生绩效差异的唯一因果解释。竞争约束、信息不对称和承诺时间同样会产生绩效差异。Makadok（2011）建议学者不要孤立地探讨某一机制的单独作用，而应综合考虑多种机制的协同作用。

第四，竞争动力学考察了竞争对手为了在市场上获得有利地位而采取的行动和对策，资源被描述为企业从不同的市场地位做出移动和反移动决策的重要驱动因素之一（Ketchen et al., 2004）。然而，如果一家企业拥有多种业务单元，则他们虽然在某一业务单元中缺乏竞争优势，但是可以通过采取破坏市场盈利能力的行动（如降价）来对抗那些在特定市场拥有更大份额的竞争对手。对于此问题，资源基础理论尚未形成较好的解释。

第五，资源基础理论过于强调企业内部，而对企业外部重视不够，由此产生的企业战略不能适应市场环境的变化（Barney et al., 2011）。企业在市场中并非孤立地存在，需要与其他企业和利益相关者进行物质交换，那么市场环境要素同样影响企业的竞争优势。如何将内部与外部结合起来，是未来资源基础理论发展的一大方向。

第六，资源基础理论对企业不完全模仿资源的确定过于模糊，在管理实践中，企业管理者应该怎样运用和操作资源基础理论、确定哪些资源能够助力实现竞争优势比较模糊，理论实际操作性较弱（Barney et al., 2011）。

关键测量量表

1. 独占工艺（Proprietary Processes and Equipment）：1 个维度，4 个题项

Schroeder, R. G., Bates, K. A., & Junttila, M. A. (2002). A resource-based view of manufacturing strategy and the relationship to manufacturing performance. *Strategic Management Journal*, 23(2), 105–117.

2. 动态能力（Dynamic Capabilities）：3 个维度，13 个题项

Lin, Y., & Wu, L. Y. (2014). Exploring the role of dynamic capabilities in firm performance under the resource-based view framework. *Journal of Business Research*, 67(3), 407–413.

3. 资源定位（Resource–based Orientation）：1 个维度，3 个题项

Paiva, E. L., Roth, A. V., & Fensterseifer, J. E. (2008). Organizational knowledge and the manufacturing strategy process: A resource-based view analysis. *Journal of Operations Management*, 26(1), 115–132.

经典文献

Acedo, F. J., Barroso, C., & Galan, J. L. (2006). The resource-based theory: Dissemination and main trends. *Strategic Management Journal*, 27(7), 621–636.

Barney, J. B. (1996). The resource-based theory of the firm. *Organization Science*, 7(5), 469–469.

Barney, J. B. (2001). Resource-based theories of competitive advantage: A ten-year retrospective on the resource-based view. *Journal of Management*, 27(6), 643–650.

Barney, J. B., Ketchen Jr, D. J., & Wright, M. (2011). The future of resource-based theory: Revitalization or decline?. *Journal of Management*, 37(5), 1299–1315.

Helfat, C. E., & Peteraf, M. A. (2003). The dynamic resource-based view: Capability lifecycles. *Strategic Management Journal*, 24(10), 997–1010.

Kraaijenbrink, J., Spender, J. C., & Groen, A. J. (2010). The resource-based view: A review and assessment of its critiques. *Journal of Management*, 36(1), 349–372.

Priem, R. L., & Butler, J. E. (2001). Is the resource-based "view"a useful perspective for strategic management research?. *Academy of Management Review*, 26(1), 22–40.

Peteraf, M. A., & Barney, J. B. (2003). Unraveling the resource-based tangle. *Managerial and Decision Economics*, 24(4), 309–323.

Wernerfelt, B. (1984). A resource-based view of the firm. *Strategic Management Journal*, 5(2), 171–180.

Wernerfelt, B. (1995). The resource-based view of the firm: Ten years after. *Strategic Management Journal*, 16(3), 171–174.

对管理者的启示

资源基础理论对于当下企业管理者具有以下启示：

第一，从企业获取竞争优势的角度来看，资源异质性是企业获取竞争优势最基础的条件，但它也只是获取竞争优势的必要条件（Bromiley and Rau, 2016）。实际上，单独从企业生产和交易的任何一方来进行研究都有失偏颇。在管理实践中，企业是生产过程和交易过程的统一体，只有把二者结合起来，既考虑以节约交易成本为目的的治理结构设计，又考虑创造资源异质性，才能获得对企业绩效更为本质和全面的认识。

第二，从市场竞争的角度来看，企业可以重新部署或重组现有资源，将产品退出一个市场与进入另一个市场结合起来，从而获得规模经济效应（Kull *et al.*, 2016）。通俗地讲，对企业创建和衰亡、行业演变及产品生命周期的分析，如果不参考能力演变，则可能产生一系列因果关系的误导性推论，包括市场进入和退出、企业规模和范围，以及企业和行业的生存、成功与失败。

第三，从管理者的角度来看，通过关注企业资源部署的活动、程序和业务流程以及预期效果，管理者可以更好地对所在企业的资源禀赋进行基准测试，并确定应该开发和保护的关键资源。虽然企业在短期和中期内改变其资源禀赋的能力有限，但是管理者有能力重新设计企业的活动和业务流程，从而更有效地利用企业现有的资源和能力（Mannor *et al.*, 2016）。

第四，从企业业务流程的角度来看，资源基础理论注重控制权与资源拥有者相对应。那么，企业的核心资源拥有者应该具有最大的控制权（Brulhart *et al.*,

2017）。考虑到企业的生产属性和学习特征，核心资源控制权的配置可以沿着两条路线：一是根据现实经济制度和法律制度的规定，控制权来源于财产所有权；二是从专业化生产效率的角度分析，控制权的效率基础是知识和信息。

本章参考文献

41

自我差异理论*

杨春江[1] 陈亚硕[2]

图1 托里·希金斯

自我差异理论（self-discrepancy theory）的概念最早源于1985年托里·希金斯（Tory Higgins）（见图1）和蒂莫西·施特劳曼（Timothy Strauman）为了区分沮丧与焦虑的不同方面而提出的自我概念差异理论（self-concept discrepancy theory）。希金斯于1987年在《自我差异：自我和情感的理论联系》（Self-discrepancy: A theory relating self and affect）一文中正式提出自我差异理论，并得到理论界和实践界的广泛关注。截至2019年10月21日，该文章的被引次数已达到8 136次。自我差异理论自2000年以来的被引次数如图2所示。

自我差异理论的核心内容

心理学领域关于个体信念之间的冲突或不一致有着很长的研究历史。有多个与自我和情感相关的理论，假设自我冲突或自我不一致会产生情感问题。有

---

* 基金项目：国家自然科学基金项目（71572170）。
1 杨春江，燕山大学经济管理学院教授、博士生导师。主要研究领域：员工主动离职、接待业员工管理、工作和职业嵌入、组织伦理和道德。电子邮箱：ycj@ysu.edu.cn。
2 陈亚硕，燕山大学经济管理学院博士研究生。主要研究领域：工作和职业嵌入、接待业员工管理。电子邮箱：chenyashuo@stumail.ysu.edu.cn。

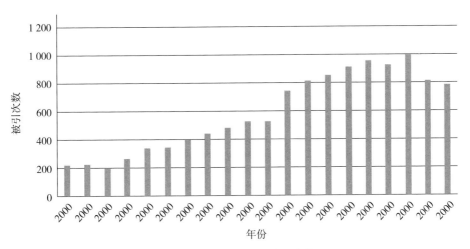

图 2　自我差异理论的被引次数

资料来源：根据 Google Scholar 数据整理而成，搜索时采用精确匹配。

别于这些理论，自我差异理论旨在：①区别人们因信念不相容而体验到的不同种类的不适；②建立不同类型的情绪易损系统与不同类型的自我差异之间的联系；③在自我差异对情绪不适的影响中，考虑了不同个体自我差异的有效性（availability）和可获得性（accessibility）的调节作用。自我差异理论的基本前提是个体的情绪易损性（emotional vulnerabilities）不是由真实自我或其他自我信念的某个内容或属性造成的，而是由不同形式的自我信念或自我状态表征（self-state representations）之间的不同关系造成的（Higgins, 1989）。为了区分不同类型的自我状态表征，自我差异理论提出了两个心理维度：自我领域（domains of self）和自我视角（standpoints of self）（Higgins, 1987）。自我领域包括三类，即现实自我（actual self）、理想自我（ideal self）和应该自我（ought self）。其中，现实自我是自己或他人认为其实际具备的状态表征；理想自我是自己或他人向往和期望其具备的状态表征（如某人对你的愿望、希望或期望）；应该自我是自己或者他人认为其应该具备的状态表征（如某人感觉到的你的责任、义务或职责）。自我视角可以是从自己（own）个人的视角，也可以是从关键第三人（other）的视角。

三种自我领域与两种自我视角的不同组合构成了六种自我状态表征：现实自我/本人视角，现实自我/他人视角，理想自我/本人视角，理想自我/他人视角，应该自我/本人视角，应该自我/他人视角。前两种状态表征，尤其是第一种（现实自我/本人视角）构成了一个人的自我概念；后四种状态表征则是一个人的自我导引（self-guide）（或称自我引导的标准，self directive standards）。

为了建立自我状态表征与情绪问题类型之间的相互联系，自我差异理论提出了动机假设和信息处理假设。动机假设主要有两个：① 人们有动机去实现自己的自我概念与自我导引之间的匹配；② 不同类型的自我状态表征代表着不同的心理情境，而这些心理情境又与不同的情绪—动机状态相关。信息处理假设主要也有两个：① 一种自我差异就是一种与特定自我信念相关联的认知结构；② 一种自我差异导致心理压力的可能性取决于它的可获得性。

一、自我差异的类型

情绪不适主要体现在：当人们认为已经失去或永远也不会达到某些期望目标时，他们会感到悲伤或失望；当人们相信可怕的事情即将发生时，他们会感到恐惧或威胁。一般来说，有两种消极心理情境与情绪状态有关：① 未出现积极结果（实际的或预期的）与沮丧类情绪（如不满、失望、悲伤）有关；② 出现了消极结果（实际的或预期的）与焦虑类情绪（如恐惧、威胁、急躁）有关。学界长期认为，心理情境是外部事件的固有特征与人们对事件的主观理解共同作用的结果。在对外部事件的理解上，个体间存在差异。自我差异理论认为，个体会存在不同的自我差异类型，这与个体间不同的消极心理情境密切关联。就像人们对绩效结果的情绪反应，它不仅取决于绩效结果本身，还取决于绩效对当事人的重要性和意义。自我概念（现实自我/本人视角）属性对动机和情绪的影响力，取决于这些属性的重要程度。而这些属性的重要程度又取决于自我概念与自我导引之间的关系，不同的关系代表了不同类型的消极心理情境。自我差异理论重点分析了四类自我差异与情绪不适的关系。这四类自我差异分别是现实自我/本人视角与理想自我/本人视角、现实自我/本人视角与理想自我/他人视角、现实自我/本人视角与应该自我/他人视角、现实自我/本人视角与应该自我/本人视角。

本人视角下的现实自我与本人视角下的理想自我之间的差异。如果某人认为他/她现实属性的当前状态与自己希望达到的理想或期望状态之间存在差距，那么这种自我差异代表了未出现积极结果的一般心理情境（未实现自己的希望和理想）。因此，他/她容易产生与沮丧相关的情绪。具体而言，他/她易受到失望和不满的伤害，因为这些情绪与希望和理想未能实现有关。以往的心理分析认为，产生上述情绪需要两个条件：① 基于本人视角；② 未达成的希望和理想。另外，这种自我差异的动机属性也可能与未实现希望和理想的挫折感有关。

本人视角下的现实自我与他人视角下的理想自我之间的差异。如果某人认为他/她现实属性的当前状态与他人希望他/她达到的理想或期望状态之间存在差距，那么这种自我差异也代表了未出现积极结果的一般心理情境（未实现他人的希望和理想）。因此，他/她容易产生与沮丧相关的情绪。具体而言，他/她会觉得由于自己没能实现他人的希望和理想，因此造成他人的失望和不满。此时，一个人的情绪与他/她主观认为失去了他人的支持和尊重有关。因此，他/她更易受到羞愧、窘迫、气馁的伤害。另外，这种自我差异的动机属性也可能与担心失去他人的喜爱或尊重有关。

本人视角下的现实自我与他人视角下的应该自我之间的差异。如果某人认为他/她现实属性的当前状态与他人认为他/她有责任和义务达到的应该状态之间存在差距，因为违背既定的责任和义务会受到制裁（如惩罚），那么这种自我差异代表了出现消极结果的一般心理情境（如预期受到惩罚）。因此，他/她容易产生与焦虑相关的情绪。具体而言，当人们预测到威胁或伤害将要发生时，人们会产生恐惧和威胁感。以往的心理分析认为，上述情绪的产生需要两个条件：① 外在代理人，即基于他人的立场；② 不符合规范或道德标准。另外，这种自我差异的动机属性也可能与怨恨情绪有关。

本人视角下的现实自我与本人视角下的应该自我之间的差异。如果某人认为他/她现实属性的当前状态与自己认为有责任和义务达到的应该状态之间存在差距，那么这种自我差异也代表了出现消极结果的一般心理情境（如自责）。因此，他/她容易产生与焦虑相关的情绪。具体而言，当人们认为违背了自己所持的道德标准时，人们会产生内疚、自责、自我蔑视和不安等消极情绪。以往的心理分析认为，上述情绪的产生需要两个条件：① 基于本人视角；② 与自己的道德或正义感相背离。另外，这种自我差异的动机属性也可能与道德无用感或软弱感有关。

二、自我差异的有效性和可获得性

一个人可能没有自我差异，也可能同时存在多种自我差异的组合。因此，一个人可能不存在情绪易损性（情绪不适），也可能存在一种或几种情绪易损性（情绪不适）。而且，一个人存在的各种自我差异不一定同等活跃，也不一定同样容易诱发个体的情绪不适。究竟哪一种自我差异比较活跃，哪一种自我差异更易诱发相应的情绪不适，这取决于自我差异的两个属性——有效性和可获得性。

有效性。某一类自我差异的有效性取决于产生冲突的这一对自我的各项特征在多大程度上存在分歧,即两类自我的差异大小。通过对两类自我的各项特征逐一进行比较,人们会得到有多少特征是匹配的,有多少特征是不匹配的。二者数量的差异越大,说明自我差异的程度就越大。在上述四类自我差异中,哪一类差异的程度越大,当其被激活时所诱发的情绪不适也就越强烈。

可获得性。某一类自我差异的可获得性就是其被激活的可能性,即在个体对某一事件的解释中,某一类自我差异有多大可能被应用到信息处理中。影响个体已有建构可获得性的因素,同时也影响有效自我差异的可获得性。也就是说,有效自我差异和已有建构二者的可获得性,受到同样一些因素的影响。这些因素有激活的近因性、频率和适用性。① 激活的近因性是指某类自我差异 / 建构在近期是否被激活过。已有研究显示,被试倾向于通过"前期被展示的某个特征标签"来解读目标行为。② 激活的频率是指某类自我差异 / 建构被激活的次数。有研究显示,某个建构以往被激活的次数越多,它就越可能被用来解读社会事件。习惯性个体差异对社会解读和记忆的影响,也反映出激活频率对建构可获得性的影响。③ 适用性是指自我差异 / 建构的"意义"与事件的属性之间的关联。也就是说,在遭遇社会事件时,当事人只会调用那些对事件的理解有帮助的、适用的自我差异 / 建构。明显相关或完全相悖的确定性事件都不会将相应的自我差异激活。例如,某类自我差异表现出的消极心理情境既不会被一个确定的积极事件激活,也不会被此类差异的典型和代表性消极事件激活。总之,某类自我差异的可获得性是由其被激活的近因性、频率和适用性决定的。

值得一提的是,自我差异理论并不假设人们会意识到某类差异的有效性和可获得性。我们很清楚,人们已有社会建构的有效性和可获得性会自动地与无意识地影响社会信息处理。同样,自我差异造成的有效的和可获得的消极心理情境也会在不经意间赋予事件意义。因此,在自我差异的测量上,我们无须意识到各个自我特征之间的关系和重要性,只需在测量时能够检测到特定自我状态表征的特征。

基于以上观点,自我差异理论提出了如下六个总体假设:

(1) 个体有效的自我差异类型与他 / 她将要经历哪种情绪不适是相关联的。换言之,自我差异类型的有效性与将要经历的消极情绪类型是相关联的。

(2) 个体某种自我差异的分歧越大,他 / 她将要经历的相应情绪不适就越强烈。

(3) 当个体存在多种自我差异时，哪一种自我差异的分歧最大，他/她将要经历的相应情绪不适就最强烈。

(4) 个体可获得的自我差异类型与他/她将要经历哪种情绪不适是相关联的。换言之，自我差异类型的可获得性与将要经历的消极情绪类型是相关联的。

(5) 个体某种自我差异的可获得性越大，他/她就越可能经历相应的情绪不适。

(6) 当个体存在多种自我差异时，哪一种自我差异的可获得性最大，他/她就最可能经历相应的情绪不适。

对该理论的评价

自我差异理论从本人和他人两个视角，探讨了现实自我与应该自我、理想自我之间的差距，以及这种差距对情绪产生的影响（Higgins, 1987）。然而，自我差异理论在得到广泛应用的同时，也受到了一些质疑。第一，自我差异理论过分强调人格特质的作用，其所关注的现实自我、应该自我和理想自我都是人格特质类构念。在现实生活中，人际交往、社会关系等多种因素都可能对个体情绪产生深刻影响。因此，自我差异理论可以向这些领域进行扩展。第二，该理论特别关注了存在自我差异者的消极情绪，对自我差异会不会产生积极效应没有涉及。尤其是自我差异能否成为个体改善行为的动机，这类极具现实意义的问题，自我差异理论并没有探讨（杨荣华和陈中永，2008）。第三，自我差异类型与消极情绪之间的对应关系受到后续研究的挑战。依据 Higgins（1987）的观点，当一个人未能达成他人寄予的希望或理想时，他/她会感到羞愧和窘迫，而不是沮丧和失望。同样，当一个人未能完成他人赋予的责任和义务时，他/她会产生怨恨。这种情绪代表了个体对即将到来的惩罚的反感。然而，Tangney et al.（1998）的研究显示，任何形式的差异都会产生羞愧。研究还发现，与现实自我—应该自我和现实自我—理想自我差异相关联的消极情绪是沮丧，而非焦虑。第四，有关自我差异产生消极情绪的作用机理尚未得到深入的探讨。Higgins et al.（1987）仅是从与自我差异相关联的消极心理情境出发，分析了未出现积极结果和出现消极结果的心理情境下对消极情绪的作用。诸如家庭、教育、社会等环境因素，以及气质等个性因素的作用还有待深入分析。

关键测量量表

1. The Selves Questionnaire: 3 种自我，6 个方面，每个特征用 10 个词描述，4 点计分

Higgins, E. T., Bond, R. N., & Klein, R., et al. (1986). Self-discrepancies and emotional vulnerability: How magnitude, accessibility, and type of discrepancy influence affect. *Journal of Personality Social Psychology*, 51(1), 5–15.

2. AI & AO Discrepancy: 学生评价自我描述与理想自我和应该自我的差异，5 点计分

Boldero, J., & Francis, J. (2000). The relation between self-discrepancies and emotion: The moderating roles of self-guide importance, location relevance, and social self-domain centrality. *Journal of Personality Social Psychology*, 78(1), 38–52.

3. The Self-lines Measure: 每个特征用 5 个词描述，计算自我划线与最优 / 最差的距离

Francis, J. J., Boldero, J. M., & Sambell, N. L. (2006). Self-lines: A new, psychometrically sound, 'user-friendly' idiographic technique for assessing self-discrepancies. *Cognitive Therapy and Research*, 30(1), 69–84.

4. Self-discrepancy Index: 一般成分 (100 个描述) + 独特成分 (5 个特征)，5 点计分

Hardin, E. E., & Lakin, J. L. (2009). The integrated self-discrepancy index: A reliable and valid measure of self-discrepancies. *Journal of Personality Assessment*, 91(3), 245–253.

经典文献

Carver, C. S., Lawrence, J. W., & Scheier, M. F. (1999). Self-discrepancies and affect: Incorporating the role of feared selves. *Personality Social Psychology Bulletin*, 25(7), 783–792.

Heine, S. J., & Lehman, D. R. (1999). Culture, self-discrepancies, and self-satisfaction. *Personality Social Psychology Bulletin*, 25(8), 915–925.

Higgins, E. T. (1987). Self-discrepancy: A theory relating self and affect. *Psychological Review*, 94(3), 319–340.

Higgins, E. T. (1989). Self-discrepancy theory: What patterns of self-beliefs cause people to suffer? In L. Berkowitz (Ed.), *Advances in Experimental Social Psychology* (pp. 93–136). New York: Academic Press.

Mandel, N., Rucker, D. D., & Levav, J., *et al.* (2017). The compensatory consumer behavior model: How self-discrepancies drive consumer behavior. *Journal of Consumer Psychology*, 27(1), 133–146.

Moretti, M. M., & Higgins, E. T. (1990). Relating self-discrepancy to self-esteem: The contribution of discrepancy beyond actual-self ratings. *Journal of Experimental Social Psychology*, 26(2), 108–123.

Tangney, J. P., Niedenthal, P. M., & Covert, M. V., *et al.* (1998). Are shame and guilt related to distinct self-discrepancies? A test of Higgins's (1987) hypotheses. *Journal of Personality Social Psychology*, 75(1), 256–268.

Strauman, T. J., & Higgins, E. T. (1987). Automatic activation of self-discrepancies and emotional syndromes: When cognitive structures influence affect. *Journal of Personality Social Psychology*, 53(6), 1004–1014.

对管理者的启示

自我差异理论建立了不同类型自我差异与消极情绪之间的联系。据此逻辑，管理者可以从员工的自我视角着手，减少他们的消极情绪体验，提升其主观幸福感。员工的现实属性与期望之间存在的差异会唤起烦乱、沮丧等消极情绪。现实与预期的财富差距可能是造成上述消极情绪的首要因素之一（Solberg *et al.*, 2002）。生活中，大众媒体往往过分放大财富对幸福的影响（Brown *et al.*, 2009）。

许多人通过积累更多的资源和财富来提高自己的现实属性。然而，这种努力难以有效提升幸福感。正如 Easterlin（2001）的研究显示，人们的主观幸福感并不会随着收入同步提升，二者的相关度并不高。研究证明，抑制欲望而不是满足欲望更能提升幸福感。Brown *et al.* (2009) 确实发现人们当前财务状况与理想的差距和幸福感负相关。但是，更有趣的是在控制了收入、存款、债务等指标后，这种负向关系仍然存在。可见，消极情绪并不能反映实际财富，而是反映着不切实际的愿望。

人们还可以通过减少欲望来减少自我差异。企业可以通过正念训练减少员工欲望,由此减少自我差异,提高幸福感。正念能够帮助人们将注意力集中于当前环境中,重视此时此刻的心理体验(如感觉、情绪、思想、冲动等),在弱化物质财富重要性的同时,增加对现实的接受感(Brown *et al.*, 2009)。

本章参考文献

42

自我决定理论

于海波[1]　晏常丽[2]　董振华[3]

自我决定理论（self-determination theory）由美国心理学家爱德华·德西（Edward Deci）（见图1）和理查德·瑞安（Richard Ryan）（见图2）提出，它是关于人类动机的宏观理论（Deci *et al.*, 2017），是一种用于构建动机研究的元理论。该理论基于人

图1　爱德华·德西　　图2　理查德·瑞安

类三种基本心理需要的满足，区分了内部动机（intrinsic motivation）和外部动机（extrinsic motivation），阐释了外在环境及个人特质共同影响外部动机内化为内部动机，进而影响个体行为的过程和机制。

自我决定理论的提出最早可以追溯到20世纪70年代，直到1985年，德西与瑞安合著的《人类行为的内部动机和自我决定》（*Intrinsic Motivation and Self-*

---

[1] 于海波，北京师范大学政府管理学院教授、博士生导师。主要研究领域：组织行为学与人力资源管理。电子邮箱：yuhb@bnu.edu.cn。

[2] 晏常丽，北京师范大学政府管理学院博士研究生。主要研究领域：组织行为学与人力资源管理。电子邮箱：yanchangli@mail.bnu.edu.cn。

[3] 董振华，山东女子学院工商管理学院副教授，北京师范大学政府管理学院博士研究生。主要研究领域：组织行为学与人力资源管理。电子邮箱：dongzhenhua@mail.bnu.edu.cn。

determination in Human Behavior）一书的出版将它正式而全面地呈现在公众面前。该理论的迅速发展则主要集中在过去的十几年（Deci and Ryan, 2008）。图 3 显示了在 Web of Science 核心合集数据库中以"自我决定理论"为主题词进行检索的被引统计情况。自 2000 年起，该理论的被引次数逐年攀升，近二十年的年均被引次数达 7 800 余次，2019 年的被引次数高达 29 000 余次。自我决定理论已经成为管理学、心理学、教育学等多个领域研究者广泛应用的重要理论。

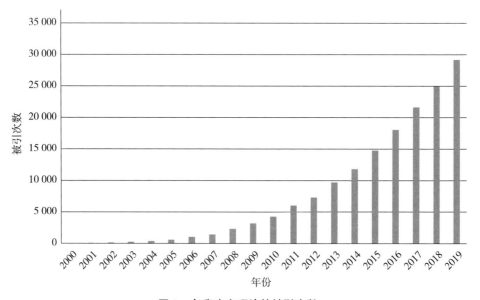

图 3　自我决定理论的被引次数

资料来源：根据 Web of Science 数据整理而成，搜索时采用精确匹配。

自我决定理论的核心内容

自我决定理论以人类三种基本心理需要的满足为出发点。人类的行为受到动机的驱使，而动机源于需要的满足。除了基本的生理需要，人类还在不断地追求三种基本心理需要的满足，即自主（autonomy）、胜任（competence）和关系（relatedness）需要（Ryan and Deci, 2000a）。其中，自主需要是指个体能够对面临的活动有控制感，可以自主地选择或发起行为的需要。胜任需要是指个体对完成富有挑战性的工作有效能感，并实现期望的结果的需要。关系需要是指个体在活动中建立与他人的联系，并体验到社会支持感的需要。如同人们口渴会引发寻找水源的行为一般，三种心理需要的满足会诱发个体产生动力及与之对应的行为。驱动行为的动力即为动机。自我决定理论根据对三种基本心理需要的满足与否，将动机区分为内部动机和外部动机，在此基础上，进一步发展出自我决定理论的第一个核心子理论，即认知评价理论（cognitive evaluation theory）(Deci, 1975; Deci and Ryan, 1980)。

认知评价理论关注内部动机和外部动机，以及外部动机对内部动机的影响。能够满足三种基本心理需要的动机即为内部动机。具体地，内部动机是指一项活动是为了个体内在的满足而采取行为，而不是为了某种与活动本身分离的结果，即采取行动是来自活动本身带来的乐趣或挑战，而不是因为外在的刺激、压力或奖励（Ryan and Deci, 2000a）。外部动机是指当一项活动为了达到某种可分离的结果而产生的动机，例如将活动作为获得奖励或避免惩罚的工具而采取行动。通常认为，关注内部动机能够带来积极的结果，如健康、幸福感；相反，关注外部动机可能带来压力、焦虑（Vansteenkiste et al., 2004）。认知评价理论的关键在于系统地揭示了外部动机对内部动机的影响。以往的学者对外部动机影响内部动机的方向存在争议。如归因理论认为，外部奖励会降低个体对活动本身的兴趣，因为人们会逐渐将行动的原因归结为外部的兴趣；与之相反的是，行为理论认为，外部奖励能够降低个体对本不喜欢的活动的厌恶感，从而提高内部动机（赵燕梅 et al., 2016）。这些看似矛盾的观点，在认知评价理论中得到了很好的回应。认知评价理论认为，外部动机对内部动机的影响方向，取决于外部动机是满足了还是损害了基本心理需要。当外部动机能够在一定程度上满足基本心理需要时，能够促进内部动机；反之，则会削弱内部动机。如 Deci（1971）的研究发现，有形的外部奖励削弱了内部动机，而口头奖励则增强了内部动机。Deckop and Crika(2000)的研究发现，在非营利组织中采取绩效工资制会削弱员工的内部动机。

自我决定理论的第二个核心子理论是有机整合理论（organismic integration theory）。它是对认知评价理论的进一步拓展。该理论的主要贡献在于对外部动机的细分，以及在此基础上对内部动机和外部动机的二次归类。有机整合理论认为，当外部环境能够促使个体的自主、胜任和关系需要得到满足时，个体会具有有机整合的倾向，出现由无自我决定动机向自我决定动机发展的内化过程（张剑 et al., 2010）。有机整合理论根据人们对外部活动进行内化的程度不同，将外部动机依次划分为外部调节（external regulation）、内摄调节（introjected regulation）、认同调节（identified regulation）和整合调节（integrated regulation）（Ryan and Deci, 2000b）。外部调节是指个体行为完全是由外部奖励或惩罚导致的，内摄调节是指个体主要基于避免内疚、提高自尊而行动，认同调节是指个体总体上认同活动的价值，整合调节则是指个体完全认可外部活动的价值并将其融合为自身的一部分。可以看出，尽管都是由外部因素引发的动机，但认同调节和整合调节已经具备较高程度的自主性，因此认同调节、整合调节与内部动机又合称为自主性动机（autonomous motivation）；而外部调节与内摄调节更多地会引发受控制感，因此外部调节与内摄调节合称为控制性动机（controlled motivation）。大量研究表明，自主性动机和控制性动机对行为结果的影响差异显著：前者会带来健康的心理状态和更优秀的绩效表现（Deci and Ryan, 2008）。此外，有机整合理论还提出了与内部动机和外部动机相区分的去动机（amotivation），即在行为过程中缺乏动机的状态。

即使面对同样的外部环境，不同个体对自身行为自主性的感知也会存在差异，基于此，自我决定理论提出了第三个子理论——因果定向理论（causality orientation theory）。因果定向是指个体感知外部活动的自我决定程度的倾向（Deci and Ryan, 2008），反映了不同个体间人格特质的差异。因果定向可以分为三类，即自主定向（autonomy orientation）、控制定向（controlled orientation）和非个人定向（impersonal orientation）。自主定向的个体倾向于将活动视为可控的、自主的，他们更容易将外部活动内化为自身价值。控制定向的个体更倾向于认为行为是由外部环境控制的，外部活动通常内化为控制性动机。而非个人定向体现了个体对行为掌控的无力感，易诱发去动机的形成。图4显示了自我决定理论的核心要素。

除认知评价理论、有机整合理论和因果定向理论外，近年来自我决定理论逐渐发展、衍生出了其他子理论，如目标内容理论（goal contents theory）将视野从近期行为转向了人生目标，外部目标（如经济上的成功、外表和声望）可能导致更多的疾病，而内部目标（如亲密关系、个人成长）更容易带来幸福感。此外，无意识层面的动机研究也日益受到关注，类似于阈下广告效应，如果个体无意识地重复处于某个与自主性动机或控制性动机相关的情境或事件中，则当类似的情境或事件出现后，个体会激发出与之关联的动机，实证研究亦已证明这一现象（Levesque and Pelletier, 2003）。这一观点有助于启发企业管理实践中组织文化的

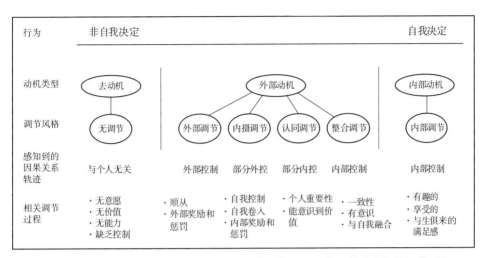

图 4　自我决定连续体上的动机类型及其调节风格、因果关系轨迹和相关调节过程

资料来源：Ryan and Deci (2000b)。

塑造。与此同时，一些新的概念开始逐渐加入自我决定理论的研究和发展，包括正念（mindfullness）和活力（validity）。正念是指个体对自己及当下所处环境的觉知状态，活力是指个体精力充沛。前者能够促进个体有意识地对外部事物进行有机整合，从而将外部活动内化为内部价值，后者则可以为这一过程提供能量保障（Deci and Ryan, 2008）。

在理论的应用方面，自我决定理论的大部分研究都是围绕不同性质的动机（自主性动机和控制性动机）对行为及其相关结果的影响展开的，尤其是用于解释和验证自我决定程度高的动机对积极行为的促进作用。应用范围分布在教育、体育训练、心理治疗、组织管理、朋友关系等广泛领域（刘丽虹和张积家，2010）。在管理与组织领域，大量实证研究证实了自我决定理论的价值。就领导风格而言，实证研究发现，支持自主的管理者比控制风格的管理者能够让员工的基本心理需要得到更好的满足，从而带来更高的工作投入感、幸福感和绩效（Baard et al., 2006）；能够满足员工自主、胜任和关系三种基本心理需要的精神型领导，可以有效促进自主性动机的产生，进而提高职业呼唤水平（史珈铭等，2018）。就组织制度而言，高绩效工作系统可以通过对员工基本心理需要的满足，提高员工的幸福感（曹曼等，2019）。

Deci et al. (2017) 对近年来管理与组织领域涌现出的大量与自我决定理论相关的实证研究进行了总结，提出了工作领域中自我决定理论的基本模型，如图 5 所示。模型始于两组重要的自变量：情境变量和个体差异变量。其中，情境变量是指支持或阻碍员工基本心理需要满足的因素，极具代表性的例子是领导风格。个体差异变量则包括三类不同的因果定向以及个体人生抱负与目标的不同。中介变量同样包括两类：基本心理需要和两类动机。其中，基本心理需要包括自主、胜任和关系需要的满足或阻碍，两类动机包括自主性动机和控制性动机。结果变量主要包括两个方面：一是与工作行为相关的结果，反映在绩效的质量和数量上；二是与个体健康和幸福相关的变量，如幸福感、活力和疾病等。该模型对工作动机相关研究的模型构建、变量选取和假设提出具有启发意义。

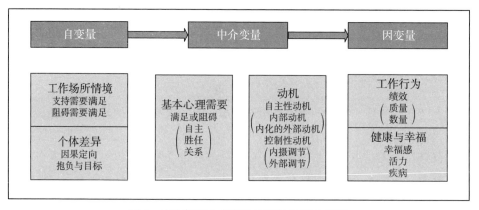

图 5　工作领域中自我决定理论的基本模型

资料来源：Deci et al. (2017)。

| 对该理论的评价 |

自我决定理论在管理与组织领域得到了广泛的应用，具有深远的影响，但仍有不少学者提出了质疑，认为该理论在理论的构建和后续的实证检验上都还存在一定的不足。

首先，理论本身尚有需要完善之处。第一，比较广泛的质疑是构成该理论基础的三个基本心理需要是不全面的。有学者认为，除自主、胜任和关系需要外，人类还拥有诸如成长、安全、自尊、自我实现等心理需要，但它们并没有在自我决定理论中被涵盖。第二，该理论的核心概念还需要进一步明确。有学者认为，"自我决定"容易与"多种选择"的含义混淆（刘丽虹和张积家，2010），而当个体在一项活动中面临的选择过多时，会加大其心理负担，反而降低了行动的意愿，就如同选择过多会使人们的购买力降低一般（Sheldon et al., 2004）。这与自我决定理论的观点是相违背的。因此，今后需要对该理论核心概念的内涵和外延进行更清晰的界定。

其次，实证研究中，自我决定理论的跨文化检验仍然不足，还需要进一步验证。例如，有学者认为，自主需要是西方文化情境下个体的特征（Iyengar and Lepper, 2000），在其他文化情境下的普适性还有待验证（刘丽虹和张积家，2010）。中国情境下对自我决定理论的系统化验证还较为薄弱，零散的实证研究尚不足以充分证明该理论在中国情境下的有效性（赵燕梅等，2016）。此外，Deci et al. (2017) 提出了工作场所中该理论研究的两大前因变量分别是情境和个体差异，但现有研究通常仅关注单方面的特征，如员工的因果定向类别或领导风格对员工自主行为的单一影响，而较少考虑两个因素的交互作用（张剑等，2010）。

关键测量量表

1. The General Causality Orientations Scale：3 个维度，36 个题项

Deci, E. L. & Ryan, R. M. (1985). The general causality orientations scale: self-determination in personality. *Journal of Research in Personality*, 19(2), 109–134.

2. The Academic Motivation Scale：7 个维度，28 个题项

Vallerand, R. J., Pelletier, L. G., & Blais, M. R., et al. (1992). The academic motivation scale: A measure of intrinsic, extrinsic, and amotivation in education. *Educational and Psychological Measurement*, 52(4), 1003–1017.

3. Self-determination Scale：4 个维度，12 个题项

Lin, C.-P., Tsai, Y. H., & Chiu, C.-K. (2009). Modeling customer loyalty from an integrative perspective of self-determination theory and expectation-confirmation theory. *Journal of Business and Psychology*, 24, 315–326.

4.The Work-related Basic Need Satisfaction Scale：3 个维度，23 个题项

Den Broeck, A. V., Vansteenkiste, M., & De Witte, H., *et al.* (2010). Capturing autonomy, competence, and relatedness at work: Construction and initial validation of the work-related basic need satisfaction scale. *Journal of Occupational and Organizational Psychology*, 83(4), 981–1002.

5. The Multidimensional Motivation at Work Scale：6个维度，19个题项

Gagne, M., Forest, J., & Vansteenkiste, M., *et al.* (2015). The multidimensional work motivation scale: Validation evidence in seven languages and nine countries. *European Journal of Work and Organizational Psychology*, 24(2), 178–196.

经典文献

Deci, E. L., & Ryan, R. M. (1985). *Intrinsic Motivation and Self-determination in Human Behavior*. New York, NY: Plenum.

Deci, E. L., & Ryan, R. M. (2000). The "what"and "why"of goal pursuits: Human needs and the self-determination of behavior. *Psychological Inquiry*, 11(4), 227–268.

Deci, E. L., & Ryan, R. M. (2008). Self-determination theory: A macrotheory of human motivation, development, and health. *Canadian Psychology*, 49(3), 182–185.

Deci, E. L., Olafsen, A. H., & Ryan, R. M. . (2017). Self-determination theory in work organizations: The state of a science. *Annual Review of Organizational Psychology and Organizational Behavior*, 4(1), 19–43.

Gagne, M., & Deci, E. L. (2005). Self-determination theory and work motivation. *Journal of Organizational Behavior*, 26(4), 331–362.

Ryan, R. M., & Deci, E. L. (2000a). Intrinsic and extrinsic motivations: Classic definitions and new directions. *Contemporary Educational Psychology*, 25(1), 54–67.

Ryan, R. M., & Deci, E. L. (2000b). Self-determination theory and the facilitation of intrinsic motivation, social development, and well-being. *American Psychologist*, 55(1), 68–78.

Ryan, R. M., & Deci, E. L. (2017). *Self-determination Theory: Basic Psychological Needs in Motivation, Development, and Wellness*. New York: Guilford Publishing.

对管理者的启示

自我决定理论提出了影响员工内部动机形成和外部动机内化的两个重要特征，即外在环境因素和内部因果定向类型。作为一种人格特质，员工的因果定向类型通常被认为是较为稳定、难以改变的。例如，Gagne and Deci（2005）认为，尽管自主定向一直与自主任务动机和积极结果相关，但很少有管理者能够影响员工持久的个体差异，因此，实践中更有成效的措施在于关注如何改变环境以激发员工自主外部动机。这启发了企业管理者应该尽量为员工提供自主权等方面的支持，建立一种可信赖、支持性的企业氛围（曹曼等，2019），具体地，可以从组织文化、制度建设、领导风格、工作设计等多个方面着手。

三种基本心理需要的提出，能够为管理者评估一项举措能否有效支持员工内部动机生成或外部动机内化提供指导框架。管理者可以参照以下标准，即任何政策或实践是否有可能让员工：① 获得能力和/或感到自信；② 体验到可以自由尝试和开创自己的做事风格，而不是感到压力和被迫按照指示行事；③ 感受到与主管和同事之间的互相尊重和归属感（Deci *et al.*, 2017）。满足上述任一标准的政策或实践，都有可能促进自主激励、幸福感和高质量绩效。例如，管理者应该听取员工的观点，及时反馈，分配工作时注意任务的挑战性等，这些行为都以满足员工基本心理需要为基础。

本章参考文献

43

自我肯定理论

叶茂林[1] 胡云洋[2]

图1 克劳德·斯蒂尔

克劳德·斯蒂尔（Claude Steele）于1988年首次提出自我肯定理论（self-affirmation theory），用以分析与个体应对威胁相关的心理现象。该理论一经提出，就引起了众多心理学家的广泛关注，特别是自2000年以来，经由Sherman and Cohen (2006)、Crocker *et al.* (2008)及Schmeichel and Vohs (2009)等的共同努力，该理论越来越被学术界关注，每年的被引次数不断攀升（见图2），现已成为重要的心理学理论之一。

自我肯定理论的核心内容

在面对威胁信息时，人们通常虚心接受或采取防御反应。生活中，接受并改正错误比较困难，防御反应就成了常见应对方式。其实，不管采取哪种方式都可能造成更大的困扰。如果个体接受错误，则可能造成自我同一性的混乱；而如果个体采取歪曲、忽视等防御反应，则会失去学习、提升的机会；甚至损害人际关

---

[1] 叶茂林，暨南大学管理学院企业管理系教授、博士生导师。主要研究领域：组织行为与人力资源管理、领导力、胜任力。电子邮箱：maolinye@163.com。

[2] 胡云洋，暨南大学管理学院企业管理系博士研究生。主要研究领域：组织行为与人力资源管理、冲突与管理。电子邮箱：xlxhyy@126.com。

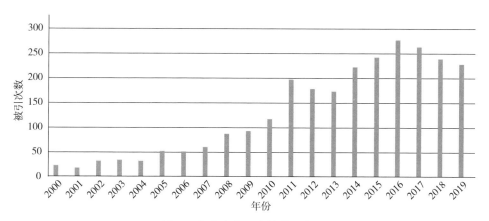

图 2　自我肯定理论的被引次数

资料来源：根据 Google Scholar 数据整理而成，搜索时采用精确匹配。

系。那么，是否存在一种应对方式，使得个体不必歪曲信息，就可以应对其威胁呢？

在此背景下，Steele（1988）提出了自我肯定理论。他主张，威胁信息的危害性来自对自我完整感的威胁，要想消除威胁感，一种方法是通过防御反应直接减少威胁，而另一种更好的方法则是肯定其他无关领域的自我价值。该方法通过降低当前信息的威胁性，保护了自我完整感，可以使人们在不诉诸防御反应的情况下，客观、开放、公正地处理这些信息，从而既保护了自我完整感，又有机会从中学习。

一、自我肯定理论的四个基本观点

自我肯定理论作为一个新兴理论仍在不断发展中，目前研究者已总结出该理论的基本观点（Sherman and Cohen, 2006; Sherman and Hartson, 2011）。它们包括：

1. 人们保护自我完整感和自我价值感的强烈动机

自我肯定理论最基本的原则是人们有维护自我完整感和自我价值感的动机（Steele, 1988）。根据 Steele（1988:262）的观点，自我系统的目的就是"维持自我的良好感受，比如自我是有能力的、好的、一致的、统一的、稳定的……"。自我系统由不同的自我概念组成，它们可以是个体重要的不同领域，或自我价值的不同事项。它们包括个体的角色，如学生或家长角色；价值，如有宗教信仰或幽默感；社会身份，如组织成员、种族、文化和性别群体身份；信念体系，如政治意识形态；目标，如保持健康；关系，如家庭或朋友关系。当个体感觉到存在对自我完整感的威胁时，自我系统就会被激活。比如负面的健康信息可能威胁个体作为健康人士的自我概念，社会不公平的证据可能挑战个体生活在公平世界中的信念（Lerner, 1980）。这些事件之所以会成为威胁，是因为它们影响了个体关于自我完整感的总体感受。

2.保护自我完整感的动机可以导致防御反应，这些防御反应可能使自我视角变得狭窄

当自我完整感被威胁时，伴随个体的修复动机会导致防御反应。虽然这些防御反应更多是"合理化"而非真正的"合理"，但似乎的确有防御作用（Kunda, 1990）。然而，由于个体的"合理化"措施常常采用的是"否认、回避"等方式，通常使自我视角变得狭窄，只集中在当前的威胁信息上。

3.自我系统具有较强的弹性，当人们遇到威胁时，可以利用许多领域的自我价值来补偿

自我系统的各领域具有相互补偿的功能，某领域的失败可以用其他领域的成功来补偿。人们可以通过肯定在另一个领域的自我来保护自我的完整感和价值感，以此应对当前的威胁。生活中不可能所有的威胁都能够直接处理，自我系统的弹性能够保证个体忽视威胁继续生活。

4.人们可以通过参与那些提醒他们"我是谁"的活动来获得肯定，从而拓宽他们的自我视角，减少威胁信息的影响

有些心理特质对于人们如何看待自己至关重要，这些特质就可能作为自我肯定的对象。比如，特质可以是与朋友和家庭的关系，也可以是艺术或音乐，还可以是慈善价值观，而肯定就是对这些核心特质的提醒。这个肯定过程突出了个体某个重要的核心特质或身份的核心根源，使得个体在不确定的情境下清楚知道"我是谁"，由此在面临威胁时保护了他们的自我完整感。

此时，个体可以从更广阔的自我视角来看待威胁信息，客观考虑信息的价值，而不是只关注其对自我完整感的影响，这自然降低了它们的威胁能力。当自我被肯定后，个体会觉得"向自己和他人证明自我价值"的任务"已经完成"，接下来可以专注于自我肯定之外的其他重要目标。

二、自我肯定理论的应用与发展

目前，自我肯定理论已经被应用到大量的心理现象的研究中，要想全面理解和

掌握自我肯定理论的相关知识，清楚地认识该理论的发展过程是非常重要的环节。

1. 起源：认知失调新视角

自我肯定理论最早是为完善认知失调理论而提出的。认知失调理论被广泛应用于解释各种失调现象，然而，该理论对于减少认知不一致的动机的确切根源从未解释清楚（Abelson, 1983）。Steele（1988）指出，并非仅依靠不一致性就引发了恢复一致性的尝试，不一致背后暗含的对自我的威胁才是引发适应性反应的动机。由此，自我肯定理论提出，存在一个追求维持完整感的弹性的自我系统，来为认知失调，特别是由心理不一致性引起的认知失调提供新的解释。具体来说，自我肯定相关研究表明，人们的首要动机是保护自我完整感，而非维持心理一致性。因此，如果人们的自我完整感已经通过肯定自我的另一重要领域的价值得到保护，那么他们应该能够容忍心理上的不一致，并且能够克服由此引起的认知失调。

例如，Steele et al.（1986）的研究中，首先，被试按喜好给10张唱片排名，同时被试有权利选择排名第五或第六的唱片带走，因此诱发失调。然后，一半的被试穿上实验服，并回答科学是否属于个人重要的价值观。对于那些肯定回答的人，穿实验服意味着肯定了一个重要的领域；而对于那些否定回答的人，穿实验服不算自我肯定。最后，所有的被试重新排列唱片。不出所料，几乎所有被试都表现出"扩散效应"，他们夸大了所选专辑的价值，贬低了未选专辑的价值。唯一的例外是那些穿着实验服并注重科学的被试，他们通过自我肯定来恢复自我完整感，因此没有采取防御反应来扭曲原有评价。

此外，认知失调理论已被广泛应用于理解各种心理现象，然而如何缓解认知失调一直不甚清晰。Steele（1988）为解决认知失调提供了新方法——自我肯定。例如，Matz and Wood（2005）发现，当社会群体中的其他人不同意他们的观点时，个体会报告体验到一种厌恶感，然而，这种失调感在完成自我肯定的被试中消失了。

2. 发展：个体层面威胁应对

随着研究的发展，自我肯定理论的应用范围逐渐扩大，不再局限于认知失调领域。其中，最重要的影响体现在提升个体对威胁信息认知的客观性上。人们在解释新信息时存在一种评价偏差——倾向于使用有利于强化固有信念和期望的方式进行评价。不管人们提供了什么样的证据，他们都用一种与他们之前的信念相一致的方式来评价它（Lord et al., 1979）。比如，人们对选举中的议题评价并不客观，而是根据自身已有的政治倾向进行判断（Gerber and Green, 1999）。

自我肯定理论认为，这是由于长期持有的信念往往与重要的身份（identity）联系在一起，因此人们极不情愿放弃这些信念，甚至在与事实、逻辑或物质利益相冲突的情况下也会努力维持（Sears and Funk, 1991）。维持的方法是通过肯定其他价值使得个体更加开放、客观，从而减少对威胁信息的偏差性评价。一项死刑评价研究支持了这种构思（Cohen *et al*., 2000），在被试表明对死刑赞成与否的态度后，让其阅读与原态度相反的关于是否废除死刑的文章。阅读之前，被试被随机分为自我肯定组与控制组并进行相应的操纵。结果显示，自我肯定组的被试不再固执于原先对死刑的态度。然而，控制组的被试不仅坚持原有对死刑的态度，而且表现出对文章的强烈质疑。事实上，自我肯定不仅可以使得个体更为客观地看待对立的观点，而且对持相反观点的个体的评价也更加客观。在一项关于堕胎政策谈判的研究中，得到价值肯定的一组被试不仅出现了较多的让步，而且更愿意相信对手客观、可信（Cohen *et al*., 2000）。

此外，自我肯定还经常被用于应对健康认同威胁。当个体面对健康威胁信息时，个体关于"我是健康的"身份受到威胁，因而发生防御反应，这看似有利于自身的心理和谐，实质上却损害了个体的健康。自我肯定理论认为，如果能够肯定其他重要领域，那么个体将能够客观地看待这些健康威胁信息，从而有助于个体接受健康的生活观念并且改善健康状况。研究表明，酒精依赖者在受到肯定后，减少了对威胁健康信息的防御反应，并增强了减少饮酒的意愿（Ehret *et al*., 2015）。

在组织中，领导者的决策有着举足轻重的影响，因而保证领导者客观认知威胁信息非常关键。以往研究发现，领导者面对质疑时往往变得过度自信，从而做出高风险决策，但是 Ma *et al*. (2011) 发现，自我肯定可以暂时提升领导者的自我价值，从而阻止他们坚持高风险的决策。

自我肯定理论对于来自个体层面的威胁信息除了在认知评价上有积极影响，还有助于缓解或消除其带来的压力感受。压力的出现，主要是由于个体感知到对自我价值和完整性的威胁，因此可以用与压力源无关领域的自我资源来保障自我价值感（Creswell *et al*., 2005），这促使人们较"轻松"地看待压力事件。Jiang (2018) 考察了组织中工作压力的干预措施，结果显示，员工在对自身重要价值观念进行肯定之后，可以削弱工作压力对创造力的不良影响。

3. 人际层面威胁应对

除了有助于应对来自个体层面的威胁，自我肯定对于人际层面的威胁应对也有重要作用。当人们对他人做出评价时，经常会陷入社会比较偏差中。比如当评价一个人是否适合一份工作，或者一个人是否高于或低于平均水平时，人们倾向于做出对自己有利的评价。学生是否将一个每周学习19个小时的人评价为"勤奋"，取决于他们自己每周学习的时长（Dunning and Cohen, 1992），即人们以自我为中心定义评价依据。然而，当人们经历自我价值被肯定之后，这种偏差倾向会减弱（Dunning and Beauregard, 2000）。

4. 群体层面威胁应对

最后，自我肯定理论的影响还可以扩展到群体身份上。种族、性别、国家或某组织的成员都是身份的重要组成部分（Deaux, 1996），由此自我肯定理论认为，社会（群体）身份也属于自我系统的一部分，不管是个人身份还是社会（群体）身份，都有助于保护自我完整感（Sherman and Cohen, 2006）。因此，当人们面临群体身份威胁时，即使自己没有直接关联，也会产生防御反应。比如，当国家在一篇社论中遭到"诋毁"时，一个爱国者会攻击消息来源的可信度，以保护自己的国家身份的完整性（Sherman and Cohen, 2006）。自我肯定理论认为，经过相应的肯定措施之后，个体将更加客观地评价群体身份威胁，减少防御反应。员工同样具有群体身份，已有研究发现，对于存在违规行为的同事，个体将因同事的群体身份被威胁而体会到认知失调，并对其工作表现产生负面影响，但是进行自我肯定之后这种负面影响将会降低（Gunia and Kim, 2016）。

对该理论的评价

自我肯定理论指出，个体存在一个旨在保护自我完整感的弹性的自我系统，这为我们理解很多心理现象提供了新的视角，比如认知失调感受和各种防御行为。同时，自我肯定理论为我们提供了一个应对威胁的有效方法。自我肯定被看作心理免疫系统的一部分，它将威胁从自我中分离出来，保证个体与威胁之间和平共处。长远来看，它还有助于增强个体未来面对威胁的信心，以及提升人际关系中的信任和亲密程度。正是由于对个体与群体多层面的重要影响，自我肯定理论在组织研究中的使用不断上升，可以预料未来将在解释和干预员工行为方面起到重要作用。

然而，不可否认，自我肯定理论也遭到了部分研究者的质疑。比如，自我肯定的潜在机制究竟是什么，目前来看似乎是各种情感、认知和动机过程的共同作用，明确的中介机制有待进一步研究。此外，因为人们必然面临许多对自我完整感有潜在威胁的事件，所以一个重要的问题是，人们在日常生活中有多大程度会使用肯定策略呢？同时，以往的研究大多是在实验室情境下进行的，那么这与现实情境有多大程度的相似呢？这两个问题都涉及研究的外部效度问题。未来的研究需要在实验室之外的情境下对自我肯定理论进行验证。

关键测量量表

1.GHO-自我肯定量表：1个维度，9个题项
李虹, & 梅锦荣. (2002). 测量大学生的心理问题：GHQ-20 的结构及其信度和效度. 心理发展与教育, 18(1), 75–79.

2. 自我价值量表：6个维度，10个题项
Allport, G. W., Vernon, P. E., & Lindzey, G. (1960). *Study of Values* (3rd ed.). Boston: Houghton Mifflin.

经典启动试验

目前，对自我肯定的测量主要是通过实验操纵的方式进行的，其核心是通过描述或思考重要的个人价值，参与可以肯定重要的个人价值的活动来实现自我肯定（McQueen and Klein, 2006），这种操纵既可在面对威胁之前，又可在其之后。

完成价值观量表是最常见的一种自我肯定的实验操纵，主要参考 Allport *et al.* (1960) 的价值观量表。首先让被试对所列出的价值观按对自己的重要程度进行排序，随后自我肯定组的被试需要完成一个有关其最重要的价值观的测验，被试通过多次答题来肯定强化该价值观。另外一种更直接的方法是，对价值观进行排序后，要求被试写出该价值观最重要的原因，或者举例说明它的重要性（Sherman *et al.*, 2007）。

经典文献

Crocker, J., Niiya, Y., & Mischkowski, D. (2008). Why does writing about important values reduce defensiveness? Self-affirmation and the role of positive other-directed feelings. *Psychological Science*, 19(7), 740–747.

Cohen, G. L., & Sherman, D. K. (2014). The psychology of change: Self-affirmation and social psychological intervention. *Annual Review of Psychology*, 65, 333–371.

Ehret, P. J., LaBrie, J. W., & Santerre, C., *et al.* (2015). Self-affirmation and motivational interviewing: Integrating perspectives to reduce resistance and increase efficacy of alcohol interventions. *Health Psychology Review*, 9(1), 83–102.

Jiang, L. (2018). Job insecurity and creativity: The buffering effect of self-affirmation and work-affirmation. *Journal of Applied Social Psychology*, 48(7), 388–397.

Schmeichel, B. J., & Vohs, K. (2009). Self-affirmation and self-control: Affirming core values counteracts ego depletion. *Journal of Personality and Social Psychology*, 96(4), 770.

Sherman, D. K., & Hartson, K. A. (2011). Reconciling self-defense with self-criticism: Self-affirmation theory. In M. Alicke & C. Sedikides(Eds.), *Handbook of Self-enhancement and Self-protection* (pp.128–154). New York: Guilford Press.

Sherman, D. K., & Cohen, G. L. (2006). The psychology of self-defense: Self-affirmation theory. *Advances in Experimental Social Psychology*, 38, 183–242.

Steele, C. M. (1988). The psychology of self-affirmation: Sustaining the integrity of the self. In M. P. Zanna (Ed.) *Advances in Experimental Social Psychology* (pp. 261–302). New York: Academic Press.

对管理者的启示

员工经常面临与工作直接相关的威胁信息，而自我肯定可以作为管理中一项有效的干预措施（Jiang, 2018）。比如，美国心理学会（American Psychological Association, 2014）报告称，有31%的员工在工作日感到紧张或压力大。工作压力通常是由人们对自我适应良好产生质疑引发的（Cohen and Sherman, 2014），因此自我肯定可以成为有效解决工作压力的方法。此外，许多组织变革（例如裁员、重组）和组织变革的不同伴随物（例如程序不公、工作不安全感）可能引起员工对组织变革的抵制，因为它们威胁着员工的自我诚信（Wiesenfeld and Brockner, 2012）。因此，为员工提供确认自我完整感的机会可以帮助他们更有效地应对工作需求，并更轻松地接受组织变革。

此外，员工还可能面临与工作无直接关联的自我威胁，管理者也可以使用肯定策略来干预其造成的负面后果。例如，如果经历过工作场所事故威胁到员工的自我完整性，那么自我肯定可能有助于提升员工的自我价值，使员工能够客观、准确地报告该事故。另外，即使在今天的组织中，刻板印象威胁仍然对人口统计学上的少数群体产生负面影响。因此，将自我肯定应用在那些传统上被贬抑的群体中，可能是帮助他们克服刻板印象威胁的负面影响的新方法（如 Kinias and Sim, 2016）。

本章参考文献

44

自我领导理论*

周浩[1] 刘琴[2]

查尔斯·C.曼兹（Charles C. Manz）（见图1）最早提出了自我领导理论（self-leadership theory）。Manz（1983）早先的著作中就有该理论的雏形。Manz（1986）正式提出自我领导理论则是在其开创性文章《自我领导：组织中自我影响过程的扩展理论》（Self-leadership: Toward an expanded theory of self-influence processes in organizations）中。在自我领导理论提出之前，领导力的研究主要集中在探索主管和领导者如何影响下属方面，强调领导者的角色。自我领导理论引入了一个不同的视角（Manz and Sims, 1980; Manz, 1983; Manz, 1986; Neck and Houghton, 2006），关注人们如何管理和领导自己，强调员工的角色。经由 Manz（1992a, 1992b, 1992c）、Anderson and Prussia（1997）、Prussia et al.（1998）、Manz and Sims（2001）、Houghton and Neck（2002）、Manz and Neck（2004）、Neck and Houghton（2006）、Stewart et al.（2011）、Neck and Manz（2010, 2013）、Furtner et al.（2015）、Manz et al.（2016）等学者的发展，自我领导理论受到理论界和实践界的广泛关注，被引次数不断攀

图1 查尔斯·C.曼兹

---

* 基金项目：国家自然科学基金项目（71872119, 71472129）。
1 周浩，四川大学商学院教授、博士生导师。主要研究领域：组织行为与人力资源管理。电子邮箱：zhouhao@scu.edu.cn。
2 刘琴，四川大学商学院博士研究生。主要研究领域：自我领导。电子邮箱：582103211@qq.com。

升,自 2013 年以来,该理论每年的被引次数均超过了 1 000 次(见图 2)。

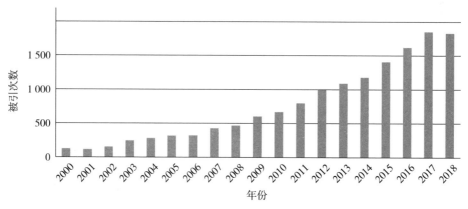

图 2　自我领导理论的被引次数

资料来源:根据 Google Scholar 数据整理而成,搜索时采用精确匹配。

自我领导理论的核心内容

一、概念及维度

自我领导的概念最早于 1983 年出现在一本以实践为导向的书中,即《自我领导的艺术:在生活和工作中提高个人效能的策略》(*The Art of Self-leadership: Strategies for Personal Effectiveness in Your Life and Work*)(Manz, 1983),该书扩展了自我管理(self-management)的概念(Manz and Sims, 1980)。Manz(1986)将自我领导定义为影响自己的过程。Manz(1992c)和 Neck et al. (1999)对自我领导的定义进行了完善:一个人通过自我激励和自我指导,以达到理想的行为方式。Neck and Manz(2010)对自我领导的定义做了延展:一个全面的自我影响视角,引导自己去完成自然奖励(源于内部动机,比如喜欢、兴趣、挑战性等)的任务,以及管理自己去做那些必须要做但不是自然奖励的工作。Neck and Manz(2013)进一步提出,自我领导可以理解为个体通过一定的策略向内施加影响的过程,从而对自己的行为有更强的控制力。整体来说,自我领导的概念都是源于 Manz(1986)的思想,属于自我影响的过程。

就自我领导的维度而言，学者们通常表述为策略。Manz（1986）在自我管理（主要包含行为聚焦策略）的基础上提出了几种新的策略，比如工作环境策略、任务过程策略、思维模式策略。Manz（1992b）将自我领导分为了三种不同但互补的策略，包含行为聚焦策略（behavior-focused strategies）、自然奖励策略（natural reward strategies）、建设性思维模式策略（constructive thought pattern strategies）。在此基础上，Anderson and Prussia（1997）开发了SLQ（self-leadership questionnaire）量表，同样包含以上三种策略，其中行为聚焦策略6个子维度，自然奖励策略1个子维度，建设性思维模式策略3个子维度。Houghton and Neck（2002）修订了SLQ量表，保留了9个子维度，删掉了行为聚焦策略中的自我抑制（self-withholding）子维度，具体内容如下：

行为聚焦策略包含自我观察（self-observation）、自我目标设定（self-goal setting）、自我暗示（self-cueing）、自我奖励（self-reward）和自我惩罚（self-punishment）5个子维度。简而言之，行为聚焦策略旨在鼓励积极的、可取的、能带来成功结果的行为，同时抑制消极的、不可取的、导致不成功结果的行为。

自然奖励策略旨在创造这样一种情境，在这种情境中，一个人被任务或活动本身令人愉快的方面激励或奖励。有两种基本的自然奖励方法：第一，在一个给定的活动中构建更多令人愉快的特性，这样任务本身就是回报；第二，通过将注意力从任务中不愉快的方面转移到任务本身有益的方面来塑造对任务积极的感知。两种方法都是为了调动内部动机（Manz, 1992a, 1992b; Anderson and Prussia, 1997）。

建设性思维模式策略包含评估信念和假设（evaluating beliefs and assumptions）、自我对话（self-talk）、想象成功（visualizing successful performance）3个子维度。个体通过识别和替换不正常的信念和假设、积极的自我对话、想象成功（心理意象，mental imagery），形成建设性思维，从而提高绩效。

二、理论基础及主要概念区分

自我领导理论并非凭空出现，Manz（1986）认为，其理论源头包括社会学习理论（social learning theory）、自我控制理论（self-control theory）、自我管理理论（self-management theory）。正因如此，自我领导理论与这几个理论是有关联的，但有学者批评自我领导理论与其他理论重叠。Neck and Houghton（2006）试图厘清这一问题，指出自我控制理论包含自我观察、自我目标设定、自我暗示、自我强化等策略，主要运用于临床心理学，应对成瘾行为和健康自毁行为，比如烟瘾、暴食。自我管理是将这些策略应用到组织当中，而这些策略进一步成为自我领导的行为聚焦策略。Stewart et al. (2011) 同样提出，自我控制理论、自我调节理论属于临床心理学理论，将自我控制、自我调节的一些策略运用于组织中，则形成了自我管理、自我领导的概念。自我领导较之自我管理，差异在于增加了源于内部动机的自然奖励策略和源于社会认知的建设性思维模式策略。自我领导理论的发展过程如图 3 所示。

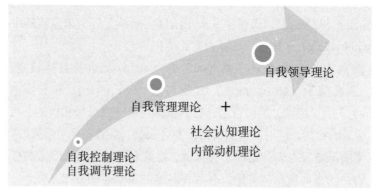

图 3　自我领导理论的发展过程

Neck and Houghton (2006) 认为，自我领导理论属于规范性理论（normative theory），自我调节、自我控制、社会认知和内部动机理论属于描述性理论 (descriptive theory)。Hilton (1980) 提出，规范性理论和描述性理论在研究同一现象时往往采用不同的视角。规范性理论强调实际操作和应用，描述性理论则更多的是解释现象和解释规范性理论为什么要这样操作。所以，自我领导理论包含行为策略、认知策略，而自我调节、自我控制、社会认知和内部动机理论可以用来解释自我领导理论的这些策略为什么会有效。

自我管理和自我领导都是为了让员工工作更有效，以实现组织目标。自我领导是在自我管理的基础上开展的，基于 Manz (1986)、Neck and Manz (1996)、Neck and Houghton (2006)、Stewart et al. (2011) 的研究，我们将二者的主要区别整理如表 1 所示。

表1 自我管理和自我领导的区别

项目	自我管理	自我领导
目标来源	外部目标，一般是上级制定	自己设定目标，可根据情境调整
关注点	减少偏差，不评价目标（标准）本身	减少偏差，且评价目标（标准）是否合适
重点	怎样做（how）	为什么（why）、做什么（what）、怎样做（how）
策略	行为策略	行为聚焦策略、自然奖励策略、建设性思维模式策略
刺激因素	更多的外部奖励	更多的内部奖励
目标层次	短期、较低层次目标	长期、较高层次目标

资料来源：作者根据相关资料整理绘制。

三、主要研究

随着自我领导理论的不断发展，学者们对该构念进行了测量。其中，最具代表性的是 Houghton and Neck（2002）开发的 RSLQ（revised self-leadership questionnaire）量表、Andressen and Konradt（2007）开发的德国版 RSLQ 量表（RSLQ-D）。量表的开发，促进了自我领导在理论和实证研究方面的共同发展。

学者们首先关注的是自我领导能产生什么样的影响。以往研究发现，自我领导对员工的积极情感有正向影响。Neck and Manz（1996）发现，思想自我领导（thought self-leadership）能强化积极情感（热情）和提高工作满意度。Neck and Manz（2010）也认为自我领导能强化积极情感。Houghton et al. (2012) 指出，有效的情绪调节和自我领导通过积极情感、自我效能感能帮助学生应对压力。Manz et al. (2016) 构建了情感自我领导—工作有效性模型，指出情感自我领导能增加积极的情感体验，进而影响个人健康，最终影响工作的有效性。

自我领导能有效缓解压力，提高员工的工作满意度和自我效能感，乃至于提升绩效。Sampl et al. (2017) 通过实验法探讨了基于正念的自我领导训练对学生分数和压力的影响，发现这种训练能有效提高学生分数和降低学生压力。Neck and Manz（1996）、Stewart et al. (2010)、Müller and Niessen（2019）等提出，自我领导能提高工作满意度。Murphy and Ensher（2001）和 Raabe et al. (2007) 提出，自我领导能给个人带来更大的事业成功。Neck and Manz（1992, 1996）、Prussia et al. (1998)、Kirkman and Rosen（1999）等提出，自我领导能增加自我效能感。

对于自我领导可能产生的消极后果，目前的研究探讨得较少。Müller and Niessen（2019）提出，自我领导可以看成一种资源，在家工作需要更多的自我领导，从而消耗更多的资源，所以会导致自我耗竭（ego depletion）。然而，其实证分析发现，二者之间不存在显著的正向关系，即在家工作不会通过自我领导的中介作用增加自我耗竭。

除了探讨自我领导的影响效果，学者们还从自我领导与人格特征的关系、自我领导的前因变量、自我领导与其他领导风格的关系的角度来探讨自我领导。

自我领导与人格特征的关系。自我领导与人格特征存在显著的关联，比如尽责性、外向性同自我领导显著正相关（Williams et al., 1995; Stewart et al., 1996）。同时，二者之间又有所不同。比如，自我领导是可以通过训练、学习改变的，而人格特征在不同的时间和情境中是相对稳定的（Manz, 1986; Stewart et al., 1996）。Furtner et al. (2011) 探讨了自我领导同黑暗三人格（dark triad of personality）之间的关系，发现自我领导和自恋呈正相关关系，而和马基雅维利主义、神经障碍无显著关联。所以，自我领导和人格特征是两个不同的概念。

自我领导的前因变量。Ross（2014）提出了一个促进自我领导发展的概念模型，认为自尊、自我概念、自信能促进自我领导的发展。Müller and Niessen（2019）认为，工作地点（办公室、家）与日常自我领导策略（day-level self-leadership strategies）有联系，比如在家工作会导致更多的自我领导。

自我领导和其他领导风格的关系。一些学者探讨了自我领导同变革型领导、交易型领导、共享型领导、授权型领导、超级领导的关系及各自对结果变量的影响，并进一步分析了如何构建组织的领导风格。Houghton et al (2003) 提出了一个模型，并阐述了超级领导和自我领导在促进团队共享领导中的作用。该模型也表明，授权型领导会鼓励团队成员自我领导，这反过来将增强团队成员共享领导角色。Pearce and Manz（2005）提出，自我—共享领导（self- and shared leadership）对知识型员工非常有优势，能使团队型知识工作（team-based knowledge work）更有效。Lovelace et al. (2007) 认为，自我—共享领导能帮助领导应对高工作压力，并且创造一个健康和充满吸引力的工作环境。自我领导和共享领导是高度相关的，事实上，自我领导被认为是共享领导的核心，因为个人必须首先能够领导自己，然后才能与他人共享领导角色（Houghton et al., 2003; Stewart et al., 2011）。Furtner et al. (2013) 试图分析领导自己和领导他人是否有关（self-leadership–leadership linkages）。实证研究发现，自我领导与主动型领导（变革型领导和交易型领导）呈正相关关系，与被动型领导（放任型领导）呈负相关关系。

为了解释自我领导的作用机制，学者们基于相关理论检验了一些重要的中介变量和调节变量。学者们探讨得比较多的是自我效能的中介效应。Neck and Manz (1996) 通过实验法发现，接受过自我领导能力训练的实验组与未接受过训练的对照组在自我效能水平上有显著差异，并进一步影响绩效。Prussia et al. (1998) 同样发现，自我领导策略通过提升自我效能，进而对绩效产生积极影响。Boss and Sims (2008) 提出了一个理论模型，自我效能在情绪调节、自我领导对失败的恢复中起中介作用，指出擅长情绪调节和自我领导的个体会给自己创造机会，从失败中走出来，恢复到平衡状态。Houghton et al. (2012) 指出，有效的情绪调节和自我领导通过积极情感、自我效能感促进学生更有效地应对压力。Konradt et al. (2009) 使用多层次分析方法来探索团队中个人自我领导对绩效的影响，以个体层面的自我效能和工具性（instrumentality）为中介变量，以团队层面的工作自主性和任务类型为调节变量，发现个人自我领导和绩效呈正相关关系，自我效能和工具性起部分中介作用，工作自主性和任务类型的调节作用则不显著。Hauschildt and Konradt (2012) 发现，心理集体主义在自我领导与团队绩效之间起调节作用。

自我领导理论认为，自我领导并非普遍适用，有其适用的情境（Manz and Sims, 2001; Neck and Houghton, 2006）。学者对相关情境因素做了分析，比如 Houghton and Yoho (2005) 探讨了在哪些情况下自我领导应该被鼓励，包含的关键因素有下属的发展程度、情境的急迫性和任务结构，这些因素会影响组织选择哪种领导方式。Yun et al. (2006) 发现，下属的自主性需求可能是一个重要的因素，下属自主性需求越高，越适合自我领导。Pearce and Manz (2005) 提出，自我—共享领导是否合适需考虑五个因素，即情况紧急程度、员工承诺的重要性、对创造性和创新的需要、相互联系的程度以及复杂程度。

对该理论的评价

自 20 世纪 80 年代以来，自我领导理论受到理论界和实践界的广泛关注（Neck and Houghton, 2006）。长期以来，关于领导力的研究都集中在管理者和领导者身上，自我领导理论却引入了一个不同的视角，即强调员工对自身的影响过程（Stewart et al., 2011）。虽然 Manz and Sims (1980) 在最初提出这个概念时将自我领导作为组织正式领导的替代物，但不断有研究表明自我领导并不是组织正式领导的完全替代物。它们在一定程度上可以相互促进,比如授权型领导能促进自我领导的发展,而自我领导又能促进共享领导的发展(Stewart *et al.*, 2011; Pearce and Manz, 2014)。

自我领导理论在不断发展的过程中也有很多不足,有待未来去完善。比如,对自我领导前因变量的研究仍然很少(Müller and Niessen, 2019)。理论研究较多,实证研究较少(Neck and Houghton, 2006; Andressen *et al.*, 2012)。目前的研究主要集中在西方,跨文化研究还不多(Neck and Houghton, 2006)。自然奖励策略的量表只有较低的可靠性(Furtner *et al.*, 2010, 2011; Furtner *et al.*, 2013; Konradt *et al.*, 2009),未来的研究应进一步明晰自然奖励策略的概念,并开发更可靠的量表(Furtner *et al.*, 2015)。跨层次研究还需进一步发展,从现有的研究来看,自我领导在个体层面具有比较稳定的积极影响,而在团队层面有较大的分歧,比如有研究发现,自我领导对团队绩效的影响不一定是正向的(Barker, 1993; Combs *et al.*, 2006)。因此,未来可以结合个体、团队和组织层面做跨层次研究,帮助我们更好地理解自我领导(Stewart *et al.*, 2011)。

关键测量量表

1. Self-leadership Questionnaire (SLQ):3 个维度,45 个题项

Anderson, J. S., & Prussia, G. E. (1997). The self-leadership questionnaire: Preliminary assessment of construct validity. *Journal of Leadership & Organizational Studies*, 4(2), 119–143.

2. Revised Self-leadership Questionnaire (RSLQ):3 个维度,35 个题项

Houghton, J. D., & Neck, C. P. (2002). The revised self-leadership questionnaire–Testing a hierarchical factor structure for self-leadership. *Journal of Managerial Psychology*, 17(8), 672–691.

3. German Version of the Revised Self-leadership Questionnaire (RSLQ-D):3 个维度,27 个题项

Andressen, P., & Konradt, U. (2007). Measuring self-leadership: Psychometric test of the German version of the revised self-leadership questionnaire. *Journal of Personnel Psychology*, 6(3), 117–128.

| 经典文献 |

Furtner, M. R., Baldegger, U., & Rauthmann, J. F. (2013). Leading yourself and leading others: Linking self-leadership to transformational, transactional, and laissez-faire leadership. *European Journal of Work and Organizational Psychology*, 22(4), 436–449.

Manz, C. C. (1986). Self-leadership: Toward an expanded theory of self-influence processes in organizations. *Academy of Management Review*, 11(3), 585–600.

Manz, C. C., & Sims, H. P. (1980). Self-management as a substitute for leadership: A social learning theory perspective. *Academy of Management Review*, 5(3), 361–368.

Manz, C. C., & Sims, H. P. (1987). Leading workers to lead themselves: The external leadership of self-managing work teams. *Administrative Science Quarterly*, 32(1), 106–128.

Neck, C. P., & Houghton, J. D. (2006). Two decades of self-leadership theory and research. *Journal of Managerial Psychology*, 21(4), 270–295.

Prussia, G. E., Anderson, J. S., & Manz, C. C. (1998). Self-leadership and performance outcomes: The mediating influence of self-efficacy. *Journal of Organizational Behavior*, 19(5), 523–538.

Stewart, G. L., Courtright, S. H., & Manz, C. C. (2011). Self-leadership: A multilevel review. *Journal of Management*, 37(1), 185–222.

| 对管理者的启示 |

在当今快节奏和高技术竞争环境中，自我领导具有极大的应用潜力。情绪自我领导有潜力作为一个关键的工具，帮助管理者和组织成员在面对工作场所的情绪压力时，有效地重塑情绪体验、情绪真实性和其他与工作相关的结果（Manz et al., 2016）。在快速变化和不可预测的环境中，自我领导能增加员工适应性绩效（adaptive performance）（Marques-Quinteiro et al., 2019）。大量研究表明，自我领导能带来更多的积极情绪、更高的生产率、更高的满意度、更成功的职业生涯。因此，组织应积极促进员工的自我领导，从而提高管理效能。同时也应注意，自

我领导在团队层面并不一定有效,甚至在一些情境中可能还有负面的影响,其中一个重要的调节变量就是任务类型。当团队完成复杂和创造性任务时,自我领导型团队会更有效;而当完成一般任务时,则会有消极作用(Stewart *et al*., 2011)。因此,我们也要警惕,自我领导不是总有效,应权变地应用。

本章参考文献

45

最佳差异化理论*

张靖昊[1]　张燕[2]

个体作为社会群体中的一员，势必要面临"求同"和"求异"之间的平衡与抉择。为了系统地考察社会认同（social identification）在定义自我过程中的重要影响，玛丽莲·布鲁尔（Marilynn Brewer）（见图1）最早提出了最佳差异化理论（optimal distinctiveness theory）。她于1991年在社会心理学的顶级期刊《人格与社会心理学公报》（*Personality and Social Psychology Bulletin*）上发表了该理论的奠基性文章《社会性自我：同一时刻的同和异》（The social self: On being the same and different at the same time）。该文章基于社会

图1　玛丽莲·布鲁尔

身份理论（social identity theory）对个人身份（personal identity）和社会身份（social identity）的概述，提出了个体处于社会群体中时有关其社会身份的理论模型，即最佳差异化模型（optimal distinctiveness model）（Tajfel and Turner, 1986; Brewer, 1991）。该理论认为，社会身份来源于个体的求同需要（need for assimilation）与求异需要（need for differentiation）之间的平衡（Brewer, 1991）。自该理论被提出以来，它对于个体与他人之间关系的洞见受到了不同领域学者的广泛重视。无论

---

* 基金项目：国家自然科学基金项目（71872004）。
1　张靖昊，北京大学心理与认知科学学院硕士研究生。主要研究领域：工业与组织心理学、人格与社会心理学、文化心理学。电子邮箱：psyzhjh@foxmail.com。
2　张燕，北京大学心理与认知科学学院副教授。主要研究领域：领导力、团队动力、矛盾管理、跨文化管理。电子邮箱：annyan.zhang@pku.edu.cn。

是该理论所直接探讨的社会身份领域，还是与人际关系相关的亲密关系（intimate relationship）领域，甚至是组织的宏观战略领域，都在该理论的基础上取得了许多研究进展（Leonardelli and Loyd, 2016; Slotter *et al.*, 2014; Zhao *et al*, 2017）。自提出以来，最佳差异化理论的被引次数不断攀升，目前已经超过5 700次（见图2）。

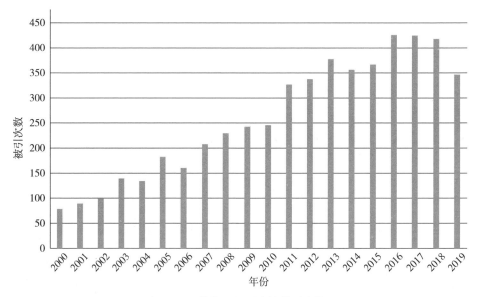

图2　最佳差异化理论的被引次数

资料来源：根据Google Scholar数据整理而成，搜索时采用精确匹配。

最佳差异化理论的核心内容

20世纪90年代，对自我（self）的研究成为社会心理学研究的热点。学者们提出了许多不同的与自我相关的概念，例如自我图式（self-schema）、自我监控（self-monitoring）和自我验证（self-verification）等（Segal, 1988; Swann and Read, 1981; Snyder, 1974）。这些有关自我的概念都是在个体层面探讨自我的内部结构（internal structure）。为了更好地体现人的社会属性，社会身份理论包含了自我的个体和群体两个层面，即个人身份和社会身份（Tajfel and Turner, 1986）。虽然社会身份理论关注自我的社会性，但是它未能厘清社会身份的来源。因此，Brewer

(1991)提出了最佳差异化理论，试图从动机视角探讨社会身份的前因。

最佳差异化理论认为，社会身份来源于人的两类对立的基本需要，即求同需要和求异需要。这两类需要之间所形成的动态张力（dynamic tension）构成了社会身份的动机来源（Brewer, 1991, 1993, 2003）。求同需要是指个体具有渴望归属于社会群体的需要，它激发和引导着个体归属于某一社会群体；求异需要是指个体具有渴望与社会群体成员保持差异的需要，它驱动个体远离某一社会群体从而保持自身的独特性（Baumeister and Leary, 1995; Vignoles et al., 2006）。

基于以上两类对立的基本需要，最佳差异化理论提出，个体所属群体的包含度[1]（inclusion）决定了两类需要的水平，而个体必须平衡这两类需要，以实现与他人保持相似与相异之间的均衡，从而形成自己的社会身份（Brewer, 1991）。随着群体包含度的提高，个体求异需要的强度会提高，同时伴随着求同需要的强度下降。当两类需要的水平相当时，个体便处于既融入社会群体又保持自身独特性的最佳状态，因而该状态便被称为最佳差异化（optimal distinctiveness）（Brewer, 1991, 1993, 2003）。当个体所在的群体包含度较低时，该群体的身份特征便与其他群体差异较大，因而归属于该群体的个体的求异需要得到了满足，但也正因如此，该群体难以满足个体的求同需要。与之相反，当个体所在的群体包含度较高时，该群体的身份特征便缺少一定的差异性，因而个体处于其中会满足其求同需要，但其求异需要也随之被激发。当群体的包含度水平使个体处于最佳差异化状态时，由于两类需要达到了均衡状态，个体便会有最高水平的满意度。但是当群体包含度极高或极低时，两类需要之间的不平衡便会引发个体的不满意感（Frable et al., 1990; Fromkin, 1970; Lord and Saenz, 1985），从而迫使个体通过满足其中一类需要而向趋于均衡的状态移动。为了说明形成该均衡的动态变化过程，最佳差异化模型描述了两类此消彼长的基本需要之间的关系，如图3所示。

为了理解最佳差异化的含义，该理论提出了以下三点基本原理（Leonardelli et al., 2010）。首先，最佳差异化具有情境特异性（context specificity）。对于同一个群体身份（group identity），不同的情境会使得具有该身份的个体的求同需要和求异需要水平有所不同。例如，在大学中，研究生的身份具有较高的求异需要和较低的求同需要，但是在社区中，这个身份便有较高的求同需要和较低的求异需要（Stapel and Marx, 2007）。其次，最佳差异化是一种动态的均衡状态（dynamic

---

[1] 包含度对应的英文原文为inclusion或inclusiveness，它代表了群体的相对大小。包含度越高的群体相对越大，在群体中越呈现多元化的特征（Brewer, 1991, 1993; Leonardelli et al., 2010）。

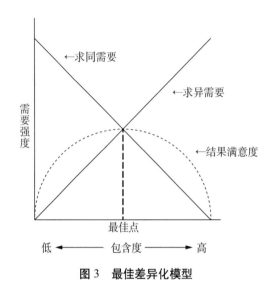

图 3　最佳差异化模型

资料来源：Brewer（1991）。

equilibrium）。一方面，个体在不同情境中进行角色转换时会出现最佳差异化的变化；另一方面，在同一情境中，随着时间变化，两类需要的相对水平也会随之改变。例如，大学新生刚入学时，求同需要较高，而在逐渐适应校园生活的过程中，其求同需要的满足会伴随求异需要的提高（Pownall et al., 2019）。最后，社会身份引起的驱力在不同的环境、文化间有所差异。与其他驱力一样，求同需要和求异需要所引起的驱力强度并非一成不变的。例如，在集体主义文化中，求异需要的驱力强度便不及个体主义文化，并且人们也更能容忍求异需要无法得到满足（Gushue and Constantine, 2003）。

该理论模型被提出之后，许多学者对该理论进行了实证检验，从不同学科领域验证了该理论的有效性。作为社会身份的基本理论，最佳差异化理论得到了大量社会心理学领域实证研究的支持。首先，有关群体成员身份的研究发现，群体的相对大小（多数派/少数派）会影响群体成员对其群体身份的态度与知觉。相较于多数派群体，少数派群体同时满足了成员的求同需要（归属于同一群体）和求异需要（与多数派群体存在差异），因而其成员更喜欢自己的群体身份（Brewer, 1991），认为自己在群体中更具有代表性（Ellemers et al., 1999），认为自己与内群体的其他成员更相似（Nelson and Miller, 1995），更容易认可内群体（Ellemers and Van Rijswijk,

1997; Simon and Hamilton, 1994),并且对内群体的喜爱程度也更高[1](Brewer et al., 1993; Hewstone et al., 2002; Leonardelli and Brewer, 2001),但认为自己所属的子群体在母群体中不如多数派子群体具有代表性[2](Wang et al., 2018)。其次,有关社会认知的研究发现,个体的求同需要和求异需要会改变自我知觉与群体知觉。具体而言,激发求同需要和求异需要(即两类需要未达到均衡状态时)使个体更容易将与刻板印象相关的特质知觉为是对自己的描述[3](Pickett, Bonner, et al., 2002; Pickett, Silver, et al., 2002),使群体成员认为自己与内群体更相似(Pickett and Brewer, 2001)。而且,当激发求同需要时,群体成员便过高估计自己与其他成员的相似性;当激发求异需要时,群体成员便过高估计自己与其他成员的差异性(Brewer and Weber, 1994; Moons et al., 2009; Simon et al., 1997)。再次,有关人际关系的研究发现,个体与他人之间的人际关系体现了求同需要和求异需要之间的均衡。处于亲密关系中的情侣越相似,其求异需要越高,因而越倾向于保持其个体身份(individual identity),并非关系身份(relational identity)(Slotter et al., 2014)。当激活个体的独立性自我时,个体的求异需要被相应激发,因而其在社会互动中会更远离他人(Holland et al., 2004)。最后,有关群际关系(intergroup relationship)的研究发现,群际行为也会受群体成员的求同需要和求异需要驱动。不同包含度水平的群体成员都会因这两类需要的驱动而表现出一定的内群体喜爱(in-group favoritism)(Brewer, 1999)。一方面,多数派的群体成员会受求异需要驱动,产生内群体喜爱和认同(Hornsey and Hogg, 1999; Jetten et al., 2002; Jetten et al., 2004);另一方面,少数派的群体成员会受求同需要驱动,也产生内群体喜爱(Hunter et al., 2017; Imhoff and Erb, 2009; Leonardelli and Brewer, 2001; Pickett and Leonardelli, 2006; Zhong et al., 2008)。当群体之间的身份边界变得模糊时,群体成员的身份独特性(identity distinctiveness)会受到威胁,其求异需要会被激发,便产生对内群体身份的保护行为和对外群体的敌对行为(Hornsey and Hogg, 2000),以及群体间冲突(Eggins et al., 2002)。而最新的一些研究也发现,群际差异(intergroup dissimilarity)会满足群体成员的求异需要,从而增加群际互动过程中不同子群体成员之间的友好行为(affiliative behavior)

---

1 这个现象被称为内群体偏差(in-group bias)。
2 这个现象被称为相对内群体原型(relative in-group prototypicality)。它是指在多个子群体构成的母群体中,某一子群体对于母群体而言更具有代表性(Wenzel et al., 2007)。
3 这个现象也被称为自我刻板印象效应(self-stereotyping effect)。

(Danyluck and Page-Gould, 2018)。

除此以外，最佳差异化理论在其他心理学领域也得到了一定的实证验证，充分说明了该理论在不同社会情境下的普适性。首先，在领导心理学领域，领导行为会改变群体成员的求同需要和求异需要，从而影响成员的身份感（sense of identity）。领导对群体的代表性越高，下属便越信任该领导，从而对领导有效性的评价越高（Giessner and Van Knippenberg, 2008; Giessner et al., 2009）。当子群体成员的身份独特性受到威胁时，其求异需要会被激发。此时，群际领导（intergroup leader）会通过保持不同子群体之间的差异来提升子群体成员的身份感，满足子群体成员的求异需要，从而降低子群体成员的身份独特性威胁，并且提高子群体成员对该领导的评价（Rast III et al., 2018）。此外，也有一项研究检验了 2008 年美国大选前后不同总统候选人的支持群体的态度差异。由于大选之前不同党派之间的对立扩大了选民内群体和外群体之间的差异，而大选之后败方支持者成为少数派，激发了他们归属于多数派群体的求同需要。因此，在大选之前，选民会觉得他们和自己所支持的候选人之间更为相似；而大选之后，他们的态度会逐渐趋向当选的总统（Alabastro et al., 2013）。其次，在社区心理学领域，社区大小会影响其居民的求异动机（motivation for discrimination）。相较于较大社区，较小社区的居民的求同需要和求异需要分别被自身社区内群体与较小的社区规模满足，因而有更高的内群体身份感和更高的满意度（Bernardo and Palma-Oliveira, 2016）。再次，在教育和学校心理学领域，对求同需要和求异需要的满足也是学生在学校中身份的重要来源。一项研究直接检验了最佳差异化理论在教室情境中的表现，发现青少年同时具有求同与求异的需要，即融入班级集体的需要和在班级成员中保持自身独特性的需要，当两类需要达到均衡状态时，青少年便有更高的心理成员感（psychological membership），从而表现出更高的成就动机和更积极的成就情绪（achievement emotion）（Gray, 2017）。而最新的一项研究则表明，大一新生在进入新的教育环境中时，其求同需要较高，但在逐步适应学校环境的过程中，其求同需要的满足使其实现最佳差异化（Pownall et al., 2019）。最后，在音乐心理学领域，音乐偏好也体现了个体的社会身份。音乐所体现的社会属性反映了其特定受众是一个群体，因而当个体对某首歌曲的反应性（musical reactivity）提高时，代表其社会身份属性增强，进而满足其求同需要，归属动机和内群体认同随之提高（Loersch and Arbuckle, 2013）。Abram（2009）则通过一项现场研究直接检验了音乐偏好的最佳差异化模型，结果发现对音乐偏好的求同需要和求异需要与社会身份之间呈倒 U 形曲线关系，当音乐偏好既与部分人相同（满足求同需要）又有一定的特色（满足求异需要）时，个体对音乐的认同最高；当音乐偏好最为特殊或最为普遍时，个体对音乐的认同最低。除上述领域对最佳差异化理论的实证验证以外，该理论也在政治心理学（Abrams, 1994）、运动心理学（Andrijiw and Hyatt, 2009）等不同领域得到了相关实证研究的支持。

随着研究的深入，最佳差异化理论也得到了进一步发展和完善。Brewer and Gardner（1996）将社会性自我（social self）看作不同水平上的自我表征（self-representation），并将最佳差异化模型扩展至三种自我水平，而求同需要和求异需要的驱力在不同水平上的自我表征则有所不同。具体而言，当自我为个体水平时，求异需要对应的是独特性（uniqueness），而求同需要对应的是相似性（similarity）。当自我为关系水平（relational）时，求异需要对应的是自主性（autonomy），而求同需要对应的是亲密性（intimacy）或互依性（interdependence）。当自我为集体水平（collective）时，求异需要对应的是分离性（separation），而求同需要对应的是包含性（inclusion）或归属性（belonging）（Brewer and Roccas, 2001）。虽然三水平模型可以很好地解释不同社会情境下最佳差异化的表现，但是它没有表明哪个水平的驱力更具有优先性，也没有阐明个体如何协调不同水平的自我，因而未来可以进一步探索相关问题（Gaertner et al., 1999; Gaertner et al., 2002; Ledgerwood et al., 2007; Leonardelli et al., 2010）。

虽然最佳差异化理论最初来源于社会心理学领域，但是它的核心观点也被管理学家沿用。研究组织矛盾的学者提出了归属矛盾（belonging paradox）这一概念，它反映了组织中的个体保持自身个性与作为组织成员之间的身份矛盾（Lewis, 2000）。在大型组织和跨国组织中，组织的多样性使归属矛盾更为明显，而它带来的身份威胁会引起防御、冲突、极化等后果（Lewis, 2000; Martin, 1992; Smith and Lewis, 2011）。随着全球化的推进，组织的多样性也要求管理者采用一些方法来管理归属矛盾，例如关注任务本身、缩小权力差异等（Amason, 1996; Lewis, 2000）。此外，也有学者将个体层面的社会身份扩展至企业层面的组织身份（firm-level organizational identity），进而发展出战略管理领域的最佳差异化理论（Zhao et al., 2017）。与个体类似，对于市场环境中的企业而言，同样面临与其他企业保持相同和不同之间的权衡，企业的组织身份来源于两类对立的趋势之间的融合，一方面是顺应其他组织已经采用的管理实践，另一方面是与其他组织保持不同（Zuckerman, 2016）。事实上，在战略管理领域，企业如何管理这两类竞争的对立力量一直是组织理论的核心矛盾之一（Deephouse, 1999; Durand and Calori, 2006; Miller and Chen, 1996）。企业间的相似性是为了获取合法性以避免偏离市场规范和期望（DiMaggio and Powell, 1983）；而企业也需要在市场中通过建立自身的独特性以获得竞争优势（Barney, 1991; Hoopes et al., 2003）。因而企业应当平衡与其他同类企业保持相似和维持自身独特性之间的矛盾，以达到企业的最佳差异化状态，这也被称为战略平衡（strategy balance）（Durand and Kremp, 2016; Philippe and Durand, 2011）。与最初 Deephouse（1999）关于战略平衡的单维度观点不同，近年一篇系统性的理论研究将以往有关企业最佳差异化的视角进行了整合，将其拓展为三维度模型（Zhao et al., 2017）。该研究认为，最佳差异化可分为编排（orchestration）、利益相关者多样性（stakeholder multiplicity）和管理时间性（managing temporality）三个维度（Zhao et al., 2017）。编排是指企业可以通过定价、促销等战略管理措施，在与其他企业在行业规范上保持相似的同时又能保持自身独特的竞争优势，从而达到最佳差异化状态（Miller et al., 2013; Philippe and Durand, 2011）。利益相关者多样性反映了不同利益相关者之间的差异对企业不同领域的影响（Fisher et al., 2016; Lounsbury, 2007）。当利益相关者之间差异较大时，企业需要在传统的制度领域保持与其他企业的相似性；当差异较小时，企业可以凸显独特的竞争优势（Pontikes, 2012; Zhao, 2005）。管理时间性则主要基于行业发展（industry development）和组织生命周期（organizational life cycle），考虑企业在不同时期的最佳差异化（Anderson and Tushman, 1990; Dogde et al., 1994）。企业在发展初期时，为了建立自身的声誉与合法性，需要保持与其他企业的相似性，而当企业发展到一定阶段时，则需要体现与其他企业的差异，以提升自身在市场中的竞争力（Navis and Glynn, 2010, 2011）。近年来，战略管理领域对战略平衡的研究在很大程度上借鉴了最佳差异化理论的框架，目前该理论已成为战略与组织研究的核心热点（Zhao et al., 2018）。总之，企业层面有关组织身份的最佳差异化值得战略管理学家进一步探究。

对该理论的评价

最佳差异化理论对"求同"和"求异"之间均衡的描述很好地解释了人与群体的关系。自 Brewer（1991）提出该理论以来，有关自我、人际关系和群际关系的研究都在此基础上取得了许多进展，并且近年来在战略管理领域也开始采用该理论探究企业战略如何维持两类对立趋势之间的平衡（Brewer, 1993, 1999; Slotter et al., 2014; Zhao et al., 2017）。该理论提出的两类需要很好地切合了个体在不同社会情境下的动机冲突，指出只有两类对立需要之间的平衡才会导致最优结果，这符合人与环境匹配的理论观点（Caplan, 1987; Edwards et al., 2006）。大量实证研究都证明了该理论对个体态度与行为预测的有效性，并且在不同情境和领域内该理论都得到了一定验证，这也说明它对人类两大基本需要及其关系的叙述是一种非常基础而本质的理论概括（Brewer and Roccas, 2001; Leonardelli et al., 2010; Pickett, Bonner, et al., 2002; Pickett, Silver, et al., 2002; Zuckerman, 2016）。因此，对社会身份的描述、解释和预测，该理论具有较好的效度。

然而，最佳差异化理论还有待进一步发展。首先，虽然大量实证研究支持了最佳差异化理论，但是一些实证证据与该理论还存在出入（Badea et al., 2010）。该理论认为，团队大小和团队成员身份之间存在对称的倒 U 形曲线关系，即团队过大或过小都会使其成员因其中一种需要未得到满足而降低其团队认同感，而"大小刚刚好"（just right in size）的团队成员具有最高水平的团队认同感（Brewer, 1991, 1993）。但是另有一些研究并未得到相似的实证结论。当研究样本是较大的群体（例如政治党派）时，其结果不符合最佳差异化理论的假设（Hiel and Mervielde, 2002）。其次，该理论认为，求同需要和求异需要是人类的两大基本需要，在不同的层面都会影响个体的行为（Brewer, 1991; Leonardelli et al., 2010）。但是大部分实证研究仅检验了两类需要在个体层面的表现，而它们在人际层面和集体层面的表现则缺乏检验（Slotter et al., 2014）。最后，虽然该理论也曾提到最佳差异化模型不仅存在个体差异，而且存在文化差异，但是目前少有研究探讨这些差异。大量实证研究只是基于该理论的假设在单一情境下进行检验，缺乏跨情境检验，例如最佳差异化点（optimal distinctiveness point）在不同情境下的变化（Brewer, 2007; Leonardelli et al., 2010）。综上所述，未来研究可在这些方面展开进一步探索。

关键测量量表和实验材料

1. Optimal Distinctiveness Needs Satisfaction: 2 个维度，4 个题项

Pickett, C. L., Bonner, B. L., & Coleman, J. M. (2002). Motivated self-stereotyping: Heightened assimilation and differentiation needs result in increased levels of positive and negative self-stereotyping. *Journal of Personality and Social Psychology*, 82, 543–562.

2. Group Identification: 1个维度，5个题项

Hornsey, M. J., & Hogg, M. A. (2000). Subgroup relations: A comparison of mutual intergroup differentiation and common in-group identity models of prejudice reduction. *Personality and Social Psychology Bulletin*, 26, 242–256.

3. Need State Manipulation: 实验操纵范式

Pickett, C. L., & Brewer, M. B. (2001). Assimilation and differentiation needs as motivational determinants of perceived in-group and out-group homogeneity. *Journal of Experimental Social Psychology*, 37, 341–348.

4. Group Homogeneity: 1个维度，4个题项

Park, B., & Judd, C. M. (1990). Measures and models of perceived group variability. *Journal of Personality and Social Psychology*, 59, 173–191.

5. In-group Inclusiveness: 1个维度，1个题项

Pickett, C. L., Silver, M. D., & Brewer, M. B. (2002). The impact of assimilation and differentiation needs on perceived group importance and judgments of in-group size. *Personality and Social Psychology Bulletin*, 28, 546–558.

6. Social Identity: 1个维度，6个题项

Leonardelli, G. J., & Brewer, M. B. (2001). Minority and majority discrimination: When and why. *Journal of Experimental Social Psychology*, 37, 468–485.

7. Group Size Manipulation: 实验操纵范式

Brewer, M. B., Manzi, J. M., & Shaw, J. S. (1993). In-group identification as a function of depersonalization, distinctiveness, and status. *Psychological Science*, 4, 88–92.

经典文献

Brewer, M. B. (1991). The social self: On being the same and different at the same time. *Personality and Social Psychology Bulletin*, 17, 475–482.

Brewer, M. B. (1993). The role of distinctiveness in social identity and group behavior. In M. Hogg & D. Abrams (Eds.), *Group Motivation: Social Psychological Perspec-*

tives (pp. 1–16.). New York: Harvester-Wheatsheaf.

Brewer, M. B. (2003). Optimal distinctiveness, social identity, and the self. In M. Leary and J. P. Tangney (Eds.), *Handbook of Self and Identity* (pp. 480–491). New York: Guilford.

Brewer, M. B., & Roccas, S. (2001). Individual values, social identity, and optimal distinctiveness. In C. Sedikides & M. B. Brewer (Eds.), *Individual Self, Relational Self, Collective Self* (pp.219–237). Philadelphia, PA: Psychology Press/Taylor & Francis.

Deephouse, D. L. (1999). To be different, or to be the same? It's a question (and theory) of strategic balance. *Strategic Management Journal*, 20, 147–166.

Leonardelli, G. J., & Brewer, M. B. (2001). Minority and majority discrimination: When and why. *Journal of Experimental Social Psychology*, 37, 468–485.

Leonardelli, G. J., Pickett, C. L., & Brewer, M. B. (2010). Optimal distinctiveness theory: A framework for social identity, social cognition, and intergroup relations. *Advances in Experimental Social Psychology*, 43(10), 63–113.

Pickett, C. L., & Brewer, M. B. (2001). Assimilation and differentiation needs as motivational determinants of perceived in-group and out-group homogeneity. *Journal of Experimental Social Psychology*, 37, 341–348.

Pickett, C. L., & Leonardelli, G. J. (2006). Using collective identities for assimilation and differentiation. In T. Postmes & J. Jetten (Eds.), *Individuality and the Group: Advances in Social Identity* (pp.56–73). Thousand Oaks, CA: Sage.

Zhao, E. Y., Fisher, G., & Lounsbury, M., *et al.* (2017). Optimal distinctiveness: Broadening the interface between institutional theory and strategic management. *Strategic Management Journal*, 38, 93–113.

对管理者的启示

最佳差异化理论在不同层面描述了求同需要和求异需要之间的对立规律，因而对于团队管理和组织管理实践有诸多启示。首先，最佳差异化的早期研究指出，团队大小与团队成员身份之间存在倒 U 形曲线关系，团队过大或过小都有着不利的影响（Leonardelli and Brewer, 2001; Pickett and Brewer, 2001）。因此，企业管理者在进行团队管理时，需要根据整个组织的规模确定合适的团队大小，从而提升团队成员的认同感、归属感及整个团队的凝聚力。其次，由于组织架构的设置，不同的部门之间难免会出现团队大小的差异，因而会在组织中同时存在多数派和少数派。已有研究发现，少数派群体成员更倾向于进行群体间比较，而多数派群体成员更倾向于进行群体内的人际比较（Brewer and Weber, 1994）。因此，企业管理者需要根据不同团队在组织中的特征进行差异化的管理，即满足小团队成员的求同需要及大团队成员的求异需要（Hornsey and Hogg, 1999）。再次，由于制度限制和市场化竞争，企业需要同时面对顺应（conformity）和差异化（differentiation）之间的矛盾（Zhao et al., 2017）。如果与其他企业过度相似，那么企业会由于缺乏辨识度和竞争力而失去市场优势；如果与其他企业差异过大，那么企业也会丧失自身在市场上立足的根基。为了同时满足二者，企业需要在规范和制度方面与其他企业保持一致，但是在利益相关者（股东、客户）方面可以根据其多样性决定企业自身的独特性，同时需要考虑企业自身的组织发展与产业发展的时间效应（Zhao et al., 2018）。最后，对于新兴企业而言，为了获取市场优势，需要同时保持自身产品与市场典范（exemplar）的相似性以及与市场原型（prototype）的差异性（Barlow et al., 2019）。

本章参考文献